# 中国高等教育史论

（第三版）

A Critical History of Chinese Higher Education

涂又光 著

华中科技大学出版社
http://www.hustp.com
中国·武汉

图书在版编目(CIP)数据

中国高等教育史论/涂又光著.—3版.—武汉:华中科技大学出版社,2014.7(2024.7 重印)
ISBN 978-7-5609-9663-9

Ⅰ.①中… Ⅱ.①涂… Ⅲ.①高等教育-教育史-研究-中国 Ⅳ.①G649.29

中国版本图书馆 CIP 数据核字(2014)第 147274 号

中国高等教育史论(第三版) 涂又光 著

策划编辑:钱 坤 周小方
责任编辑:曹 红
封面设计:潘 群
责任校对:祝 菲
责任监印:周治超
出版发行:华中科技大学出版社(中国·武汉) 电话:(027)81321913
　　　　　武汉市东湖新技术开发区华工科技园 邮编:430223
录　　排:华中科技大学惠友文印中心
印　　刷:湖北恒泰印务有限公司
开　　本:710mm×1000mm　1/16
印　　张:21 插页:1
字　　数:302 千字
版　　次:2024 年 7 月第 3 版第 3 次印刷
定　　价:88.00 元

本书若有印装质量问题,请向出版社营销中心调换
全国免费服务热线:400-6679-118　竭诚为您服务
版权所有　侵权必究

# 《中国高等教育史论》(第三版)出版说明

涂又光先生(1927—2012)描述中国高等教育发展历史长卷的《中国高等教育史论》1997年12月由湖北教育出版社出版,2003年2月再版。

先生生前即有修订再版《中国高等教育史论》之意。2012年11月4日先生辞世后,由深圳大学肖海涛教授、华中科技大学雷洪德副教授倡导,在中国科学院院士杨叔子先生的亲自指导下,华中科技大学出版社决定重新排版刊印涂又光先生《中国高等教育史论》(第三版)。

杨叔子先生为涂又光先生《中国高等教育史论》英文版所作之序,遵意亦作第三版《中国高等教育史论》序。

先生遽然辞世,其思想无能代补。

先生手稿已佚。此次再版对所有引文均核查了原典,校正了明显的印刷错误,对个别段落作了稍许修正。

雷洪德先生为本书参考资料提供了重要的补正材料。

华中科技大学出版社<br>
2014年6月

# 先生留卓见　我辈应深知
## ——《中国高等教育史论》序

杨叔子

我怀着无比思念、极为崇敬而又十分忐忑不安的心情来写这篇"序"①。这"序",是为涂又光先生的《中国高等教育史论》这部"经典之作"的英文版所写的。

写这"序",是2012年10月20日(星期六)上午涂又光先生叮嘱我,希望我要做的三件事之一。那时,涂又光先生病重住在同济医院,我与我夫人徐辉碧老师特地去探望他。他已病重得讲话不清了,还是尽了最大力气断断续续叮嘱我三件事。我十分沉痛而又坚定地回答:"涂老师!这三件事我一定做到,您放心吧!"没料到,两周之后,涂先生竟与世长辞了!

先生走了!我更加无比思念;先生走了,我更加极为崇敬。先生走了不久,我与刘献君、雷洪德同志受先生夫人之托,为先生拟的"墓志铭"中,就表达了这一真诚的心情:"先生,大师也,哲学家,华中科技大学教授。河南光山生,武汉卒。性聪慧,读群书,工书法。学于清华,师冯友兰,获青睐,弘冯学,更突破,融哲于文史。极高明而道中庸。教育极富创见,影响深远。一生为民,鞠躬尽瘁,两袖清风。"志之文短,意之义长,写这"序"时,往事历历在目,心情随之起伏!

真诚心情之所以十分忐忑不安,因为我怕这"序"写不好,有损于先

---

① 本文中,凡是以"先生认为'……'"的引语出现的,一般均出自涂又光先生的《中国高等教育史论》一书。

生这部"经典之作"的光辉,而我答应先生之事,又不能不做。这部专著是1997年12月由湖北教育出版社出版的。一出版,就极畅销,成了研究高等教育,特别是研究中国高等教育史的不可或缺之书;近几年,脱销了。据悉,有人从网上下载,翻印销售,一本约50元,也畅销;据肖海涛教授告诉我,后来竟然炒到一本100元。可见这一专著,备受读者欢迎之程度。专著论点之新、之深、之实、之特别、之系统、之尖锐,实为少见;其"语言",其"风格",书如其人,文如其人,同先生打过交道的人就会知道,确系如此。

读这部"经典之作"的专著,就清楚看到一幅中国高等教育的波澜壮阔的历史长卷,迸发着中国高等教育业绩的无边活力,焕射着中华文化睿智的夺目光彩,我特别领悟到这部专著的以下几点。

第一,"实"。"实"就是"实事求是"。先生讲:"讨论问题,要从实际出发,不要从定义出发。定义是第二性的一句话,其信息含量怎么也不及第一性的实际丰富,用之不竭。"书名为"史""论"。书中讲"史",有材料,有依据,实实在在,毫不空泛。书中立"论",有观点,有分析,不含混,不遮盖;绝不以今套古,也不以古套今,绝不以外套中,也不以中套外,一切从中国当时的实际情况出发。该简的就简,该详的就详,不讲废话,不讲空话;材料少的就可以少讲,材料多的就可以多讲;意义小的则少讲,意义大的则多讲。全书十个部分。总论,专著要讲什么,怎么讲,目的何在,交代清楚。接着五章,以史为线,由史立论,以论识史,突出重点,即:传说与成均(1),孔子与私学(6),董仲舒与太学(9),朱熹与书院(13),蔡元培与大学(17)。结语:中国高等教育总规律(0.5)。附录有三:元首教育(2),元首继承人教育(4),女子教育(2)。(以上括号内的数字,即以传说与成均的分量为1,其他各部分约占的分量——笔者注。)传说与成均,属传说,当然传说不等于一定不可靠,但毕竟是传说,其文约2500字;蔡元培与大学,直接关乎当代高等教育,其文为前者的17倍,而其中的梅贻琦《大学一解》,涉及中国高等教育总规律,涉及根本,不仅全文照录,而且分大段加以点评与深化,约12500字,为"传说与成均"的5倍。

还应提到的是，先生是哲学家，不仅融哲于文史，而且特别融哲于教育。肖海涛教授十分赞赏杜威关于教育与哲学关系的论点，杜威讲得对："哲学是教育的普遍原理，教育是哲学的实验室。"杜威甚至还说，哲学就是广义的教育学。胡适是杜威的学生，胡适对此的解释为：哲学便是教育哲学。正因为如此，我将先生一段话敬录如下："本书在此写了这么多讨论哲学的话，是为了确定一项原则，总而言之，就是实践原则；分而言之，就是实践高于认识的认识论原则，特殊高于普遍的本体论原则；作为评价高等教育历史的哲学参照系，好比一杆秤的定盘星。"正因为如此，先生就是按"实"、如"实"地来撰写这本"史""论"专著。也因为如此，先生从教育哲学出发，通过分析《论语》有关章节的孔子的论述，深刻揭示了孔子在高等教育理论与方法方面，在目标与方法上不自觉地陷入了矛盾，即在目标上，孔子主张"特殊遵循普遍，普遍高于特殊"，这个问题就大了；但先生高兴的是，"好在孔子的高等教育方法论一贯坚持特殊高于普遍"，《论语》记载的"问政"8章、"问仁"8章、"问孝"4章，"问君子"3章以及其他章节，同一问题，孔子因问者的特殊性而作的回答则大为不同，这就是坚持特殊高于普遍，这就是我国优秀的教育传统"因材施教"。一般讲来，目标决定了方法，有什么样的目标，就应采用相应的什么样的方法；实际上，采用的方法所形成的过程，往往决定了所达到的目标。

第二，正因为"实"，一切从实际出发，先生认为高等教育不等于高等学校，高等教育不等于高等学校教育，高等学校不等于高等学校教育；它们彼此间有紧密的联系，但又有严格的区别。

先生实质上认为高等教育是终身教育，这完全符合当代教育发展的趋势。活到老，学到老，各种形式的继续教育的兴办就是鲜活的实例。先生创造性地认为，中国高等教育是从15岁开始的终身教育；《论语·为政》的《吾十有五而志于学》这篇，不仅是明代顾宪成与清代李颙所揭示的是孔子自叙的一生年谱、作圣妙诀，而且也是先生所揭示的"能够完整地展现一个人的高等教育全过程"，"是一个逐步提高精神境界的过程"，"是15岁开始的逐步提高精神境界的终身教育。不谈毕业,死而后已"。15岁区分教育阶段,15岁以前是"小学",以后是"大学"。"志于学"的"学"指的是"学问"。"大学"既指"大学问",也指"大学校",归根结底指"大学问";大学是树大德行、做大学问的。今天的大学、高等学校与古代大学大不相同,但毫不例外,在树大德行、做大学问这一最根本点上,完全一脉相通。

在2000年,先生进一步指出,高等学校不等于高等教育,是实施高等教育的机构。既然实施高等教育,所以高等学校的首要任务是培育做大学问的高级人才;同时,学校是高等的,所以,高等学校基本性质是做大学问(当然包含科学研究)。在今天,这个做大学问即治学,既可以是基础学科的,也可以是应用学科的;既可以是普通教育的,也可以是职业教育的。显然,在今天,高等学校的首要任务是"育人",高等学校的基本性质是"治学","育人"必须立足于"治学","治学"首先服务于"育人"。两者均服务于社会。在2009年,高等学校开展"学习实践科学发展观活动",中央负责这一活动的是习近平同志。他当时清楚指出,开展这一活动,大学特别是重点大学,要围绕两个核心问题,一是"培养什么人,怎样培养人",一是"办什么样的大学,怎样办好大学"。前者讲的是"育人",后者讲的是"办学",既包括"育人",也包括"治学"。"育人"与"办学",既彼此区别,更相互联系,一个整体,不可分割。先生在2000年尖锐指出,学校办得好,促进教育;办得不好,可以摧毁教育。十年浩劫的"文革",是何等惨痛的教训!

先生深刻指出,高等教育不等于高等学校教育。高等学校教育是十分重要的,但只是高等教育中的一种主要形式。社会、家庭、工厂、农村、医院、研究机构、社会团体乃至行政机构等等都可以实施高等教育,只要有心人去办,有心人去学,就可以了。先生尖锐指出:"自19世纪末年移植西方大学校以来,中国高等教育研究只是研究大学校,不是研究大学问,循实责名,只能算中国高等学校研究,不能算中国高等教育研究,至多只能算半个(而且是小半个)高等教育研究。这是教育观、高等教育观、中国高等教育观的一种反映。"接着,先生沉重指出:"这是大问题,是关系到中国文化文明生死存亡的大问题,立此存照,以后再说。"这点很值得深思。当然,毫无疑问,自古至今,特别是在今天,高等学校教育应是高等教育最重要的形式,"成均"、"太学"、"书院"到今天的高等学校不就是如此吗?

第三,先生总结了世界高等教育的发展历史,创造性地提出了高等教育发展的三个阶段:"人文——科学——人文·科学",提出了中国高等教育发展的三个阶段是从黄帝经孔子、董仲舒、朱熹为代表的"人文"阶段;以仿照西方办大学,以蔡元培为代表的"科学"阶段;以改革开放开始上世纪 70 年代末重视兴办人文学科作为起点的逐渐进入"人文·科学"阶段。先生创造性地认为"中国高等教育的基本矛盾是'道'与'艺'的矛盾,现在叫做'人文'与'科学'的矛盾"。先生接着指出:"在传说阶段,道艺同一;在人文阶段,重道轻艺;在科学阶段,轻道重艺;在人文·科学阶段,道艺复归同一。"世界高等教育又何尝不是如此?!先生站在哲学高度,深刻指出,人文与科学,讲本体论,作为存在,不能分开;讲知识论,作为概念,才可分开。这就是对立与统一。此即,人文阶段,人文为矛盾的主要方面;科学阶段,科学为矛盾的主要方面。

先生十分了解世界高等教育情况,中外 200 多部著名经典,他通通读过。先生英文很好,中文讲不清的,用英文讲;英文讲不清的,用中文讲;往往两相比较,以求准确无误。专著中许多现代术语,在中文后附以英文。例如,先生认为:"教育,在中国本为教化,与英文 education 并不相同,不能翻译为 education。若找相当的词,则'教'相当于 teach,'化'相当于 influence,把这两个英文词综合起来,才相当于'教化'的意义。说是'教化',其重点,其目的,则是'化'。《礼记·学记》讲'化民成俗',化成风俗习惯,就是第二天性,人文天性了。"好一个第二天性!父母生,给予了第一天性,成为人的可能性;教而化,给予了第二天性,给予了成为人的现实性。

先生认为,中国高等教育科学阶段的特点,重在学校,在官办;而在人文阶段,民办的书院起着极为重要的作用。先生尖锐地指出:"现行大学这一套从西方搬来的,只搬来西方高等教育的一部分,就是办科学这部分。"文科怎么办?由于原因复杂,都不成功。先生认为中国高等教育出现人文困境,他形象地讲,是"端着金碗讨饭"。讨饭是贫穷,端着金碗讨饭是富有。金碗有两个:一个是中国固有的人文学问,即我们现在所讲的中华优秀的传统文化或国学;一个是延安的整风经验,即我们现在所讲的延安传统、延安精神。是的,金碗只能资助与支持创业,而绝不能代替创业。先生一再深有感慨地讲:我们办的是 a university of China,还是 a university in China? 是 of 还是 in? 如果是 in,那是大不幸! 显然,关键的关键,还在人文! 还在正确认识与处理人文与科学的关系。只有在这一基础上,扎扎实实,发愤创业,背靠五千多年,坚持"三个面向",才能迈入崭新的"人文·科学"阶段。

正因为人文文化、人文文化教育如此重要,先生讲的"第二天性"就是人文天性。2012 年 10 月 20 日先生叮嘱我三件事中之一,就是"要坚持文化素质教育"。我们对文化素质教育的解读是:文化素质教育是全面素质教育的基础,就是要解决人生价值取向这一关键问题。其锋芒是针对忽视人文文化,要加强人文教育,解决好做人的问题;其重点是针对忽视民族文化,要加强民族文化教育,解决好做中国人的问题;其核心是针对重理轻文或偏废学科,要加强科学文化教育与人文文化教育的相互融合,解决好做现代中国人的问题。

第四,正由于先生对高等教育、特别是对中国高等教育的历史的探究,在专著中实际上已将"教育定位在文化领域中",既不能失位,也不能错位,更不能越位,这三点极为重要。虽然,先生的"教育定位在文化领域中"这一论点,在 1998 年才明确提出,在这一专著中却明明白白表达这一思想。专著在"总论"开篇不久,就认为"中国高等教育是中国文化的一部分,随着中国文化的发展而发展"。专著明白指出,从中国固有的多元文化,发展到周代的黄河流域的周文化与长江流域的楚文化,发展到汉代南北文化综合的汉文化,即儒、道、法综合的文化,发展到宋代,又同印度传入的佛教文化综合,形成了东方文化,发展到今天,用先生的话讲,"中国文化与西方文化的综合,尚正在进行之中"。

先生对我厚爱,在 2000 年,亲笔写给我:"教育自身是一种文化活动,在其中,人的身心,包括知情意,在智德体各方面得到发展。"先生又唯恐理解不确切，又用英文写给我："Education-in-itself is a cultural activity, in which Man's body-mind, including knowledge, feeling and willing, develops intellectually, morally and physically."先生不懈地思考，以更准确的讲法对此又作了修改："教育自身是一种文化活动，在其中，包括知情意的人性，在智德体各方面得到发展。"英文为："Education is a cultural activity, in which human nature including knowing, feeling and willing develops intellectually, morally and physically."值得注意的修改之点是，将身心（body-mind）换成了人性（human nature），作了精神境界上更高的抽象，通过教育，使人成为大写的"人"，而同禽兽分离。还有，先生将 knowledge 修改为 knowing，knowing 不仅与 feeling、willing 有着一致的表达形式，而且更确切地反映了知情意的含义。

大自然创造了人、人类社会，人、人类社会创造了文化、文明，文化、文明又进一步创造了人、人类社会。人、人类社会以大自然为生存与发展的基础，又以文化、文明为生存与发展的方式。而人类社会的进步，人类社会的升华，无不镌刻着文化的烙印。人因文化的产生从动物人变化成社会人，因文化的进步从野蛮人发展成文明人，因文化的升华从低级文明人提升成高级文明人、全面而自由发展的人。人、人类社会要能生存与发展，就不能不涉及对外在的物质世界及其规律的认识，以及如何与之对应，这就要涉及科学（文化）；同时，人、人类社会要能生存与发展，就不能不涉及对内在精神世界及其规律的认识，以及如何与之对应。这就要涉及人文（文化）。显然，科学（文化）是立世之基、文明之源，不按外在世界实际情况及其规律办事，不会"做事"，必遭外部世界淘汰，更无源头促进文明发展。然而人文（文化）是为人之本、文明之基，违反人类社会的基本伦理道德，抛弃人文关怀，不会"做人"，就必将异化到人的对立面，其害甚于毒禽恶兽，社会文明一定崩溃。作为"人"，既要会"做事"，有才，更要会"做人"，有德。作为高级人才，更要研究与掌握"做事"、"做人"以及两者之间关系的学问。

先生认为，"教育的首要问题，是区别人与禽兽，教育的首要任务，是使人不是禽兽。"显然,在传说阶段,做人与做事、德与才、道与义、科学与人文同一,因为那时人及其亲人只要能活下去,手段在所不计,能活下去,是最大的做人与做事的同一。有了文化,有了文明,特别是作为高级人才,就要以"做事"体现、升华"做人",以"做人"统率、激活"做事"。这就是我国一贯遵循的"才者,德之资也;德者,才之帅也"的"德才兼备,以德为先"的培育与选拔人才的优秀传统。先生认为,孔子所讲的"志于道,据于德,依于仁,游于艺"这段名言是孔子高等教育学总纲。志、据、依的道、德、仁是"大道",游的艺是"小道"。"大道"是形而上的,可说是道,是"德才"的德;"小道"是形而下的,可说是艺,是"德才"的才。先生认为,这两者缺一不可,先生用《论语》中有关篇章,特别是《宪问》这篇中的"子路问成人"这章,讲明了"艺"是"成人"的基本条件之一。先生引用《论语》的"朱熹集注"的"成人,犹言全人"这句,"成人"就是完全的人、全面的人,明确认为"'成人'必'道''艺'双全","艺"是"成人"不可或缺的素质与应有的内涵。

　　教育之所以"定位在文化领域之中",因为这是由人、人类社会的产生、存在与发展所决定的。文化是人类社会的"基因",是"文化基因",如同生物因自然基因的遗传而延续与变异而演化,人类社会因文化的传承而延续与创新而发展。而教育对于文化,教育是文化传承、延续的基本形式与手段,是文化创新、发展的必要基础与前提;文化离不开教育,教育也离不开文化。高等教育更是如此。正因为教育定位于文化领域之中,所以胡锦涛同志在清华大学一百周年校庆上,明确地将"文化传承创新"单独提出,作为高等教育一大功能,强调指出"高等教育是优秀文化传承的载体和思想文化创新的源泉",要"文化育人"。胡锦涛同志的论述,既有着充分的理论依据,又有着迫切的现实意义,作用极为重大。

　　文化有双重性,科学文化具有强烈的工具理性,人文文化具有深厚的价值理性,正如上述,无工具理性,则文明无源,不能进步;无价值理性,则文明失基,必将崩溃。这样就决定了教育的双重性:工具性与本体性。无工具性,文明何能进步?无本体性,人的素质怎能提高?一般讲来,文化的价值理性、教育的本体性,始终处于主导地位,统率文化的工具理性、教育的工具性;然而,前两者又始终依赖后两者作为支撑。舍去一方,另一方不复存在;颠倒主次,则双方俱败,事物将走向反面。文化、教育越到高级,情况就越是如此。这正是先生为何一再强调两个方面不可分割,同时存在,而且一再强调要高度重视"道",重视人文,重视人文教育。这部专著就是如此撰写的。专著详细列举了陆九渊在白鹿洞讲学一事。讲学讲的是《论语·里仁》篇的"子曰:'君子喻于义,小人喻于利'"这章,这是白鹿洞书院史上最成功、最著名、最富影响的一次讲学,主持人朱熹为之震撼,特将此讲名为《白鹿洞书院讲义》,不像其他的"讲义"均冠以讲者之名,而此讲不冠陆九渊之名,以表明此讲代表了白鹿洞书院的宗旨与精神。先生饶有风趣而又十分深刻地指出,"书院,论其精神实质,只用一个'义'字就足够了,相形之下,朱熹《揭示》正文有79字,就未免太多了。"朱熹亲自撰写的《白鹿洞书院揭示》(亦即"学规"),用先生的话讲,是朱熹的"全部教育思想最集中、最系统、最完整、最精粹的表述",影响深远,直至清末犹为京师大学堂总监督榜示全学堂;影响广大,今犹为韩、日的一些高等学校所尊视。究其实质,"义"涉及的是人文,是教育的本体性;"利"涉及的是科学,是教育的工具性。专著中用了整整一节来谈论此次讲学,联系今天实际,意味深长地指出,应试教育使人"喻于利",素质教育使人"喻于义"。这极富见地。

我特别要提出的是,他对《中庸》开篇三句话的见解。《中庸》,林语堂评价极高,认为是研究儒家哲学的"相当适宜而完整的基础"。在2012年春节期间,我特地去拜访了先生,同他讨论了《中庸》中的一些论述,特别是《中庸》开篇的三句:"天命之谓性,率性之谓道,修道之谓教。"先生以教育哲学家的深刻思想,指出这三句话精练地揭示"性"、"道"与"教"这三者的关系,揭示了教育的本质。这次讨论给了我许多启迪,特别是我认为这三句极为精练、精辟、精彩地揭示了素质、文化与教育的关系。后来,经过了大半年的思考,将平时的有关体会与这次的启迪结合在一起,写了一篇名为《素质·文化·教育》的文章,还来不及请先生指教,先生就重病了。这篇文章开始,就对这三句作了这样的现代诠释:先天基因所赋予的就是先天素质,循乎先天素质所开发出其所蕴含且至少不危害外在世界的潜能的就是规律,使人修明这个规律的就是教育。这个规律蕴含在文化之中,"修道"就是"修文化",就是教化、教育。《中庸》开篇三句后,紧接着是:"道也者,不可须臾离也;可离,非道也。"人、人类社会以文化、文明为存在与发展的方式与手段,人不可须臾离开的就是文化,在《素质·文化·教育》一文中,就论述了规律就蕴含在文化中。显然,这再次表明,教育确实定位于文化领域之中。

第五,先生的一个巨大贡献是,他在专著的"结语"中,明确地提出了中国高等教育的总规律,就是《大学》开篇的话:"大学之道,在明明德,在新民,在止于至善。"这就突破性地发展了梅贻琦《大学一解》的论点。朱熹正确指出,"明明德"、"新民"、"止于至善",是大学的"三纲领"。古代大学与现代大学大不相同,但这"三纲领"所讲的树大德行、做大学问这一根本点,却古今一脉相通,毫无区别。读一读哈佛大学哈佛学院原院长哈瑞·刘易斯在其 2006 年所撰写的《失去灵魂的卓越——哈佛是如何忘记教育宗旨的》一书中,以高标准对哈佛大学提出的尖锐批评,就是一个明证。正因为这一脉相通,不仅古可为今用,而且古大可为今借鉴,忘源危险。实现这"三纲领"的,是《大学》接着提出的沿着"物有本末,事有终始,知所先后,则近道矣"而去践行的"八条目";"格物→致知→诚意→正心→修身→齐家→治国→平天下",而且"壹是皆以修身为本",即一切都将"修身"作为中心环节。先生指出,"身"就是"个人自我",是高等教育活动的主体。

"三纲领"与"八条目",不仅彼此呼应,而且各自有着严格的逻辑关系。"明明德",就是修身,就是修养人格的整体,就是造就精神境界,是大学的本体。"新民",就是日日新、又日新,就是"其命维新",是大学的功能。"止于至善",是大学的目的。本体体现为功能,功能指向目的。"三纲领"既可以指个人,也可以指学校。指个人,则"止于至善",就应为先生所引用的《中庸》所讲的,"可以赞天地之化育","可以与天地参",参者叁也,繁体的大写的"三",先生认为就是"仁",天、地、人一体,即可以达到"天人合一"境界。指学校,则"新民",就是先生所讲的处理好学校与社会的关系,"大学新民,则大学与社会俱兴;大学不新民,则大学与社会俱衰。"指学校,则"止于至善",指在人才培养、文化创新、社会引领、学术交流诸方面应达到的一流水平,而且这个"至善"还必定是与时俱进的。其实,这个一流水平,江泽民同志在北京大学一百周年校庆与胡锦涛同志在清华大学一百周年校庆上都已明确提出了鲜明而具体的含义。"八条目",从"格物"到"修身",自外而内地层层推进,相应于"明明德";从"修身"到"平天下",自内而外地层层展开,相应于"新民"。当然,"明明德"与"新民"不能截然分割,正是在认识与改造主观世界中,不断认识与改造客观世界,反之亦然。当然,应各有主次,各有先后,即应抓住矛盾主要方面。但毕竟你中有我,我中有你。

专著是1997年12月出版的。其实,此后先生还有一系列的有关教育的创见,诸如,"泡菜坛论"、"反刍论"、"读经典论"、"力、利、理'三li论'"、"吞下取精弃糟论"等等,许多创见反映在2009年12月华中科技大学出版社出版的《涂又光文存》中;但在此后,还有不少创见,例如,先生对《中庸》开篇论及教育的创见。

在此值得提出的是,先生是现代著名哲学家冯友兰教授的高足,深知冯学精华,深受道学思想熏陶,但先生却不只限于此,对其他各家也有深入研究。固然,先生认为,老庄思想的积极作用,"帮助人冲决思想网罗,解除精神枷锁,把社会成员个人能量尽量释放出来,成为中国历史和文化的创造力量","其他各家无法相比"。先生认为:"道家是中国哲学的主根,也是嫁接外国哲学的砧木。"但是同时,先生认为:"以《论语》可见,孔子作为教育家,他的教学论,在教与学两方面,从原则到方法,都有伟大而卓越的新贡献。"中国高等教育从孔子,到董仲舒,到朱熹,都是儒家代表人物,乃至蔡元培,亦复如此。当然,先生认为,这些代表人物无不深受道家影响,"表层是儒家,深层是道家"。不论怎样,先生将中国高等教育规律定为是《大学》开篇的三句话。毫无问题,历史的事实是,孔子问礼于老子,孔子是老子的学生,从无争议,也深受老子影响。先生在专著中明确指出,孔子的最高境界在"教"的方面,是《老子》的"不言之教";在"学"的方面,是《老子》的"学不学"。还有《礼记·学记》虽不是孔子写的、讲的,然而是儒家的教育学,代表了孔子的教育思想。《礼记》开篇一大段中就有,"君子欲化民成俗,其必由学乎?"这里的"学",就是教育。但《学记》即将结尾时就有一段,"君子曰:大德不官,大道不器,大信不约,大时不齐。察于此四者,可以有志于本矣。"还有《论语·为政》中的"子曰:君子不器。"这些讲法与《老子》中的"大方无隅,大器晚成,大音希声,大象无形"与"上德不德"等,完全是一个思路!确似《老子》讲法的,确系《老子》的讲法,深入一想,孔子确系受了老子的影响,然而还有一点,老子与孔子的思想源头无不与《易经》密切相关。我赞成这一论点,《易经》标志着中国哲学的产生,它强调矛盾对立的思想,强调事物运动变化的思想,强调人的主观能动性的思想。百家争鸣的各家都不能不受到《易经》的影响。《论语·述而》就记载了:"子曰:'加我数年,五十以学《易》,可以无大过矣。'"而且,到战国中晚期,孔门后学解说《易经》而撰写了《易传》,合成了《周易》。《周易》是中华文化宝库中最为古老的经典,我赞成这一论点,《周易》成了中国哲学和文化的源头活水。先生自然也深受其熏陶。

这篇"序"已写得够长了,远超过一万字了,虽言犹未尽,对这部专著许多方面远未论及,但不能不搁笔了。我之所以写这么多,不仅是谈自己对这部专著的认识,更是谈自己对先生的认识。先生2006年八十大寿时,我写了篇祝贺文章,《精辟的见解 深刻的教诲》;先生2012年与世长辞时,我将在"涂又光先生追思会"上的追思辞整理成一篇文章——《在追思涂又光先生会上的发言》。然而,心中总有一种沉重的遗憾之感,而且此感越来越沉重。一句话,对先生这么一个"极高明而道中庸"、融哲于文史的大家,"发现太晚了"。潜能正待充分发挥,弟子正待深刻受教,立论正待陆续发表,一场大剧正待续演,先生却走了。或许用杜甫《梦李白》诗中最后两句,"千秋万岁名,寂寞身后事",可以概括先生生前身后的真实吧!用余东升教授《思想家不死》一文中由衷的话讲:"只要还有教育、还有哲学、还有文化,涂先生就不会走开。"

是的,《老子》讲得对:"死而不亡者寿"!

我谨以为"序",来纪念我的人文学科的第一位导师——涂又光先生!不妥之处,请读者批评指正。

(本文在写作期间,得到刘献君教授、余东升教授、肖海涛教授的帮助,特此感谢。)

**参考文献:**

[1] 涂又光.中国高等教育史论[M].武汉:湖北教育出版社,1997.

[2] 涂又光.涂又光文存[M].武汉:华中科技大学出版社,2009.

[3] 朱熹.四书集注[M].长沙:岳麓书社,1987.

[4] 严敏.《老子》辨析及启示[M].成都:巴蜀书社,2003.

[5] 林语堂.中国哲人的智慧[M].张明高,范桥,译.北京:中国广播电视出版社,1991.

[6] 周远清.周远清教育文集[M].北京:高等教育出版社,2008.

[7] 杨叔子.在追思涂又光先生会上的发言[J].湛江师范学院学报,2013(1):5-7.

[8] 杨叔子.杨叔子教育雏论选[M].武汉:华中科技大学出版社,2011.

[9] 杨叔子.素质·文化·教育[J].高等教育研究,2012(10):1-7.

[10] 哈瑞·刘易斯.失去灵魂的卓越——哈佛是如何忘记教育宗旨的[M].侯定凯,译.上海:华东师范大学出版社,2007.

# 目　　录

总论/1

## 第一章　传说与成均/6

第一节　传说的启示/6

第二节　王念孙重新解释庠序/8

第三节　纪昀论成均系统/11

## 第二章　孔子与私学/15

第一节　孔子自叙的年谱/15

第二节　论十五岁/17

第三节　要从"胎教"至"小学"说起/18

第四节　参照系/21

第五节　"志于学"/25

第六节　"道"与"艺"/29

第七节　"恕"、"忠"、"仁"、"礼"/37

第八节　目标与方法/40

第九节　道家的影响/42

第十节　私学与管理/44

第十一节　国际交流/51

## 第三章　董仲舒与太学/55

第一节　笔杆子与枪杆子/55

第二节　得天下与治天下/56

第三节　道家儒家的综合/59

第四节　言灾异/63

　　第五节　天人合一说/68

　　第六节　天人合一说与高等教育哲学/71

　　第七节　继天而教论，还是富而后教论？/74

　　第八节　建议"兴太学"/79

　　第九节　组建太学/81

　　第十节　"道"与"艺"，"经"与"艺"/85

　　第十一节　汉太学的发展及其管理/86

　　第十二节　太学之外的高等教育/89

　　第十三节　两个典型/94

　　第十四节　地方的高等教育/100

　　第十五节　太学议政/102

第四章　朱熹与书院/106

　　第一节　中印文化的交融/106

　　第二节　自汉至隋的发展/110

　　第三节　唐代的大发展/113

　　第四节　盛唐模式——四个系统的高等教育/122

　　第五节　《大唐三藏圣教序》·佛教系统的高等教育/125

　　第六节　唐玄宗的《道德真经》注与疏·道教系统的高等教育/128

　　第七节　宋代高等教育的几件大事/134

　　第八节　书院的兴起/140

　　第九节　白鹿洞书院的由来/145

　　第十节　《白鹿洞书院揭示》/148

　　第十一节　《白鹿洞书院讲义》/152

　　第十二节　朱熹的《学校贡举私议》/155

　　第十三节　白鹿洞书院的管理/158

　　第十四节　书院运动的发展/164

　　第十五节　东林书院运动与黄宗羲论学校/169

　　第十六节　附论朱熹的《小学》/176

## 第五章 蔡元培与大学/178

### 第一节 中西文化的综合/178
### 第二节 中学为体,西学为用/183
### 第三节 癸卯学制前后/191
### 第四节 京师大学堂/196
### 第五节 冲击·对策·效果/201
### 第六节 蔡元培的简历和道家境界/206
### 第七节 论《教育独立议》/210
### 第八节 论《对于教育方针之意见》/217
### 第九节 蔡元培的"大学"观念/221
### 第十节 "思想自由","兼容并包"/224
### 第十一节 "教授治校"/228
### 第十二节 "美育代宗教"/236
### 第十三节 大学学制/241
### 第十四节 梅贻琦的《大学一解》/244
### 第十五节 对"人文·科学"阶段的启示/263

## 结语:中国高等教育的总规律/266

## 附录一 元首教育/269

### 第一节 传说/269
### 第二节 先秦元首教育概观/269
### 第三节 无为/271
### 第四节 职官/274
### 第五节 专著/278
### 第六节 共和时代的元首教育/280

## 附录二 元首继承人教育/283

### 第一节 禅让制史料/284
### 第二节 "明明扬侧陋"/287
### 第三节 "我其试哉"/289
### 第四节 《大戴礼记·保傅》/290

第五节 申叔时论太子教育/293

第六节 《帝范》/295

第七节 《钦定古今储贰金鉴》/297

第八节 职官/299

第九节 "第一代模式"/303

**附录三 女子教育/304**

# 总　　论

中国高等教育历史发展有三个阶段：自传说五帝至清朝末年为"人文"阶段，近百年来为"科学"阶段，正在发展为"人文·科学"①阶段。

传说五帝是：黄帝、颛顼、帝喾、帝尧、帝舜。西元前二十六世纪的黄帝，是中国"人文之祖"。黄帝以前，中国已有文化尚无文明；黄帝开始，中国既有文化更有文明。文化与天然相对，文明与野蛮相对。黄帝以来，中国文化也是中国文明，中国文明也是中国文化。下文通称中国文化。

中国高等教育是中国文化一部分，随着中国文化的发展而发展。文化，起初都是某时某地土著的文化。在中国这片土地上，文化本是多元的。传说五帝的文化意义，是多元文化中主要文化的代表。据董仲舒传说，五帝大学曰成均②，"成均"是中国最早的高等教育机构名称。

中国固有的多元文化，到西元前十二世纪，开始形成两个主要文化：北方黄河流域的周文化，南方长江流域的楚文化。北方因袭陈腐的分封制，南方采用新兴的郡县制。北方重儒家，以礼治；南方有道家，以法治。至春秋时代，南方出现自食其力的平民知识分子；北方则仍然学在王官，其反动为私人讲学，孔子可为代表。"私学"是春秋战国时代主要的高等教育机构。"成均"是官学，"私学"是官学的否定。"私学"是

---

① "人文·科学"读作"人文与科学"。
② 郑玄《礼记正义·卷二十·文王世子第八》注云：董仲舒曰"五帝名大学曰成均"。同书亦注：董仲舒为《春秋繁露》云："'成均为五帝之学，虞庠是舜学'，则成均五帝学也"。然遍查《春秋繁露》未见此语，疑今本《繁露》与郑玄所见者不同也。

中国高等教育历史"信史"的真正开端,孔子是中国高等教育历史信史的开山大师和第一位伟大代表。

南北文化,随着秦汉的统一,综合成为汉文化。秦统一是汉统一的排练和预演,不算统一的正戏。若用岁月打比,则秦不过是个闰月。汉统一的文化意义,则不过是楚文化的统一。再着眼于文化流派,则秦统一是法家的统一,汉高祖至文帝、景帝是道家的统一,汉武帝转为儒家的统一。可见以法家统一则速亡,以道家统一则复兴,以儒家统一则蒙民①。后世王朝,再也不敢以法家统一了,虽然"法"是必不可少的辅助手段。有人说百代都行秦政事,若是说辅助手段则可,若是说主要文化则速亡。后世史家,批评汉武帝"穷兵黩武,虐民事神",虽然称赞他"雄才大略"。汉武帝时的儒家,已不同于秦时儒家,不同于战国儒家,不同于春秋儒家,不同于西周儒家,而是南北文化综合的儒家,与道家、法家综合的儒家。这就是南北文化综合的汉文化。其代表是董仲舒,出生于文帝年间,早年学习道家,故其学以道家为主根;景帝时为博士;武帝初,对册称旨,建议兴办太学。武帝从之,命丞相施行。"太学"是汉武帝以后历代王朝主要的高等教育机构,是官学,是"私学"的否定。

汉文化定型了,至东汉之初,西元一世纪之初,佛教传来了,中国文化与印度文化的综合过程开始了,历时千余年而形成宋代道学,可谓东方文化,其代表是朱熹。朱熹将晚唐出现的、宋代渐兴的书院理论化、制度化而且合法化了。"书院"是与东方文化相应的高等教育机构,虽与太学、州学、县学系统的官学并存,实质上是太学、州学、县学系统的官学的否定。

宋代道学定型了,马可·波罗来华了,受到元世祖忽必烈召见咨询,授以官职,这件事标志东西方文化综合过程的开始,这个过程至今尚在进行之中,至鸦片战争进入新阶段,至五四运动形成新高潮,至改

---

① "蒙民"二字,取自《庄子·缮性》:"缮性于俗学,以求复其初;滑欲于俗思,以求致其明。谓之蔽蒙之民。"这是批评儒家。再好的君主制度,再好的君主制度下的高等教育,也是把人民蒙在鼓里,由他摆布,毫无透明度可言。儒家拥护君主,帮助蒙民。当代有人高谈"启蒙",意在揭开这层蒙蔽。本书根据史实,写了儒家不少值得肯定的东西,其能免于帮助蒙民之讥乎?噫!

革开放,在新的历史条件下正在继续发展。鸦片战争惊醒了中国人,领教了外国侵略者帝国主义①这个最凶恶最残暴的敌人,为了保种保教(保教就是保文化),提出学夷之长技以制夷,纷纷兴办类似西方大学的洋学堂,而以戊戌变法时建立京师大学堂为代表。辛亥革命后京师大学堂改名北京大学,1917年蔡元培就任校长。北大在蔡元培主持下,由腐败的官僚养成所,变成真正的西方模式的现代大学,成为五四新文化运动大本营。蔡元培曾任清朝翰林院编修,后游学德、法,其学是东西方文化的综合。蔡元培在中国高等教育史的地位,并不取决于他本人的学术,而取决于他所代表的新时代,中国的共和时代。"大学"是中国共和时代主要的高等教育机构。作为教育家,不是作为其他学问家,蔡元培是中国共和时代第一位高等教育家代表,正如孔子是中国君主时代第一位高等教育家代表。

中国君主时代的高等教育,是中国高等教育的"人文"阶段,但人文与君主没有必然联系。中国共和时代的高等教育,开始了中国高等教育的"科学"阶段,但科学与共和亦无必然联系。五四以来,人们高谈民主与科学,造成一种印象:二者有必然联系。请看世界史:民主的政权重视发展科学技术,固然常见;而最不民主的政权却拼命发展科学技术,作为自身统治的支柱,也是有的。所以民主与科学并无必然联系。

近百年来中国高等教育"科学"阶段,是此前四千五百年间中国高等教育"人文"阶段的否定。与此相应,"大学"是"书院"、"太学"、"私学"、"成均"的全部否定。这两个"否定"无人否认,不仅无人否认,而且有人为此欢呼,踌躇满志。不过每个中国人都有权质问:如此否定的结果,还会是"中国"高等教育吗?科学就是科学,例如物理学,不会有"中国物理学",也不会有"日本物理学"、"美国物理学",等等。中国高等教育,若要是"中国"高等教育,就一定不能停在"科学"阶段,就一定要进入"人文·科学"阶段。在"人文·科学"阶段,并不只是人文学科与科

---

① 弗·伊·列宁著《帝国主义是资本主义的最高阶段》一书,通称《帝国主义论》,据此书所论,则鸦片战争(西元1840)时尚无垄断资本主义,亦即尚无帝国主义。本书曾考虑改用"殖民主义"。为了与我国人民反帝反封革命总口号一致,还是用"帝国主义"一名,特此说明。

学学科并重,并不只是学人文者兼学科学、学科学者兼学人文,而是人文为科学启示方向,而是师生体现人文精神。我有一篇小文《论人文精神》①讨论这个问题,在此不多说了。

二十世纪七十年代末,华中工学院②开始办人文学科专业,十几年过去了,逐渐体悟到,这一举措,有跨过"科学"阶段、迈向"人文·科学"阶段的客观意义。

以上论述了中国文化发展各阶段,各阶段的代表人物,各阶段主要的高等教育机构。以此为根据,本书讨论以下题目:

一、传说与成均

二、孔子与私学

三、董仲舒与太学

四、朱熹与书院

五、蔡元培与大学

讨论问题,要从实际出发,不要从定义出发。定义是第二性的一句话,其信息含量怎么也不及第一性的实际丰富,用之不竭。定义,是谁的定义?若是西方的定义,就会用西方"套"中国;若是现代的定义,就会用现代"套"古代。"套",害死人!当然也不要用中国套西方,用古代套现代。总之,讨论什么,就从什么的实际出发。讨论哪一段历史,就从那一段历史的实际出发。

从中国高等教育史的实际出发,看孔子私学那一段,就清楚地看出,高等教育是十五岁开始的终身教育,"死而后已",没有"毕业"这一说,也没有"考试"这一说。国君们(诸侯)亲自找孔子,调查孔子的学生,张三何如,李四何如,孔子作出口头鉴定,以备国君任用:这是行政事务,不是教育活动。再看通史,通观各阶段,如马端临作《文献通考》,将用人行政事务作为"选举考"的内容,将教育活动作为"学校考"的内容,继续坚持这两个方面的区别,分开处理:这是极有见地的。尽管这

---

① 见《高等教育研究》1996年第5期。又见《中国哲学史》1997年第1期,是两个不同版本,以后者为准。

② 现名华中科技大学。

两个方面关系密切,不论多么密切、密不可分,还是两个方面,不可混为一谈。两个方面,或更多方面,应该而且可能分别讨论,不要混在一起;混在一起,哪一方面也讨论不好。现在讨论高等教育,就讨论教育活动,不讨论行政事务;要讨论行政事务,尽可另写专书讨论。这段话,好比民间杂技艺人表演,先捡开场子。

相对于十五岁以前的"小学",十五岁以后的终身教育是"大学"。"大学"的"学"字指"学问",又指"学校",但归根到底指"学问"。"大学"的专著是《大学》,汉儒编入《礼记》,宋儒重编为"四书"之首,逐步升级,越升越高,至于极高,而《大学》全文无"校"字,也没有当作"学校"讲的"学"字,《中庸》亦然。可见《大学》(以及《中庸》)的精神,重在"学问",不重在"学校"。这套学问就是"明明德",以修身为本,进而齐家、治国、平天下、配天地。这套人文学问,如此广大,不可能重在学校。这是中国高等教育"人文"阶段的特点;其中人文精神是与人同在的,不限于"人文"阶段的。

"科学"阶段则不然。科学学问,只有在学校里学,在中式学校里还不行,只有在西式学校里学。所以中国高等教育"科学"阶段重在学校,此其特点。所以当代的中国高等教育研究,实际上不过是高等"学校"研究而已。

因为现行大学的这一套是从西方搬来的,由于各种原因,只搬来西方高等教育的一部分,主要就是办科学的这一部分(但绝对不能由此得出西方高等教育只办科学的结论)。于是出现人文困境。目前的人文困境,实质是"端着金碗讨饭"。讨饭是贫困,端着金碗是富有。金碗不止一个,至少两个:一个是中国固有的人文学问,一个是中国共产党的延安整风经验,即"实事求是"的精神和艰苦奋斗的作风。不过金碗可资创业,不能代替创业。只要发愤创业,就一定能够走出目前的人文困境,迈入崭新的"人文·科学"阶段。

# 第一章　传说与成均

## 第一节　传说的启示

《庄子》书中有丰富的传说资源,其《马蹄》篇有云:

> 故至德之世,其行填填,其视颠颠。当是时也,山无蹊隧,泽无舟梁;万物群生,连属其乡;禽兽成群,草木遂长。是故禽兽可系羁而游,鸟鹊之巢可攀援而窥。
>
> 夫至德之世,同与禽兽居,族与万物并,恶乎知君子小人哉?同乎无知,其德不离;同乎无欲,是谓素朴;素朴而民性得矣。
>
> 及至圣人,蹩躠为仁,踶跂为义,而天下始疑矣;澶漫为乐,摘僻为礼,而天下始分矣。

又云:

> 夫赫胥氏之时,民居不知所为,行不知所之,含哺而熙,鼓腹而游,民能以此矣。
>
> 及至圣人,屈折礼乐以匡天下之形,县跂仁义以慰天下之心,而民乃始踶跂好知,争归于利,不可止也。此亦圣人之过也。

以上引文有三处提到"圣人"。"圣人"是谁?《马蹄》篇没有交代。其《在宥》篇交代了:"昔者黄帝,始以仁义撄人之心。"

以上是道家的传说,它有这样的意义:中国教育始于黄帝时代。

儒家也有这样的传说，见于《大戴礼记》的《五帝德》篇，其中说黄帝"教熊罴虎豹"，"教化淳鸟兽昆虫"。"教"，"教化"（"淳"是补语，言教化到淳的程度），是教育活动。"熊罴虎豹"，"鸟兽昆虫"，是氏族图腾，代表受教育的氏族。这种传说也有这样的意义：中国教育始于黄帝时代。

黄帝时代开始于西元前2550年①。

这些传说都是说，黄帝时代以前，人与禽兽分不开；从黄帝开始，通过教育，人才与禽兽分开，人才脱离禽兽状态。照此说来，教育的首要问题是区别人与禽兽，教育的首要任务是使人不是禽兽。这是这些传说对中国教育的启示，这点启示有如明日当空，照亮了中国教育的道路，一直到十九世纪末叶，才被现代的后羿射落了。

但是，在怎样区别人与禽兽、怎样使人不是禽兽这个首要问题上，道家与儒家是根本对立的。道家走"道"、"德"的路。儒家走仁、义、礼、乐的路，如《马蹄》篇之所批评者。

道家的"道"、"德"是两个范畴，"道"指万物存在的总原理，"德"指个体存在的原理，道与德皆指万物（包括人）个体之自然，自然是个体自己如此。人之自然是人，不是禽兽；正如禽兽之自然是禽兽，不是人。万物存在的总原理，也就是万物之自然，这就叫"道法自然"（《老子》第二十五章语）。只要坚持道法自然，则人与禽兽有别而非禽兽，还用说吗？教育还是要的，其原理是"辅万物（特指人）之自然而不敢为"（《老子》第六十四章语）。而且强调"自胜"（《老子》第三十三章语），"修之身，其德乃真"（《老子》第五十四章语），于是儒家也大讲"克己"、"修身"了。

道家批评儒家的仁、义、礼、乐，不仅因为它们发生流弊，造成恶果，而且因为即使它们尽量发展，也不能解决问题。《庄子》《大宗师》篇有云："泉涸，鱼相与处于陆，相呴以湿，相濡以沫，不如相忘于江湖。"这是比喻什么呢？其后有云："鱼相忘乎江湖，人相忘乎道术。"以江湖比喻道术，可知以湿沫比喻仁义。

---

① 据翦伯赞主编的《中外历史年表》第2页，中华书局1985年版。

鱼在陆地,互相呵湿气、润口沫,苟延残喘,好比人互不相忘,仁至义尽。鱼在江湖,不用互相呵湿气、润口沫了,互相忘掉了,好比人在道术之中,用不着仁义,互相忘掉。请问哪样解决问题:是湿沫?是江湖?还用说吗。

若讲哲理,道家可谓极高明,比儒家高明。若讲历史,则儒家是中国教育的主流,这一点并未因为道家批评而改变,而是由于西方冲击才改变。哲理,历史,都正在创造之中。

再回到《庄子》《马蹄》篇、《在宥》篇的传说,说是从黄帝时代开始,以仁义撄人之心,以礼乐匡人之形。这都是教育活动。而且按照中国传统,仁义礼乐教育更是标准的高等教育。

## 第二节 王念孙重新解释庠序

关于学校的传说,《孟子·滕文公上》言及夏、殷、周三代,其言曰:

> 设为庠序学校以教之。庠者养也,校者教也,序者射也。

夏曰校,殷曰序,周曰庠,学则三代共之。皆所以明人伦也。

对这段话中学校名称的解释,一直到清代才搞清楚,见于王念孙(1744—1832)所著《广雅疏证》卷一上"释诂"的"庠,养也"条下:

> 《说文》:"庠,礼官养老也。"《王制》:"有虞氏养国老于上庠"郑注云:"庠之言养也。"赵岐注《孟子》云:"养者,养耆老。射者,三耦四矢以达物导气。"此皆缘辞生训,非经文本意也。
>
> "养国老于上庠",谓在庠中养老,非谓庠以养老名也。"州长"职云:"春秋以礼会民而射于州序",谓在序中习射,非谓庠(涂按:庠应作序)以习射名也。
>
> 《王制》:"耆老皆于庠,元日习射上功",而庠之名独取义于养老,何也?《文王世子》:"适东序,养老",而序之名独取义于习射,何也?
>
> 庠序学校,皆为教学而设,养老、习射,偶一行之,不得专命名之义。庠训为养,序训为射,皆是教导之名,初无别异也。

《文王世子》:"立大傅、少傅以养之,欲其知父子君臣之道也。"郑注云:"养,犹教也。言养者,积浸养成之。""保氏"职云:"掌养国子以道。"此庠训为养之说也。

射,绎,古字通。《尔雅》云:"绎,陈也。"《周语》云:"无射,所以宣布哲人之令德,示民轨仪也。"则射者,陈列而宣示之,所谓"谨庠序之教,申之以孝弟之义"也。此序训为射之说也。

养,射,皆教也,教之为父子,教之为君臣,教之为长幼,故曰"皆所以明人伦也"。

彻者彻也,助者籍也,庠者养也,校者教也,序者射也,皆因本事以立训,岂尝别指一事以明之哉?

王氏是清代经学大师,属于汉学,与汉代经学大师郑玄(127—200)、赵岐(约108—201)属于一派,却没有门户之见,毫不护短,毫不迷信,直斥他们对于庠序的解释皆"缘辞生训(犹言'望文生义'),非经文本意",一笔勾销,另行考证,代之以合乎经文本意的解释。这种实事求是、立学为公、革新创造的精神,永远是光辉榜样。

"庠"的确有养老的任务,但并非因养老而名庠,庠是"教导之名",即今言学校。"序"的确有习射的活动,但亦非因习射而名序,序也是教导之名,亦今言学校。总之,"庠序学校,皆为教学而设",皆今言学校。这才是"因本事(教导,教学)以立训",而不是"别指一事(养老,习射)以明之"。这是训诂名物制度的一条重要原则。

王氏的成就,达到当时最高水平,这是肯定的。但时至今日,王氏的成就暴露出一个根本性的问题,有待解决,就是共同性与特殊性统一的问题。

王氏考证出庠序学校皆学校,是说明了共同性。但同是学校,何以夏曰校、殷曰序、周曰庠?这都是特殊性。要说明特殊性,如说明周曰庠,还是要考虑养老;如说明殷曰序,还是要考虑习射。

现代语言学、现代逻辑学告诉我们,语词的意义与名词的定义是不同的。语词意义的形成,往往是以偏代全,即以部分代全体,往往由偶然性变成约定性。养老、习射,哪怕是"偶一行之"的单项活动,却成为约定周曰庠、殷曰序的缘由,也是很自然的,合乎语义形成的惯例的。

只讲共同性,不讲特殊性,是王氏的根本性问题,是《广雅》的根本性问题,是《尔雅》一系的根本性问题,是中国传统训诂学的根本性问题。

《尔雅》、《广雅》的基本公式是:
$$A_1, A_2, A_3, \cdots, A_n : A \text{ 也}$$
所有疏证的工作,都是考证,从 $A_1$ 到 $A_n$,都具有义素 A,即它们的共同性。至于 $A_1$ 与 $A_2$ 的差别,$A_1$ 与 $A_3$ 的差别,以至 $A_1$ 与 $A_n$ 的差别;$A_2$ 与 $A_3$ 的差别以至 $A_2$ 与 $A_n$ 的差别……总之,
$$C_2^n = \frac{n(n-1)}{2!}$$
这么多两项一组的差别,一概不管。这就是不讲特殊性。这就是片面性。片面性,作为一面性,总还有其一面,比一面也没有强多了。而且既已有其一面,就是有其一面;你嫌他只有一面,你补上另一面就是了。

所以还是感谢王氏讲清楚了共同性这一面。所以《孟子·滕文公上》那段话里,"庠序学校"都是"学",尽管夏曰校、殷曰序、周曰庠,三代各异其名,但是,"学,则三代共之",就是说,"学"是"校"、"序"、"庠"的共名。《孟子》"经文本意"如此而已。可是,自汉唐经师至南宋朱熹(1130—1200),如朱熹的《孟子集注》,则以"庠"、"校"、"序"为乡学,以"学"为国学,这个区别从《孟子》经文怎么也看不出来,这就不是"缘辞生训",而是别生枝节了。所以本书一概不取,只取王氏之说如上。

王氏之说更有新鲜之处,就是指出"射"古通"绎",义为"陈也",乃"陈列而宣示之"。这很可能就是展览馆、博物馆的起源。当时文化程度,更宜直观实物。

王氏之说虽合经文本意,但经文本意未必合历史事实,更何况此段经文本是传说。经文解释与经文本意合不合,是一回事;经文本意与历史事实合不合,是另一回事。你的解释虽合经文本意,但如果经文本意不合历史事实,则你的解释再好,还是不合历史事实。这是皓首穷经的经师们一大悲哀。不过经师们也管不了这许多,他们若能做到解释合乎经文本意,也就很好了,也就克尽厥职了。

此段经文所传说者,没有提到读书,其实养老就是读活书。"老"是活书,"养老"是读活书。这是养老在文化教育上的意义,当然不是养老的全部意义。

《论语·八佾》篇记载,孔子言古礼,要求"文献"足征。郑玄注:"献,犹贤也。"朱熹注:"献,贤也。"文是死书,献是活书。例如,老子、郯子、师襄这些"贤"都是孔子的"献",即活书。传说的三代之时,文很少,献很多,即所养的老。老不必贤,但老中有贤,学校所养的老则必须贤,他们是"明人伦"的榜样,是文化知识和实践经验的宝库,所以要养起来,让人们,尤其是青少年,来读这些活书。

## 第三节 纪昀论成均系统

"董仲舒曰:五帝名大学曰成均。"此语见于《礼记》《文王世子》篇"于成均"郑玄注。又《周礼·春官下》"大司乐掌成均之法"郑玄注:"董仲舒曰:成均,五帝之学。"这两条郑玄注是五帝之学和大学的传说,比《孟子·滕文公上》那段三代之学的传说所传说的时代更古。据《大戴礼记·五帝德》,五帝是黄帝、颛顼、帝喾、帝尧、帝舜,《史记·五帝本纪》从之。据《史记》,五帝之后接着是夏、殷、周三代。据翦伯赞主编的《中外历史年表》,五帝年代在西元前二十六世纪至西元前二十二世纪。

五帝之学和大学名成均,所传说的时代最古了,没有比这更古的了。这个传说出自董仲舒,郑玄注经引用了两次,董仲舒总说过这句话。唐代孔颖达(574—648)为《礼记》《文王世子》篇"于成均"作《疏》云:"董仲舒为《春秋繁露》云'成均为五帝之学'。"孔颖达见到的《春秋繁露》有此语。但今本《春秋繁露》,无论是凌曙本、苏舆本或《四库全书》本、《二十二子》本,均无此语,《汉书·董仲舒传》所载董氏文字中亦无此语。

对"成均"的解释:《周礼·春官下》"大司乐掌成均之法",郑玄注引"郑司农(郑众)云:均,调也。乐师主调其音,大司乐主受此成事已调之乐"。照此解释,则"成事已调之乐"曰"成均"。照此解释,则成均的教育内容始于乐。这样解释是很有根据的。

清代纪昀(1724—1805)主编《历代职官表》,其《国子监表》第一则按语云:

> 谨案:太学之制,昉于五帝,郑康成引董仲舒说谓"五帝名太学曰成均"者是也。而教胄子之官,则肇于舜之命夔。盖五帝三王之学政,皆由乐始,故以乐官兼之。汉魏而后,博士官隶属太常,其意实本于此。今故引冠历代建置之首,以明原起焉。

所谓"舜之命夔",是指《尚书·尧典》:"帝(舜)曰:夔!命汝典乐,教胄子。"伪孔安国《传》:"胄,长也,谓元子以下至卿大夫子弟。"陆德明《释文》:"王云:胄子,国子也。"

所谓"学政皆由乐始",是指《周礼·春官下·大司乐》:"掌成均之法,以治建国之学政,而合国之子弟焉。凡有道者,有德者,使教焉,死则以为乐祖,祭于瞽宗。以乐德教国子:中、和、祗、庸、孝、友。以乐语教国子:兴、道、讽、诵、言、语。以乐舞教国子:舞云门、大卷、大咸、大磬、大厦、大濩、大武。"又《乐师》:"掌国学之政,以教国子小舞。"又《大胥》:"掌学士之版,以待致诸子。"又《小胥》:"掌学士之征令而比之。"又《籥师》:"掌教国子舞羽龡籥。"又《大师》:"掌六律、六同","教六诗:曰风、曰赋、曰比、曰兴、曰雅、曰颂,以六德为之本。"

关于成均教育的传说大概如此。到底历史事实如何,尚未考定;虽未考定,传说的影响依然很大,例如汉魏以后的博士官隶属太常。"太常"是"太常寺"的略称,是"典乐"部门,又掌礼仪、祭祀。

关于夏、殷、周三代学校之制有许多说法,《历代职官表·国子监表》的第二则按语,作了系统的整理,全文如下:

> 谨案:古者建国君民,教学为先,而后儒聚讼纷纭,亦莫甚于三代学校之制。其异同得失,难以概论,而要其大端,不过"立学之地"、"入学之人"、"教学之官"三者而已。谨以经传所载,参合诸家,折衷而考论之。
>
> 盖自五帝建学,名为成均,其后虞曰庠,夏曰序,殷曰瞽

宗,周人立辟雍于中,而以四代之学环建于外:南为成均,北为上庠,东为东序,西为瞽宗,是为五学。辟雍为天子承师问道及养老更、献戎捷之地,虽世子齿学不得就,而四学则令国子肄业焉。此外又有门闱之学(原注,蔡邕《明堂论》云:《周官》有门闱之学,师氏教以三德,守王门;保氏教以六艺,守王闱),四郊之学(原注,即《礼记》所谓"虞庠在国之西郊"者,皇侃谓四郊皆有之),是为小学。故以四学对辟雍,则辟雍为太学;而以小学对四学,则四学皆为太学矣。此立学之地也。

《大胥》"掌学士之版";《文王世子》"学,世子及学士必时",郑司农曰:"学士,谓卿大夫诸子学舞者。"郑康成曰:"学士,谓司徒论俊选所升于学者。"盖以其教于学,故总名之曰学士。而其途各异,抡选亦有区分,如公、卿大夫、元士之嫡子,以其父兄皆有爵列于国,则谓之国子,皆当入太学,与王子齿;其卿大夫之庶子,为国子之倅者,则谓之诸子,皆统于诸子之官,而时亦升入太学以教之。若乡、遂、都、鄙所宾兴及侯国岁贡者,曰选士、俊士,亦咸造焉。此入学之人也。

至教之之官,立法尤为详备。其虎门之学,则选国子中秀异者,使师氏教之,与王子共学,不在太学之数;而四学之中,于成均学乐德、乐舞、乐语,则以大司乐教之;于上庠学书,则以典书者教之;于东序学干戈羽籥,则以乐师、籥师教之;于瞽宗学礼及诵弦,则以执礼者及大师教之;而师氏亦兼在东序,为国子论说其义理浅深、才能优劣,谓之大司成。此教学之官也。

后世以祭酒为出于师氏之职,因以大司成当之;不知师氏王举则从,惟在虎门之左,必不能常入太学,其朝夕授业者,固当属之大小乐正耳。

在大学朝夕授业的只有大小乐正。这正是学政皆始于乐的"掌成均之法"的系统。所以,将五帝三代的学校之制,尤其是大学之制,名为成均系统,是恰当的。

经过一番整理,尽管条理井然,但依然都是传说,合不合历史事实,无从判定。不过有一点是很明确的,就是:凡入学者都是大大小小当权派的子弟,他们是一个有入学特权的"类"。后来孔子主张"有教无类"①(《论语·卫灵公》),就是要取消这个限制。

---

① 《吕氏春秋·尊师》云:"子张,鲁之鄙家也;颜涿聚,梁父之大盗也;学于孔子。"高诱注:"鄙,小。"则"鄙家"指小户人家。曾为大盗,亦可入学。如此不计成分历史,真算是"有教无类"了,亦可见孔子对于教育的信心。《淮南子·氾论训》云:"颜喙聚,梁父之大盗也,而为齐忠臣。"王念孙云:喙当为啄,啄与涿音同互通。大盗成为忠臣,亦"有教无类"之效。

# 第二章　孔子与私学

## 第一节　孔子自叙的年谱

穿过传说的云雾,就是信史的大地了。

在信史文献中,能够完整地展现一个人的高等教育全过程的,只有《论语·为政》的"吾十有五"章,此章全文是:

> 子曰:吾十有五而志于学,三十而立,四十而不惑,五十而知天命,六十而耳顺,七十而从心所欲不逾矩。

明代顾宪成(1550—1612)著《四书讲义》,说"这章书是夫子一生年谱,亦是千古作圣妙诀"。清代李颙(1627—1705)著《四书反身录》,也说"此章真夫子一生年谱也,自叙进学次第,绝口不及官阀履历、事业删述,可见圣人一生,所重惟在于学,所学惟在于心,他非所与焉"。二人所说可谓"年谱说"。本书赞成年谱说,更从顾说悟出中国高等教育传统是"作圣",从李说理解此章精义是"所重惟在于学,所学惟在于心"。这一段是说此章总体,以下说此章各句。

"吾十有五而志于学":"志于学"就是"志于道"(《论语·里仁》),在孔门特指"志于仁"(同上)。此"学"是学问,不是学校。

"三十而立":《汉书·艺文志》云,"古之学者耕且养,三年而通一艺","三十而五经立"。"耕且养"就是半耕半读,"养"犹教也。"通一艺"就是通一经。南朝梁代皇侃(488—545)著《论语义疏》,释"三十而立"云:"立,谓所学经业成立也。古人三年明一经,从十五至三十是又十五年,故通五经之业,所以成立也。"说与汉《艺文志》同。严格地说,孔子时尚无"五经"之名,虽无其名,但有其实。比孔子早一个世纪,楚儒申叔时为楚太子教育开列的课程,就有"春秋"、"世"、"诗"、"礼"、"乐"、"令"、"语"、"故志"、"训典"等名目(见《国语·楚语上》),其内容大概就相当于后来所谓的五经。通经的标志是"立",站得稳,解决了现在常说的"立场"问题。能"立"在经业上,不是躺在经业上。

"四十而不惑":《论语·子罕》云,"子曰:可与共学,未可与适道;可与适道,未可与立;可与立,未可与权。"将此章中的"学"、"立"、"权"比照"吾十有五"章中的"学"、"立"、"不惑",则"不惑"对应于"权",谓能通权达变,灵活运用其道,解决问题,而不迷惑。

"五十而知天命":现代学术界有一个共识,孔子五十许,由于喜《易》,进入新的精神境界。"知天命"故"乐天知命故不忧"(《周易·系辞上》),而"仁者不忧"(《论语·子罕》,又见《宪问》),常住"仁"的境界了。以前的学问是人道,现在的学问是天道了,故曰"知天命"。

"六十而耳顺":《胡适之先生晚年谈话录》1958 年 12 月 26 日[①]有云:"从来经师对耳顺的解释都不十分确切的。我想,还是容忍的意思。古人说的逆耳之言,到了六十岁,听起人家的话来已有容忍的涵养,再也没有'逆耳'的了。还是这个意思比较接近些。"胡氏早在《自由主义》[②]一文中说:"我做驻美大使的时期,有一天我到费城去看我的一个史学老师白尔教授,他平生最注意人类争自由的历史,这时候他已八十岁了。他对我说:'我年纪越大,越觉得容忍比自由还更重要。'这句话我至今不忘记。"胡氏意谓:由于容忍,倾听人言,哪怕是逆耳之言,都觉得顺耳了。

"七十而从心所欲不逾矩":皇侃《论语义疏》云,"从,犹放也。逾,越也。矩,法也。年至七十,习与性成,犹蓬生麻中,不扶自直。故虽复放纵心意,而不逾越于法度也。"好比一个大书法家,无论怎样狂草,亦

---

① 中国友谊出版公司 1993 年北京版第 4 页。
② 见 1948 年 9 月 5 日北平《世界日报》,转引自《灯下随笔》,中国社会科学出版社 1995 年版第 228 页。

合法度。

孔子享年七十二岁(前551—前479),自叙七十,亦可谓自叙终身矣。

无论如何,《论语》"吾十有五"章孔子自叙的十五岁开始的终身教育,是一个逐步提高精神境界的过程。换言之,孔子经历的高等教育,是十五岁开始的逐步提高精神境界的终身教育。不谈毕业,死而后已。其前十五年为通经。这就是此章的高等教育意义。

## 第二节 论 十 五 岁

由于孔子说过"吾十有五而志于学",十五岁就被人看作有特别意义的年龄,当作区分中国教育为"小学"阶段和"大学"阶段的界限:十五岁以前为小学,十五岁开始为大学。这个界限是有其生理、心理根据的,并不是孔子一说就成了界限的,就连孔子总也是根据生理、心理才说的,不过没有把这些根据明说出来。后来出现一个名词"成童",用以指称十五岁的童子,意思是认为,十五岁的童子成熟了,很像是以此提供十五岁为界限的生理、心理根据。如《礼记·内则》:"成童舞象学御射",郑玄注:"成童十五以上。"又如《白虎通·辟雍》:"十五成童志明,入大学,学经术。"

西方也有类似的说法。"据昆体连(Quintilian,35—100)说,将近十六岁的少年,已完成普通学业(音乐,算术,几何,体操,演说),就应该专修修辞。"①昆氏所说的"专修修辞",相当于中国古代的"入大学,学经术"。

卢梭(Rousseau,1712—1778)在《爱弥儿》中有七处谈到十五岁,兹择录其四:

苏菲一满十五岁,她的父母就不再把她当作一个小孩子

---

① Maud Chaplin(毛德·卓别麟):PHILOSOPHIES OF HIGHER EDUCATION, HISTORICAL AND CONTEMPORARY(《高等教育哲学:历史的和当代的》)。又,1996年2月20日英国《每日电讯报》题为《下令对高等教育进行改革》一文提到"十六岁以上公民教育效果的审查",见1996年3月28日《参考消息》第6版。

了。①

在十五岁的时候,他还不知道他有一个灵魂。②

你认为孩子们在七岁的时候就能够认识上帝,而我则认为他们即使到了十五岁也是不行的。③

我们在十五岁的时候对贤明的人的幸福的看法,和三十岁的时候对天国的光荣的看法是一样的。④

卢梭若会中文,他也会把十五岁的少年称作"成童"。这与中国"古者十五而入大学"⑤的传统是一致的。

## 第三节　要从"胎教"至"小学"说起

研究中国高等教育史,就是研究中国大学教育史。"大学"指"大学问",也指"大学校",但归根到底是指"大学问"。所以《礼记》的《大学》全篇只讲大学问,不讲大学校。也不是不讲,而是不用讲。自十九世纪末年移植西方大学校以来,中国高等教育研究,只是研究大学校,不是研究大学问,循实责名,只能算中国高等学校研究,不能算中国高等教育研究,至多只能算半个(而且是小半个)高等教育研究。这是教育观、高等教育观、中国高等教育观的一种反映。这是大问题,是关系中国文化文明生死存亡的大问题,立此存照,以后再说。现只说,研究中国高等教育,即研究"大学",要从"小学"说起,哪怕是简略地说起;要说"小学",又要从"胎教"说起,哪怕是更简略地说起。不然,就像《山海经》的"刑天"无头。

《大戴礼记·保傅》云:"周后妃任(妊)成王于身,立而不跛,坐而不差,独处而不倨,虽怒而不詈:胎教之谓也。"又云:"《青史氏之记》⑥曰:

---

① 中译本,商务印书馆1986年版,第5卷,第599页。
② 同上书第4卷,第364页。
③ 同上书第4卷,第365页。
④ 同上书第3卷,第243页。
⑤ 见《论语》"吾十有五而志于学"朱熹集注,又见《陆象山全集》卷三十四《语录》。
⑥ 《汉书·艺文志·小说家》著录"《青史子》五十七篇",班固自注:"古史官记事也。"

古者胎教,王后腹之七月,而就宴室。太师持铜而御户左,太宰持斗而御户右。比及三月者,王后所求声音非礼乐,则太师缊瑟而称不习;所求滋味者非正味,则太宰倚斗而言曰:不敢以待王太子。"这里只讨论《青史子》这段话。它是说,王后怀孕七月,就另住宴室,亦名侧室。太师是乐官,铜是乐器;太宰是膳夫,斗是斟具。太师候于户左,太宰候于户右。在宴室住三月,要生了。王后要听音乐,若不合礼,太师就要抵制,把乐器藏起来,推托说没有学习过,不会演奏。王后要的饮食,若不是正味,太宰就要抵制,把斟具收起来,假说不敢用它待王太子。太师管音乐,其任务,用现代产科学的话说,是优化胎儿的物理生态环境;太宰管饮食,其任务是优化胎儿的化学生态环境。这种胎教,只见于王后和王子。王后和王子也是中国人,是中国人极小的一部分,这一小部分中国人的教育,也是中国教育史的一小部分,所以本书还是极简略地提它一下。

再说小学。最基本的内容是(一)识字,(二)学会洒扫、应对、进退。

关于识字:识字教育属于小学,最初没有识字课本,后来出现识字课本,就把识字课本叫做小学。《汉书·艺文志》著录"小学十家",第一家是"《史籀》十五篇",班固自注:"周宣王太史作大篆十五篇,建武(西元 25—56)时亡六篇矣"。《艺文志·小学》后叙云:"古者八岁入小学,故《周官》'保氏'掌养国子,教之六书,谓象形、象事、象意、象声、转注、假借:造字之本也","《史籀》篇者,周时史官教学童书也"。据王国维(1877—1927)考证:《史籀》"亦谓之《史篇》,即《史籀篇》之略称","《汉书·平帝纪》'征天下通知小学《史篇》者';《王莽传》'征天下《史篇》文字'","此皆以《史篇》为字书之通名"。"《说文》云:'籀,读也。'又云:'读,籀书也。'古籀、读二字同声同义。又古者读书皆史事","籀书为史之专职。昔人作字书者,其首句盖云'大史籀书',以目下文,后人因取句中'史籀'二字以名其篇。'大史籀书'犹言'大史读书',汉人不审,乃以史籀为著此书者之人,其官为大史,其生当宣王之世","不知'大史籀书'乃周世之成语;以首句名篇,又古书之通例:而猥云有大史名籀者作此书,此可疑者一也"。王氏又谓:"《史籀》一书殆出""春秋战国之间,秦人作之以教学童,而不传于东方诸国","若谓其字颇同殷周古文,当为古书,则篆文同于殷周古文者亦甚多矣(且秦处宗周故地,其文字自当多仍周旧),未可因此遽定为宗周之书。此可疑者二也"[①]。王氏否定"籀"为人名,否定《史籀》一书是西周著作,而肯定它是东周时秦人著作。王氏并未否定,而是更加肯定,《史籀》是最早的教学童的字书。《史籀》全书失传了,王氏依据《说文解字》作《史籀篇疏证》,疏证了二百二十三文,约略地呈现《史籀》概貌。兹举此最早的字书为例,或可有助于窥见小学一斑。

关于洒扫、应对、进退:《论语·子张》有"小子,当洒扫、应对、进退"一语,略加说明如下。

先说洒扫。《礼记·少仪》云:"汛扫曰扫,扫席前曰拚。"汛扫是先洒水而后扫;若是普遍扫,就叫做扫;若只扫席前一块,则叫做拚。怎样拚?《弟子职》[②]云:"凡拚之道,实水于盘,攘臂袂及肘;堂上则播洒,室中握手;执箕膺揲,厥中有帚。入户而立,其仪不忒;执帚下箕,倚于户侧。凡拚之纪,必由奥始。俯仰磬折,拚毋有彻。拚前而退,聚于户内,坐扱排之,以叶适己,实帚于箕。先生若作,乃兴而辞,坐执而立。遂出弃之,既拚反立,是协是稽。"这段话分为"拚之道"和"拚之纪","道"是原则,"纪"是程序。原则是要把盘内装满水,要把袖子挽起来;在堂上洒水要散播开,在室中洒水要用手捧;拿簸箕要箕口对着自己胸前,箕中放着扫帚;入户而立,礼仪不可有差错;拿了扫帚,放下簸箕,将它倚于户侧。原文押韵:肘、手、帚为一韵,忒、侧为一韵,形成歌诀,便于背诵,以利实行。程序是从西南角扫起,扫时或低头、或抬头、或弯腰,都不可碰着其他东西;边退边扫,垃圾扫成一堆,用簸箕撮起来送走时,将箕口对着自己,扫帚放在簸箕里;先生若要进来,就说尚未扫完莫进来,可是他进来坐下了,就执箕而立,但赶快把垃圾送出去倒掉。洒扫完毕,返室而立,和悦地考究书义。原文也押韵。

---

[①] 引语均见王氏《史籀篇疏证》的《史籀篇叙录》(《王国维遗书》第六册,上海古籍书店1983年影印版)。

[②] 刘向(约前77—前6)将《弟子职》编入《管子》为第五十九篇。

《礼记·曲礼》有段话与此互相发明:"凡为长者粪之礼:必加帚于箕上;以袂拘而退,其尘不及长者;以箕自向而扱之。"粪,是扫除。为长者扫除的礼是:未扫时将帚放在箕上;扫时以袖遮帚,边退边扫,不使灰尘扬到长者身上;以箕收垃圾送出时,箕口要对着自己。

可见洒扫真正是一门功课,有道有纪有礼,并不像有些人想的那么简单。所以洒扫是训练小子做人的开始。后来禅宗的人说,"担水砍柴,无非妙道",与此相通。

再说应对、进退。《礼记·内则》云:"在父母舅姑之所,有命之,应'唯',敬对,进退周旋慎齐。"又《曲礼》云:"见父之执,不谓之进,不敢进;不谓之退,不敢退;不问,不敢对。"又云:"遭先生于道,趋而进,正立拱手。先生与之言,则对;不与之言,则趋而退。"

《尔雅·释亲》"婚姻"云:"妇称夫之父曰舅,称夫之母曰姑。"又"妻党"云:"妻之父为外舅,妻之母为外姑。"一对夫妻,在父母(夫的父母是妻的舅姑)住所,父母有所命,或答应一声"唯",或敬对几句话。"周旋"是指言行举止恭敬有礼地与之相处。进退周旋等一切举止,都要谨慎庄敬。"齐",读"斋",郑玄注:"庄也。"父之执,指父亲的同志,郑玄注:"敬父同志如事父。"先生,指长者。在路上遇见先生,要快步上前相迎,正立拱手。先生与之言,则对;不与之言,则快步退开。这些不过是举例,亦可见训练小子做人的开始。

所以明儒顾炎武(1613—1682)说:"圣人之道,未有不始于洒扫、应对、进退者也。"[①]

南宋朱熹有一部《小学》专著,本书将在朱熹章中讨论它。

## 第四节 参 照 系

经过小学阶段,进入大学阶段了。

在中国高等教育史上,"大学"有四义:(一)相对于童子发蒙教育,

---

① 见《日知录》卷七《有始有卒者其惟圣人乎》条(《日知录集释》,上海古籍出版社1984年影印本,第555页)。

大学指成人终身教育;(二)相对于"小人"教育(学"小道"),大学指"大人"教育(学"大道");(三)相对于大学校,大学指大学问;(四)相对于大学问,大学指大学校。简言之,"大学"可以指(一)成人终身教育;(二)"大人"教育;(三)大学问;(四)大学校。四义之中,惟有相对于"小人"教育的"大人"教育,需要解释,将在以后解释。现在只说,"大人"教育问题,是孔子时代高等教育的中心问题,也是孔子时代以前和以后,直至十九世纪末,中国高等教育的中心问题。

孔子时代,进入大学的唯一条件,必要而充分的条件,就是三个字:"志于学"。不要考试,《论语》全书毫无考试迹象。交不交学费呢?孔子不是说过"自行束脩以上,吾未尝无诲焉"①吗?其实"束脩"不过是一束十条干肉,是最薄不过的见面礼,并不是学费。后世以"束脩"为教师报酬的雅名,那是后世的事。既然主动地送了见面礼,虽然微薄,总算把先生当人,表示敬重,也就不能无诲了。

大学阶段自"志于学"开始。先说"志"。

《论语·子罕》:"子曰:三军可夺帅也,匹夫不可夺志也。"孔子认为,"志"对于"匹夫",比"帅"对于"三军",还要重要。"匹夫"指每个普普通通的男人。孔子也将"匹夫"与"匹妇"连着说(如《论语·宪问》:"岂若匹夫匹妇之为谅也"),"匹夫匹妇"就是指每个普普通通的男女。看了梅兰芳演的《穆桂英挂帅》,就知道"帅"对于"三军"多么重要。但是孔子认为,三军之帅可夺,匹夫之志不可夺。从可夺与不可夺,可见志比帅还要重要。

《论语·学而》:"子曰:父在观其志,父没观其行。""志"与"行"对举。上文讨论"志"与"帅"对举,而"志"比"帅"重要;下文讨论"志"与"行"对举,而"行"比"志"重要。

"父在观其志,父没观其行",这两个"其"字,自汉以来,历代经师,有的说是指父而言,有的说是指子而言。主张指父而言者,怎么不想想:父既没矣,死人哪有行为,何由观父之行乎?于是他们只好说是观

---

① 见《论语·述而》。

父生前之行。若是观父生前之行，何不说父在观其行，而必待父没？遍查三《礼》和其他经典，皆无父在不观父行的规定。故本书主张此二"其"字指子而言，赞同何晏（？—349）《论语集解》所引孔安国之说："父在，子不得自专，故观其志而已；父没，乃观其行也。"父在子不得自专，确实是一条周礼，请看周武王伐纣，"为文王木主，载以车，中军。武王称'太子发'，言奉文王以伐，不敢自专"。事见《史记·周本纪》武王九年，时为文王没后九年，武王犹"不敢自专"，况文王在世乎！故孔安国之说最合孔子本意和历史真相。

此处以"行"与"志"对举，则起码可以认为，"行"与"志"同等重要；但深入分析，则不止"行"与"志"同等重要，而是"行"比"志"更为重要。

这是因为，根据当时的礼，"父在"时是一个人"不得自专"，即不能独立自主的时期，在此时期，此人之志再好，也只是一个"意向性"（intentionality）而已；"父没"后，才是一个人可以自专，即能够独立自主的时期，在此时期，此人之行如何，才真是一个"直接现实性"（immediate reality）。

列宁有句名言："实践高于（理论的）认识，因为它不仅具有普遍性的品格，而且还具有直接现实性的品格。"①列宁这个话有两层意思：第一层是讲实践与理论认识的关系，认为实践高于理论认识（这是明说了的）；第二层是讲实践内部关系，即普遍性品格与直接现实性品格的关系，认为后者高于前者（这是隐含着的）。"品格"原文是 Достоинство，英译为 dignity，其实按中文习惯，此处把"普遍性的品格"说作"普遍性"就可以了，把"直接现实性的品格"说成"直接现实性"就可以了。此中文文约义丰之妙，故本书下文略去"的品格"字样。第一层属于认识论，已经明说，不用解释。第二层属于本体论，其义隐含，需要解释。鉴于尚无解释，本书姑作解释。

释曰：实践既具有普遍性，又具有直接现实性。实践的普遍性，来自理论认识的普遍性，理论的认识进入实践了，就把理论认识的普遍性

---

① 《列宁全集》第55卷，人民出版社1990年版，第183页。

带进实践中了,成为实践的普遍性了。所以实践普遍性,就是进入实践中的理论认识的普遍性,所以实践的普遍性并不是实践的独特性,只有直接现实性才是实践的独特性。理论认识的普遍性是理论认识的独特性;也就是说,普遍性是理论认识的独特性。既然实践高于理论认识,所以实践的独特性高于理论认识的独特性,所以直接现实性高于普遍性,所以直接现实高于普遍。词尾有"性"字(直接真实性,普遍性)可以是指人的认识,而属于认识论;词尾无"性"字(直接现实,普遍)则只是指事物本身,而属于本体论。词尾有无"性"字,在此关系重大。去掉词尾的"性"字,就由认识论转入本体论了。也就是说,"直接现实性高于普遍性"可以是一个认识论命题,而"直接现实高于普遍"就只是一个本体论命题。凡是"直接现实"都是"特殊",将"特殊"代换"直接现实高于普遍"中的"直接现实",就得到"特殊高于普遍"。特殊高于普遍:这就是上述第二层意思隐含的本体论意义。

  人类的哲学本体论历史,基本上有两派,一派主张特殊与普遍脱离,一派主张特殊与普遍结合。主张特殊与普遍脱离,是错误的。光是主张特殊与普遍结合,也还不解决问题:因为,主张特殊与普遍结合而普遍高于特殊,也是错误的;只有,主张特殊与普遍结合而特殊高于普遍,才是正确的。

  哲学本体论的根本问题,是讨论特殊与普遍及二者关系,正确的本体论主张特殊高于普遍。哲学认识论的根本问题,是讨论实践与认识及二者关系,正确的认识论主张实践高于认识。实践不仅有认识论的意义,而且有本体论的意义。本体论和认识论在实践中统一了。

  本书在此写了这多讨论哲学的话,是为了确立一项原则,总而言之,就是实践原则;分而言之,就是实践高于认识的认识论原则,特殊高于普遍的本体论原则:作为评价高等教育历史的哲学参照系,好比一杆秤的定盘星。

  本章下文就用这个参照系讨论孔子的高等教育的理论和实践。这个原则本书力求贯彻始终。

## 第五节 "志于学"

现在继续讨论"志于学"。

孔子本人的高等教育从他自己"志于学"开始。一个人的高等教育,必须从他自己"志于学"开始;他自己若不"志于学",就不必往下谈了。从本人自己"志于学"开始,这是高等教育普遍适用、永远适用的一项原则。不过高等教育理论还得寻根究底,上溯到另一个问题:人为什么要"志于学"?

亚里士多德(Aristotle,前384—前322)回答说:"求知是人类本性",这是他的《形而上学》的第一句话。中国也曾有人主张"自然好学论"①,与亚氏此意相通。嵇康(224—263)作《难自然好学论》,驳斥自然好学论。嵇氏说,人都是"先计而后学","苟计而后动,则非自然之应也"。② 嵇氏当时是以道家驳斥魏晋儒家。至于孔子本人,则是标准的"先计而后学"。孔子说:"吾少也贱,故多能鄙事"(《论语·子罕》),贫贱逼得他学艺谋生,可怜他也许童年就打工了。后来"学而优则仕"(《论语·子张》)了,才说:"学也,禄在其中矣"(《论语·卫灵公》)。孔子说:"不学《诗》,无以言";"不学《礼》,无以立"(《论语·季氏》)。又说:"小子何莫学乎《诗》?《诗》可以兴,可以观,可以群,可以怨,迩之事父,远之事君,多识于鸟兽草木之名"(《论语·阳货》)。又说:"好仁不好学,其蔽也愚;好知不好学,其蔽也荡;好信不好学,其蔽也贼;好直不好学,其蔽也绞;好勇不好学,其蔽也乱;好刚不好学,其蔽也狂"(同上)。可总括为一句:好德不好学,其蔽也失德。这些说法,无一不是"先计而后学"。所谓"先计而后学",就是先合计合计学的好处用处,而后学之。这样做很好,很自然,可以促使人们"志于学",恐怕也只有这个办法。

亚氏此说,照我的理解,盖出于他的"潜能"说。亚氏哲学,有一对

---

① ② 张邈的《自然好学论》,嵇康的《难自然好学论》,均见《嵇康集》,有鲁迅手钞校勘本最佳。

重要范畴:"潜能"(potentiality)与"现实"(actuality)。人类有"求知"的现实,可见人类本性有"求知"的潜能。人类有"志于学"的现实,可见人类本性有"志于学"的潜能。禽兽没有"求知"、"志于学"的现实,可见禽兽本性没有"求知"、"志于学"的潜能。这是标准的形而上学的说法。好比说,古人问:火为什么燃烧?古人答:因为火的本性有燃烧的潜能,名曰燃素。燃素说是形而上学的说法,不是科学的说法。

孔子所说就不是形而上学的说法,而是教育学的说法。孔子有他的形而上学,他说"性相近也"(《论语·阳货》),这句话就是形而上学,可以作为人"志于学"的形而上学根据,虽然没有展开。所谓"性相近也",在这里就是意谓"志于学"是人人相近(或相同。就个体而言是相近,就类而言是相同)的本性。由此观之,孔子之说与亚氏之说相通。但前引孔子论学《诗》、学《礼》以及论"好学"的话,都是教育学的说法,不是形而上学的说法。孔子所说都是指明学的用处好处,促使人"志于学",用亚氏的话说,就是促使潜能化为现实,详言之,就是促使"志于学"的潜能化为"志于学"的现实。促使潜能化为现实,简言之,化潜能为现实,这是全部教育(包括高等教育)的总任务和全部教育学(包括高等教育学)的总原理。形象地说,就是接生婆(midwife)的任务和接生术(art of midwifery)的原理,如苏格拉底(Socrates,前469—前399)所说①。

以教人学《诗》为例,孔子是说学《诗》可以言,可以兴,可以观,可以群,可以怨,可以事父,可以事君,可以多识鸟兽草木之名,种种好处用处,促使你有志于学《诗》。而不说,学《诗》是你的本性呀,学《诗》是你的潜能呀。这才是教育家的特色。这就是"循循然善诱人",叫你"欲罢不能"(《论语·子罕》)。就这样,孔子促使你自己化"性"为"志",化"志"为"行"了。还用火能燃烧打比,孔子的说法就不是类似说它有燃素了,而是类似说它有氧了。说燃烧由于有燃素,是同语反复

---

① 详见柏拉图(Plato,前427—前347):THEAETETUS,150b以下(THE COLLECTED DIALOGUES OF PLATO INCLUDING THE LETTERS(《柏拉图对话全集附书信集》),普林斯顿大学出版社1994年第15次印刷本,第855页以下)。

（tautology），等于白说，虽是白说，仍有形而上学意义。但形而上学只宜在教育学幕后指挥，不宜上教育学前台表演。形而上学若上教育学前台表演，往往达不到教育的目的，形而上学也就不起作用。

本书异于孔子、亚氏之说，以为"志于学"是小学阶段养成的精神动力。这个精神动力不是灵机一动，心血来潮，而是一个实践过程，行之终身，死而后已。

本书此说，盖着眼于中国教育的小学阶段与大学阶段的衔接，此衔接就是"志于学"；着眼于小学阶段是大学阶段的预备，此预备就是预备"志于学"；着眼于大学阶段是小学阶段的继续，此继续就是继续"志于学"。目前时兴把教育比做工程，"志于学"就好比衔接小学阶段与大学阶段的枢纽工程。所以本章上文要从小学讲起，哪怕讲得简略而肤浅。

本书此说有《论语·子张》篇第十二章为佐证，此章有"小子当洒扫、应对、进退"一语在前面讨论过了，现在讨论此章全文。此章全文云：

> 子游曰："子夏之门人小子当洒扫、应对、进退，则可矣，抑末也，本之则无，如之何？"子夏闻之，曰："噫！言游过矣。君子之道，孰先传焉，孰后倦焉，譬诸草木，区以别矣。君子之道，焉可诬也？有始有卒者，其惟圣人乎！"

此章"当"字不是"应当"，而是"当差"、"当官"的"当"，是说做事，是说实践。子游以为，小子们做洒扫等事，也可以，但那是末，不是本，没有本怎么得了！子夏则以为子游错了。子游所谓"本"，无非"君子之道"罢了。哪先教，哪后教，比如种花植树，要区别对待。"君子之道"是大学，若在小学阶段教"君子之道"，就是"诬"。《说文·言部》："诬，加也。"《广雅·释诂》："诬，欺也。""加"和"欺"都是指不合实际情况，用于此处，有误人子弟的贬义。从洒扫等做起，是"有始"；学君子之道行之终身，是"有卒"。"有始有卒"是小学与大学一贯到底，能这样教人才合乎孔子精神。

《论语·先进》列出孔门四科名单，其中有"文学：子游，子夏"。此"文学"指教育和学术。作为孔门"文学"代表人物，子游与子夏的辩论具有重要意义,从它可以看出小学阶段与大学阶段的区别,配合孔子"吾十有五而志于学"的自叙,可知"志于学"一定是在小学阶段养成的,不是天降的,不是天生的。

"性"化为"志","志"化为"行",一切落实到"行",否则一切落空。也有人以为,落空有什么不好,我正要以落空为手段,达到另外的目的。果真如此,就是另外一回事了。孔子把如此做法叫做"佞",把如此为人的人叫做"佞者"、"佞人"。孔子一则说"焉用佞"(《论语·公冶长》),再则说"恶夫佞者"(《论语·先进》),"远佞人","佞人殆"(《论语·卫灵公》)。经孔子这样一说,"佞"就成了恶名了,以前"佞"却是美名哩。①尽管孔子坚持化"志"为"行","志"要落实到"行",可也不是一意孤"行",相反,他常与学生"言志",作为养志的一个重要方法。"言志"之时,他与学生双向交流,不是单向要求学生向他交心,然后整人。《论语》有两章专记"言志",一章在《公冶长》篇,一章在《先进》篇。《公冶长》篇"颜渊、季路侍"章全文云:

> 颜渊、季路侍。子曰:"盍各言尔志。"子路曰:"愿车马、衣轻裘,与朋友共,敝之而无憾。"颜渊曰:"愿无伐善,无施劳。"子路曰:"愿闻子之志。"子曰:"老者安之,朋友信之,少者怀之。"

《先进》篇"子路、曾晳、冉有、公西华侍坐"章将在第九节中讨论。

到了孟子(约前372—前289),养志发展为养气,养"浩然之气"。孟子说:"夫志,气之帅也;气,体之充也。夫志至焉,气次焉;故曰'持其志,无暴其气'。"(《孟子·公孙丑上》)所讲的"志",源出孔子;所讲的"气",源出齐稷下道家"精气"说。把二者融合起来,创造出"浩然之气"说,是孟子的新贡献。"志"是领导("帅"。"至",至上也),"气"是被领导("次")。坚持"志"的领导,不可滥用("暴")被领导的"气"。"暴"字何等深刻,经历"文革"我才真正懂得。不仅"无暴其气",而且用"集义"的方法养其气,养成"浩然之气"。普通的气充于人体之内,浩然之气

---

① 参阅阮元(1764—1849)《释佞》(《揅经室集》)。

"则塞于天地之间"(同上),而使人的精神提高到"天地境界"①。这不是唯心论者主观虚构,而是志士仁人生命体验。南宋文天祥(1236—1283)可以作证。他的《正气歌》就是浩然之气歌。他的《衣带赞》②中"惟其义尽,所以仁至"两句是《孟子》中"集义"养气的真谛。孟子当年以浩然之气说教育公孙丑等学生,其实文天祥才是孟子真正的学生、最好的学生。

《老子》云:"强行者有志"(第三十三章);《庄子》云:"贤人尚志"(《刻意》),"道行之而成"(《齐物论》)。专就"志"、"行"及其关系而言,道家与儒家是一致的,这一点是中国高等教育的起点。正是在这一点上,道家与儒家同心协力,为中国高等教育确立一个正确的起点。时至今日(已是 1996 年了),中国高等教育还承认不承认这个起点?不是说别的,是说起点。呜呼呜呼,国人其深思之。

## 第六节 "道"与"艺"

起点正确,而行程充满矛盾。本书只讨论基本矛盾。在高等教育方面,孔子的理论与实践,有两个基本矛盾:一个是"道"与"艺"的矛盾,一个是目标与方法的矛盾。孔子这两个基本矛盾,也是中国高等教育及其历史的两个基本矛盾。本节讨论"道"与"艺"。

"道"与"艺"是《论语》中的两个名词。儒家认为,"道"是"大道"③,是"君子"或"大人"学的;"艺"是"小道"④,是"小人"或"百工"学的。道家也说有"道"与"艺"的矛盾,但处理这个矛盾的原则,与儒家的不同:儒家一贯重道轻艺;而庄子主张道"进"于艺,或道"在"于艺(详见下文)。自十九世纪末到目前,西学大举东扩,中国人满口西方名词,不讲"道"与"艺"了,而讲"人文"与"科技"了。对于中国人,"道"与"人文",

---

① 天地境界说,详见冯友兰《新原人》(《三松堂全集》第 4 卷)。
② 《宋史·文天祥传》载文氏《衣带赞》全文云:"孔曰成仁,孟曰取义,惟其义尽,所以仁至。读圣贤书,所学何事,而今而后,庶几无愧!"
③ 如"大道之行也,天下为公"(《礼记·礼运》)。
④ 如"子夏曰:虽小道,必有可观者焉;致远恐泥,是以君子不为也。"(《论语·子张》)

"艺"与"科技",作为名词,不但是中西之异,而且是古今之异;作为事物,则各为同一事物之发展:今之"人文"是古之"道"的发展,今之"科技"是古之"艺"的发展。"人文"与"科技"将在本书第五章中讨论。

"志",作为动词,在全部《论语》中,只与三个字搭配:"学","道","仁"。兹全部列举如下:

子曰:吾十有五而志于学(《为政》)。

子曰:志于道,据于德,依于仁,游于艺。(《述而》)

子曰:士志于道,而耻恶衣恶食者,未足与议也。(《里仁》)

子曰:苟志于仁矣,无恶也。(同上)

"志于学","志于道","志于仁",都是从不同方面来说同一件事,这件事从"志于学"开始。学什么?学"道"。中国有史以来,各家各派各人都把自己所学叫做"道",而各家各派各人的"道"各有特色,有孔子特色的"道"就是"仁",所以孔子的"志于学"、"志于道"就是"志于仁"。

这里是讲孔子的高等教育学(而不是讲孔子的哲学或其他什么学)。专就高等教育学而言,本书认定"志于道,据于德,依于仁,游于艺"这一章是孔子的总纲。这是经过反复研究和体验才发现的。现在不用交代这个发现的经过和根据,这个发现若是不对可以废除。无论如何,还是可以讨论这一章的意义。

这一章的"道"、"德"、"仁"、"艺",都是学的内容,都是"道"。虽然都要学,但有"志"、"据"、"依"、"游"的不同,所志、所据、所依者是"大道",所游者是"小道"。也就是说,"道"、"德"、"仁"是"大道","艺"是"小道"。"大道"简称"$道_2$","小道"亦称"艺"。"$道_1$"是包括着"艺"的"道","$道_2$"是相对于"艺"的"道"。下文出现的"道",是"$道_1$"还是"$道_2$",很容易辨别,不再附加 1 或 2,以免烦琐。

《论语·述而》"游于艺"何晏《集解》云:"艺,六艺也,不足据、依,故曰游。"邢昺(932—1010)疏云:"六艺,谓礼、乐、射、御、书、数也","此六者所以饰身耳,劣于道、德与仁,故不足依据,故但曰游"①。何解、邢疏,合不合孔子原意?

《论语·子罕》有"牢曰:子云:'吾不试,故艺'",这是以"不试"为"艺"的原因。"试"是试用,就是做官。《子罕》另有孔子说"吾少也贱,故多能鄙事"的记载,"少也贱"是"不试","多能鄙事"是"艺"。《论语·子张》:"子夏曰:'百工居肆以成其事,君子学以成其道。'""事"即"鄙事",与"道"相对,犹"艺"与"道"相对,"事"亦"艺"也。"百工"与"君子"相对,犹"小人"与"君子"相对,犹"小人"与"大人"相对。这都是社会地位、政治地位、阶级地位的相对。可见孔子之时,"艺"是"贱"人的"鄙事"。可见何解、邢疏合乎孔子原意。

《论语·雍也》:"子谓子夏曰:汝为君子儒,无为小人儒。"儒者习礼乐,教礼乐,然礼乐有礼乐之"道"与礼乐之"艺"的分别。《论语·阳货》:"子曰:礼云礼云,玉帛云乎哉!乐云乐云,钟鼓云乎哉!""玉帛"属于礼之"艺","钟鼓"属于乐之"艺"。儒者若只会"玉帛"、"钟鼓"之"艺",便是"小人儒";必兼善"礼乐之道"②,才是"君子儒"。

更鲜明而著名的是,孔子说一个要学农"艺"和园"艺"的学生是"小人"。《论语·子路》:"樊迟请学稼,子曰:'吾不如老农。'请学为圃,曰:'吾不如老圃。'樊迟出,子曰:'小人哉!樊须也。上好礼,则民莫敢不敬;上好义,则民莫敢不服;上好信,则民莫敢不用情。夫如是,则四方之民襁负其子而至矣,焉用稼!'"此章之中,"小人"与"上"相对,"上"与"民"相对,则"民"是"小人",故"上"是"大人",故曰"上大人"。"上大人"一语,不见于经史百家之书,只见于塾师为蒙童习字而打的"字格",其文曰:"上大人,孔夫子,化三千,七十二。"什么是"上大人"?读了《论语·子路》"樊迟请学稼"章才懂得。这篇字格独得孔学精髓,故在此特表而出之。孔学者,"上大人"之学也,孔子本人,三千弟子,七十二贤,

---

① 《礼记·少仪》说"士依于德,游于艺",其中"依于德"即《论语·述而》"据于德",可见"依"、"据"同义,故今语合言"依据"。其中"德"与"艺"相对。又《乐记》说"德成而上,艺成而下",亦"德"与"艺"相对,犹"道"与"艺"相对。

② "礼乐之道"一语出于《礼记·乐记》:"致礼乐之道,举而错之天下,无难矣。"

一概如此。"大人"学"道","小人"学"艺"。学"道"为"君子儒",学"艺"为"小人儒"。

可是,《论语》也有"小人学道"的提法,也有君子学艺的记载:这是怎么一回事呢?

"小人学道"见于《论语·阳货》"子之武城"章,其全文云:"子之武城,闻弦歌之声,夫子莞尔而笑曰:'割鸡焉用牛刀。'子游对曰:'昔者偃也闻诸夫子曰:"君子学道则爱人,小人学道则易使也。"'子曰:'二三子,偃之言是也,前者戏之耳。'"

"小人学道则易使也","易使"是"容易使唤",即"听话"。这句话的注解就是,"上好礼则民莫敢不敬,上好义则民莫敢不服,上好信则民莫敢不用情。""上好礼"、"上好义"、"上好信",都是"君子学道"的内容;"民莫敢不敬"、"民莫敢不服"、"民莫敢不用情('用情'犹今言'老实')",都是"小人学道"的表现。又敬又服又老实的"小人"还不"易使"么? 此"小人学道"之妙用也。我这是将"子之武城"章与"樊迟请学稼"章合读而求其解。信如此解,则"小人""易使"以"君子学道"为前提,是"君子""爱人"的回应。于是对"君子"的要求也就高了:你"君子"得先"学道"!"君子学道"与"小人学道"要配套,后者是前者的回应,二者关系的形象化描述是:"君子之德:风。小人之德:草。草上之风必偃"(《论语·颜渊》)。既然"小人学道"是"君子学道"的回应,附属于"君子学道",也就与"君子学道"不构成矛盾了。

至于《论语》中君子学艺的记载,首先要撇开孔子,因为孔子"不试故艺"和"少也贱,故多能鄙事",都是以小人身份学艺,都不是以君子身份学艺。有君子身份而以"艺"著称者只有冉求。《论语·雍也》:"季康子问:'仲由可使从政也与?'子曰:'由也果,于从政乎何有。'曰:'赐也可使从政也与?'曰:'赐也达,于从政乎何有。'曰:'求也可使从政也与?'曰:'求也艺,于从政乎何有。'"孔子说到冉求,不仅以为"艺"与"从政"(作"上大人"!)相容,而且以为"艺"是冉求"从政"的优越条件,与子路之"果"、子贡之"达"同等优越。

孔子不仅以"求也艺"为其"从政"条件,而且提得更高,以"冉求之艺"为"成人"的基本条件之一。《论语·宪问》:"子路问'成人'。子曰:'若臧武仲之智,公绰之不欲,卞庄子之勇,冉求之艺,文之以礼乐,亦可以为"成人"矣。'"什么是"成人"? 汉、唐经师不注"成人",大概以为不是问题,其实是个大问题。至朱熹作《集注》,云:"成人,犹言全人。"朱注很好。"成人"就是"全人",就是完全的人,全面的人。"智"、"不欲"、"勇",都是"道","成人"必须"道"、"艺"双全,所以加上"艺",四者构成"成人"基本条件,或曰素质。有了素质,还要"文之以礼乐",所谓"文质彬彬,然后君子"(《论语·雍也》),才是"成人"。

前面说,"艺"是"小人"鄙事;这里说,"艺"是"成人"素质。看来必须考察"艺"字意义了。

《说文·丮部》:"埶:种也。"段玉裁(1735—1815)注有云:"周时六艺字盖亦作'埶'。儒者之于礼乐射御书数,犹农者之树艺也。""艺"字本义可以上溯到"稷降播种,农殖嘉谷"(《尚书·吕刑》)和"后稷播时百谷"(《尚书·尧典》),此时农艺乃大圣的大道,可谓"道艺同一"。"道艺同一"义,有王引之(1766—1834)《经义述闻》卷十五"问道艺"条言之甚详,全文如下:

《少仪》:"问道艺,曰:子习于某乎?子善于某乎?"郑注曰:"道,三德、三行也;艺,六艺。"

引之谨案:《地官·乡大夫》:"以考其德行,察其道艺。""德行"与"道艺"分言,则"道"非"德行"之谓也。且三行之孝友,本于天性,不学而能,亦何须问其曾习否乎? 今案:"道"者,"术"也。(王引之原注:韦昭《吴语》注:道,术也。杜预《左传》定公五年注:道,犹法术。)"道艺"即"术艺",《列子·周穆王》篇"鲁之君子多术艺"是也。"道"训为"术","艺"亦是"术",故以"道艺"连文,"道"即"艺"也。《天官·宫正》"会其什伍而教之道艺",郑司农曰:"道:谓先王所以教道民者;艺:礼、乐、射、御、书、数。"言礼乐射御书数,先王所以教道民,故又谓之"道"也。(王氏原注:《疏》以"道"为三德、三行,非先郑之意。)《地官·保氏》"掌谏王恶,而养国子以道,乃教之六艺",《太平御览·工艺部一》引马融注曰:"道,六艺也。"《春官·大司乐》"凡有道者、有德者,使教焉",郑彼注曰:"道,多才艺者。德,能躬行者。"是"道"、"艺"同训之明证。(王氏原注:道艺同训,故言道可以兼艺,言艺亦可以兼道。《大司徒》职事十二,"十曰学艺",郑司农云:"学艺,谓学道艺。")故《乡大夫》"三年则大比,考其德行道艺,而兴贤者能者"注曰:"贤者,有德行者;能者,有道艺者。"有道艺者谓之能,则"道"为"技术"可知矣。娴于道艺谓之习,工于道艺谓之善,皆指一事而言,《正义》谓道难故称习,艺易故称善,强为分别,非也。

王氏此篇考证的贡献,在于发明"道"、"艺"同训,"道"即"艺"也,"道"为"技术"。他所根据的文献是《周礼》,《周礼》多是儒家理想和规划,其根据多是远古传说,故饶有古义。此"道"、"艺"同训就是尧舜后稷[①]时代的古义,比孔子时代的"道"、"艺"对立之义古多了,要早一千六百多年。孔子说的"志于道"、"游于艺",从"志"与"游"的不同和轻重,可知"道"与"艺"必不同训而且重道轻艺了。

道艺同训则道艺同一。秦穆公在《尚书·秦誓》中说"人之有技,若己有之;人之彦圣,其心好之",将"有技"与"彦圣"并提,便是一例。这与孔子论"成人"列入"冉求之艺"同一路线。

孔子论"成人"则道艺同一,孔子论"大人"则重道轻艺。在孔子时代,"成人"是人类共同理想,"大人"是统治阶级理想。"成人"与"大人"的矛盾是普遍与特殊的矛盾,是社会矛盾发展的反映。孔子是以"大人"为矛盾主要方面,以"成人"为矛盾次要方面。

孟子的矛盾亦然。一方面,他说:"有大人之事,有小人之事";"或劳心,或劳力。劳心者治人,劳力者治于人。治于人者食人,治人者食于人:天下之通义也";"饱食暖衣逸居而无教,则近于禽兽。圣人有忧之,使契为司徒,教以人伦:父子有亲,君臣有义,夫妇有别,长幼有序,朋友有信";"圣人之忧民如此,而暇耕乎"(《孟子·滕文公上》)。这是

---

[①] 《孟子·滕文公上》:"后稷教民稼穑,树艺五谷",此"艺"字亦后稷古义。

重道轻艺,这是其主要方面。另一方面,他说:"矢人岂不仁于函人也哉?矢人惟恐不伤人,函人惟恐伤人,巫匠亦然,故术不可不慎也";"仁者如射,射者正己而后发,发而不中,不怨胜己者,反求诸己而已矣(《孟子·公孙丑上》)。这是道艺同一,道在艺中,这是其次要方面。

荀子(约前313—前238)区分"君子之学"与"小人之学",他说:"君子之学也,入乎耳,著乎心,布乎四体,形乎动静,端而言,蠕而动,一可以为法则;小人之学也,入乎耳,出乎口,口耳之间,则四寸耳,曷足以美七尺之躯哉!古之学者为己,今之学者为人。君子之学也以美其身,小人之学也以为禽犊(杨倞注:禽犊,馈献之物也)"。这是学"道"之内的区别,言不及"艺",轻之至矣。他又说:"百发失一,不足谓善射;千里跬步不至,不足谓善御;伦类不通,仁义不一,不足谓善学。""射"、"御"是"艺","仁义"是"道",总算将"道"、"艺"并提了一下。显然,前一段是主要的,后一段是次要的。(荀子原文均见《荀子·劝学》。)

尽管作为存在,中国社会矛盾发展过程是各家公共的,从而中国高等教育的基本矛盾,"道"与"艺"的矛盾,也是各家公共的,但是如何处理矛盾,各家各有不同。本书只说儒家和道家。以上说了儒家,以下简述道家。

《老子》说:"为学日益,为道日损"(第四十八章);又说:"物或损之而益,或益之而损"(第四十二章)。前一句说损与益对立,后一句说损与益互相转化。就存在(不是就概念)而言,对立与转化是一个过程,不是两个过程,不是对立外另有转化,也不是转化外另有对立。《老子》这些话有其高等教育意义。照这些话看来,学"艺"属于"为学",学"道"属于"为道",由损与益的对立而又互相转化,可知"道"与"艺"的对立而又互相转化。既然如此,"道"与"艺"乃是一体,不可能分其轻重,《老子》也果然没有分其轻重。《老子》强烈抨击"盗夸"(强盗头子。第五十三章),滥用"利器"、"技巧"(第五十七章),造成人民的灾难,而对"大匠"(第七十四章)语气平和,毫无贬词。

《庄子》的《天下》篇提出"道术"一词,说"古之所谓道术者,果恶乎在?曰:无乎不在",所以可以总括以上讨论的"道"与"艺"而为一。又

《在宥》篇说："说礼邪？是相于技也"；"说圣邪？是相于艺也"。"说"，音义同"悦"；"相"，助也。"礼"、"圣"都是"道"，"技"、"艺"都是"艺"，前者"相于"后者，就成了道艺合一。这个道理与《老子》相同，《庄子》的新贡献在于用形象构成故事，让读者从中体悟这个道理。体悟的道理才是完整的，言说的道理总是挂一漏万。本书在此只提一下其中四个故事：庖丁解牛（《庄子·养生主》），梓庆削鐻（《庄子·达生》），大马捶钩（《庄子·知北游》），轮扁斫轮（《庄子·天道》）。

"庖丁为文惠君解牛"，像一场神妙的音乐舞蹈，"文惠君曰：'嘻，善哉！技盖至此乎？'庖丁释刀对曰：'臣之所好者道也，进乎技矣。'"道进乎技，则道艺合一。

"梓庆削木为鐻，鐻成，见者惊犹鬼神。鲁侯见而问焉，曰：子何术以为焉？对曰：臣工人，何术之有，虽然，有一焉"，就是"斋以静心"，达到"以天合天。器之所以疑神者，其是与"。"梓"是木工，"庆"是名，"鐻"是一种乐器。此人的经验，也是道艺合一。

王念孙《读书杂志·余编上》"臣有守也"条云："《知北游》篇：'大马之捶钩者，年八十矣，而不失毫芒。大马曰：子巧与？有道与？曰：臣有守也。'念孙案：'守'即'道'字也。《达生》篇：'仲尼曰：子巧乎？有道邪？曰：我有道也'，是其明证矣。道字古读若守，故与守通。（王氏自注：凡九经中用韵之文，道字皆读若守，楚辞及老庄诸子并同。）"此人的经验，也是道艺合一。他是大司马手下的捶钩工。

"桓公读书于堂上，轮扁斫轮于堂下，释椎凿而上，问桓公曰：敢问君之所读者何言邪？公曰：圣人之言也。曰：圣人在乎？公曰：已死矣。曰：然则君之所读者，古人之糟粕已夫！桓公曰：寡人读书，轮人安得议乎！有说则可，无说则死！轮扁曰：臣也以臣之事观之：斫轮徐则甘而不固，疾则苦而不入，不徐不疾，得之于手，而应于心，口不能言，有数存焉于其间，臣不能以喻臣之子，臣之子亦不能受之于臣，是以行年七十而老斫轮。古之人与其不可传也死矣！然则君之所读者，古人之糟粕已夫！"轮是轮人，造车轮的工人，扁是名，他深得斫轮之道，实现了道艺合一；他这段话的意义，远远超过了道艺合一。他体悟出，道"不可传"，

"口不能言",只能个人"得之于手"(实践);读书要区别文字与精神,若不得精神,文字便是糟粕。这些体悟,对于中国高等教育,永远有指导意义。

所以李约瑟(Joseph Needham,1900—1995)写道:"对于理解中国全部科学技术,道家极端重要。根据一个著名评论(我记得这是在成都听冯友兰博士亲自说的),全世界至今只见过,惟有道家神秘主义体系是绝不反对科学的。"①(原文是英文,引用时译为中文。)

"绝不反对科学",固然比重道轻艺好,总还是消极方面的。王充(27—约97)说:"道家论自然,不知引物事以验其言行,故自然之说未见信也"(《论衡·自然篇》),就是从积极方面要求道家。后来道家(包括道教)的人,为了长生不老,修炼内丹外丹,获得化学、药物学、生理学、心理学等方面积极成果。至于老庄思想的积极作用,则在于一个"放"字,帮助人冲决思想网罗,解除精神枷锁,把社会成员个人能量尽量释放出来,成为中国历史和文化的创造力量。在释放中国人创造力方面,老庄的积极作用首屈一指,其他各家无法相比。老庄思想只能解决人的精神状态问题,包括科学工作者的精神状态问题,并不能直接解决科学中的问题。若要求老庄思想直接解决科学中的问题,那就好比搭船找错了码头。

本节是讨论中国高等教育的一个基本矛盾,用儒家的话说,是"志于道"与"游于艺"的矛盾;用道家的话说,是"为道日损"与"为学日益"的矛盾;用现代的话说,是人文教育(humanistic education)与科学教育(scientific education)的矛盾。儒家使矛盾双方对立,道家使矛盾双方统一。现代使矛盾双方如何,且待第五章讨论。

## 第七节 "恕"、"忠"、"仁"、"礼"

《说文·辵部》:"道:所行道也",段玉裁注:"《毛传》每云:'行,道

---

① 见所著 SCIENCE AND CIVILIZATION IN CHINA(中文书名《中国科学技术史》)第2卷,原著第33页。

也',道者人所行,故亦谓之行"。如此说来,"道"与"行"可以互训。

所以"子贡问曰:有一言而可以终身行之者乎?"(《论语·卫灵公》),从其中的"行"字,可以悟出,子贡要问的是:"道"若用一个字("一言")表示,该是哪个字呢?

孔子回答说:那就是"恕"字吧?"恕"就是"己所不欲,勿施于人"(子曰:"其'恕'乎?己所不欲,勿施于人。"此文紧接子贡问语为一章)。

可见孔子的"道",若用一个字表示,就是"恕"。

"恕"就是"己所不欲,勿施于人"。

"己所不欲,勿施于人"就是"所恶于上,毋以使下;所恶于下,毋以事上;所恶于前,毋以先后;所恶于后,毋以从前;所恶于右,毋以交于左;所恶于左,毋以交于右:此之谓絜矩之道"(《礼记·大学》,朱熹章句编入"传之十章")。

以上陈述都是否定式,转换为肯定式,就是"忠"。

"忠"就是:己之所欲,即施于人。

己之所欲,即施于人,就是:所欲于上,即以使下;所欲于下,即以事上;所欲于前,即以先后;所欲于后,即以从前;所欲于右,即以交于左;所欲于左,即以交于右。此亦谓絜矩之道。

以上陈述都是肯定式,由否定式转换而成,不是孔门原文,符合孔门原意。①

这就是说,孔子的"道",用否定式表示是"恕",用肯定式表示是"忠"。

但是,孔子的"道",若用一个字表示,则是"恕",不是"忠"。西方思想家讲"忍"(tolerance),其实"忍"还要以"恕"为基础,否则流于勉强,甚至虚伪、残忍。不过,毕竟"忍"近于"恕",若能再进一步,"忍"就是"恕"了。

---

① 与此意相近者有《中庸》第十三章:"子曰:……忠恕违道不远。施诸己而不愿,亦勿施于人。君子之道四,丘未能一焉:所求乎子以事父,未能也;所求乎臣以事君,未能也;所求乎弟以事兄,未能也;所求乎朋友先施之,未能也。""施诸己而不愿,亦勿施于人"就是"己所不欲,勿施于人"。"所求乎子以事父"就是所欲于子即以事父。余仿此。孔子自责未能的"君子之道",即"絜矩之道"。

所以孔子的"道",若用两个字表示,就是"忠恕"。《论语·里仁》:"子曰:'参乎!吾道一以贯之。'曾子曰:'唯。'子出。门人问曰:'何谓也?'曾子曰:'夫子之道,忠恕而已矣。'"

"夫子之道,忠恕而已矣","忠恕"就是"絜矩之道"。朱熹注:"絜,度也。矩,所以为方也"(见《大学》章句集注)。《说文·工部》"巨:规巨也",段玉裁注:"《周髀算经》曰:圆出于方,方出于矩,……按:规矩二字,犹言法度,古不分别。规圆矩方者,圆出于方,圆方皆出于矩也"。正多边形的边无限增多就成了圆,故曰"圆出于方"。"絜矩"就意谓衡量的法度。

本书认为,"絜矩之道"所讲的是六面(上、下、前、后、左、右)双向(上⇌下,前⇌后,左⇌右)原理。每个人都六面定位,定在每个六面体的中心点上。每个人与他人的关系,按当时的"礼",或是上下关系(夫妇,父子,君臣),或是前后关系(兄弟),或是左右关系(朋友),这些关系都是双向的,处理这些关系各有其原则,形成伦理道德规范,名目繁多,不在本书讨论的范围。

这个六面双向原理,是处理人际关系的原理,所以又叫做"仁"。仁者人也,人者仁也,"仁"与"人"可以互训。

由此可见,孔子的"道"就是"仁"。孟子说:"强恕而行,求仁莫近焉"(《孟子·尽心上》),一语道破孔子为什么教子贡以"恕"为终身行之之道。原来"恕"近于"仁"(其实恕就是仁!),求仁必须行恕啊。

与道家相比,"仁"又是孔子之"道"的特色。前面讲过"志于道,据于德,依于仁"。如果只讲"志于道,据于德",完全可以是道家的命题;只有加上"依于仁",才是儒家的命题。讲"道"讲"德"(注意:不是讲"道德")是道家特色,讲"仁"是儒家特色。

在孔子的体系中,"仁"不是诸德之一,不是诸德之首,不是诸德之全,一句话,"仁"不是德,而是人的最高精神境界。明乎此,方可读通《论语》,方可体悟孔子高等教育学说的精神。

这个六面双向原理,也是处理人际关系的准则,所以又叫做"礼"。《论语·颜渊》:"颜渊问仁,子曰:'克己复礼为仁。一日克己复礼,天下归仁焉。为仁由己,而由人乎哉？'颜渊曰：'请问其目。'子曰：'非礼勿视,非礼勿听,非礼勿言,非礼勿动。'"在视听言动范围内,"礼"与"仁"是一非二,虽可说内"仁"外"礼",但内外合一。

问题在于"非礼勿思"。这个话孔子没有说过,但孔子确实说过"思无邪"(《论语·为政》),曾子确实说过"君子思不出其位"(《论语·宪问》)。"邪"是"非礼","出其位"也"非礼",所以这两句话都是货真价实的"非礼勿思"。因此孔学格外逗人(当然是少数人)喜欢。主张"非礼勿思"的人,混淆了两个不同的领域：一个是外部社会行为领域,其中非有礼不可,而且非有法不可；一个是内心思想活动领域,其中无礼可言,不存在是否"非礼"的问题。所以古今中外,硬要实行"非礼勿思"的圣贤豪杰,谁也没有成功。

## 第八节　目标与方法

在高等教育方面,孔子的理论与实践,还有一个基本矛盾,就是目标与方法的矛盾。这个矛盾,孔子以及儒家的人,并不自觉,他们"不识庐山真面目,只缘身在此山中"。正如黑格尔的观念论与辩证方法的矛盾,也并不自觉,到了马克思把它揭露出来,人们才认识,啊,它真是矛盾。

《论语·颜渊》："齐景公问政于孔子,孔子对曰：君君,臣臣,父父,子子。"孔子的话中,前一个"君"字指某君,后一个"君"字指君道；某君是特殊,君道是普遍；"君君"以词序表示,某君应合君道,即特殊遵循普遍,普遍高于特殊。"臣臣"、"父父"、"子子"均仿此,均表示：普遍高于特殊。齐景公是问"政",在政治哲学中,主张普遍高于特殊,犹可说也。

但是,"颜渊问仁。子曰：克己复礼为仁"(同上),这就是问,是答,高等教育目标了。这就是说,高等教育的目标是"克己复礼"。"己"是特殊,"礼"是普遍,"克己复礼"也是普遍高于特殊。在教育哲学中,在高等教育目标论中,也主张普遍高于特殊,问题就大了。

好在孔子的高等教育方法论一贯坚持特殊高于普遍。《论语》记载

"问政"八章,"问仁"八章,"问孝"四章,"问君子"三章,孔子的回答没有两章相同。经师们的注疏表明,同一问题而孔子回答不同,是由于孔子针对问者的特殊性。这就是坚持特殊高于普遍。目标论坚持普遍高于特殊,方法论坚持特殊高于普遍,所以说目标与方法矛盾。

"问政"八章的不同,"问仁"八章的不同,"问孝"四章的不同,"问君子"三章的不同,都不要讨论了;现在只讨论另外的一章,以见这些不同回答的"教育语言学"基础。

《论语·先进》:"子路问:'闻斯行诸?'子曰:'有父兄在,如之何其闻斯行之!'冉有问:'闻斯行诸?'子曰:'闻斯行之。'公西华曰:'由也问"闻斯行诸",子曰"有父兄在";求也问"闻斯行诸",子曰"闻斯行之"。赤也惑,敢问。'子曰:'求也退,故进之;由也兼人,故退之。'"

"闻"是"闻道",是懂得一个道理,不是听到一个消息。子路(名"由")问:懂得一个道理,就马上实践它吗?孔子答:有父兄在,不得自专,要请示父兄,怎么就马上实践它呢?实践一个道理,往往需要杀身,谁来孝敬父兄?冉有(名"求")也问这个问题,孔子答:马上实践它。二人不在场时,公西华(名"赤")问:他二人问的相同,先生答的相反,我不明白,能请教先生吗?孔子说:冉求退缩不前,所以要促进;仲由勇猛过人,所以要促退。

这就涉及如何掌握教育语言的分寸了。

有人把"修辞立其诚"(《周易·乾·文言》)理解为:心里是怎么想,嘴上就怎么说。这样理解,至少不合孔子的意思,不是孔子的做法。所想的是"意"(以 I 表示),所说的是"言"(以 W 表示),二者不可简单地等同,必须加上听者反应(以 R 表示),三者关系式为:

$$I = W + R$$

当 $R < 0$,则 $W > I$("求也退,故进之");

当 $R > 0$,则 $W < I$("由也兼人,故退之");

当 $R = 0$,则 $W = I$("吾与回言终日,不违,如愚")。颜回"不违,如愚"(《论语·为政》),就是没有反应,孔子可以怎么想就怎么说,但也得不到帮助,所以孔子说"回也非助我者也"(《论语·先进》)。自言自语,或听者与说者最知心而等于一个人,都属于 R＝0 的情形。

原则是不可动摇的,方法则讲究策略,因人因事,灵活机动。这就是孔子的"教育语言学"基础。在此基础上实行"特殊高于普遍"的方法论。朱熹《四书集注》云:"圣人一进之,一退之,所以约之于义理之中,而使之无过不及之患也",便是本书所论之最好的注解。

## 第九节 道家的影响

孔子问礼于老子,如《礼记·曾子问》所记,孔子是老子的学生,这些历史事实,从来没有异议。从《论语》可见,孔子作为教育家,他的教学论,在教与学两方面,从原则到方法,都有伟大而卓越的新贡献;但孔子在教与学两方面的最高境界,都源出《老子》和道家。

在"教"的方面,孔子的最高境界是《老子》的"不言之教"(第二章,第四十三章)。《论语·阳货》:"子曰:'予欲无言。'子贡曰:'子如不言,则小子何述焉。'子曰:'天何言哉!四时行焉,百物生焉。天何言哉!'"孔子这些话,从精神到字句,都《老子》化了。

在"学"的方面,孔子赞赏的最高境界是曾点的言志。曾点言志的境界正是《老子》的"学不学"(第六十四章)。

前面第五节讨论"志于学",说到孔子用言志帮助学生养志,在《论语》中,有此记载者,除《公冶长》篇之外,还有《先进》篇的"子路、曾晳、冉有、公西华侍坐"章。此章先由孔子启发动员,"子曰:'以吾一日长乎尔,毋吾以也。居则曰,不吾知也!如或知尔,则何以哉?'"这是说,以为我是你们的长辈吗?对我不要这样想。这是解除顾虑,消除代沟,实现师生心理一体化。于是孔子与学生打成一片了。这是优化学习心理的一项重要原则。接着提出问题:平常总是说,不了解你;若有人了解你,重用你,你怎么做呢?于是子路、冉有、公西华陆续发言。曾晳(名"点")却在鼓瑟。孔子点名问他,"'点!尔何如?'鼓瑟希,铿尔,舍瑟而作(台上无声,主角出场),对曰:'异乎三子者之撰。'子曰:'何伤乎?亦各言其志也。'曰:'暮春者,春服既成,冠者五六人,童子六七人,浴乎沂,风乎舞雩,咏而归。'夫子喟然叹曰:'吾与点也!'"

子路等说的是治国安民抱负,曾点不同,却是说他所"学"的最高境界,全用形象,没有"学"字,不着一字,尽得风流,正是不学之学,"学不学"。这种"学"的最高境界,就是孔子"学"论的最高境界,所以孔子"喟然叹曰:'吾与点也!'"

有人说,孔子若是赞许曾点,当是"莞尔而笑",不是"喟然而叹"。那就请看《礼记·礼运》:"昔者仲尼与于蜡宾,事毕,出游于观之上,喟然而叹","言偃(子游)在侧,曰:'君子何叹?'孔子曰:'大道之行也'"云云,你能根据孔子"喟然而叹"就说孔子不赞许"大道之行也"?

《朱子语类》卷第四十载朱熹论曾点"暮春浴沂"数句云:"曾点意思,与庄周相似,只不至如此跌荡。"又云:"只怕曾点有庄、老意思。"又云:"今人却怕做庄、老,却不怕做管、商:可笑!""庄、老"指道家,"管(仲)、商(鞅)"指法家。翻译成现代的话,就是,今人害怕自然主义,却不害怕极权主义:可笑!可见朱熹哲学骨子里也是道家。

清代辨伪大师崔述(1740—1816)就是害怕庄、老的一位代表。他在《洙泗考信余录》卷之一"辨曾晳风咏之答"条中,直斥"此章乃学老、庄者之所伪托而后儒误采之者"。又在《洙泗考信录》卷之三《接舆》、《沮溺》、《荷蓧》三章可疑"条中,说"此三章,其文皆似《庄子》","恐系后人之所伪托"。真不免有辨伪扩大化之嫌,但毕竟承认《论语》中的道家影响,说了并未白说。

以上说明,孔子在教与学两方面的最高境界,的的确确是道家。

还要说明,编入《礼记》的《学记》,是儒家教育学又一经典,而且是专著,比《论语》更专。其全篇结论在于最后两节,其中说:"鼓无当于五声,五声弗得不和;水无当于五色,五色弗得不章;学无当于五官,五官弗得不治;师无当于五服,五服弗得不亲。"鼓、水、学、师,分别对于五声、五色、五官、五服,都是无,但正是这些无,使之发生和、章、治、亲的作用。这讲的正是《老子》的"无之以为用"(第十一章)。其末节云:"君子曰:大德不官,大道不器,大信不约,大时不齐。"完全是《老子》第四十五章"大成若缺"云云的思想和笔法。

虽然如此，《学记》仍是儒家经典，因为它主张"玉不琢，不成器"，而道家反对琢玉成器。比老子、孔子早一个世纪的楚庄王（前613—前591在位）时代，楚道家士亹甚至主张教育无用论，见于《国语·楚语上》：

> 庄王使士亹傅太子箴。辞曰："臣不才，无能益焉。"王曰："赖子之善善之也。"对曰："夫善在太子，太子欲善，善人将至；若不欲善，则善不用。故尧有丹朱，舜有商均，启有五观，汤有太甲，文王有管、蔡。是五王者，皆有元德也，而有奸子。夫岂不欲其善，不能故也。"

尧舜等五王皆有元德，而皆有奸子，哪不想其奸变为善，但不可能。这就是教育无用论。

"元德"是善德，"奸子"有恶德。在道家看来，不论善德恶德，都是"自然"，即自己如此。教育是"名教"，是人为。人为不能，也不该改变自然。从道家观点看，即使是当代最尖端的科学技术，也不是改变自然，而是顺其自然。比士亹晚一个世纪的《老子》说："善者吾善之，不善者吾亦善之"（第四十九章）；"善人者，不善人之师；不善人者，善人之资"（第二十七章）。《老子》是让恶自然发展，自己走向自己的反面。《老子》说："希言自然。故飘风不终朝，骤雨不终日。孰为此？天地。天地尚不能久，而况于人乎！"（第二十三章）用这个观点看恶，就主张让自然改变恶，而不主张以教育改变恶，换言之，让恶自己消灭自己。自己消灭自己，才是真正消灭，否则"野火烧不尽，春风吹又生"。儒家何尝看不见这个事实，不过对待事实的态度不同：你总是"生"，我总是"烧"！

所以士亹的教育无用论，实际是自然教育论。

## 第十节　私学与管理

多少年来，盛行一说，说是东周以降，礼乐崩坏，官府中礼乐诗书专家失业，流落民间，教授为生，才有私学。但在历史文献记载中，却找不出这样的人,一个也找不出①。孔子问礼于老子,问乐于苌弘,学琴于师襄,老子等人都是专家,但都不是自官学流落民间办私学的专家。孔子本人是兴办私学的专家,但不是自官学流落而来。《春秋左传》昭公十七年说,孔子"见于郯子而学之,既而告人曰:'吾闻之:"天子失官,官学在四夷",犹信。'""郯子"是郯国国君;"官"指古代官制;"官学"指古代官制之学,即郯子此年在鲁国讲的那一套学问(详见《左传》此年,文繁不录);"四夷"指边远小国,如郯国,仍属"中国",不是夷狄。这都与官学专家流落民间办私学毫不相干,把"天子失官,官学在四夷"解释为官学专家流落民间办私学,纯属望文生义。如此解释,始于刘歆②,是为了王莽的需要;盛于当代,是为了主义的需要:用心良苦,其奈不合历史真相何! 所以本书不信此说,不采此说。

历史真相是,官学早于私学,私学出现后与官学并存。私学不以官学衰亡为条件,更不是官学衰亡的产物。官学是王公贵族为他们的人办的,私学是平民为其子弟办的。私学与官学教材一致,目标一致,方法一致,学生出路也一致。私学与官学有什么不同呢? 私学有什么独特意义呢? 私学与官学的不同,在于私学"有教无类"。③ 私学的独特意义,也在于"有教无类"。

"有教无类"的"类"字,历代经师解释不清楚,人们的理解更模糊。经过"文革"才懂得,这个"类"字直通"文革"时社会流行的划分"红五类"、"黑五类"的那个"类"字。"文革"过后恢复高等学校入学考试制度,也就是恢复"有教无类"精神。

夸美纽斯(Comenius,1592—1670)主张"把一切知识教给一切人",与孔子主张"有教无类"相通;他主张"教育适应自然",与老子主张"道法自然"相通。相隔两千余年,精神宛如同代。胡近思(Hutchins,1899—1977)说,真正的人文精神永远是当代的。"犹信","犹信"。

---

① 《论语·微子》"太师挚适齐"章,一连列出八位乐师,散入四国三地区。但未明说,亦未暗示,他们办私学。

② 见刘歆(? —23)《让太常博士书》:"夫礼失求之于野"《汉书》中华书局标点本第1971页)。

③ 见《论语·卫灵公》。

是不是"有教无类",是私学与官学的区别;是不是自觉实行"有教无类",是孔子私学与其他私学的区别。不是别人,正是孔子,首先提出,又自觉实行,"有教无类",所以孔子成为私学的最伟大的代表,开创了中国高等教育的新时代。

孔子私学办在什么地方?文献有两说:(一)洙泗说;(二)杏坛说。分述如下:

(一)洙泗说

《礼记·檀弓上》:曾子对子夏说"吾与汝事夫子于洙泗之间",郑玄注:"洙泗,鲁水名。"新《辞海》"洙泗"条云:"即洙、泗二水。古时二水自今山东泗水县北合流西下,至鲁国首都曲阜北,又分为二水,洙水在北,泗水在南。洙、泗之间,即孔子聚徒讲学之所。"

(二)杏坛说

出于《庄子·渔父》。顾炎武《日知录》卷之三十一有"杏坛"条,全文云:"今夫子庙,庭中有坛,石刻曰'杏坛'。《阙里志》:'杏坛在殿前,夫子旧居',非也。杏坛之名,出自《庄子》。《庄子》曰:'孔子游乎缁帷之林,休乎杏坛之上,弟子读书,孔子弦歌鼓琴,奏曲未半,有渔父者,下船而来,须眉交白,被发揄袂,行原以上,距陆而止,左手据膝,右手持颐,以听曲终。'又曰:'孔子乃下求之,至于泽畔,方将杖拏而引其船,顾见孔子,还乡而立,孔子反走;再拜而进。'又曰:'客乃刺船而去,延缘苇间。颜渊还车,子路授绥,孔子不顾,待水波定,不闻拏音,而后敢乘。'司马彪曰:'缁帷,黑林名也。杏坛,泽中高处也。'《庄子》书凡述孔子,皆是寓言,渔父不必有其人,杏坛不必有其地,即有之,亦在水上苇间依陂旁渚之地,不在鲁国之中也,明矣。今之杏坛,乃宋乾兴间,四十五代孙道辅,增修祖庙,移大殿于后,因以讲堂旧基,甃石为坛,环植以杏,取杏坛之名名之耳。"

洙泗说可信。杏坛说影响大,顾氏澄清之,甚是,惟谓"《庄子》书凡述孔子,皆是寓言",则未必耳。

孔子周游列国,学生随行,实为流动私学。《论语·先进》:"子曰:从我于陈蔡者,皆不及门也。"《史记·孔子世家》:"孔子去曹适宋,与弟子习礼大树下。"皆可见。

孔子私学的师徒关系有如父子。《论语·先进》:"子曰:回也视予犹父也","回"是颜回。

学生①对先生,"有事弟子服其劳,有酒食先生馔"(《论语·为政》)。例如驾车:"樊迟御"(《论语·为政》),"冉有仆"(《论语·子路》)。又如执行处分:孔子宣布冉有"非吾徒也,小子鸣鼓而攻之可也"(《论语·先进》)。发展而成《吕氏春秋·尊师》所说:"生则谨养,谨养之道,养心为贵;死则敬祭,敬祭之术,时节为务:此所以尊师也。治唐圃,疾灌寖,务种树;织葩屦,结罝网,捆蒲苇;之田野,力耕耘,事五谷;如山林,入川泽,取鱼鳖,求鸟兽:此所以尊师也。视舆马,慎驾御;适衣服,务轻暖;临饮食,必蠲洁;善调和,务甘肥,必恭敬;和颜色,审辞令;疾趋翔,必严肃:此所以尊师也。"

先生对学生:孔子自伤对颜回未能视之犹子(《论语·先进》),可知应视之如子。管学生的学和习,管学生的视、听、言、动、思。作学生的评语,如《论语·雍也》的"由也果"、"赐也达"、"求也艺",向当局推荐;又如《论语·先进》的"柴也愚"、"参也鲁"、"师也辟"、"由也喭",使学生自励。至于"子使漆雕开仕"(《论语·公冶长》),"子华使于齐,冉子为其母请粟,子曰:与之釜"(《论语·雍也》),虽是孔子对学生的安排照顾,恐怕孔子不是以先生的身份了。

孔子的私学怎样管理?这就涉及高等教育管理学。官学与私学,虽然属于两种高等教育制度,但是共用一种高等教育原理(包括高等教育管理学原理)。中国北方周文化与中国南方楚文化,虽然属于两种不同的文化,但是共用一种高等教育原理。中国文化与西方文化,虽然属于两种不同的文化,但是共用一种高等教育原理。说详下,先从中国南北文化、中西文化说起。

---

① "学生"一词尚不见于《论语》、《孟子》以及先秦文献。《论语》称学生为"徒"、"门人"、"弟子"、"门弟子"。"学生"一词始见于《后汉书·灵帝纪》光和元年二月"始置鸿都门学生"。按:"鸿都门学生"乃"鸿都门学学生"之缩略,犹后世之"教育部长"乃"教育部部长"之缩略也。若非如此,则应读为"鸿都门学·生",而非"学生"之最早出处矣。若如此读,则"生"为"生员"。

楚儒家申叔时,比周文化的鲁儒家孔子早一个世纪,为楚太子教育设计一整套理论、课程、目标、方法,详见《国语·楚语上》,其中蕴涵的原理,与《论语》蕴涵的并无不同。

意大利人艾儒略(Julio Aleni),1610年来华,《圣教信征》说他被目为"西来孔子"。纪昀《阅微草堂笔记》卷十二《槐西杂志·二》有一条说:"明天启①中,西洋人艾儒略作《西学凡》一卷,言其国建学育才之法,凡分六科:勒铎理加②者,文科也;斐录所费亚③者,理科也;默弟济纳④者,医科也;勒斯义⑤者,法科也;加诺搦斯⑥者,教科也;陡录日亚⑦者,道科也。其教授各有次第,大抵从文入理,而理为之纲。文科如中国之小学,理科如中国之大学,医科、法科、教科皆其事业,道科则彼法中所谓尽性至命之极也。其致力亦以格物穷理为要,以明体达用为功,与儒学次序略似;特所格之物皆器数之末,所穷之理又支离怪诞而不可诘,是所以为异学耳。"⑧这位《四库全书》总主编由此看出,西学"与儒学次序略似",蕴涵共同的原理。

但是西方管理学,作为普遍原理,从它的历史看,是从工厂和军队这两个特殊领域抽象出来的,不免带有工厂气和军队气。西方高等教育管理学,作为普遍原理,从它的历史看,不是从西方高等教育这个特殊领域直接抽象出来的,而是用西方管理学与西方高等教育拼合而成的,也不免带有工厂气和军队气。这方面的问题,留待第五章讨论。

若用西方的,特别是现代西方的,高等教育管理学观点,看孔子私学和《论语》,就觉得其中极少,如果不是没有,高等教育管理学可言。看来看去,只有一条:不准"昼寝"。《论语·公冶长》:"宰予昼寝。子

---

① 明熹宗朱由校年号(1621—1627)。
② rhetorica,今译修辞学。
③ philosophia,今译哲学。
④ medicina,今译医学。
⑤ leges,今称国家法。
⑥ canones,今称教会法。
⑦ theologia,今译神学。
⑧ 这段话即《四库全书总目》子部杂家类存目二《西学凡》提要。回译原文时参照方豪《中国天主教史人物传(上)》,中华书局1988年影印台湾光启出版社1970年版,第195页。

曰:朽木不可雕也,粪土之墙,不可圬也,于予与何诛!"可证。还有半条:不准"聚敛"。《论语·先进》:"季氏富于周公,而求也为之聚敛而附益之。子曰:非吾徒也,小子鸣鼓而攻之可也!"可证。"聚敛"是搜刮财富。"鸣鼓而攻"是攻敌军,当作敌我矛盾处理,可谓极严,以儆效尤。不过这是校外案件,只算半条。这一条半,都是用西方观点看出的成果,完全不得要领。

研究中国的学问,只能从中国的实际出发,采用由中国实际形成的观点,即中国观点。用中国观点,便可看出:中国高等教育管理学是以"人"为对象;西方高等教育管理学是以高等教育为对象,甚至只以高等学校为对象。以高等教育或高等学校为对象,必然重在外部管理,即行为管理。以"人"为对象,必然重在内心管理,并在内心管理的同时进行行为管理。《庄子·天下》云:"明于本数,系于末度。"内心管理是"本",是"本数";行为管理是"末",是"末度"。《庄子》此言,其高等教育管理学的意义是:一要坚持本末统一,二要反对本末倒置。

内心管理的标准是"仁",行为管理的标准是"礼"。"仁"与"礼"的关系是"克己复礼为仁"(《论语·颜渊》)。这是孔子高等教育管理学的总纲。明乎此,方可得其要领。

孔子解释说:"为仁由己,而由人乎哉?"(同上)"为仁由己"是说为仁乃自己如此,自己如此是"自然",为仁出于自然,显然为仁也是无为。

孔子赞美舜的"无为而治"(《论语·卫灵公》),"治"是管理①,以"无为而治"为管理的最高境界。这种境界,孔子有另一个说法是:"予欲无言。天何言哉?四时行焉,百物生焉"(《论语·阳货》)。"予欲无言。天何言哉?"是无为;"四时行焉,百物生焉"是无不为;合起来就是"无为而无不为"(《老子》第三十七章,第四十八章)。管理要达到的是"无不为",是"四时行焉,百物生焉",而不是管得四时不行,百物不生。用现在的话说,管理的目的,是尽量释放每个分子的能量,是尽量发挥每个

---

① 孙中山语。他说,"政"是众人之事,"治"是管理,管理众人之事,就是政治。见《三民主义·民权主义》。以阶级斗争和阶级专政解释政治,则"治"是统治,是镇压。此义至精,唯在此讨论的不是此义。

分子的积极性创造性。

《老子》主张"自然",又主张"自胜"。《老子》说"道法自然"(第二十五章),又说"自胜者强"(第三十三章)。"自胜"就是"克己",是"复礼"、"为仁"的主体活动。没有"自胜",就没有中国高等教育管理,就没有中国高等教育管理学。

"自胜"与"修德"是一个过程。《老子》说:"修之身,其德乃真;修之家(古音姑),其德乃馀;修之乡,其德乃长;修之邦,其德乃丰;修之天下(古音虎),其德乃溥。"(第五十四章)受《老子》此说启发,儒家的人建构一套以"修身"为本的"修身"、"齐家"、"治国"、"平天下"的学说,这就是《大学》。

《大学》是中国高等教育学专著,也是中国高等教育管理学专著。经汉人编入《礼记》,宋人编入《四书》,影响极大。1941年清华大学三十周年时,校长梅贻琦在校庆特刊发表《大学一解》一文,以《大学》原理总结清华经验,可见《大学》影响之深远。

《大学》现有两个本子:一个是编入《礼记》的"礼记本",一个是编入《四书》的"四书本"。朱熹将"礼记本"重新编排,改"在亲民"为"在新民",加写《格致补传》一百三十四字,编为《四书》之首。两个本子第一部分只有一字之差("亲"改"新"),全录如下:

大学之道,在明明德,在新(原作"亲",联系后文,应作"新")民,在止于至善。

知止而后有定,定而后能静,静而后能安,安而后能虑,虑而后能得。

物有本末,事有终始,知所先后,则近道矣。

古之欲明明德于天下者,先治其国;欲治其国者,先齐其家;欲齐其家者,先修其身;欲修其身者,先正其心;欲正其心者,先诚其意;欲诚其意者,先致其知;致知在格物。物格而后知至,知至而后意诚,意诚而后心正,心正而后身修,身修而后家齐,家齐而后国治,国治而后天下平。

自天子以至于庶人,壹是皆以修身为本。其本乱而末治者否矣;其所厚者薄,而其所薄者厚,未之有也。

提出了三纲领(归结为一纲领:"明明德"),八条目(以"修身"为本)。

其高等教育管理学意义:(一)目标是"明(动词)明(形容词)德"。(二)基础是"格物"、"致知"。(三)"诚"、"正"、"修"、"齐"、"治"、"平"都是管理,其中"诚意"、"正心"是内心管理,其余是与内心管理同时的行为管理,合称"内圣外王之道"(《庄子·天下》)。

历来讨论、争论最多的是"格物"、"致知"。本书认为,"格物"、"致知"就是《老子》说的"为学"(第四十八章),其他都是《老子》说的"为道"(同上),为学与为道的关系已在第六节讨论过了。

管理的基本方法是"毋自欺","慎其独",行"絜矩之道"。絜矩之道在第七节讨论过了。

在《论语》中还有"吾日三省吾身"(《学而》),"见贤思齐焉"(《里仁》)。辅之以批评(如对宰予昼寝)和处分(如对冉有聚敛)。皆《老子》"日益"、"日损"(第四十八章)之法所派生者。

## 第十一节 国际交流

本章本已结束。偶闻一位外国朋友言,有个经济大国,最善于吸收外国文化,但在国际上只见到她的公司,见不到她的文化,更见不到她的大学影响。有识之士,建议她的大学"国际化"。听后很有感慨,想到孔子很有"国际化"精神,是中国高等教育的好传统。于是加写这一节。

在中国历史上,有两国"八百载,最长久",[①]这两个国家,一是周,一是楚。周王是北方天子。楚君实南方天子,至熊通亦称王。管仲伐楚的由头[②],不说楚不应称王。孔子最反对"僭越",亦从未批评楚君称王。可见南方楚王相当于北方周王的地位,北方人习以为常,无人说是僭

---

① 《三字经》语。
② 见《春秋左传》僖公四年。

越。又北方诸侯称公,楚国县令①亦称公,亦无人说是僭越②。盖周行周礼,楚行楚法,各是各的文化,不是一个文化。

北方周文化又有若干子文化,如齐文化,鲁文化。孔子说"齐一变,至于鲁;鲁一变,至于道"③,这种进化关系,只存在于周文化本身之内。孔子不说楚一变至于齐,也不说鲁一变至于楚,可见楚文化与周文化没有进化关系,楚文化是周文化之外的另一个不同的文化。

所以北方人到了楚国,才算真正出国。北方政治犯寻求避难,只有到楚国最安全。如周公旦恐惧流言,遂奔楚④。又如周王子朝争立失败,亦奔楚⑤。

孔子周游列国,只有在楚国的活动,才真正是国际交流。

孔子说:"文王既没,文不在兹乎!"⑥"兹"指孔子自己,自命为周文化的传人和代表。孔子说:奏舜之乐,"行夏之时,乘殷之辂,服周之冕"⑦,这是纵的选择;其实舜乐在齐⑧,夏时在杞,殷辂在宋,周冕在鲁⑨,又是横的组合。这都是周文化之内的活动。现在只讨论孔子在楚国的国际交流活动。

《论语·子路》:"叶公语孔子曰:'吾党有直躬者,其父攘羊,而子证之。'孔子曰:'吾党之直者异于是。父为子隐,子为父隐,直在其中矣。'"

"叶"为楚县,在今河南省叶县南,其县令称叶公,此叶公是沈诸梁。《论语》有关叶公者三章,这是最重要的一章,表现出楚文化与周文化根

---

① 《庄子·外物》:"饰小说以干县令","县令"相当于北方诸侯,是楚国官制。可见《庄子》是楚产,后称《南华经》,"南华"者 south China 也。
② 说楚国僭越,见于后汉应劭(二世纪人)《风俗通义·五伯》:"庄王僭号,问鼎轻重";又见于唐孔颖达(574—648)《左传》桓公二年"始惧楚也"疏:"楚武王始僭号称王";先秦无此说,《史记》、《汉书》亦无此说。
③ 见《论语·雍也》。
④ 见《史记》之《鲁周公世家》和《蒙恬列传》。
⑤ 见《春秋左传》昭公二十六年。
⑥ 见《论语·子罕》。
⑦ 见《论语·卫灵公》。
⑧ "子在齐闻《韶》"(《论语·述而》),《韶》是舜乐。
⑨ 杞是夏之后人,宋是殷之后人,周公封于鲁,故云。

本不同，表现出孔子勇于向楚人宣扬周文化，即勇于促进周文化国际化的精神。

当时的中国社会，无论南北，人们都有两件大事："事父"，"事君"。当"事父"与"事君"矛盾时，怎么处理？南方的原则是："事父"服从"事君"，例如"其父攘羊而子证之"，以利执法，重在忠君。北方的原则是："事君"服从"事父"，例如"子为父隐"，以全孝道，重在孝亲。这就是楚文化与周文化的根本区别。

不过这只讲到道德层次，没有讲到哲学层次。在哲学层次，楚文化的代表是老子。《老子》说："枉则直"（第二十二章），"大直若屈"（第四十五章）。孔子说的"父为子隐，子为父隐，直在其中"，则似枉而若屈，深得《老子》论"直"之意。则孔子之所输出者，亦还君故物耳。

"直"是真情实感，不属于理智。在孔子和儒家看来，父子关系的实质是情感，不是理智。所以"古者易子而教之，父子之间不责善，责善则离，离则不祥莫大焉"（《孟子·离娄上》）。教之必"责善"，诉诸理智，理智是师徒关系的实质。所以只能说师徒"如"父子，不能说师徒"是"父子。

以上是从父子关系看"直"。再从人性看"直"，孔子认为"人之生也直"（《论语·雍也》），称赞"质直而好义"（《论语·颜渊》），但是"直而无礼则绞"（《论语·泰伯》），"好直不好学，其蔽也绞"（《论语·阳货》）。这就是"质"与"文"的关系，孔子认为"质胜文则野，文胜质则史。文质彬彬，然后君子"（《论语·雍也》）。《老子》也主张"直而不肆"（第五十八章）。"绞"就是"野"（粗野），就是"肆"（放肆）。

有了真情实感的"直"，人才是"真"人，不是假人。所以《老子》讲修德，第一句讲"修之身，其德乃真"（第五十四章），首先解决"真"的问题。否则你那理智成果，鸿文巨著，万语千言，都是你做假人的道具而已。

孔子在楚国，还接触民间道家人士，如楚狂接舆、长沮、桀溺、荷蓧丈人，受到再教育，同时宣传自己思想，也是交流的一个方面。

孔子如此积极输出文化，盖出于他的文化民族观。他认为，民族不是种族概念，而是文化概念。当时有"中国"与"夷狄"之分。他认为，

"夷狄"有了周文化,就成为"中国";"中国"丢了周文化,就成为"夷狄"。以公式表示:

$$夷狄+周文化=中国,$$
$$中国-周文化=夷狄。$$

他说,"微管仲,吾其被发左衽矣"(《论语·宪问》)。"被发左衽"是夷狄形象。若没有管仲保卫周文化,中国就成为夷狄了。《论语·子罕》:"子欲居九夷。或曰:'陋,如之何?'子曰:'君子居之,何陋之有!'"夷狄有君子带去周文化,就成为中国了。今天的中华民族,若丢了中华文化,也就成为种族概念,而不是文化概念了,也就不是民族概念了。这是孔子的文化民族观给我们的启示。

# 第三章　董仲舒与太学

## 第一节　笔杆子与枪杆子

中国南方的楚文化，与中国北方的周文化，合成①全中国的汉文化，其代表是董仲舒。董仲舒（前179—前104）读私学，教私学，但建议"兴太学"，于是中国高等教育呈现新局面，进入新阶段。

南北文化的合成，与南北军事政治的统一，同时进行②。秦王嬴政于前221年统一中国，建立秦朝，"朕为始皇帝，后世以计数，二世三世至于万世，传之无穷"（《史记·秦始皇帝纪》）。西方的皇帝、教皇，名号亦以数计，这个办法，若论其"知识产权"应属秦始皇。秦始皇的全国性政权是枪杆子打出来的，他继续用枪杆子办文化，焚书坑儒，二世而亡。

秦朝历史说明，枪杆子出政权，但不出文化。笔杆子出文化。锄把子出文化素材，笔杆子出文化要用锄把子的素材，也不只是用锄把子的素材。战国（包括秦国）历史说明，是枪杆子求教笔杆子，是笔杆子指挥枪杆子，枪杆子才能出政权。只就秦国而言，是商鞅、韩非、李斯这些笔杆子，指挥秦国枪杆子。秦惠王车裂商鞅，李斯害死韩非，但秦国仍然实行没有商鞅的商鞅主义、没有韩非的韩非主义。

中国历史说明，不但枪杆子出不了文化，而且枪杆子指挥的笔杆子

---

① 合成，相当于 synthesize，不相当于 combine, unite, merge。
② 这句话只是说"合成"与"统一""同时"，不是说合成"由于"统一。文化合成是文化自身的事，不是军事政治的统一所能代庖。

也出不了文化,再说详细些就是,枪杆子指挥的笔杆子出不了真文化,只出些假文化。不是枪杆子指挥的笔杆子出了真文化,也出假文化(由于另外原因)。用这个观点可以看清,为什么春秋战国的笔杆子出了那么多真文化,如百家争鸣;为什么秦汉以后的笔杆子既出了真文化,又出了那么多的假文化。还可以看清,为什么新王朝建立之后,总要"偃武修文",才能繁荣文化,过些时太平日子。

## 第二节　得天下与治天下

用另一套话说,秦朝速亡,是由于秦始皇不理解由"得天下"到"治天下"是一个战略大转变、大转型、大转轨,他不知道"转",还是用"得天下"那一套"治天下"。

刘邦建立汉朝,取代秦朝,起初对这种新形势和新任务,也是懵懵懂懂。他骂陆贾:老子马上得天下,干吗要《诗》、《书》("乃公居马上得之,安事《诗》《书》")!陆贾反问他:马上得天下,难道可以马上治天下吗("居马上得之,宁可以马上治之乎")?语在《史记·陆贾传》。刘邦是个聪明人,一经陆贾点破,马上转弯①,逐步转好了这个大弯子。以后的王朝,由得天下到治天下,都用刘邦转好大弯子的历史经验。

弯子是转了,刘邦还是不用《诗》、《书》,而用道家。刘邦是楚人,楚人文化心理对周文化的儒生有一种莫名其妙的反感。《史记·郦生传》云:"沛公(刘邦)不好儒,诸客冠儒冠来者,沛公辄解其冠,溲溺其中。"《史记·叔孙通传》云:"叔孙通儒服,汉王(刘邦)憎之,乃变其服,服短衣,楚制(《索隐》曰:'案:孔文祥云,短衣便事,非儒者衣服。高祖(刘邦)楚人,故从其俗裁制),汉王喜。"《汉书·礼乐志》说"高祖乐楚声",又说"高祖作'风起'之诗"。"风起"之诗,后来通称《大风歌》,载于《史记》、《汉书》高祖纪,乃楚辞极品。凡此皆楚人文化心理表现,而表现最神者还是李白《嘲鲁儒》一诗,诗曰:

---

① 《论衡·对作》:"高祖不辨得天下,马上之计未转,则陆贾之《语》不奏",说的就是这个情况。《语》是陆贾所奏的《新语》。

鲁叟谈五经，白发死章句。问以经济策，茫如坠烟雾。足著远游履，首戴方山巾。缓步从直道，未行先起尘。秦家丞相府，不重褒衣人。君非叔孙通，与我本殊伦。时事且未达，归耕汶水滨。

周文化的儒生本相如何，是另一问题，其在楚人文化心理中固如是也。

楚人文化心理的最高表现，即哲学表现，是道家。有原始道家，有春秋道家，有战国道家，有秦汉道家。原始道家有鬻熊，上溯到颛顼，只有传说。春秋道家有《老子》，马王堆帛书本首章（今本第三十八章）以"失甲而后乙"的公式讲了道、德、仁、义、礼，可见其以道、德为本，而已否定而又包含儒家。战国道家有《庄子》，其"九变"结构（见《庄子·天道》），仍以道、德为本，不止否定而又包含儒家，进而否定而又包含法家。秦汉道家，则如司马谈所说（见《史记·太史公自序》"论六家要指"）："因阴阳之大顺，采儒墨之善，撮名法之要"，而"使人精神专一，动合无形，赡足万物"，仍以道、德为本，而已否定而又包含其他五家。秦汉道家，世称"黄老言"。"黄"指黄帝，是北方文化代表；"老"指老子，是南方文化代表；"黄老言"指南北文化合成的文化。

在西汉前朝，即在武帝刘彻即位（前 140）以前，"黄老言"是指导帝业的理论基础，也是建设文化的核心力量。桓谭说："昔老聃著虚无之言两篇，薄仁义，非礼学，然后世好之者尚以为过于五经，自汉文、景之君及司马迁皆有是言"（见《汉书·扬雄传》"赞"）。《老子》高于五经，是当时历史真相。

这段历史，史称"文、景之治"。总地看来，老百姓，主要是农民，过了些时好日子，但也有问题，正如《史记·平准书》所说："汉兴七十余年之间，国家无事，非遇水旱之灾，民则人给家足，都鄙廪庾皆满，而府库馀货财，京师之钱累巨万，贯朽而不可校。太仓之粟陈陈相因，充溢露积于外，至腐败不可食。众庶街巷有马，阡陌之间成群，而乘字牝者，傧而不得聚会。守闾阎者食粱肉，为吏者长子孙，居官者以为姓号。故人人自爱而重犯法，先行义而后绌耻辱焉。当此之时，网疏而民富，役财骄溢，或至兼并。豪党之徒，以武断于乡曲。宗室有土公卿大夫以下，争于奢侈，室庐舆服，僭于上，无限度。物盛而衰，固其变也。"

刘邦除秦苛法，"虽有约法三章，网漏吞舟之鱼。然其大辟，尚有夷三族之令，令曰：'当三族者，皆先黥、劓、斩左右趾，笞杀之，枭其首，菹其骨肉于市。其诽谤詈诅者，又先断舌。'故谓之具五刑。彭越、韩信之属皆受此诛"（《汉书·刑法志》）。何等残酷，对功臣何等无情！

我读初中时，听历史课老师说，这叫做"外黄老而内申韩"。此言出处，我至今未详。忽忽六十年矣，始知黄老"内"有申韩；其学之寸进欤！

武帝即位，经济基础未变，而上层建筑大变：道家变儒家。这能说是经济基础决定上层建筑吗？当然也不能说上层建筑决定经济基础，这一点有中国大陆"文化大革命"以九百六十万平方公里土地上十亿人口连续十年"抓革命，促生产"的实践经验彻底地永远地证明了，证明上层建筑不能决定经济基础。经济基础与上层建筑的关系，是互相作用，不是谁决定谁。

人是能动的，会选择的。在选择上层建筑的过程中，会考虑对经济基础的作用，而不取决于对经济基础的作用，而取决于对社会总体的作用，也就是对文化总体的作用。

《史记·礼书》有段话可以读作汉初选择上层建筑过程的描述，摘录如下：

"至秦有天下，悉纳六国礼仪，采择其善，虽不合圣制，其尊君抑臣，朝廷济济，依古以来。至于高祖，光有四海，叔孙通颇有所增益减损，大抵皆袭秦故。自天子称号下至佐僚及宫室官名，少所变改。孝文即位，有司议欲定仪礼；孝文好道家之学，以为繁礼饰貌，无益于治，躬化谓何耳，故罢去之。孝景时，御史大夫晁错明于世务刑名"，"孝景用其计，而六国叛逆，以错首名，天子诛错以解难"，"是后官者养交安禄而已，莫敢复议。今上（武帝）即位，招致儒术之士，令共定仪，十余年不就。或言古者太平，万民和喜，瑞应遍至，乃采风俗，定制作"。"乃以太初之元（前104）改正朔，易服色，封太山，定宗庙百官之仪,以为典常,垂之于后云"。

董仲舒的思想,是这个选择过程的产物。董仲舒的著作,反映了这个过程,促进了这个过程,以至确定了这个过程。下文讨论之。

## 第三节　道家儒家的综合

现存的董仲舒著作有:

(一)《对武帝册》,《对易王问》,均见《汉书》本传;

(二)《春秋繁露》;

(三)其他片断,散见于《史记·太史公自序》,《汉书》的《礼乐志》、《食货志》、《五行志》(有七十七条)、《司马迁传》、《眭弘传》、《匈奴传》,《后汉书》的《天文志》、《五行志》。另据《文选》注引,还有些文学作品。

(四)《汉书·艺文志》著录《公羊董仲舒治狱十六篇》,《后汉书·应劭传》言董仲舒"作《春秋决狱》二百三十二事",皆已佚,有清人马国翰、黄奭辑佚本。

王充(27—约97)认为,"文王之文在孔子,孔子之文在仲舒"(《论衡·超奇》)。本书认为,"中国南方的楚文化,与中国北方的周文化,合成全中国的汉文化,其代表是董仲舒"(本章第一节)。王充从儒家看,本书从中国文化看。

董仲舒生于汉文帝初年,早年学的是当时占主流的楚文化,打好了道家的底子。你看他写的《离合根》、《立元神》、《保位权》,都是汉道家代表作,其标题宛如《庄子》内篇,乃后来纬书标题的嚆矢。又有《循天之道》,明明白白地称引"古之道士有言"云云。诸篇皆在《春秋繁露》之中,此书为后人编纂,以《楚庄王》为第一篇,编者其以此暗示此书为楚文化之苗裔欤? 王应麟(1223—1296)作《汉艺文志考》,明言"此书八十二篇,始《楚庄王》";又作《玉海》,其第四十卷"艺文"中亦如是说。盖楼攻愧所得潘景宪本已如是矣。

《汉书·儒林传·江公传》说,"仲舒通五经,能持论,善属文"。《汉书·贾捐之传》说,有称赞善作文者,辄曰"观其下笔属文,则董仲舒"。

可见董氏学儒，则兼通五经，能讲能写，是一个全能人才。《汉书·儒林传》写了二百二十八位儒学经师，其中通一经者二百一十人，通二经者十五人，通五经者三人。通五经者，第一是董仲舒；其次是夏侯始昌，只说"始昌通五经"，是济南治《尚书》者张生的再传弟子，传《尚书》于夏侯胜；再次是王吉，只说"琅邪王吉通五经"，未说其师及弟子，不过是并无真传实授的泛泛之学。① 由此可见，董仲舒是汉儒最全面最杰出的代表。

董仲舒既博又精，专精《春秋》公羊学，其师承传授统绪，有如下述。

后汉何休(129—182)《春秋公羊注序》云："昔者孔子有云：'吾志在《春秋》，行在《孝经》。'此二学者，圣人之极致，治世之要务也。传《春秋》非一"，唐徐彦《疏》引戴宏《序》云："子夏传与公羊高，高传与其子平，平传与其子地，地传与其子敢，敢传与其子寿。至汉景帝时，寿乃共弟子齐人胡毋子都著于竹帛，与董仲舒皆见于图谶"。这段戴宏《序》前面有徐彦的话说：孔子将"《春秋》之说，口授子夏，度秦至汉，乃著竹帛"。可见《春秋》公羊学本是父子口传，师徒口传，然后笔之于书：这是当时高等教育一个侧面的历史真相。亦可见董仲舒的师承如此。

《汉书·儒林传》云："汉兴"，"言《春秋》，于齐则胡毋生，于赵则董仲舒"；又云："胡毋生字子都，齐人也，治公羊《春秋》，为景帝博士，与董仲舒同业，仲舒著书称其德"。而《汉书·董仲舒传》云："董仲舒，广川人也，少治《春秋》，孝景时为博士，下帷讲诵，弟子传以久次相授业，或莫见其面，盖三年不窥园，其精如此"。《史记·儒林传·董仲舒传》和《汉书·董仲舒传》以及全部《史记》、《汉书》乃至所有有关典籍，都没有明言董仲舒本师何人。胡毋生"与董仲舒同业"，但"同业"未必同师，好比现在同修一门课程，但未必是同一个老师教的，所以不能由此推论董仲舒亲受业于公羊寿。本书认为，董仲舒是刻苦自学，自学成材，很合乎"圣人无常师"②的孔子传统。他也就不可能是后世以受业名师自炫，

---

① 《汉书》卷七十二王吉传云："吉兼通五经，能为驺氏《春秋》，以《诗》、《论语》教授"，亦未说他的传人。《汉书·艺文志》云："《春秋》分为五"(韦昭曰：谓左氏、公羊、谷梁、驺氏、夹氏也)，而"驺氏无师"，则王吉尚未立于经师之林。又《汉书》卷七十二龚舍传云："舍亦通五经，以《鲁诗》教授。"这类在儒林传以外的材料，概未统计。("驺氏"亦作"邹氏")

② 韩愈(768—824)《师说》语。

甚至冒充名师的 senior assistant，向名师"借光"，装腔作势，叫人恶心的那号人。虽然合乎"圣人无常师"的孔子传统，但是在势利眼的眼中，总是一个弱点，所以刘歆说"考其（指董仲舒）师友渊源所渐，犹未及乎游、夏"（见《汉书·董仲舒传》"赞"），意存讥讽，却也从反面支持了本书的"认为"。

"弟子传以久次相授业"，这种制度，形成后来"弟子"与"门生"的区别。欧阳修（1007—1072）《集古录·孔宙碑阴跋》云："亲受业者为弟子，转相传授者为门生。宙碑残缺，其称弟子者十人，门生四十三人。"孔宙是孔融之父，后汉桓帝延熹六年（163）卒。这块碑是一个物证。近代教育家陶行知提倡"小先生制"，颇得董仲舒此制之遗意。

上述徐彦《疏》又引郑玄（127—200）《六艺论》云："治公羊者胡毋生、董仲舒。董仲舒弟子嬴公，嬴公弟子眭孟，眭孟弟子庄彭祖及颜安乐，安乐弟子阴丰、刘向、王彦。"康有为（1858—1927）于清光绪二十二年（1896）编成《春秋董氏学》一书，其卷七《传经表》（康氏门人王觉任编制）比郑玄此说更详，表列第二代为嬴公、褚大、殷忠、吕步舒、戾太子据吴、邱寿王鲍敞、司马迁，第三代为眭孟、孟卿、贡禹，第四代为严彭祖①、颜安乐、疏广、堂谿惠，第五代为王中、任公、冷丰、刘向、王彦、莞路、冥都，第六代为公孙文、东门云、马宫、左咸、孙宝。此外还有《传严氏春秋表》、《传颜氏春秋表》。康氏认为："自严、颜立博士以后，江都②之学遂成一统，然则凡治公羊者皆其后学。"于是还有《传公羊而不详所受者表》、《传公羊而兼左氏表》，"以见董道光大焉"。这些表表现仲舒弟子后学之盛，堪与《史记·仲尼弟子传》媲美矣。康氏正是如此发挥的，他在《传经表》序中说："夫《吕氏春秋》、《韩非》作于战国之末日，孟子已殁，而吕氏称孔子弟子充满天下，弥塞天下，皆以仁义之道教化于天下③；韩非称儒分为八，有孟氏之儒，有颜氏、子思氏、子张氏、漆雕氏、仲

---

① 即"庄彭祖"。
② "江都"是董仲舒代称，他曾为江都相，故云。
③ 参见《吕氏春秋·有度》。

良氏、孙氏、乐正氏之儒①,不特孟氏有传,七家亦皆有传焉。至于汉世,博士传五经之口说,皆孔门大义微言。而董子尤集其大成","《天人策》言:道出于天;正义不谋利,明道不计功:朱子极推其醇粹②,而韩愈乃不知之,而敢断然谓孟子死而不传③,呜呼!何其妄也"。"由元、明以来,五百年治术言语,皆出于朱子,盖朱子为教主也;自武、章,终后汉,四百年治术言议,盖董子为教主也";"董子接先秦老师之绪,尽得口说,公、谷之外,兼通五经,盖孔子之大道在是。虽书不尽言,言不尽意,圣人全体不可得而见,而董子之精深博大,得孔子大教之本,绝诸子之学,为传道之宗,盖自孔子之后一人哉"!康有为如此论定董仲舒、朱熹在中国文化史中的地位,与本书所见相合。

《汉书·董仲舒传》的结论列举刘向、刘歆父子对董仲舒的不同评价,而倾向刘歆。董仲舒是今文经学家,刘向是今文经学家,刘歆是古文经学家。学派不同,故所见不同,但并不像闹派性。请看:"赞曰:刘向称'董仲舒有王佐之材,虽伊、吕无以加,管、晏之属,霸者之佐,殆不及也'。至向子歆,以为'伊、吕乃圣人之偶,王者不得则不兴。故颜渊死,孔子曰"噫!天丧余",唯此一人为能当之,自宰我、子贡、子游、子夏不与焉。仲舒遭汉承秦灭学之后,六经离析,下帷发愤,潜心大业,令后学者有所统一,为群儒首。然考其师友渊源所渐,犹未及乎游、夏,而曰管、晏弗及,伊、吕不加,过矣'。至向曾孙龚,笃论君子也,以歆之言为然"。

"为群儒首",照本书的理解,就是汉文化的代表。

前面第一节说过,汉文化由中国南北文化合成,也就是道家儒家的综合。董仲舒之学是道家儒家的综合,其主根是道家。说详后面各节。

曾有人认为,董仲舒之学是阴阳家与儒家的混合。阴阳五行学说的代表是邹衍(约前305—前240),邹衍之书失传,于是用替代品,主要地用《易传》讲阴阳,又主要地用《洪范》讲五行。《易传》、《洪范》都是儒

---

① 参见《韩非子·显学》。
② 参见《朱子语类》卷第一百三十七。
③ 参见韩愈《原道》。

家经典。如此讲来，则阴阳家与儒家混合，岂不成了儒家与儒家混合吗？特别不妥的是，将邹衍的"五德终始"说与董仲舒的"三统"说混同。须知"五德终始"说是为改朝换代造舆论，"三统"说是为巩固汉朝造舆论：根本不是一码事！

邹衍以为，水火木金土五德相生相克，终而复始（循环）。夏代以木德王，商代以金德王，周代以火德王。金克木，故商代夏；火克金，故周代商。战国之世，谁以水德王，可以代周。所以是为改朝换代造舆论。董仲舒的黑白赤三统之说，见于《春秋繁露·三代改制质文》，此篇有残缺，幸于《汉书》本传"对册"中存其完意。

"对册"中说："王者有改制之名，无改制之实。然夏上忠，殷上敬，周上文者，所继之救，当用此也。"下文说，尧舜禹之道相同；然夏上忠之弊，殷上敬以救之；殷上敬之弊，周上文以救之；"由是观之，继治世者其道同，继乱世者其道变。今汉继大乱之后，若宜少损周之文，致用夏之忠者①"。意思是说，只要"损周之文"，"用夏之忠"，汉就与尧舜禹之道相同，而永远统治下去，不涉及改朝换代问题。所以是为巩固汉朝统治造舆论。换言之，邹衍是在未统一时为统一造舆论，董仲舒是在统一后为巩固统一造舆论：两人面临的形势和任务各不相同，岂能混为一谈！邹衍鼓吹改朝换代，董仲舒避免改朝换代：这是"五德终始"说与"三统"说实质所在。（至于警告皇帝，董氏另有灾异之说，不用三统之说，亦不可混为一谈。）总而言之，董仲舒不是重弹邹衍老调，而有他自己的创造和贡献。

## 第四节　言　灾　异

董仲舒之学成，以《春秋》公羊学为宗。《史记·儒林传》云："汉兴至于五世②之间，唯董仲舒名为明于《春秋》，其传公羊氏也。"《汉书·五

---

① 中华书局《汉书》标点本1983年版第2519页将此句标点为"若宜少损周之文致，用夏之忠者"。按："少损"与"致用"对，"少"与"致"皆副词，"致"字应属下。

② 五世：高祖刘邦，惠帝刘盈，文帝刘恒，景帝刘启，武帝刘彻。

行志》云:"汉兴,承秦灭学之后,景、武之世,董仲舒治《公羊春秋》,始推阴阳,为儒者宗。"《汉书》本传云:"仲舒治国,以《春秋》灾异之变,推阴阳所以错行",这种"推阴阳"以解释灾异的记录,仅在《汉书·五行志》中便有七十七条之多。这是董氏学的一个重要方面,不妨叫做"应用技术"方面。在此只讲一个案例,然后讲董氏学的哲学形上学和高等教育学。

《汉书·五行志上》云:

"武帝建元六年(前135)六月丁酉,辽东高庙灾。四月壬子,高园便殿火。董仲舒对曰:《春秋》之道举往以明来。是故天下有物,视《春秋》所举与同比者,精微眇以存其意,通伦类以贯其理,天地之变,国家之事,粲然皆见,无所疑矣。"

董仲舒所对的第一段是泛论《春秋》之道,就是用过去照亮未来。天下事物,可以根据《春秋》所举出的同类事物,精研其微妙的意义,通晓其同类的道理。"眇"字见于马王堆帛书《老子》第一章①、第二十七章,"微眇"字见于第十五章。而"眇"、"妙"字不见于《论语》、《孟子》、《毛诗》、《周礼》、《仪礼》、《礼记》和《春秋左传》;《公羊传》、《谷梁传》无"妙"字,有"眇"字,但作"盲一目"解;《周易》有一"妙"字,有三"眇"字,均作"盲一目"解;《尚书》无"妙"字,有"眇"字,作"微小"解。考察了"眇"(附及"妙")字的分布,再读董氏"精微眇"之句,便感到它与帛书《老子》是近亲。董氏"通伦类以贯其理"之说,肯定"类"有其"理",个体事物由其所属之类的理而获得意义,我看这是后世新旧理学的滥觞。凭着由《春秋》所"明"的"意"和"理",即所谓"微言大义",对于宇宙变化和社会事物都看得清楚明白,没有疑义了。其下文云:

按《春秋》鲁定公、哀公时,季氏之恶已熟,而孔子之圣方盛。夫以盛圣而易熟恶,季孙虽重,鲁君虽轻,其势可成也。故定公二年(前508)五月两观灾。两观,僭礼之物,天灾之者,若曰"僭礼之臣可以去"。已见罪征,而后告"可去",此天意也。定公不知省。至哀公三年(前492)五月,桓宫、釐宫灾。

---

① 帛书《老子》分章符号已残缺,所言章次皆依王弼本,以便检索出处。

二者同事,所为一也,若曰"燔贵而去不义云尔"。哀公未能见,故四年(前491)六月亳社灾。两观、桓、釐庙、亳社,四者皆不当立,天皆燔其不当立者以示鲁,欲其去乱臣而用圣人也。季氏无道久矣,前是天不见灾者,鲁未有圣贤臣,虽欲去季孙,其力不能,昭公是也。至定、哀乃见之,其时可也。不时不见,天之道也。

这是第二段,意思是说,鲁国有四所违章建筑,先后被大火焚毁了。天以此向鲁君示意:"欲其去乱臣(季氏)而用圣人(孔子)"。为什么早在昭公时天不焚之呢?因为昭公时尚无孔子,没有去掉季氏的力量;定公、哀公时有孔子了,所以天一焚再焚三焚以示意。一焚再焚三焚是灾异,这些灾异表示的天意、天道,则是董氏《春秋》公羊学的解释和发挥。以上是"举往",以下是"明来"。其下文云:

今高庙不当居辽东,高园殿不当居陵旁,于礼亦不当立,与鲁所灾同。其不当立久矣,至于陛下时天乃灾之者,殆亦其时可也。昔秦受亡周之敝,而无以化之;汉受亡秦之敝,又无以化之。夫继二敝之后,承其下流,兼受其猥,难治甚矣。又多兄弟亲戚之连,骄扬奢侈,恣睢者众,所谓重难之时者也。陛下正当大敝之后,又遭重难之时,甚可忧也。故天灾若语陛下:"当今之世,虽敝而重难,非以太平至公,不能治也。视亲戚贵属在诸侯远正最甚者,忍而诛之,如吾燔辽东高庙乃可;视近臣在国中处旁仄及贵而不正者,忍而诛之,如吾燔高园殿乃可"云尔。在外而不正者,虽贵如高庙,犹灾燔之,况诸侯乎!在内不正者,虽贵如高园殿,犹燔灾之,况大臣乎!此天意也。罪在外者天灾外,罪在内者天灾内;燔甚罪当重,燔简罪当轻;承天意之道也。

这一段联系当时实际了!在朝廷外的诸侯,在朝廷内的大臣,凡"不正"者,天皆灾之,即由天子"忍而诛之",好比火焚,罪重者大焚之,罪轻者小焚之。尊敬的董仲舒先生,你也忒胆大了!你这是同时对外"削藩"而又对内"清君侧",一人同时扮演晁错和刘濞两个角色,比当代

"休克"疗法还要"休克"疗法,谁承受得了!"于是下仲舒吏,当死,诏赦之"(《汉书》本传),险些送了老命。《史记》、《汉书》本传都说此次"下吏"(入狱)是由于主父偃做了手脚,吕步舒帮了倒忙,皆不过表面事实,皮相之谈。南宋洪迈(1123—1202)论此事云:"以武帝之嗜杀,临御方数岁,可与为善。庙殿之灾,岂无他说,仲舒首劝其杀骨肉大臣,与平生学术大为乖剌。驯至淮南、衡山二狱,死者数万人。然则下吏几死,非不幸也。"①洪氏看出关键是劝武帝杀骨肉大臣,入狱而能免死,算是万幸。洪论庶几近之。上引《汉书·五行志》下文云:

> 先是,淮南王安入朝,始与帝舅太尉武安侯田蚡有逆言。其后胶西于王、赵敬肃王、常山宪王皆数犯法,或至夷灭人家,药杀二千石,而淮南、衡山王遂谋反。胶东、江都王皆知其谋,阴治兵弩,欲以应之。至元朔六年(前123)乃发觉而伏辜。时田蚡已死,不及诛。上思仲舒前言,使仲舒弟子吕步舒持斧钺治淮南狱,以《春秋》义专断于外,不请。既还,奏事,上皆是之。

以上是这个案例的全文。汉武帝从诸侯反叛的事实,认为董仲舒灾异之说应验了,于是委任董氏弟子吕步舒全权处理,以《春秋》断狱,免于请示,对其事后汇报,完全批准。在此要指出两个区别。一个是认识与事实的区别。就认识说,武帝确确实实认为董仲舒灾异之说应验了;就事实说,诸侯反叛与庙殿之灾是并无关联的两码事。一个是言与意的区别。皇帝与诸侯的矛盾及其解决方法,贾谊、晁错都是实话实说,言必尽意,而贾谊下放,晁错杀身。《春秋》各家则共有"免时难"的传统。《汉书·艺文志》云:"《春秋》所贬损大人当世君臣,有威权势力,其事实皆形于传,是以隐其书而不宣,所以免时难也。"公羊家更是如此。《春秋公羊传》定公元年"定、哀多微辞,主人习其读而问其传,则未知己之有罪焉尔"何休注:"此孔子畏时君,上以讳尊隆恩,下以辟害容身,慎之至也。"董仲舒怎样"免时难","辟害容身"? 就是以灾异为

---

① 转引自苏舆《春秋繁露义证》,中华书局1992年版,第481页。原文见洪迈《容斋续笔》卷七"董仲舒灾异对"条(《四库全书》上海古籍出版社缩印本851册第460页)。

"言",以诛灭不正为"意"。尽管如此,此次仍然险些杀身。"仲舒遂不敢复言灾异"(《史记》、《汉书》本传)。不了解这一方面,就不了解具体历史中的董仲舒。

《汉书·董仲舒传》"对册"第一篇论述了灾异之说的理论基础。他说:"臣谨案《春秋》之中,视前世已行之事,以观天人相与之际,甚可畏也。国家将有失道之败,而天乃先出灾害以谴告之;不知自省,又出怪异以警惧之;尚不知变,而伤败乃至。以此见天心之仁爱人君而欲止其乱也。自非大无道之世者,天尽欲扶持而全安之,事在强勉而已矣。强勉学问,则闻见博而知益明;强勉行道,则德日起而大有功:此皆可使还至而有效者也"。"故治乱兴废在于自己,非天降命不可得反,其所操持悖谬失其统也"。"后世淫佚衰微,不能统理群生,诸侯背叛,残贼良民以争壤土,废德教而任刑罚。刑罚不中,则生邪气。邪气积于下,怨恶蓄于上。上下不和,则阴阳缪戾而妖孽生矣。此灾异所缘而起也"。中心意思是"治乱兴废在于己,非天降命不可得反"。"己"指上文的"人君"自己。并不是天命不可违。灾异乃人为所致,即人君举措("操持")所致。这就给人君指明正道,故曰"道者,所由适于治之路也"(同上)。人君"失道",天乃出灾异以警告之;"尚不知变,而伤败乃至"。天心爱人君,只要不是"大无道",一概"扶持而全安之"。然而天的"扶持"就在于人君自己的"强勉",强勉学问以求知,强勉行道以修德,落实在人君自己的德育知育上,这叫做"自贵者始"(同上)。王道自人君始,"故为人君者,正心以正朝廷,正朝廷以正百官,正百官以正万民,正万民以正四方①。四方正,远近莫敢不一于正,而无有邪气奸其间者","而王道终矣"(同上)。古今许多聪明人视此说为迂腐之谈。其实不妨想一想,你若自己不正,却要你的班子正,组织正,社会正,国家正,有可能吗?有这么便宜的事吗?自己正,绝对必要。虽然绝对必要,也只是必要条件,不是充足条件。要说迂腐,就迂腐在有人以"自己正"为必要而又"充足"的条件。不是充足条件,还要辅之以其他许多条件。但尽管有

---

① 此说源出《老子》第五十四章:"修之身,其德乃真"以至"修之天下,其德乃溥"。

其他许多条件,若无此绝对必要条件,则必然"法出而奸生,令下而诈起"(同上),现在叫做"上有政策,下有对策"。这也是西方现代"法治"国家的根本缺陷。

## 第五节　天人合一说

董仲舒的哲学形上学的核心是天人合一说。现存的董氏著作中没有"天人合一"一语,但有"以类合之,天人一也"(《春秋繁露·阴阳义》),"天人之际,合而为一"(《春秋繁露·深察名号》)这两句话,都可以缩略为"天人合一"一语。

《汉书·董仲舒传》所载的"对册"(或作"对策")有三篇,以前通称"天人三策",冠以"天人"二字,是因为它以天人关系为主线,贯串三篇。"对册"是研究董氏思想的基本资料,最可信,但运用时要注意两点:(一)"对册"要针对武帝的"册曰"(提问)就话答话,(二)本传所载是"掇其切当世施朝廷者著于篇"(传末语),可能是摘要。这两点都造成局限性,好在还有《春秋繁露》可以弥补。

董仲舒是个卓尔独立的思想家,他知道避开"册曰"的局限,直抒己见。你看他的"对册"劈头就说"陛下发德音,下明诏,求天命与情性,皆非愚臣之所能及也",这就是撇开武帝所问的天命情性,推说不是他之所能及。用的是孔子婉拒卫灵公问阵,推说"军旅之事未之学也"的辞令(《论语·卫灵公》),极其得体。撇开你的,好说我的,于是紧接着堂堂正正地、轰轰烈烈地、威风凛凛地推出自己的《春秋》公羊学:"臣谨案《春秋》之中,视前世已行之事,以观天人相与之际,甚可畏也。"这就是上节引述过的"《春秋》之道举往以明来":"举往"是"视前世已行之事";"明来"是"观天人相与之际",这不是泛泛地"明来",而是集中地鲜明地展示自己所学以"天人相与之际"为主题。"天人相与之际"就是天人关系。天人关系是个古老问题,是个与文明而俱来的古老问题。对这个古老问题,曾有神话的处理,宗教的处理,而荀子的天人之分说是科学的处理,董氏的天人合一说是哲学的处理。

上节所引的言灾异的案例,其言的哲学基础就是天人合一说,在那里更具体化为天人感应说。我们是人,都体验到人有感应能力,这是人们的共识。至于天有感应能力,则是董氏主张,这是董氏哲学的特色。

天有感应能力吗？董氏说有,其表现就是灾异。更全面地说,灾异是反面表现,祥瑞是正面表现。这种认识,是董仲舒及其时代的水平①。董氏所讲的"天",是有感应能力的自然之天。董氏讲到自然之天,与常识同；但特别突出自然之天的感应能力,是其哲学特色。自然之天而有感应能力,这是天人感应说的必然含义,也是天人合一说的必要假定。不讲天人感应,不讲天人合一,也就罢了；若讲天人感应,若讲天人合一,则自然之天而有感应能力,就是第一条自明的公理。

天人合一说在后世的发展提高,臻于精妙,构成圣贤气象的核心。灾异说则沉入民间宗教底层,劝善戒恶,维持朴素的基本道德。

董仲舒讲的天人合一,就是宇宙总体。他的宇宙总体论由"十端"构成。他说："天有十端,十端而止已。天为一端,地为一端,阴为一端,阳为一端,火为一端,金为一端,木为一端,水为一端,土为一端,人为一端,凡十端而毕,天之数也"(《春秋繁露·官制象天》)。这段话中第一个"天"字指宇宙总体,第二个"天"字指与地相对之天。天有十端,始于天而终于人,天人合一为宇宙总体。

在十端内部,天地人是由阴阳五行构成的,只说天地人也就包含阴阳五行了。所以只说"天生之,地养之,人成之"(《春秋繁露·立元神》),或说"天生之,地化之,圣人教之"(《春秋繁露·为人者天》)。

五行相生相克,及其与春夏秋冬,喜怒哀乐,生杀德刑等等的对应配合,在此不说了。在此只略说阴阳。《春秋繁露·阴阳义》云："天道之常,一阴一阳。"同书《基义》云："凡物必有合。合,必有上,必有下；必有左,必有右；必有前,必有后；必有表,必有里。有美必有恶,有顺必有逆,有喜必有怒,有寒必有暑,有昼必有夜,此皆其合也。阴者阳之合,

---

① 晚于董仲舒半世纪的王充,著《论衡》八十五篇,有十篇提到董仲舒,共计二十五处。其中《超奇》篇肯定"孔子之文在仲舒"；《明雩》篇肯定"推《春秋》之意,求雩祭之说","唯孔子之徒,仲舒之党,为能说之"；其余八篇对董氏天人感应说、灾异说、求雨止雨术等等,全部否定。

妻者夫之合,子者父之合,臣者君之合。物莫无合,而合各相阴阳。阳兼于阴,阴兼于阳;夫兼于妻,妻兼于夫;父兼于子,子兼于父;君兼于臣,臣兼于君。君臣父子夫妇之义,皆取诸阴阳之道:君为阳,臣为阴;父为阳,子为阴;夫为阳,妻为阴。"这些说法,来自《老子》"万物负阴而抱阳"(第四十二章)。《老子》是说,万物个体都是阴阳合一。董氏是说,两个体相合,其一为阴,其一为阳。若就某个体说,如某人为其父之子,是为阴;又为其子之父,是为阳;则此个体仍为阴阳合一。于此可见《老子》是董氏哲学形上学的主根。但是照董氏所说,则君为臣之阳,父为子之阳,夫为妻之阳:这就是"三纲"。《礼纬·含文嘉》云:"三纲谓:君为臣纲,父为子纲,夫为妻纲。"①这是"三纲"的标准表述,其实质内容已见于董氏之说如上②。可见董氏之说源于《老子》而又不是《老子》的简单重复。《老子》说"万物负阴而抱阳",没有三纲的意思,《老子》全书都没有三纲的意思。

除了"三纲",还有"五常",都是董仲舒对于巩固和发展大一统局面的历史贡献。他强调"仁义礼知信五常之道,王者所当修饬也"("对册"第一篇),第一次统称五者为"五常",将在本章第七节之末略加讨论。

"常"与"变"相对而统一,董仲舒讲常又讲变。他说"《春秋》之道,固有常有变"(《春秋繁露·竹林》),又说"《春秋》有经礼,有变礼"(同书《玉英》),又说"天之道有伦,有经,有权"(同书《阴阳终始》)。这些话中的"常"与"变","经"与"变","经"与"权",与当代的"原则性"与"灵活性",同类相通。董氏对于"常",对于"变",各有论述,不必抄引。关于"常",董氏说过"天不变,道亦不变"("对册"第三篇中语),有人扣住这句话,完全不理他关于"变"的话,就说这句话是形而上学的思想,其实董氏是在讲辩证法的一个方面。他说"《春秋》无通辞,从变而移"(同书《竹林》),"《诗》无达诂,《易》无达占,《春秋》无达辞,从变,从义,而一以奉仁人"(同书《精华》)。达就是通,通、达都是常。他这些话也不是否

---

① 《礼纬》,黄奭辑,上海古籍出版社1993年影印本,第4页上。
② 《韩非子·忠孝》:"臣事君,子事父,妻事夫,三者顺则天下治,三者逆则天下乱,此天下之常道也。"已是讲三纲的内容。

定"常",而是说"常"的存在就是"变"。比方一个人的存在,既要肯定他的一生是"常",又要肯定他的一生时时刻刻是"变"。董仲舒正是这样全面肯定"常"与"变"的。就存在而言,"常"与"变"是一非二。就概念而言,"常"与"变"是二非一。

## 第六节　天人合一说与高等教育哲学

本节选抄《汉书·董仲舒传》"对册"第三篇"善言天者必有征于人"一章全文,随抄随按,以见董氏天人合一说的具体意义,尤其是它的教育学(高等教育学)意义。

　　册曰:"善言天者必有征于人,善言古者必有验于今"(按:这两句是引武帝册问中的原话。征,证也,亦验也。下文是对册,不是将前句天人关系与后句古今关系平列,而是重在天人关系,而以古今为参考)。

　　臣闻:天者,群物之祖也。故遍覆包函而无所殊,建日月风雨以和之,经阴阳寒暑以成之(按:此言天)。

　　故圣人法天而立道,亦溥爱而无私,布德施仁以厚之,设义立礼以导之(按:此言人。"法天而立道"即《老子》的"道法自然"(第二十五章)。圣人普爱无私,布德施仁,设义立礼,都是法天。尤其是"设义立礼以导之",就是教育(高等教育)了,教育也是法天。"对册"第三篇另一章说"道之大原出于天",于此则可说"教(育)之大原出于天",这是教育发源论,主根为《老子》,不同于管子、孔子的教育发源论,即不同于先秦法家、儒家的教育发源论,乃是董仲舒空前的理论创造和贡献。"对册"此章至此将《老子》第三十八章的道德仁义礼都讲了)。春者天之所以生也,仁者君之所以爱也;夏者天之所以长也,德者君之所以养也;霜者天之所以杀也,刑者君之所以罚也(按:天与君对应,天以春生之,与君以仁爱之对应;天以夏长之,与君以德养之对应;天以霜杀之,与君以刑罚之对应)。由此言之,天人之征,古今之道也(按:上述对应,就是天人之征,古今如此)。

　　孔子作《春秋》,上揆之天道,下质诸人情,参之于古,考之于今(按:此谓孔子作《春秋》贯通天人古今)。故《春秋》之所讥,灾害之所加也;《春秋》之所恶,怪异之所施也。书邦家之过,兼灾异之变,以此见人之所为,其美恶之极,乃与天地流通而往来相应(按:《庄子·天下》言庄周"独与天地精神往来",与此相通),此亦言天之一端也(按:此"端"字是上节所引"天有十端"之"端")。

古者修(按:修,设也)教训之官,务以德善化民;民已大化之后,天下常无一人狱矣(按:此言古。此下皆言教育)。今世废而不修,无以化民,民以故弃行义而死财利,是以犯法而罪多,一岁之狱以万千数(按:此言今。要害是弃义死利)。以此见古(颜师古注:古谓古法也)之不可不用也,故《春秋》变古则讥之。

天令之谓命,命非圣人不行;质朴之谓性,性非教化不成;人欲之谓情,情非度制不节。是故王者上谨于承天意,以顺命也;下务明教化民,以成性也;正法度之宜,别上下之序,以防欲也;修此三者,而大本举矣(按:大本由此三者构成,此三者都有教育的意义,从教育对象看,第一是教育君王,第二是教育民众,第三是综合教育君民)。

人受命于天,固超然异于群生:入有父子兄弟之亲,出有君臣上下之谊,会聚相遇,则有耆老长幼之施,粲然有文以相接,欢然有恩以相爱,此人之所以贵也。生五谷以食之,桑麻以衣之,六畜以养之,服牛乘马,圈豹槛虎,是其得天之灵,贵于物也。

故孔子曰:"天地之性人为贵。"明于天性,知自贵于物;知自贵于物,然后知仁义;知仁义,然后重礼节;重礼节,然后安处善;安处善,然后乐循理;乐循理,然后谓之君子。故孔子曰"不知命,无以为君子",此之谓也(按:这段话是董仲舒教育哲学最系统最完整最简明的表述。讨论这段话的话,不是括弧内的按语所能容纳,只有另行写出,如下文)。

前面说过,董仲舒认为教育也是法天,教之大原出于天,这是以《老子》"道法自然"为主根的教育发源论,与春秋法家(管子)的教育发源论,先秦儒家(孔孟)的教育发源论,都不相同。这是道家的教育发源论。为什么不叫"起"源论,而叫"发"源论?因为"教育起源论"是讲教育起源的历史,"教育发源论"是讲教育发源的理论,前者属于教育史,后者属于教育哲学。董仲舒是一位出道入儒的思想家,他的三篇"对册"是他思想成熟的代表作,是标志周文化与楚文化综合成为汉文化的旷代大文。他在"对册"中坚持"道之大原出于天",仍以《老子》"道法自然"为主根,同时坚持"《春秋》大一统者,天地之常经,古今之通义",进而建议"诸不在六艺之科、孔子之术者,皆绝其道,勿使并进",从而成为堂皇正统的"为群儒首"的汉代儒家。他这一段教育哲学,讲了教育发源论,但远远不只是教育发源论,由以下的讨论可见。

董仲舒这一段教育哲学,以孔子说的"天地之性人为贵"为起点,以孔子说的"不知命,无以为君子"为终点。前一句见于《孝经·圣治》,后一句见于《论语·尧曰》。话是孔子的,意思是董仲舒的。

关于人性,董仲舒不说性善,不说性恶,而说性"灵"。他说:"人受命于天","得天之灵,贵于物也"。照他这样说来,孔子说的"天地之性人为贵",贵就贵在"得天之灵"。由于性"灵",故可以为善,可以为恶,于是性灵说超越了而又包含了性善说和性恶说。性善说,性恶说,都把人性说死了,性灵说才把人性说活了。

在《春秋繁露·实性》中,董仲舒说:"善如米,性如禾。禾虽出米,而禾未可谓米也;性虽出善,而性未可谓善也。米与善,人之继天而成于外也,非在天所为之内也。天所为,有所至而止,止之内谓之天,止之外谓之王教。王教在性外,而性不得不遂。"必须参读此段,才能读懂董氏人性论,即性灵说。

禾结谷,不结米。谷要人力加工,脱壳,去糠,才成米。禾结谷,是"天所为";但是"天所为"也就"止"于结谷;将谷加工成米,是"人之继天而成于外",就是人继续"天所为"而成于"天所为"的范围之外,而"非在天所为之内"。拿这个比喻来讲人性,则人性作为"天所为",亦"止"于"得天之灵"而有性灵,这是在"天所为"范围之内的。至于善,则不在"天所为"范围之内,而在"天所为"范围之外,即在"王教"范围,这就是"止之内谓之天,止之外谓之王教",这就是"天生之,地养之,人成之"或

"天生之,地化之,圣人教之"。这就是说,教育开始于"天生之"之后;也就是说,人一旦"天生之"就开始教育。否则人与天不相衔接而不"继天"了。这是董仲舒的教育发源论,认为教育发源于人在"天生之"之后,而继续完成"天生之"之后的使命。这个教育发源论的理论意义和实际意义在下一节专门讨论。在此只指出其历史意义:它总括了自古以来的教育实践历史,就是出生前三月开始的胎教,十五岁以前的小学教育,十五岁以后死而后已的大学教育,这全部教育实践的历史。

简言之,董仲舒教育哲学以"人之继天"为起点,或更加简言之,以"继天"为起点。董仲舒高等教育哲学则以"知自贵于物"为起点。人"得天之灵,贵于物",这是"天所为";而"知自贵于物",则是"人成之"即"圣人教之",乃小学教育结果,而为大学教育即高等教育起点。知自贵于物,就是知自贵于禽兽,知自贵于植物矿物。当然高等教育还要继续教育"知自贵于物",而且循序渐进:

知自贵于物→知仁义→重礼节→安处善→乐循理

这个次序就是"知命"而"为君子"的总过程。董仲舒高等教育哲学以"为君子"为目标,但目标绝非一个"点",更绝不是"终点",而是一个"总过程",一个"死而后已"的总过程。

这也就是"王教"总过程。"王教"就是"教",称"王教"者,犹称English 为 King's English 也。"王教在性外,而性不得,不遂",有两方面的意思。一方面,"王教在性外",意在区别教与性,防止以性代教,不要以为天生性灵,就不用教育了。一方面,"而性不得[教],不遂",意在统一教与性,强调以教遂性,因为虽然天生性灵,若不得教育,则性灵不能实现,不能完成。性属于天,教属于人。这种天人合一的教育哲学和高等教育哲学,乃是董仲舒空前的伟大的历史性的创造和贡献。

## 第七节 继天而教论,还是富而后教论?

近年来在中国大陆,高等教育经费不足,是一个普遍的难题。专就国家投入而言,高等教育经费应占 NNP(net national production,应译为"全国净产")的百分数,尽管民意强烈要求在有关法律中写明,仍然尚未写明。有人比作切生日蛋糕,切多少就是多少。问:怎么只切这一小块?答:整个蛋糕也就这大嘛。意谓"国家还不富"。似乎有一种"富而后教"论,作用于有意无意之间。

当前有没有"富而后教"论,我一则说"似乎",再则说"有意无意",真是惚兮恍兮,恍兮惚兮。要看出有没有某种思想,不要看理论、看口头,而要看实际、看行动。只要一看实际,一看行动,就不再恍恍惚惚,而是明明白白了。

先秦的富而后教论,则是明明白白,笔之于书。富而后教论,作为一种治国哲学、一种社会哲学、一种历史哲学,如何评价,本书不论。本书只论,作为一种教育哲学,富而后教论是错误的。董仲舒是提出异议的第一人,是创建"继天而教"论以取代富而后教论的第一个教育哲学家,是否定法家、儒家教育哲学的第一个道家教育哲学家。

所谓"继天而教"论的意思,在上一节已用董氏原文讲过了,在这里再用现代话讲一次。所谓继天而教,意思是,教育从人一出生就开始。人是父母所生,一出生就接着教育,人性才能完成。这个意思实在平淡无奇,可是与富而后教一比较,问题就大了。继天而教,与富而后教对比,可谓"生而后教"。一个将教育定位于富后,一个将教育定位于生后,这是两种截然不同的教育发源论。("教育发源论"这个名词在上一节就提出了,至此方见其具体所指:确定教育从哪里开始。)由此可见,继天而教论的确是对富而后教论提出异议。

董仲舒并没有在字面上批评富而后教论。他实在用不着在字面上暴眼暴睛地批评它;他只要从正面充分地讲明他的继天而教论,像他已经做的那样,也就足够了。人生下来就要教育,有人就要有教育;如此而已。难道还要拿别的什么来限制,例如以"富"来限制?如果不富不教,则富前不教;如果富前不教,怎么能富?那就只有野蛮致富:当强盗。于是陷入"暴力论",认为财富生于暴力。以暴力掠夺致富的事实,古代有,现代有,外国有,中国有:这是谁也不会否认、谁也无法否认的。这个事实并不能"证明"财富生于暴力。暴力掠夺所得可分为两类:一类是天然资源,一类是人工产品。天然资源必须通过劳动才能成为财富,人工产品就是劳动创造的财富,所以财富生于劳动,不是生于暴力。总之,暴力只能掠夺财富,不能产生财富。恩格斯在《反杜林论》中一连写了三章《暴力论》来讲这个道理,透彻极了。人,作为劳动力进行劳动,一定受过教育,并且在劳动过程中继续受教育。讲教育哲学,像董仲舒那样讲继天而教论就很好,完全没有必要和"富"扯在一起。若要和"富"扯在一起,也只应该讲教而后富,不应该讲富而后教。所以在教育哲学范围内(再说一遍:在教育哲学范围内),富而后教论是错误的,是完全错误的,若说得缓和一些,就是毫不相干的。生了人就教育,管它贫富!

董仲舒整个体系之中,没有"富"的位子。他的理想国之民,"不慕富贵"。他说,"五帝三王之治天下","民修德而美好,披发衔哺而游,不慕富贵,耻恶不犯。父不哭子,兄不哭弟。毒虫不螫,猛兽不搏,抵虫不触"(《春秋繁露·王道》)。这段文字,从思想到语言,放在《庄子》内皆可乱真。他还说,"夫人有义者,虽贫能自乐也;而大无义者,虽富莫能自存"(同书《身之养重于义》)。这种精神境界,集中表现为他的名言:"夫仁人者,正其义不谋其利,明其道不计其功"(《对江都易王问》,见《汉书》本传)。这种精神境界,表面上像儒家,骨子里是道家。从《春秋繁露》的《求雨》、《止雨》可以想见,董氏俨然是个"老道"。不注意及此,就难得董氏历史面貌之全。

"夫仁人者,正其义不谋其利,明其道不计其功",是董仲舒高等教育哲学总纲:目标是"仁人",内容是"道"、"义",方法是"明"之"正"之,也并不否认"功"、"利",只是"不计"、"不谋"而已。《老子》说,"无私故能成其私"(第七章)。不谋其利故能获大利,不计其功故能成大功:其此之谓欤?

先秦的富而后教论之影响甚大者且举两条:一条是法家先驱管仲说的"仓廪实则知礼节"(见于《牧民》,西汉人编入《管子》为第一篇。此言常被当作富而后教论,并不确切,下文讨论之);一条见于《论语·子路》:"子适卫,冉有仆。子曰:庶矣哉!冉有曰:既庶矣,又何加焉?子曰：富之。曰：既富矣，又何加焉？曰：教之。"（这是出自孔子之口的富而后教论。"富而后教"即由此缩略而成。非常清楚，不用讨论了。）

谨按："仓廪实则知礼节"之说，早已被秦朝、汉初历史所否定。秦孝公用商鞅变法，富国强兵，实现了"仓廪实"，然而"则知礼节"吗？汉初数十年以黄老治国，与民休息，也实现了"仓廪实"，可是"则知礼节"吗？请看当时人贾谊（前200—前168）的答案吧：

> 商君遗礼义，弃仁恩，并心于进取，行之二岁，秦俗日败。故秦人家富子壮则出分，家贫子壮则出赘。借父耰锄，虑有德色；母取箕帚，立而谇语。抱哺其子，与公并倨；妇姑不相悦，则反唇而相稽。其慈子嗜利，不同禽兽者无几耳。然并心而赴时，犹曰蹶六国，兼天下。功成求得矣，终不知反廉愧之节，仁义之厚。信并兼之法，遂进取之业，天下大败；众掩寡，智欺愚，勇威怯，壮陵衰，其乱至矣。

> 是以大贤起之，威震海内，德从天下。曩之为秦者，今转而为汉矣。然其遗风余俗，犹尚未改。今世以侈靡相竞，而上无制度，弃礼义，捐廉耻，日甚，可谓月异而岁不同矣。逐利不耳，虑非顾行也。今其甚者杀父兄矣。盗者剟寝户之帘，搴两庙之器，白昼大都之中剽吏而夺之金。矫伪者出几十万石粟，赋六百余万钱，乘传而行郡国：此其无行义之尤至者也。（《陈政事疏》，见《汉书》本传）

贾谊这两段话，前一段回答说，秦人仓廪实不知礼节；后一段回答说，汉人仓廪实不知礼节。秦人的表现，如：

儿子把锄头之类借给父亲用一下，都要显出对父亲有恩的得意神色；

母亲来拿箒箕扫帚用一下，儿子、媳妇立即数说她一顿；

媳妇抱着孩子解怀哺乳，不避公公，就与公公并肩蹲着；

媳妇与婆婆不和，公开反唇相稽。

再看汉人的表现大升其级，如：

杀父兄；

盗者把高祖、惠帝两代皇陵寝殿门户帘子割走了,把这两代祖庙的器物抢走了,大白天在大都会抢劫官吏,夺其金钱;

伪造文书,冒充官员,进行诈骗,骗去粮食几十万石,赋款六百余万钱,住国家馆驿、用国家车马,畅行于郡国之间!

贾谊这些话,是汉文帝六年(前174)说的。再过三十四年,是汉武帝建元元年(前140),情况还在继续恶化,见于董仲舒此年的"对册",他说:

> 至周之末世,大为无道,以失天下。秦继其后,独不能改,又益甚之,重禁文学,不得挟书,弃捐礼义而恶闻之,其心欲尽灭先王之道,而专为自恣苟简之治,故立为天子十四岁而国破亡矣。自古以来,未尝有以乱济乱,大败天下之民如秦者也。其遗毒余烈,至今未灭,使习俗薄恶,人民嚚顽,抵冒殊扞,熟烂如此之甚者也。孔子曰:"腐朽之木不可雕也,粪土之墙不可圬也。"今汉继秦之后,如朽木粪墙矣,虽欲善治之,无可奈何。法出而奸生,令下而诈起,如以汤止沸,抱薪救火,愈甚无益也。窃譬之琴瑟不调,甚者必解而更张之,乃可鼓也;为政而不行,甚者必变而更化之,乃可理也。当更张而不更张,虽有良工不能善调也;当更化而不更化,虽有大贤不能善治也。故汉得天下以来,常欲善治而至今不可善治者,失之于当更化而不更化也。古人有言曰:"临渊羡鱼,不如退而结网。"今临政而愿治七十余岁矣,不如退而更化;更化则可善治,善治则灾害日去,福禄日来。《诗》云:"宜民宜人,受禄于天。"为政而宜于民者,固当受禄于天。夫仁义礼知信五常之道,王者所当修饬也;五者修饬,故受天之祐,而享鬼神之灵,德施于方外,延及群生也。

董仲舒这段话,对形势估计极为悲观,对指出出路极有把握,出路只有一条:"更化"。翻译成现在的话,就是"改革"。当时汉武帝册问:"何修何饬"而"受天之祐,享鬼神之灵","施乎方外,延及群生"? 当年汉文帝把贾谊从长沙召回长安(今西安),也就是"问鬼神之本"(见《汉书·贾谊传》)。皇帝问鬼神,董仲舒只好就话答话,也讲鬼神,但针对所问"何修何饬"而提出修饬五常,作为更化方略。你看他多么机灵(机动灵活)!这是向皇帝相机进言的好例,很可爱,更可怜啊。在皇帝专制之下,所谓"王佐之才",也只好用皇帝高兴的包装,把自己的宝塞进去。

"何修何饬"?"修"是建设,"饬"是整顿。修饬五常,就是以仁义礼知信五常之道,把上层建筑建设一番,整顿一番。仁义礼知信,在《论语》中是分散讲的;在《孟子》中第一次将仁义礼智连着讲(见《公孙丑上》);到董仲舒才第一次将仁义礼知信连着讲。这是中国高等教育史的一件大事。这就是董仲舒建议"更化"的方略。

董仲舒此时,第一,已经丝毫不提"仓廪实则知礼节"之说了,此说已经被秦汉史实否定了,而对秦汉历史的反省始于贾谊,成于仲舒;第二,也不提富而后教之说了,因为他看透了"富者田连阡陌,贫者无立锥之地"(《汉书·食货志上》引董仲舒言)的社会两极分化,根本没有一个富的整体社会,富而后教无从谈起;第三,已经体悟出继天而教之说的真理性,将这种道家教育哲学倾注于儒家教育学之中,别开生面,遂称"醇儒"。

讲到这里,可见董仲舒非建议创办太学不可了。

## 第八节 建议"兴太学"

在"对册"第一篇中董仲舒写道:

> 夫万民之从利也,如水之走下,不以教化堤防之,不能止也。是故教化立而奸邪皆止者,其堤防完也;教化废而奸邪并出,刑罚不能胜者,其堤防坏也。古之王者明于此,是故南面而治天下,莫不以教化为大务:立大学以教于国,设庠序以化于邑,渐民以仁,摩民以义,节民以礼。故其刑罚甚轻而禁不犯者,教化行而习俗美也。(见《汉书》本传)

所说的"大学",相当于他建议创办的"太学"。("大"字与"太"字的关系,段玉裁说:"后世凡言大而以为形容未尽则作太。如'大宰'俗作'太宰','大子'俗作'太子',周'大王'俗作'太王',是也。"见《说文解字注》水部"泰"字注。)大学立于中央,庠序设于地方,合称学校。学校的任务是教化,其内容是:渐民以仁,摩民以义(渐,摩,都是潜移默化),节民以礼。教化好比防洪的堤防。最近(1996年7月)湖北武汉发了特大洪水,电视常有保堤抗洪镜头,我边看边想:还有另一种特大洪水,史无前例,"万民从利",冲向现代化,这是好事,要不要也有堤防?这道堤防在哪里?在于立法执法,在于及时"严打",我都赞成,我同时断言这都不能治本。治本在于教化,在董仲舒看来,就是养成以仁义为内容、以礼为形式的风俗习惯。教化大行,你要他奸邪,他说你污辱他的人格。这不是笑话,也不是神话,而是二十世纪五十年代大陆上实现过的实话,不过内容与形式和董仲舒的不同罢了。

这一段总论学校。另一段专论太学,董仲舒在"对册"第二篇中写道:

> 陛下亲耕藉田以为农先,夙寤晨兴,忧劳万民,思惟往古,而务以求贤,此亦尧舜之用心也;然而未云获者,士素不厉也。夫不素养士而欲求贤,譬犹不琢玉而求文采也。故养士之大者,莫大乎太学,太学者,贤士之所关也,教化之本原也。今以一郡一国之众,对无应书者,是王道往往而绝也。臣愿陛下兴太学,置明师,以养天下之士,数考问以尽其材,则英俊宜可得矣。(见《汉书》本传)

这是对汉武帝册问中的话:"呜呼!朕夙寤晨兴,惟前帝王之宪,永思所以奉至尊,章洪业,皆在力本任贤。今朕亲耕藉田以为农先,劝孝弟,崇有德,使者冠盖相望,问勤劳,恤孤独,尽思极神,功烈休德未始云获也",为什么"未始云获"?"各悉对!"(同上)汉武帝自己说他求贤而未获,别人才好开口找原因。汉武帝若不说他自己求贤而未获,特别是未获(即"未始云获"或"未云获"),别人是不好说的;别人只好说他求贤,不好说他未获。你说他未获,岂非诬蔑在职的满朝文武?岂非攻击当今的圣明天子？春秋公羊家有个"避害容身"①、"免时难"②的传统，若非汉武帝自己开未获的口子，董仲舒是不会说武帝求贤未获的。汉武帝诚恳而坦率地说出求贤而未获的苦恼，是对他的帝业满怀信心的表现，用不着先肯定朝中有贤。

董仲舒的答案是，求治必须求贤，求贤必须养士，养士"莫大乎太学"。他不说养士只有太学，而是说"莫大乎太学"，没有说绝，因为太学虽是最大的一条路，并不排除还有别的路。但太学毕竟是"贤士之所关"，"教化之本原"。颜师古注："关，由也"，由此养成也。当时举贤良文学，发下诏书，居然成郡成国地无人应诏，所以要走太学养士这条路。于是董仲舒建议："臣愿陛下兴太学，置明师，以养天下之士"，提出"养天下之士"，含有突破贵族身份限制，吸收优秀的平民子弟的意思，这一条在孔子式私学里早已实行了，现在要推广到中央官办的太学里，就是一项重大改革，从教育思想到教育制度的全面改革。在太学中"数考问以尽其材，则英俊宜可得矣"，就能够消除求贤而不获的苦恼，达到求贤而得贤的目的。

## 第九节 组建太学

董仲舒建议"兴太学"，但无权组建太学。组建太学，要皇帝下诏，丞相操办。当时丞相公孙弘奉诏组建太学的文件，保存于《汉书·儒林传》序之中，是第一手史料，照录如下：

> 丞相、御史言：
>
> 制曰："盖闻导民以礼，风之以乐。婚姻者，居室之大伦也。今礼废乐崩，朕甚愍焉，故详延天下方闻之士，咸登诸朝。其令礼官劝学，讲议洽闻，举遗兴礼，以为天下先。太常议，予博士弟子，崇乡里之化，以厉贤材焉。"
>
> 谨与太常臧、博士平等议，曰：闻三代之道，乡里有教，夏

---

① 见《春秋公羊传》定公元年何休注。
② 见《汉书·艺文志》《春秋》类后语。

曰校,殷曰庠,周曰序。其劝善也,显之朝廷;其惩恶也,加之刑罚。故教化之行也,建首善自京师始,由内及外。今陛下昭至德,开大明,配天地,本人伦,劝学兴礼,崇化厉贤,以风四方,太平之原也。古者政教未洽,不备其礼,请因旧官而兴焉。

为博士官置弟子五十人,复其身。

太常择民年十八以上仪状端正者,补博士弟子。

郡国县官有好文学、敬长上、肃政教、顺乡里、出入不悖,所闻,令、相、长、丞上属所二千石,二千石谨察,可者常与计偕,诣太常,得受业如弟子。

一岁皆辄课,能通一艺以上,补文学掌故缺;其高第可以为郎中,太常籍奏。即有秀才异等,辄以名闻。其不事学若下材,及不能通一艺,辄罢之,而请诸能称者。

臣谨案:诏书律令下者,明天人分际,通古今之谊,文章尔雅,训辞深厚,恩施甚美。小吏浅闻,弗能究宣,无以明布谕下。以治礼掌故以文学礼义为官,迁留滞。请选择其秩比二百石以上及吏百石通一艺以上补左右内史、大行卒史,比百石以下补郡太守卒史,皆各二人,边郡一人。先用诵多者,不足,择掌故以补中二千石属,文学掌故补郡属,备员。请著功令。它如律令。

制曰:"可。"

这是一篇首尾完整的中央文件,其中有两个"制曰",第一个"制曰"那段话是皇帝下达任务的诏书,第二个"制曰"的"可"表示皇帝对奏议的批准。其余文字都是丞相公孙弘等人的联名奏议,其中心实质内容只有一句:

"为博士官置弟子五十人,复其身。"("复其身"是免除其人赋税劳役负担。)

全部奏议都是为了讲清楚怎样实行这句话。

这是落实董仲舒建议"兴太学"的文件,可是没有出现"太学"字样。在公孙弘等人看来,兴太学并非从零开始,而是"因旧官而兴"。"旧官"

即"博士官"①,所以兴太学就从"为博士官置弟子五十人"开始。可见丞相公孙弘等人真正是办事的干材,一眼就看出太学制与博士制的本质联系:太学制是博士制的发展。"博士官"的师资、教材、设备都是现成的,在这现成的基础上招生五十人,不就是太学吗?名称就叫"博士弟子"好了,不用挂"太学"牌子。

"太学"与"博士官"的关系,董仲舒没有明说,公孙弘也没有明说。公孙弘的实践,显示出:太学是博士官的发展。在这一点上,公孙弘比董仲舒进了一步。指明太学制是博士制的发展,则是本书所做的工作。前已说明,中国的"大学"既指"大学问",又指"大学校"。"博士官"制本非大学校,但有大学问。说太学制是博士制的发展,是就学问而言,不是就学校而言。即就学校而言,六国之末,魏国已有"博士弟子"(见《汉书》贾山传,其祖"故魏王时博士弟子也");秦末汉初的双料博士叔孙通,随从"弟子百余人"(见《史记》本传);可见一位博士身边就有一所学校。这和孔子、孟子身边常有弟子相类似。所以更可以说太学制是博士制的发展。

现在回到"为博士官置弟子五十人"。"置弟子"好比现在"招生"。中央招生由太常主持,"择民年十八以上仪状端正者"。地方招生由郡县(国与郡同级,统称郡国)的县令、侯相、县长、县丞主办,将所闻的"好文学、敬长上、肃政教、顺乡里、出入不悖"的人员材料上报"二千石","二千石"指郡守和国相,经二千石谨察认可,送到太常。上述招生条件,马端临著《文献通考》引用时有个解释:"自'好文学'以下,条目甚详。而太常弟子止取'仪状端正'者,盖太常,天子近臣,常以儒宗为之,任其选择,不必立法也。"②这个解释很合理。也可以这样理解:"好文学"至"出入不悖"也就是太常坚持的条件。

这十六个字的条件,别的还好懂,惟有"出入不悖"四字,青年读者可能不懂。此四字出于《论语·学而》:"子曰,弟子入则孝,出则弟,谨

---

① 王国维《汉魏博士考》云:"博士一官,盖置于六国之末,而秦因之。汉兴,因秦制,员至数十人。"云云。见《王国维遗书》第一册,上海古籍书店1983年印行。
② 见《文献通考》"学校一""元朔五年置博士弟子员"条下。

而信，泛爱众，而亲仁。行有余力，则以学文。""不悖"就是不悖孝弟之道。博士弟子就是要这样的"弟子"啊。在当时，《论语》这章书谁不熟悉，只要用"出入"二字轻轻点一下就行了。

博士弟子到太常入学学习一年，都要经过考试和考察，能通一艺以上，补"文学掌故"缺；考得高等成绩，可以为"郎中"，太常造名册奏与皇帝，以备重用。若有特别优秀的，立即将姓名上奏皇帝。不努力学习的和学不进去的下材，以及不能通一艺的，立即淘汰，换上条件相称的人。这是一套管理制度和任用政策。

"臣谨案"以下是说，通过博士弟子制度，提高官吏素质。朝廷颁下的诏书律令，含有高深的道理，使用华美的文辞，现有的小吏根本不懂，不能宣传贯彻。将来用博士弟子出身的"掌故"，"通一艺"以上及"诵多者"取而代之。

但是马端临按他的理解和考证，发现一个他不能解释的大矛盾，他说："窃详此段自'太常择民年十八'以下至'请诸不称'①，是指白身受业而通一艺者；自'择其秩比二百石'至'补郡属备员'，是指已仕受业而通一艺者。然白身通艺者可以为郎中，则其官反高（马氏自注：郎中秩比三百石）；已仕通艺者，只可为左右内史、太守卒史，则其位反卑（马氏自注：佐史秩百石以下）。殊不可晓，考订精详者必能知之。"

马氏此言，未免智者一失。"此段"明言，可以为郎中者是"高第"，可以为佐史者是"留滞"。留滞人员怎好与高第弟子比呢？孟子说："不揣其本而齐其末，方寸之木可使高于岑楼"（《孟子·告子下》），其马氏此言之谓欤！

公孙弘等此次所奉诏书，又载于《汉书·武帝纪》元朔五年夏六月，此即中国太学建校校庆之时，岁在丁巳，为前124年。

---

① 《史记·儒林传》此句作"请诸不称者罚"，《汉书·儒林传》此句作"请诸能称者"。马氏用《史记》，本书用《汉书》，这点差异不妨碍下文的讨论。

## 第十节 "道"与"艺","经"与"艺"

上一节多次出现"通一艺","通一艺"就是"通一经"。

上一章详细讨论过"道"与"艺"。这一节约略谈一下"经"与"艺"。

简言之,"经",作为"载籍",既载"道",又载"艺"。从"载"字着想,可借用科学名词"载体"(carrier)来说,"经"既是"道"的载体,又是"艺"的载体。由此才有可能说,"通一艺"就是"通一经","通一经"就是"通一艺"。

《老子》无"经"字。《论语》有一个"经"字,见于《宪问》,是说"自经",即自缢。《礼记·经解》云:"孔子曰:入其国,其教可知也。其为人也,温柔敦厚,《诗》教也;疏通知远,《书》教也;广博易良,《乐》教也;洁静精微,《易》教也;恭俭庄敬,《礼》教也;属辞比事,《春秋》教也。"此篇篇名有"经"字,但不是孔子所说,孔子所说无"经"字,更无"六经"字样。"六经"字样,在现存文献中,最早出现于《庄子·天运》:"孔子谓老聃曰:丘治《诗》、《书》、《礼》、《乐》、《易》、《春秋》六经"。

"六经"怎么又称"六艺"呢?

《史记·滑稽列传》云:"孔子曰:'六艺于治一也。《礼》以节人,《乐》以发和,《书》以道事,《诗》以达意,《易》以神化,《春秋》以义。'"照此说来,不是别人,正是孔子,最早又称"六经"为"六艺"。

董仲舒《春秋繁露·玉杯》云:"君子知在位者之不能以恶服人也,是故简六艺以赡养之:《诗》、《书》序其志,《礼》、《乐》纯其美,《易》、《春秋》明其知。六学皆大,而各有所长。"董氏亦称"六经"为"六艺",又称之为"六学"。《汉书·儒林传》亦云:"六艺者,王教之典籍,先圣所以明天道、正人伦、致至治之成法也";又云:"及至秦始皇兼天下,燔《诗》、《书》,杀术士,六学从此缺矣"。好,只说到六艺为止吧,不扯远了。

所以说公孙弘奏议中的"通一艺"就是"通一经"。这篇文件先是保存在《史记·儒林列传》中,完完整整。本书上一节为什么引用晚些的《汉书》本,不引用早些的《史记》本呢?这有两点考虑:一点是《汉书》本经过班固的工作,与《史记》本个别出入处,可能《汉书》本准确些;更重要的一点是《史记·孝武纪》全是封禅求仙活动,没有元朔五年夏六月的诏书,不如用《汉书》本能有更完整的史料,确定太学建校之年。

本节的讨论,能说明什么呢?

上一章讨论"道"与"艺",儒家的立场认为,"道"与"艺"对立。本节讨论"经"与"艺",结论是"经"与"艺"同一。尽管儒家认为"经"与"艺"同一,并不改变儒家的认为"道"与"艺"对立。这就是本节的讨论可以说明的。

## 第十一节 汉太学的发展及其管理

在汉武帝为博士官置弟子之后,《汉书·儒林传》继续记述说:

> 昭帝时举贤良文学,增博士弟子员满百人,宣帝末增倍之。
>
> 元帝好儒,能通一经者皆复。数年,以用度不足,更为设员千人,郡国置五经百石卒史。
>
> 成帝末,或言孔子布衣养徒三千人,今天子太学弟子少,于是增弟子员三千人。岁余,复如故。
>
> 平帝时王莽秉政,增元士之子得受业如弟子,勿以为员,岁课甲科四十人为郎中,乙科二十人为太子舍人,丙科四十人补文学掌故云。

《汉书·王莽传》补充说:

> 平帝元始四年,"莽奏起明堂、辟雍、灵台,为学者筑舍万区,作市常满仓,制度甚盛。立《乐经》,益博士员,经各五人。征天下通一艺教授十一人以上,及有逸《礼》、古《书》、《毛诗》、《周官》、《尔雅》、天文、图谶、钟律、月令、兵法、《史篇》文字,通知其意者,皆诣公车。网罗天下异能之士,至者前后千数,皆令记说廷中,将令正乖谬、一异说云"。

《汉书·儒林传》总结说:"自武帝立五经博士,开弟子员,设科射策,劝以官禄,迄于元始,百有余年,传业者浸盛,支叶蕃滋,一经说至百余万言,大师众至千余人,盖利禄之路然也。初,《书》唯有欧阳,《礼》后,《易》杨,《春秋》公羊而已。至孝宣世,复立大小夏侯《尚书》,大小戴《礼》,施、孟、梁丘《易》,谷梁《春秋》。至元帝世,复立京氏《易》。平帝时,又立《左氏春秋》、《毛诗》、逸《礼》、古文《尚书》,所以网罗遗失,兼而存之,是在其中矣。"读者欲知其详,可读《儒林传》全文。以下仿此。

《后汉书·儒林列传》云:

"及光武中兴,爱好经术","于是立五经博士,各以家法教授","凡十四博士,大常差次总领焉。建武五年(西元29),乃修起太学","中元元年(西元56),初建三雍"。三雍是辟雍、明堂、灵台。

"明帝即位,亲行其礼","飨射礼毕,帝正坐自讲,诸儒执经问难于前,冠带缙绅之人,圜桥门而观听者盖亿万计"。(明帝尊师,他到太常府看望老师桓荣,"令荣坐东面,设几杖,会百官骠骑将军东平王苍以下及荣门生数百人,天子亲自执业,每言辄曰'大师在是'"。事见《后汉书·桓荣传》。老师"坐东面",是继承《大戴礼记·武王践阼》规矩:天子不以师为臣,臣北面而立,师东面而坐。故师为西宾,主为东家。天子发言,先说大师在这里,表示对师的谦恭。)天子的卫队人人"通《孝经》章句,匈奴亦遣子入学"。

顺帝"更修黉宇,凡所造构二百四十房,千八百五十室。试明经下第补弟子,增甲乙之科员各十人,除郡国耆儒皆补郎、舍人"。

桓帝时"游学增盛,至三万余生。然章句渐疏,而多以浮华相尚,儒者之风盖衰矣。党人既诛,其高名善士多坐流废","党人"事详《后汉书·党锢列传》,此传亦言"太学诸生三万余人"。

"熹平四年(西元175),灵帝乃诏诸儒正定五经,刊于石碑,为古文、篆、隶三体书法以相参验,树之学门,使天下咸取则焉"(《后汉书·蔡邕列传》云:"邕乃自书丹于碑,使工镌刻立于太学门外,于是后儒晚学,咸取正焉。及碑始立,其观视及摹写者,车乘日千余辆,填塞街陌")。

《后汉书·孝献帝纪》云:初平四年(西元193)"九月甲午,试儒生四十余人,上第赐位郎中,次太子舍人,下第者罢之。诏曰:'孔子叹"学之不讲",不讲则所识日忘。今耆儒年逾六十,去离本土,营求粮资,不得专业。结童入学,白首空归,长委农野,永绝荣望,朕甚悯焉。其依科罢者,听为太子舍人'"(刘艾《献帝纪》曰:"时长安中为之谣曰:'头白皓然,食不充粮。裹衣寨裳,当还故乡。圣主悯念,悉用补郎。舍是布衣,被服玄黄。'")。

以上是两汉太学发展概况。

汉魏而后,博士官隶属太常,太学亦隶属太常。"太常"一官"常以儒宗为之"(前引马端临语)。

太学职员,最高者汉代称为"博士祭酒",本谓博士中之最年长者。晋代以后称"国子祭酒"。隋唐以后在祭酒之下设"国子监司业"及"国子监丞"。宋、明设"国子监典籍",管理图书资料。

太学教员,汉称"博士"、"博士官"、"博士师"。以后各代通称"博士"。晋代在其下设"国子助教",后代(除了宋代)因之,通称"助教"。

太学专业,立某经博士,就是设立某经专业。通一经,就是某经专业毕业。

太学管理,自始就是博士治校,后来形成传统。在这个传统中,太学师生感觉,是师生自我管理,不是外人管理师生。这种感觉,对于养成太学氛围①,至关重要。这个传统,传到二十世纪前半叶,就成为北京大学、清华大学、西南联合大学等校的教授治校。教授治校,有西方民主影响,其主根则是太学博士治校传统。如果只看到西方影响,看不到中国传统,就有一种危险:把中国固有的好东西,当成西方传来的坏东西。这个问题将在第五章继续讨论。

---

① "太学氛围"的含义,"校风"、"学风"及其综合,皆不足以尽之。《庄子·天运》中孔子见老聃后说"吾乃今于是乎见龙"云云;《三松堂自序》、《蔡元培自写年谱跋》中冯友兰回忆蔡元培气象时所说:都是一种氛围。

## 第十二节　太学之外的高等教育

汉代太学"养士"的功能，无疑是充分发挥了。至于它作为"教化之本原"的功能，这个最根本的功能，即使也充分发挥了，太学教育亦非高等教育的全部，就是说，还有太学之外的高等教育。

太学教育，即太学之内的高等教育，就内容说，是五经教育；就目标说，是仁人教育，或君子教育、圣贤教育；就内容与目标的综合说，是现在通称的人文教育。

关于人的学问，现在通称"人文"；关于物的学问，现在通称"科技"。与此二者相关，高等教育分为人文教育、科技教育。人的生活，需要关于人的学问，人的生活也就产生了关于人的学问；人的生活，需要关于物的学问，人的生活也就产生了关于物的学问。人的生活绝不可少的这两个方面，产生了高等教育绝不可少的这两个方面。既然太学之内的高等教育是人文教育，则科技教育只有求之于太学之外了。果然不错，这样一找就果然找到了。正如人文教育史料多出于史书的"儒林传"，科技史料多出于"方技传"。

这里需要说明两点：

第一点，当时全国的"教化"，都是人文教育，不论太学内外都是如此。就是说，太学之外也是五经教育、仁人教育。太学内外的差别在于，太学之内的是"高等"人文教育，所以是"教化之本原"；太学之外的是"普通"人文教育，连方技人士都是要接受的。所以人文教育在太学内外的差别，是"层次"的差别，不是"有无"的差别。

第二点，出于"方技传"的史料，现在看来多属荒诞，这种内容有科技价值吗？有，有历史价值，有科技史价值。这样说的根据是，其中含有关于物的学问，其中含有当时水平和形态的关于物的学问。谁能保证，现在的某些先进科技，若干年后的人们不视之为荒诞？"后之视今，亦犹今之视昔"①。这就是科技的历史,这就是科技的进步,这就是科技史研究中的历史主义。任何事物的存在,都在特定时空而有特定形态,不受特定时空形态规定(即限制,即局限)的事物是不存在的。

以下使用的方技史料,纯属举例性质,我可以举这些例子,你可以举那些例子,没有任何排他性、独占性。

我只限于"汉四史":

先看《史记》。《史记》"方技传"②就是《日者列传》,"日者"即卜者,此《传》只写了卜者司马季主大发议论,批判来游的贾谊、宋忠对卜者的错误认识,使二人心悦诚服。其主要论点是:"今夫卜者,必法天地,象四时,顺于仁义,分策定卦,按式定棋,然后言天地之利害,事之成败";"而以义置数十百钱,病者或以愈,且死或以生,患或以免,事或以成,嫁子娶妇或以养生:此之为德,岂直数十百钱哉!此夫《老子》所谓'上德不德,是以有德'。今夫卜筮者利大而谢少,《老子》之云岂异于是乎"!归根于《老子》道家。他是汉文帝时人,是汉太学兴办以前的学者。此传后面有褚少孙(汉元帝、成帝时博士,一说宣帝时博士)写的一段话,褚先生曰:"从古以来,贤者避世,有居止舞泽者,有居民间闭口不言,有隐居卜筮间以全身者。夫司马季主者,楚贤大夫,游学长安,通《易经》,术黄帝、老子,博闻远见。观其对二大夫贵人之谈言,称引古明王圣人道,固非浅闻小数之能。及卜筮立名声千里者,各往往而在。《传》曰:'富为上,贵次之;既贵,各各学一伎能立其身。'黄直,大夫也;陈君夫,妇人也,以相马立名天下。齐张仲、曲成侯以善击刺学用剑,立名天下。留长孺以相彘立名。荥阳褚氏以相牛立名。能以伎能立名者甚多,皆有高人绝世之风,何可胜言。故曰:非其地,树之不生;非其意,教之不成。夫家之教子孙,当视其所以好,好含苟生活之道,因而成之"。

褚少孙这段话,对本书现在讨论的问题而言,具有比《日者列传》价值更高的价值。《日者列传》的价值,主要在于将卜者归根于道家。褚少孙首先也肯定这一点,但不限于这一点,而进一步列出一批相牛、相

---

① 杜牧《阿房宫赋》语。
② 《史记·扁鹊仓公列传》将在下一节讨论。

马、相猪(可总称畜牧兽医)以及击剑的扬名天下的专家;更进一步指出这种技能教育的原则:"当视其所以好","因而成之";再从反面讲,"非其意,教之不成"。

褚少孙这段话,若与《史记·龟策列传·序》中一段话合看,更能说明问题。此序中说:

> 至高祖时,因秦太卜官。天下始定,兵革未息。及孝惠享国日少,吕后女主,孝文、孝景因袭掌故,未遑讲试,虽父子畴官,世世相传,其精微深妙,多所遗失。至今上即位,博开艺能之路,悉延百端之学,通一伎之士咸得自效,绝伦超奇者为右,无能阿私,数年之间,太卜大集。

这段话从高祖说到武帝("今上"),从卜者一技说到艺能百端,与褚少孙那段话合看,可以说明本书在此讨论的以下问题。

第一,汉武帝"两手"抓人才,一手抓太学之内的人文人才,一手抓太学之外的科技人才。这就是"博开艺能之路,悉延百端之学,通一伎之士咸得自效",能者为尊,公平竞争,不徇私情。这才是雄才大略的胸怀和政策。研究汉代高等教育,既要看到太学之内,又要看到太学之外,如果只看太学之内,不看太学之外,就不仅有片面性,而且有腐儒气。

第二,汉代高等教育的基本方式方法:太学之外的方技教育是父子"世世相传"(所谓"父子畴官"是说父子做同类的工作),更精确地说,是以父子相传为主,师徒相传为辅;太学之内的五经教育是师生相传,而有严格"家法"。"师徒如父子"这句话,反映了两种基本方式方法的统一。但太学之内还有分班教学、开会讲演讨论等方式,是方技教育中极为罕见的。

第三,专就方技教育说,必须视学生之所好,"因而成之";如果非其所好,"教之不成"。这个原则,至今仍有普遍意义,而在体育、美术、音乐、戏曲、舞蹈等等专业,其作用尤为显著。至于五经教育,要不要这个原则?尽管人性善论者说人性爱好五经,尽管人性恶论者说人性不爱好五经但可人为地使之接受,但在实际教育中还是根本不问学生爱好不爱好而普遍实行之,具有强制性和义务性。明代朱柏庐的《治家格言》说:"子孙虽愚,经书不可不读。"这个"不可不"就意味着强制性和义务性。说五经教育具有义务性,不等于说五经教育是义务教育:当时读五经的人少得可怜,哪谈得上义务教育!当然在特定范围内可以谈,例如东汉"本初元年(146)梁太后诏曰:大将军至六百石,悉遣子就学"(见《后汉书·儒林列传》),在此范围内就可以说是义务教育了。

再看《汉书》。《汉书》没有"方技传",但在《艺文志》中著录"方技三十六家,八百六十八卷",其《略》曰:"方技者,皆生生之具,王官之一守也。太古有岐伯、俞拊,中世有扁鹊、秦和,盖论病以及国,原诊以知政。汉兴有仓公,今其技术暗昧。故论其书,以序方技为四种。"哪四种呢?

第一种:"医经七家,二百一十六卷",包括《黄帝内经》十八卷,《外经》三十七卷;《扁鹊内经》九卷,《外经》十二卷;《白氏内经》三十八卷,《外经》三十六卷;《旁篇》二十五卷"。

第二种:"经方十一家,二百七十四卷"(书名卷数从略)。

第三种:"房中八家,百八十六卷"(书名卷数从略)。

第四种:"神仙十家,二百五卷"(书名卷数从略)。

这是中国目录学史的第一个方技总书目。这是当时方技各专业基本教材。这些书多已失传。这个总书目,《方技略》及其各"种"说明,为研究、理解、想象当时的方技教育提供了重要依据。照《方技略》中各"种"说明,"医经"是讲生理、病理、医理,"经方"是讲药性、处方,"房中"是讲性生理卫生,"神仙"是讲修炼长生。各"种"说明都是概括其内容,指出其偏向。例如说明:"神仙者,所以保性命之真,而游求于其外者也。聊以荡意平心,同死生之域,而无怵惕于胸中。然而或者专以为务,则诞欺怪迂之文弥以益多,非圣王之所以教也。孔子曰:索隐行怪,后世有述焉,吾不为之矣。"这明明是说,神仙在于追求精神的超越,而有人专门修炼,以致怪诞诈骗的名堂越来越多,这是圣王和孔子所反对的。这说得多好啊!这个说法,对于在高等教育中养成高明的人文精神有重要意义。

再看《三国志》。《三国志》中只有《魏书》有《方技传》,写了华佗

(附：吴普、樊阿)杜夔等人。著者陈寿"评曰：华佗之医诊，杜夔之声乐，朱建平之相术，周宣之相梦，管辂之术筮，诚皆玄妙之殊巧，非常之绝技矣。昔史迁著扁鹊、仓公、日者之传，所以广异闻而表奇事也，故存录云尔"。陈寿以为《方技传》不过存录异闻奇事，不必表态。他将《史记》的扁鹊、仓公、日者之传连说，有可能他用的《史记》版本是将《扁鹊仓公列传》、《日者列传》编在一起的，这一点与今本《史记》不同，有其意义。

最后才看《后汉书》，因为范晔(398—445)的《后汉书》成书于陈寿(233—297)的《三国志》之后。《后汉书》的《方术传》，源出《三国志》的《方技传》，证据是《后汉书·方术传》的《华佗传》照抄《三国志·方技传》的《华佗传》，只略有增删改动，例如将"太祖"改为"曹操"。《方术传》虽然源出《方技传》，但前者传主五人，后者传主三十四人(这当然是由于方技人物在三国时期少，在后汉时期多)；前者无《序》，后者有《序》；范晔的《方术传·序》表现了他对方术史的卓越史识。以《华佗传》为根据，可以断定《方术传》与《方技传》同类。以《方术传·序》为根据，可以断定方术即阴阳之术，而"中世张衡为阴阳之宗"。

兹将《后汉书·方术传》传主三十四人的基本分析，统计于下：

一、专业：(一)占卜十三人；(二)神术十人(如郭宪在长安含酒向东三喷，熄灭齐国火灾；又如樊英在南阳含水西向漱之，熄灭成都火灾等等，姑妄听之)；(三)医药三人；(四)修炼三人；(五)天文二人；(六)兵法二人；(七)水利一人。

二、传授关系：(一)家内相传四例(祖孙相传一例，父子相传二例，父女相传一例)；(二)师徒相传三例(不包括游太学的师生相传)。

三、游京师太学者五人。

四、通经者三人(通五经者一人，通数经者一人，通一经者一人)；习经者六人(习五经者一人，习三经者一人，习二经者二人，习一经者二人)。

五、做官的十四人，不做官的二十人。

六、做官的有做"博士"的二人，做"太常"的一人。做"太常"的是李郃，其父为博士；他承父业，游太学，通五经，官至司空、司徒，皆"三公"

之位；其子李固成就更大，自有"本传"。李郃为什么列入《方术传》，当是其"儒学"为其"方术"所掩所致。

由以上分析，可以窥见当时方技教育基本状况之一斑。由此一斑，可以想象当时太学之外的高等教育，及其与太学之内的高等教育的统一。作为存在，内外本是统一的；进行研究，内外才可以分开。

## 第十三节　两个典型

上一节说到"中世张衡为阴阳之宗"，这是范晔关于方术史的极正确的论断。范晔在其《后汉书·方术传》"序"中，从《易·系辞》的"卜筮者尚其占"，讲到《史记·太史公自序》"论六家要指"的"观阴阳之术"，所涵蕴的意思是：方术就是阴阳之术。我小的时候，河南光山民间，还是把看风水、择日子的人叫做"阴阳先生"，或简称"阴阳"。这种用法，直与先秦两汉用法相通。那时候已有现代科技，没有人把现代科技人员还叫"阴阳先生"或"阴阳"了。但是在先秦两汉，方技、方术的确是阴阳之术。

作为范畴，"阴阳"是中国科学的第一范畴，是中国哲学的第二范畴。中国哲学的第一范畴是"一"，一分为二，才是"阴阳"。"阴阳"相当于现在常说的"矛盾"，矛盾是一对具体事物，毫无抽象性、概括性可言，哪能比得上阴阳的抽象水平和概括作用？所以二十世纪五十年代初有人建议用"阴阳"取代"矛盾"，是很有道理的。

范晔是南朝宋人，称汉代为"中世"。他说的"中世张衡为阴阳之宗"，翻译成现在的话是：张衡是汉代科学宗师。这句话谁能否认？其实张衡何止是科学宗师，他还是文学宗师、哲学宗师。郭沫若在张衡墓碑上题辞说："如此全面发展之人物，在世界史中亦属罕见。"用本书术语来说，张衡是"人文·科学"型的典范。

武则天的儿子李贤，为范晔《后汉书》作注，在《张衡列传》注中常引用"《衡集》"文字，可见此时张衡的文集尚在。《后汉书》无"艺文志"。《隋书·经籍志》"天文"类著录《灵宪》一卷，张衡撰"，"五行"类著录

"《黄帝飞鸟历》一卷,张衡撰","别集"类著录"《后汉河间相张衡集》十一卷","总集"类著录"《杂赋注本》三卷"中有张衡《二京赋》注本三种。《新唐书·艺文志》"天文"类著录"张衡《灵宪图》一卷","五行"类著录"张衡《黄帝飞鸟历》一卷","别集"类著录"《张衡集》十卷","总集"类著录"张衡《二京赋》二卷"。《宋史·艺文志》"天文"类著录"张衡《大象赋》一卷","别集"类著录"《张衡集》六卷"。《明史·艺文志》只著录明代著作和明代编纂的书籍,明末张溥(1602—1641)重辑张衡著作为《张河间集》,编入《汉魏六朝百三名家集》,作为明人编的总集著录于《明史·艺文志》"总集"类。清代编《四库全书》,"总集"类收了《汉魏六朝百三名家集》,"别集"类就没有出现《张河间集》或《张衡集》了。这是张衡著作在历代目录中著录状况。

张衡的基本著作散见于《后汉书》和昭明《文选》:《后汉书·张衡列传》中有《应间》,"陈政事疏","禁图谶疏",《思玄赋》;《后汉书·天文志上》刘昭注中有《灵宪》。《文选》中有《西京赋》,《东京赋》,《南都赋》,《思玄赋》,《归田赋》,《四愁诗》。

张衡哲学的主根是《老子》,文学的主根是"楚辞",他的哲学、文学,都是楚文化的新创造、新发展,这与他的故乡南阳西鄂(今河南南召县南)本是先秦楚地相应。他的科学,受哲学启示,借文学想象,在前人基础上,亲自观察、测量、描绘、试验,殚思极虑,大胆假设,小心求证,成就辉煌,遂为旷代宗师。

《后汉书·张衡列传》云:"衡善机巧,尤致思于天文、阴阳、历算,常耽好《玄经》","遂乃研核阴阳,妙尽璇机之正,作浑天仪,著《灵宪》、《算罔论》,言甚详明"。"阳嘉元年(西元132),复造候风地动仪。以精铜铸成,员径八尺,合盖隆起,形似酒尊,饰以篆文山龟鸟兽之形。中有都柱,傍行八道,施关发机。外有八龙,首衔铜丸,下有蟾蜍,张口承之。其牙机巧制,皆隐在尊中,覆盖周密无际。如有地动,尊则振龙机发吐丸,而蟾蜍衔之。振声激扬,伺者因此觉知。虽一龙发机,而七首不动,寻其方面,乃知震之所在。验之以事,合契若神。自书典所记,未之有也。尝一龙机发而地不觉动,京师学者咸怪其无征,后数日驿至,果地震陇西,于是皆服其妙。自此以后,乃令史官记地动所从方起"。这是世界上第一架观测和纪录地震的仪器,今人的解释,例如《文物》1976年第10期《介绍一千八百年前的张衡地震仪》,可供参考。

《后汉书·张衡列传》最后作了一个结论:"论曰:崔瑗之称平子曰'数术穷天地,制作侔造化',斯致可得而言欤!推其围范两仪,天地无所蕴其灵;运情机物,有生不能参其智。故知思引渊微,人之上术。记曰:'德成而上,艺成而下。'量斯思也,岂夫艺而已哉?何德之损乎!"张衡,字平子。张衡死后,崔瑗作的碑文称赞他"数术穷天地,制作侔造化",这种境界可以言传吗?他制造浑天仪,真是泄露天机;他又造地动仪,别人一辈子也参不透他的奥妙。由此可知,一种思想,能够引人进入渊深微妙之境,就是上术,或曰上艺。可是《礼记·乐记》中说"德成而上,艺成而下",认为德上而艺下。现在来估量像张衡这样的思想,难道仅仅是"艺",哪一点够不上"德"?范晔这是说,张衡超越了德艺对立,达到了德艺合一。这是高等教育的最高境界。用本书的术语说,高等教育,无论中国或西方,其历史发展,都将进入"人文·科学"阶段,而张衡早已是"人文·科学"型的典范。

从高等教育的理论和方法着眼,在这里不禁要问:像张衡这样的典范,是怎样教育出来的?

《后汉书·张衡列传》对于张衡的学历,是这样交代的:"衡少善属文,游于三辅,因入京师,观太学,遂通五经、贯六艺。""观太学"三字道出张衡与太学的关系:他在太学参观访问,也许当过旁听生,但不是正式太学生。可见张衡的高等教育,人文也好,科学也好,主要在太学之外。张衡有超人的天赋,但实现天赋,则是刻苦自学,不论太学内外,一概如此。《张衡列传》"论"后有"赞","赞曰:三才理通,人灵多蔽。近推形算,远抽深滞。不有玄虑,孰能昭晰?""玄虑"就是深思,就是刻苦自学的运动;所谓刻苦自学,就是时时刻刻都在深思。范晔自己评价《后汉书》的"赞"曾说:"'赞'自是吾文之杰思,殆无一字空设,奇变不穷,同含异体,乃自不知所以称之。"①《张衡列传·赞》就是明证。这二十四字"无一字空设",最后突出"玄虑",画龙点睛,点出张衡刻苦自学经验的精髓。

以上所说虽是要义,但高度概括,太不具体。具体描述师徒如何传授、如何自学,最为详细者,在现存史料中,莫过于《史记·扁鹊仓公列传》中的"仓公传"部分。《汉书》不为仓公立传,只在《艺文志·方技略》中提到"汉兴有仓公,今其技术暗昧",只此一句。《史记》"仓公传",是中国民间高等教育极为宝贵的史料,欲知其详者请读原书,本书在此只摘要介绍,间附己意则以"今按"附注之。

《史记》"仓公传"云:

"太仓公者,齐太仓长,临菑人也,姓'淳于'氏,名'意'。少而喜医方术。高后八年,更受师同郡元里公乘阳庆(《史记正义》注:《百官表》云公乘第八爵也。颜师古云:言其得乘公之车也。今按:乘坐公家车子,简称公车,自古就是政治待遇)。庆年七十余,无子,使意尽去其故方,更悉以禁方予之,传黄帝、扁鹊之脉书,五色诊病,知人生死,决嫌疑,定可治,及药论,甚精。受之三年,为人治病,决死生多验。"

汉文帝"诏问故太仓长臣意:'方伎所长,及所能治病者,有其书无有?皆安受学?受学几何岁?尝有所验,何县里人也?何病?医药已,其病之状皆何如?具悉而对。'臣意对曰:自意少时,喜医药,医药方试之多不验者。至高后八年(前180。《史记集解》注,徐广曰:意年三十六),得见师临菑元里公乘阳庆。庆年七十余,意得见事之,谓意曰:'尽去而方书,非是也。庆有古先道遗传黄帝、扁鹊之脉书,五色诊病,知人生死,决嫌疑,定可治,及药论书,甚精。我家给富,心爱公,欲尽以我禁方书悉教公。'臣意即曰:'幸甚!非意之所敢望也。'臣意即避席再拜谒,受其脉书上下经、五色诊、奇咳术、揆度阴阳外变、药论、石神、接阴阳禁书,受读解验之,可一年所(今按:'年所'之'所',相当于'许'、'之谱'、'的样子',可代入理解)。明岁即验之,有验,然尚未精也。要事之

---

① 语出《狱中与诸甥侄书》,载于《宋书》范晔传及《南史》范泰传附晔传。

三年所,即尝已为人治,诊病决死生,有验,精良。今庆已死十年所。臣意年尽三年,年三十九岁也。"

今按:这里有一个年代问题。仓公(淳于意)年三十九岁,是在他从师阳庆年满三年之年,从高后八年(前180)算起,当是文帝三年(前177),所以徐广说高后八年"意年三十六"。仓公出师而师死,师死十年后对文帝问,正是文帝十三年(前167)即《史记·汉兴以来将相名臣年表》文帝"除肉刑"之年。这是本书考证的结论,其中间步骤从略。

下文陈述二十五个医疗案例,都不是简单地记载疗效,而是夹叙夹议,针对病情讨论病理医理药理,详及众医会诊、临床授徒状况,很有中医史、中医教育史意义,文繁未录,欲知其详,可读原书。

据"仓公传"记载,汉文帝向淳于意提了九个问题,淳于意逐一对答,本书再录四则如下:

问臣意:"师庆安受之？闻于齐诸侯否？"对曰:"不知庆所师受。庆家富,善为医,不肯为人治病,当以此故不闻。庆又告臣意曰:慎毋令我子孙知若学我方也！"

今按:阳庆叮嘱淳于意,千万别让我的子孙知道你学了我的医方！这说明当时传子与传徒有矛盾,未得传授的子孙会跟独得独授的徒弟扯皮,闹出人命。阳庆为什么不传子？司马迁说阳庆"无子",不对,与淳于意传述的阳庆原话不合。阳庆不是无子可传,而是爱徒而传,其中过程复杂,详见下则。

问臣意:"师庆何见于意而爱意,欲悉教意方？"对曰:"臣意不闻师庆为方善也。意所以知庆者,意少时好诸方事,臣意试其方,皆多验,精良。臣意闻菑川唐里公孙光善为古传方,臣意即往谒之,得见事之,受方化阴阳及传语法,臣意悉受书之。臣意欲尽受他精方"。公孙光曰:"吾方尽矣,不为爱公所。吾身已衰,无所复事之。是吾年少所受妙方也,悉与公,毋以教人。"臣意曰:"得见事侍公前,悉得禁方,幸甚。意死不敢妄传人。"居有间,公孙光闲处,臣意深论方,见言百世为之精也,师光喜曰:"公必为国工！吾有所善者皆疏,同产处临菑,善为方,吾不若,其方甚奇,非世之所闻也。吾年中时,尝欲受其方,杨中倩不肯,曰'若非其人也'。胥与公往见之,当知公喜方也。其人亦老矣,其家给富。"时者未往,会庆子男殷来献马,因师光奏马王所,意以故得与殷善。光又属意于殷曰:"意好数,公必谨遇之,其人圣儒。"即为书以意属阳庆,以故知庆。臣意事庆谨,以故爱意也。

今按:多谢淳于意为我们讲述他曲折的求师故事。他先是求公孙光为师,公孙光把他的妙方、秘方全部传给他了。有一次与公孙光闲谈,淳于意谈出心得,公孙光见他放言历代医方精华,非常高兴地说:你必定成为国家级的医师!于是对他介绍阳庆的情况。公孙光此时已老,中年时曾想求阳庆传授,有人说他"你不够条件"而告吹。碰巧这时候阳庆的儿子阳殷来献马,通过公孙光的路子才把马献到菑川王那里,于是淳于意与阳殷成为好友。加上公孙光将淳于意托付与阳殷,又专函将淳于意介绍给阳庆,淳于意终于成为阳庆的徒弟。不消说淳于意事奉阳庆恭谨已极,阳庆也就爱这个徒弟而独传其方了。这时附带指出两点:(一)公孙光传授淳于意妙方后,也嘱咐他"毋以教人",可见当时传授有秘密性质;(二)阳殷与淳于意已成为好友,对于淳于意独得传授有思想准备,尽管如此,阳庆对淳于意嘱咐别让他子孙知道,也不为多余,因为阳殷一人也当不了其他子孙的家。

问臣意曰:"吏民尝有事学意方,及毕尽得意方否?何县里人?"对曰:"临菑人宋邑。邑学,臣意教以五诊,岁余。济北王遣太医高期、王禹学,臣意教以经脉高下及奇络结,当论俞所居,及气当上下出入邪正逆顺,以宜镵石,定砭灸处,岁余。菑川王时遣太仓马长冯信正方,臣意教以案法逆顺,论药法,定五味及和齐汤法。高永侯家丞杜信,喜脉,来学,臣意教以上下经脉五诊,二岁余。临菑召里唐安来学,臣意教以五诊上下经脉,奇咳,四时应阴阳重,未成,除为齐王侍医"。

今按:这是淳于意教徒弟概况,也就是师徒制概况。(一)徒弟来源:五个徒弟,有三个是自己来学的,有两个是王爷派来进修、咨询的。

(二)教学课程:因人而异。(三)教学年限:因人而异,或岁余,或二岁余,或不限(如派来咨询的冯信不言年限),或中途辍学亦可(如唐安就任侍医,其学未成而去)。有一个问题,是当代人非提不可的问题,是当代人第一考虑的问题,就是:徒弟交师父多少钱?寻遍"仓公传",查遍师徒制史料,绝无一语及此。仓公即淳于意自己对师父只有"事师谨"三字而已。我小时候亲眼看到,带徒弟的师父还要给徒弟零钱花,真是师徒如父子,师父师娘对心爱的徒弟比对亲儿子还要亲。徒弟在师父家什么事都做,甚至倒马桶,洗尿片。可谓师徒一体化:徒弟的食、衣、住师父全包了,徒弟出师以前跟着师父实习、工作的收入也就归师父了。

问臣意:"诊病决死生,能全无失乎?"臣意对曰:"意治病人,必先切其脉,乃治之。败逆者不可治,其顺者乃治之。心不精脉,所期死生视可治,时时失之,臣意不能全也"。

今按:诊断失误率不是零,而是"时时失之",这是老实人的老实话;论其原因是"心不精脉",只谈主观,令人精益求精,不推客观。

本节讨论了两个典型:张衡,仓公(淳于意)。张衡是"人文·科学"型的典范,"仓公传"是太学之外师徒制的信息库。讨论的方法,是人们常说的"解剖麻雀"。麻雀虽小,肝胆俱全,解剖一个,就有了整体了解。另有一种方法,东抄一句,西抄一句,东鳞西爪,不见全龙,也许别有妙用,独无整体了解。论史之作,容易空泛,防止之法,就是解剖麻雀,揭示具体而微的历史整体。

## 第十四节 地方的高等教育

《汉书·循吏传》云:

文翁,庐江舒人也。少好学,通《春秋》,以郡县吏察举。景帝末,为蜀郡守。仁爱好教化,见蜀地辟陋有蛮夷风,文翁欲诱进之,乃选郡县小吏开敏有材者张叔等十余人,亲自饬厉,遣诣京师,受业博士,或学律令。减省少府用度,买刀布蜀物,赍计吏以遗博士。数岁,蜀生皆成就还归,文翁以为右职,用次察举,官有至郡守刺史者。

今按:"计吏"是地方政府年终派到中央"上计"的官吏,"计"本是账本,"上计"是地方向中央报账核算。其主要任务是财经会计,也顺带办许多杂事。文翁用衙门省下的钱买些土特产,托计吏带到京师太学送给博士,表示蜀郡尊师重道的心意。穷博士们能不深受感动吗?自然对蜀郡学生教得更好了。你看文翁多会做工作!"于细微处见精神",至今令人感动。

又云:

> 又修起学官于成都市中,招下县子弟以为学官弟子,为除更徭,高者以补郡县吏,次为孝弟力田。常选学官童子,使在便坐受事。每出行县,益从学官诸生明经饬行者与俱,使传教令,出入闺阁,县邑吏民见而荣之,数年,争欲为学官弟子,富人至出钱以求之。由是大化,蜀地学于京师者比齐鲁焉。
>
> 至武帝时,乃令天下郡国皆立学校官,自文翁为之始云。

《汉书·地理志》云:

> 景、武间,文翁为蜀守,教民读书法令,未能笃信道德,反以好文刺讥,贵慕权势。及司马相如游宦京师诸侯,以文辞显于世,乡党慕循其迹……由文翁倡其教,相如为之师。

《三国志·蜀书·秦宓传》云:

> 蜀本无学士,文翁遣相如东受七经,还教吏民,于是蜀学比于齐鲁。故《地里志》曰:"文翁倡其教,相如为之师。"

据此,《史记·司马相如列传》"相如既学"司马贞《索隐》云:"案:秦宓云'文翁遣相如受七经'。"

以上史料说明,文翁在汉景帝末至汉武帝年间为蜀郡守,他派遣张叔等人,以及后来大名鼎鼎的司马相如,到首都学习;又在成都修建和兴办学官,实即地方高校。武帝推广文翁经验,"令天下郡国皆立学校官"。前已说明,汉朝中央开始"为博士官置弟子"是在西元前124年,时武帝在位已十八年;在此以前,文翁早已在成都修起学官了。这是伟大的创造,可见京师办太学,也有推广文翁经验的意义。

《汉书·平帝纪》云,元始三年(西元3年)夏,立"官稷及学官:郡国曰学,县、道、邑、侯国曰校。校、学置经师一人。乡曰庠,聚曰序。序、庠置《孝经》师一人"。当时由王莽执政,他的部署是,太学为大学,学、校为中学,庠、序为小学,全国集中力量办好一所最高学府即太学。但在元始五年(西元5年)"征天下通知逸经、古记、天文、历算、钟律、小学、史篇、方术、本草及以五经、《论语》、《孝经》、《尔雅》教授者,在所为驾一封轺传,遣诣京师。至者数千人"。这些人都是高级知识分子,但都在太学之外,甚至也在学官系统之外,竟有数千人之多,未至者总还不少。可见民间人才济济,征之即来,他们实际是高等教育的根基和主力,学官系统依靠他们运转。对于学官系统这些教育官僚的作用不要估计太高了。教育官僚人数太少,即使全部称职,也办不了大事。

这是就教育官僚总体而言,若就个体而言,则其中不乏能人,有德行,有学问,会办事。当时太常以"博士"名官,郡学以"文学"名官。梅福、隽不疑、盖宽饶、诸葛丰、张禹都曾"为郡文学"(各见《汉书》本传);匡衡曾以"太常掌故,调补平原〔郡〕文学"(见《汉书》本传);邓禹说他自己"少尝学问,可〔官至〕郡文学、博士"(见《后汉书》马武传);这些人皆足以为学官增光,又是郡学之官名为"文学"之证。《后汉书》刘宽传,说他"每行县","辄引学官祭酒及处士诸生执经对讲",可见县学之官名为"祭酒"。这里讲学官系统,因附及之。

## 第十五节 太 学 议 政

太学议政传统,可溯至春秋郑国的乡校。《春秋左传》襄公三十一年云:

> 郑人游于乡校,以论执政。然明谓子产曰:"毁乡校何如?"子产曰:"何为? 夫人朝夕退而游焉,以议执政之善否。其所善者,吾则行之;其所恶者,吾则改之:是吾师也。若之何毁之? 我闻忠善以损怨,不闻作威以防怨。岂不遽止? 然犹

防川。大决所犯,伤人必多,吾不克救也。不如小决使道,不如吾闻而药之也。"

这段话后人题作"子产不毁乡校",影响很大。乡校议政了,怎么办?有人说:毁掉乡校不就完了。"毁"是拆房子,《孟子·梁惠王下》"人皆谓我毁明堂"的"毁"也是拆房子。子产知道,这不是房子问题,这是人的问题,拆房子不能解决人的问题。拆掉乡校,没有乡校可游,还有别处可游,又在别处议政。于是子产提出解决人的问题,在此是对付议政问题的态度、方针、政策,可谓开明,直到今天也可谓开明。天可怜见,乡校议政的传统也就保护下来了。

太学是社会的一部分,这一部分虽小,却是社会的"最敏感区"。太学是高级知识分子群体,其中虽有利禄小人,更多道义君子、时代精英。所以太学议政,乃是家常便饭。什么是议政?孙中山说:政是众人之事,治是管理,管理众人之事就是政治。议政,就是议论众人之事,就是议论管理众人之事的政府和官员。太学议政传统,发展到东汉后期(二世纪后半叶),出现"党锢"之祸。

《后汉书·党锢列传》说:"逮桓、灵之间,主荒政谬,国命委于阉寺,士子羞与为伍,故匹夫抗愤,处士横议,遂乃激扬名声,互相题拂,品核公卿,裁量执政,婞直之风,于斯行矣。"这说的是背景。于是先有出身于甘陵郡南部北部的官员受到讥刺的民谣,后有汝南、南阳两郡太守受到讥刺的民谣,"因此流言转入太学,诸生三万余人,郭林宗、贾伟节为其冠,并与李膺、陈蕃、王畅更相褒重。学中语曰:天下模楷李元礼(即李膺),不畏强御陈仲举(即陈蕃),天下俊秀王叔茂(即王畅)。又渤海公族进阶、扶风魏齐卿,并危言深论,不隐豪强。自公卿以下,莫不畏其贬议,屣履到门"。这是太学议政的辉煌顶点:"自公卿以下,莫不畏其贬议。""屣履到门"是说亲自登门造访,不言"车骑临门"以见收敛气焰。登门造访表示修好,总也有对话、谈判的内容。好景不长,有人"上书诬告膺等养太学游士,交结诸郡生徒,更相驱驰,共为部党,诽讪朝廷,疑乱风俗。于是天子震怒,班下郡国,逮捕党人,布告天下,使同忿疾,遂收执膺等。其辞所连及陈寔之徒二百余人,或有逃遁不获,皆悬金购募。使者四出，相望于道。"明年有人上表为他们求情，"帝意稍解，乃皆赦归田里，禁锢终身。而党人之名，犹书王府"。这就是空前而不绝后的"党锢"之祸。

《后汉书·党锢列传》紧接着说："自是正直废放，邪枉炽结，海内希风之流，遂共相标榜，指天下名士，为之称号。上曰'三君'，次曰'八俊'，次曰'八顾'，次曰'八及'，次曰'八厨'"。"君者，言一世之所宗也"，"俊者，言人之英也"，"顾者，言能以德行引人者也"，"及者，言其能导人追宗者也"，"厨者，言能以财救人者也"。

"三君"加上四个"八"共三十五人，其中名列"八顾"之首的郭林宗，曾是太学诸生三万余人的领袖。《后汉书》"郭太（林宗）传"说，"林宗虽善人伦，而不为危言核论，故宦者擅政而不能伤也。及党事起，知名之士多被其害，唯林宗及汝南袁闳得免焉。遂闭门教授，弟子以千数"，建宁二年（西元169）春"卒于家，时年四十二"。郭林宗从不做官，亦未遭禁锢。太学诸生三万余人的另一位领袖夏伟节，名馥，不在"三君"等三十五人之内，曾"补新息（今河南息县境内）长"，"以党禁锢，卒于家"（见《后汉书·党锢列传》）。《党锢列传》传主二十一人，其中五人曾是太学生。五人之中，只有魏朗一人"以党被急征，行至牛渚自杀"，其余四人皆正常死亡。党锢之祸死于狱中者百余人，其中有多少太学生，没有史料可证了。

今按：以李膺为总代表的所谓"党人"，并无组织关系，确有思想、行动的一致，一致反对宦官专政，这是当时政事的主要矛盾。太学议政，高举"天下模楷李元礼"的旗帜，就是议这个主要矛盾，旗帜鲜明地站在李膺一边。宦官也有好人，例如作《急就》篇的史游，发明造纸的蔡伦。郑众首谋消灭图作不轨的窦宪集团而有大功，宦官当权自郑众始。宦官当权了，其中也有吕强之忠，李巡之文[①]，彪炳史册。灵帝时出现以张

---

[①] 《后汉书·宦者列传》中有"吕强传"，载他两篇上疏原文，忠谏不用。黄巾起事，灵帝才问他怎么办，他提出先诛左右贪浊者，大赦党人，料简刺史、二千石能否。帝纳之，乃先赦党人。"吕强传"附：李巡"以为诸博士试甲乙科，争弟高下，更相告言，至有行贿定兰台漆书经字，以合私文者，乃白帝，与诸儒共刻五经文于石，于是诏蔡邕等正其文字"。这就是熹平石经，原来是宦者李巡建议的啊。博士有人如此行贿，真是千古丑闻。

让为首的"十常侍"宦官专政集团,这才坏透了,烂透了。这个主要矛盾,虽然闹得家破人亡,也不过是朝廷内部的主要矛盾,并不是全中国社会的主要矛盾。农民阶级对地主阶级的矛盾,才是全中国社会的主要矛盾,其爆发表现为黄巾起义。黄巾起义了,朝廷内部的主要矛盾就退居二线,这叫做社会矛盾之间的"优势原则",好比脚痛的时候,忽然头痛很厉害,就只觉头痛,不觉脚痛了。黄巾起义,使"党人"与宦官同归于尽,悲剧收场。可见有两种主要矛盾:一种是朝廷内部的主要矛盾,一种是全中国社会的主要矛盾。从这两种主要矛盾来观察,便可看出:汉代太学议政始终依附于朝廷内部的主要矛盾。贡献是有的,甚至是伟大的,主要是发扬了正气。朝廷内发扬正气,对于全国人民,包括农民,都有好处。尽管如此,太学议政还是没有依附于全中国社会的主要矛盾。《史记·儒林列传》云:"陈涉之王也,而鲁诸儒持孔氏之礼器往归陈王。于是孔甲为陈涉博士,卒与涉俱死。"孔甲名鲋,孔子八世孙。以孔甲为首的鲁诸儒,不止是依附于全中国社会的主要矛盾,而是献身于农民起义,且孔甲"与涉俱死"。太学议政诸公与鲁诸儒不可同日而语矣!

# 第四章　朱熹与书院

## 第一节　中印文化的交融

东汉初期(一世纪前期)佛教传入中国。不论佛教算不算印度文化"全权代表",佛教传入中国标志中印文化交融开始。

说起"交融",就会想到"水乳交融"。其实文化交融,根本不像水乳交融。若打比方,宁可比作果树嫁接。

嫁接的双方是枝条和砧木。印度佛教作为枝条,中国道家作为砧木,前者嫁接在后者上,成功了,生根、开花、结果了。其结果,产生新的中国宗教,就是"禅宗";产生新的中国哲学,就是"道学";产生新的地域文化,就是"东方文化"。东方文化,是中印文化的交融。专就哲学与文化说,中印文化交融结果的代表人物是朱熹。朱熹生于南宋高宗建炎四年(1130),死于南宋宁宗庆元六年(1200)。

成功的关键在于以道家(老庄)为砧木。如果以儒家(孔孟)为砧木,就会失败。现在是讲历史,讲历史不能"如果",但是这个"如果",有后来基督教传入中国的历史作证明。基督教传入中国,不是以道家为砧木,而是儒家为砧木,直到现在,还是没有嫁接成功。西方人士百思不得其解。我现在斗胆提出此解。谓余不信,你换用道家为砧木试试!

《朱子语类》卷第一百二十六有五处说:

宋景文《唐书》"赞"说,佛多是华人之谲诞者,攘庄周、列御寇之说佐其高①,此说甚好。

后汉明帝时,佛始入中国。当时楚王英最好之,然都不晓其说。直至晋宋间,其教渐盛。然当时文字亦只是将庄、老之说来铺张,如远师②诸论,皆成片尽是老、庄意思。

达摩未来中国时,如远、肇法师③之徒,只是谈庄、老,后来人亦多以庄、老助禅。

佛氏乘虚入中国,广大自胜之说,幻妄寂灭之论,自斋戒变为义学。如远法师、支道林皆义学,然又只是盗袭庄子之说。

佛家偷得老子好处,后来道家却只偷得佛家不好处。譬如道家有个宝藏,被佛家偷去,后来道家却只取得佛家瓦砾,殊可笑也。

以上五段话的意思,都可以理解为,印度佛教嫁接在中国文化上,是以道家(老庄)为砧木,往后还可以看到,西方近现代科学嫁接在中国文化上,也是以道家为砧木。至于朱熹本人,是旷代人文大师,又进行当时水平的科学研究,例如对《参同契》的研究,这当然不是以道家为砧木,而是朱熹体系总体以道家为主根。

朱熹是"宋代儒家",这是大名,其小名是"道学家"。道学家的立场是儒家,道学家的主根是道家。主根是就来源说。比方说,马克思主义的立场是无产阶级的,马克思主义的来源是德国古典哲学、英国政治经济学、法国社会主义,这三者都是资产阶级的。这是历史的真实,列宁讲得一清二楚,毫不含糊。现在本书指出:道学家的立场是儒家,道学家的主根是道家,——这也是说了一句大实话,两个分句各明一义,其间不构成任何矛盾。

站在儒家立场,朱熹辟佛辟老,举世闻名,后世闻名,这方面的言论无须引述了。这里只引述几段另一方面的言论,以见朱学的确以道家

---

① 语出欧阳修、宋祁《新唐书·李蔚传·赞》。
② 即慧远。可参看今人方立天著《慧远及其佛学》,中国人民大学出版社出版。
③ 即僧肇,著有《肇论》、《维摩诘经注》等书。

为主根,而且包含佛家成分。

道家讲"道",朱熹讲"理",其"理"字源出《庄子·养生主》,"因论'庖丁解牛'一段,至'恢恢乎其有余刃',曰:理之得名以此"(《语类》卷第一百二十五)。"庖丁解牛"这一段中有"依乎天理"一语,"理学"之"理"以此得名。这是朱熹自己的交代,当然可信。《论语》无"理"字,《老子》亦无"理"字,乃就《庄子》此语发挥,亦甚自然。呜呼!理学理学,孰知"理之得名以此"乎!

《语类》有云:"不可只把做面前物事看了,须是向自身上体认教分明。如道家存想,有所谓龙虎,亦是就身上存想"(卷第八)。又云:"一日见先生泛说义理不是面前物,皆吾心固有者,如道家说存想法,所谓铅汞龙虎之属,皆人身内所有之物";"先生云:前日说与公,道皆吾心固有,非在外之物";"先生说:如今学者大要在唤醒上"(卷第一百一十三)。由这些话可见,朱熹是受"道家存想"启发,才强调"向自身上体认",而且"学者大要在唤醒上"。不可小看这些话,正是这些话,表明了朱熹理学的基本方向、基本路线、基本内容和基本方法。是的,朱熹也强调读书,强调"格物",但读书格物,都是为了"唤醒"对"吾心固有"之理的体认。朱熹的"唤醒"说,与柏拉图的"回忆"说,何其神似!至于"铅汞龙虎之属"之说,出于后汉道家的《参同契》。《语类》有云:"《参同契》所言坎离水火龙虎铅汞之属,只是互换其名,其实只是精气二者而已。精,水也、坎也、龙也、汞也;气,火也、离也、虎也、铅也。其法:以神运精气,结而为丹。阳气在下,初成水;以火炼之,则凝成丹。其说甚异"(卷第一百二十五)。在此不必深究了,只知道这是在人身内"以神运精气"就行了。正是这一点启发朱熹理学"向自身上体认"。

不过还是在此交代一点:《参同契》之说源出《老子》。《语类》有云:"《老子》云'载营魄',是以魂守魄";"水一也,火二也。以魄载魂,以二守一,则水火固济而不相离,所以能永年也。养生家说尽千言万语,说龙说虎,说铅说汞,说坎说离,其术止是如此而已。故云:'载魄抱魂,能勿离乎？专气致柔，能如婴儿乎？'①"(卷第八十七)就是说明这一点。

朱熹理学为人生设计的高尚境界，亦源出道家。《语类》有云："子桑户死，琴张临其丧而歌②，是不以死生芥蒂胸次；孟之反不伐③，便如道家所谓三宝，一曰不敢为天下先④，是也"(卷第二十九)，皆其例证。

朱熹的科学活动，亦多根据道家言。《语类》有云："道家有高处有万里刚风之说，便是那里气清紧；低处则气浊，故缓散。想得高山更上去，立人不住了，那里气又紧故也"(卷第二)，即其例。

乃至修养方法，朱熹亦多采自道家。《语类》有云："道家修养，也怕昏困，常要直身坐，谓之'生腰坐'；若昏困倒靠，则是'死腰坐'矣"(卷第一百二十一)，即其例。

当代西方"解释学"（hermeneutics）有"前理解"（pre-understanding）之说，颇合实际。以道家为主根，朱熹养成道家的"前理解"，故能于"子在川上"⑤，理解出"道体之本然"⑥；于曾点"浴沂"、"咏归"⑦，理解出"天理流行"，"与天地万物上下同流，各得其所"⑧。若无道家的"前理解"投入，光凭"文本"（text）字句，断然无此理解，无此超越"汉学"（经学）、独具"宋学"（道学或理学）特色的理解。主根之妙用，其在兹乎！

朱熹比较"二氏"总体的评价是："老氏见得煞高，佛氏安敢望他！"（《语类》卷第一百二十六）但在比较佛儒时朱熹曾说："因举佛氏之学与吾儒有甚相似处，如云'有物先天地，无形本寂寥，能为万象主，不逐四时凋'，又云'朴落非他物，纵横不是尘。山河及大地，全露法王身'，又曰'若人识得心，大地无寸土'：看他是甚么样见识！今区区小儒，怎生出得他手？宜其为他挥下也。"（同上）又说："某尝说，怪不得今日士大夫，是他心里无可作做，无可思量，'饱食终日，无所用心'，自然是只随

---

① 见《老子》第十章。今本作"载营魄，抱一能无离乎"云云。
② 见《庄子·大宗师》。
③ 见《论语·雍也》。
④ 见《老子》第六十七章："我有三宝，持而宝之：一曰慈，二曰俭，三曰不敢为天下先。"
⑤⑥ 见《论语·子罕》"子在川上"章及朱熹所注。
⑦⑧ 见《论语·先进》"子路、曾晳、冉有、公西华侍坐"章及朱熹所注。

利欲走。间有务记诵为词章者,又不足以救其本心之陷溺,所以个个如此。只缘无所用心,故如此。前辈多有得于佛学,当利害祸福之际而不变者。盖佛氏勇猛精进、清静坚固之说,犹足以使人淡泊有守,不为外物所移也。若记览词章之学,这般伎俩,如何救拔得他那利欲底窠窟动!"(《语类》卷第一百三十二)甚至说得如此激烈:"禅学一喝一棒,都掀翻了,也是快活。却看二程说话,可知道不索性。岂特二程,便夫子之言亦如此。'学而时习之,不亦说乎!'看得好支离"(《语类》卷第一百二十六)。"不索性"就是"不快活"。"支离"就是破碎、零乱、烦琐。鹅湖之会,陆九渊指摘朱熹"支离"①;在这里朱熹竟也说孔夫子"支离"了。以上所举,都是说儒不如佛,这是朱熹思想的次要方面。另有许多话,都是说佛不如儒,这是朱熹思想的主要方面。这是就"方面"说。若就"层次"说,则以上所举,在深沉层次,也许是最深层次;其主要方面,在表面层次,尽管是最高层次。无论如何,可以由此断言:朱熹之学包含佛家成分。朱熹之学是中印文化交融的结果,是这批结果的代表。

这里有个"代表权"问题。"宋代儒家"有两个部分,一部分是"道学"家,一部分是"功利"派和《宋史·儒林传》传主们。"道学"又分张载代表的"气学",朱熹代表的"理学",陆九渊代表的"心学"。若选一名代表,只有选朱熹,因为朱熹是一位集大成的人物。明代王阳明作《朱子晚年定论》,这部书有一种意义,就是承认朱熹的代表权,至少是代表理学的代表权。

从佛教传入中国,到朱熹理学形成,有千年之久。这是中印文化交融的过程,其历史总过程的论述不属本书范围。下一节只略论高等教育在这一千年间的发展。

## 第二节　自汉至隋的发展

在汉代,"太学"是普通名词,不是职官专有名词。"太学"的职官专

---

① 陆九渊作诗说朱熹"支离事业竟浮沉","举诗至此,元晦(朱熹)失色"。见《象山先生全集》卷三十四。

有名称是"博士","博士"指机构集体,也可指官员个人。"太学生"也是普通名词,不是职官专有名词。"太学生"的职官专有名称是"博士弟子"。汉武帝元朔五年(前124)六月文件写的就是"为博士官置弟子五十人",整个文件都没有"太学"、"太学生"字样。这种普通用语与职官用语的区别,存在于全部汉代文献之中。

《后汉书·百官志(二)》云:"博士祭酒一人,六百石。本仆射,中兴转为祭酒。博士十四人,比六百石。本注曰:'《易》四:施、孟、梁丘、京氏;《尚书》三:欧阳、大小夏侯氏;《诗》三:鲁、齐、韩氏;《礼》二:大小戴氏;《春秋》二:《公羊》严、颜氏。掌教弟子。国有疑事,掌承问对。本四百石,宣帝增秩。'""中兴"指光武帝建立后汉。就学者"至三万余生",已见前一章。

《三国志·魏书·文帝纪》:黄初五年(224)"夏四月,立太学,制五经课试之法,置《春秋谷梁》博士",挂出"太学"牌子了,课试制度化了,增加《谷梁》博士了,这都是发展。蜀、吴都没有"太学"或"博士"①。谯周是蜀国最大的学者,只当过"劝学从事"和"典学从事"(见《三国志·蜀书》本传)。吴大帝孙权黄龙二年(230)"诏立都讲祭酒,以教学诸子"(《三国志·吴书·吴主传》),未立博士,似是子弟小学。吴国只有一个真正够得上博士水平的人,就是虞翻,孙权尚未称帝时就把他下放到交州(今越南境内)了,十余年后,孙权召他还都,他刚好死了(见《三国志·吴书》本传)。

《晋书·职官志》云:"晋初承魏制,置博士十九人。及咸宁四年(278),武帝初立国子学,定置国子祭酒、博士各一人,助教十五人,以教生徒。博士皆取履行清淳、通明典义者,若散骑常侍、中书侍郎、太子中庶子以上,乃得召试。及江左初,减为九人。元帝末,增《仪礼》、《春秋公羊》博士各一人,合为十一人。后又增为十六人,不复分掌五经,而谓之'太学博士'也。孝武太元十年(385),损国子助教员为十人。""国子

---

① 《三国志·蜀书》"许慈传"、"尹默传"称二人之子为博士,那是降魏后在魏为博士。又《吴书》"吕蒙传"注引《江表传》曰:"权曰:孤岂欲卿治经为博士耶?"此"博士"乃通称,不是说吴国有博士之官。

学"、"太学博士",都是新名。

《隋书·百官志(上)》云:"魏、晋继及,大抵略同;爰及宋、齐,亦无改作。梁武受终,多循齐旧";"陈氏继梁,不失旧物。高齐创业,亦遵后魏"。"有周创据关右","有可称焉。[隋]高祖践极,百度伊始,复废周官,还依汉、魏"。这些话将魏、晋、南北朝、隋职官继承脉络,说得简明极了。下文摘抄三朝:南朝的梁,北朝的齐,一统的隋。

梁朝"国学,有祭酒一人,博士二人,助教十人,太学博士八人。又有限外博士员。天监四年(505),置五经博士各一人。旧国子学生,限以贵贱;帝欲招来后进,五馆生皆引寒门俊才,不限人数。大同七年(541),国子祭酒到溉等又表立正言博士一人,位视国子博士;置助教二人"(《隋书·百官志(上)》)。"寒门"不等于平民,但对立于"豪门"。"引寒门俊才,不限人数":一条多好的政策!"正言博士"是新名。

北齐"国子寺,掌训教胄子。祭酒一人,亦置功曹、五官、主簿、录事员。领:博士五人,助教十人,学生七十二人;太学博士十人,助教二十人,太学生二百人;四门学博士二十人,助教二十人,学生三百人"(《隋书·百官志(中)》)。其中有三系:"博士"为一系,"太学博士"为一系,"四门学博士"为一系。"国子寺"是新名。

隋高祖时,"国子寺(原隶太常——原注,下同)祭酒(一人),属官有主簿、录事(各一人)。统国子、太学、四门、书、算学,各置博士(国子、太学、四门各五人,书、算各二人)、助教(国子、太学、四门各五人,书、算各二人)、学生(国子一百四十人,太学、四门各三百六十人,书四十人,算八十人)等员"(《隋书·百官志(下)》)。

隋炀帝时,"国子监依旧置祭酒,加置司业一人,从四品;丞三人,加为从六品。并置主簿、录事各一人。国子学置博士,正五品;助教,从七品;员各一人。""先是,仁寿元年(601),省国子祭酒、博士,置太学博士员五人,为从五品,总知学事。至是,太学博士降为从六品"(《隋书·百官志(下)》)。这段话,有一点极其重要,有一点值得讨论。极其重要的一点是,首次出现"国子监"这个名称。后人普遍接受"国子监"这个名称,一直沿用到清代,长达一千四百年之久。值得讨论的一点是,隋高祖仁寿元年的改革。这场改革有两方面。第一方面是,用现在的话说,不设校长,由教授集体治校。这一方面失败了,在当时的专制独裁大戈壁中,根本不可能存在教授集体治校的绿洲。第二方面是,怎样对待"博士"与"太学博士"。照前面引述的《晋书·职官志》所说,"太学博士""不复分掌五经"。由此可以推知:"太学博士"通五经,"博士"专一经。于是这第二方面就变为,怎样对待"专"与"通"。隋高祖的改革,不设"博士",只设"太学博士",多达五人。隋炀帝扭过来,只设"博士"一人,正五品;不设"太学博士"了,并把原来的"太学博士"由从五品降为从六品。于是专一经者正五品,通五经者从六品。这是不是通专倒挂呢?这是值得讨论的。

自后汉至隋,太学发展,略如上述。这六百年发展的历史意义,是为唐代的大发展作准备,好比健卒拥彗,为王前驱。

## 第三节　唐代的大发展

《新唐书·选举志(上)》云:

> 唐制,取士之科,多因隋旧,然其大要有三。由学、馆者曰生徒,由州、县者曰乡贡,皆升于有司而进退之。其科之目,有秀才,有明经,有俊士,有进士,有明法,有明字,有明算,有一史,有三史,有开元礼,有道举,有童子。而明经之别,有五经,有三经,有二经,有学究一经,有三礼,有三传,有史科。此岁举之常选也。其天子自诏者曰制举,所以待非常之才焉。

这一段是总纲,"大要有三":一是出身,二是科目,三是时机(岁举与制举,常规与非常)。下文紧接着从"学"、"馆"开始逐一说明。

凡学六,皆隶于国子监:

——国子学,生三百人,以文武三品以上子孙若从二品以上曾孙及勋官二品、县公、京官四品带三品勋封之子为之。

——太学,生五百人,以五品以上子孙、职事官五品期亲若三品曾孙及勋官三品以上有封之子为之。

——四门学，生千三百人，其五百人以勋官三品以上无封、四品有封及文武七品以上子为之，八百人以庶人之俊异者为之。

——律学，生五十人；书学，生三十人；算学，生三十人：以八品以下子及庶人之通其学者为之。

京都学生八十人，大都督、中都督府、上州各六十人，下都督府、中州各五十人，下州四十人，京县五十人，上县四十人，中县、中下县各三十五人，下县二十人。

国子监生，尚书省补，祭酒统焉。

州县学生，州县长官补，长史主焉。

凡馆二：门下省有弘文馆，生三十人；东宫有崇文馆，生二十人。以皇缌麻以上亲，皇太后、皇后大功以上亲，宰相及散官一品、功臣身食实封者、京官职事从三品、中书黄门侍郎之子为之。

凡博士、助教，分经授诸生，未终经者无易业。

凡生，限年十四以上，十九以下；律学十八以上，二十五以下。

凡《礼记》、《春秋左氏传》为大经，《诗》、《周礼》、《仪礼》为中经，《易》、《尚书》、《春秋公羊传》、《谷梁传》为小经。通二经者，大经、小经各一，若中经二。通三经者，大经、中经、小经各一。通五经者，大经皆通，余经各一，《孝经》、《论语》皆兼通之。

凡治《孝经》、《论语》共限一岁，《尚书》、《公羊传》、《谷梁传》各一岁半，《易》、《诗》、《周礼》、《仪礼》各二岁，《礼记》、《左氏传》各三岁。学书，日纸一幅，间习时务策，读《国语》、《说文》、《字林》、《三苍》、《尔雅》。

凡书学，石经三体限三岁，《说文》二岁，《字林》一岁。

凡算学，《孙子》、《五曹》共限一岁，《九章》、《海岛》共三岁，《张丘建》、《夏侯阳》各一岁，《周髀》、《五经算》共一岁，《缀术》四岁，《缉古》三岁，《记遗》、《三等数》皆兼习之。

旬给假一日。前假，博士考试，读者千言试一帖，帖三言，讲者二千言问大义一条，总三条通二为第，不及者有罚。岁终，通一年之业，口问大义十条，通八为上，六为中，五为下。并三下与在学九岁、律生六岁不堪贡者罢归。诸学生通二经、俊士通三经已及第而愿留者，四门学生补太学，太学生补国子学。每岁五月有田假，九月有授衣假，二百里外给程。其不帅教及岁中违程满三十日，事故百日，缘亲病二百日，皆罢归。既罢，条其状下之属所，五品以上子孙送兵部，准荫配色。

每岁仲冬，州、县、馆、监举其成者送之尚书省；而举选不由馆、学者，谓之乡贡，皆怀牒自列于州、县。试已，长吏以乡饮酒礼，会属僚，设宾主，陈俎豆，备管弦，牲用少牢，歌《鹿鸣》之诗，因与耆艾叙长少焉。既至省，皆疏名列到，结款通保及所居，始由户部集阅，而关于考功员外郎试之。

凡秀才，试方略策五道，以文理通粗为上上、上中、上下、中上，凡四等为及第。

凡明经，先帖文，然后口试，经问大义十条，答时务策三道，亦为四等。

凡开元礼，通大义百条、策三道者，超资与官；义通七十、策通二者，及第。散、试官能通者，依正员。

凡三传科，《左氏传》问大义五十条，《公羊》、《谷梁传》三十条，策皆三道，义通七以上、策通二以上为第，白身视五经，有出身及前资官视学究一经。

凡史科，每史问大义百条、策三道，义通七、策通二以上为第。能通一史者，白身视五经、三传，有出身及前资官视学究一经；三史皆通者，奖擢之。

凡童子科，十岁以下能通一经及《孝经》、《论语》，卷诵文十通者予官，通七予出身。

凡进士，试时务策五道、帖一大经，经、策全通为甲第，策通四、帖过四以上为乙第。

凡明法，试律七条、令三条，全通为甲第，通八为乙第。

凡书学，先口试，通，乃墨试《说文》、《字林》二十条，通十八为第。

凡算学，录大义本条为问答，明数造术，详明术理，然后为通。试《九章》三条，《海岛》、《孙子》、《五曹》、《张丘建》、《夏侯阳》、《周髀》、《五经算》各一条，十通六，《记遗》、《三等数》帖读十得九，为第。试《缀术》、《缉古》录大义为问答者，明数造术，详明术理，无注者合数造术，不失义理，然后为通。《缀术》七条，《辑古》三条，十通六，《记遗》、《三等数》帖读十得九，为第。落经者，虽通六，不第。

凡弘文、崇文生，试一大经、一小经，或二中经，或《史记》、《前后汉书》、《三国志》各一，或时务策五道。经史皆试策十道。经通六，史及时务策通三，皆帖《孝经》、《论语》共十条通六，为第。

凡贡举非其人者、废举者、校试不以实者，皆有罚。

其教人取士著于令者，大略如此。而士之进取之方，与上之好恶、所以育材养士、招来奖进之意，有司选士之法，因时增损不同。

多谢欧阳修、宋祁（主要是宋祁）的工作，《唐书》[①]有如上这一段完整而简明的记载。文字也好懂，只需要以下的说明。原文将"教人取士"合说，现在着重从"教人"作说明，虽然与"取士"不能从事实分开。

首先，唐朝中央高等教育机构，有"学"、"馆"之分。六学皆属国子监，二馆分属门下省、东宫。二馆学生是皇亲（与皇帝未出"五服"）、国戚（皇太后、皇后的亲侄）、宰相、一品官、食封功臣之类最高级贵族的子弟。六学学生：国子学是三品以上官员子弟；太学是五品以上官员子弟；四门学有五百人是七品以上官员子弟，有八百人是"庶人之俊异者"

---

[①] 欧阳修、宋祁修的唐史本名《唐书》。与刘昫监修的《唐书》相对，后人称作《新唐书》。

即最优秀的平民;律学、书学、算学则是八品以下官员子弟和"庶人之通其学者"即通其学的平民。贵族官僚的等级森严,决定着二院、六学之间的等级森严,从四门学开始,才有平民参加学习。所以太学生、四门学生"已及第而愿留者,四门学生补太学,太学生补国子学"。"及第"是及格,"愿留"是留校深造,于是四门学生补充到太学,太学生补充到国子学。你看,国子学、太学、四门学的课程标准、修业年限一样,考试制度也一样,这样的"补"还有什么意义? 意义可大了!"四门学生补太学",就是七品官子弟或平民可以享受五品官子弟待遇了;"太学生补国子学",就是五品官子弟可以享受三品官子弟待遇了。现在,是农村户口的农民子弟,考取了能吃商品粮的学校,左邻右舍、湾前屋后的农民,最穷的也要送几个鸡蛋,表示由衷的庆贺和欢喜。由此可以体会那个"补"的意义。

其次,"四门学"的"四学",出于《礼记·祭义》:"天子设四学"。郑玄注:"四学,谓周四郊之虞庠也。"《魏书·刘芳传》:"芳表曰:'唐虞已往,典籍无据,隆周以降,任居虎门。《周礼·大司乐》云:"师氏,掌以媺谏王。居虎门之左,司王朝,掌国中之事,以教国子弟。"蔡氏《劝学篇》云:"周之师氏,居虎门左,敷陈六艺,以教国子。"今之祭酒,即周师氏。《洛阳记》:国子学官与天子宫对,太学在开阳门外。案《学记》云:"古之王者,建国亲民,教学为先。"郑氏注云:"内则设师保以教,使国子学焉,外则有太学、庠序之官。"由斯而言,国学在内,太学在外,明矣'。'又云:太和二十年(496,北魏孝文帝时),发敕立四门博士,于四门置学。臣案:自周已上,学惟以二,或尚西,或尚东,或贵在国,或贵在郊。爰暨周室,学盖有六:师氏在内,太学在国,四小在郊'。'汉魏已降,无复四郊。谨寻先旨,宜在四门'。'今太学故坊,基址宽旷。四郊别置,相去辽阔,检督难周。计太学坊并作四门,犹为太广。以臣愚量,同处无嫌'。(北魏宣武帝)从之。"

刘芳(453—513)这篇《表》,说明了"四门学"的来历,重点有二:(一)北魏孝文帝太和二十年下令"立四门博士,于四门置学",这是"四门学"的开始。(二)"四门学"在首都东南西北四门郊外建校,相距遥远,管理不便,好在太学地址宽旷,不妨将"四门学"与"太学"建在一起。北魏宣武帝同意了。从此,四门学还名叫"四门学",但并未建在四门郊外,而与太学建在一起了。

现在看来,当年建立四门学,很像建立太学分校。到了唐代,分校与本校什么都一致,只是低了一等:"及第"的"四门学生"才能"补太学"。唐代的"四门学"以百分之六十以上(800/1300)的学生名额向平民开放,无论如何,总是值得大书一笔的好事。这样做,当然对李唐王朝统治有利,谁能说对当时人民有害呢? 是利诱,是毒化?

"四门学"比"太学"低,"四门博士"也比"国子博士"低。例如韩愈(768—824)"操行坚正,鲠言无所忌,调四门博士";"元和初,权知国子博士","三岁为真"(见《新唐书》本传)。代理三年才转正,也算高升了。

再来谈乡贡。乡贡是地方高等教育的成果。"自高祖①初入长安,开大丞相府,下令置生员,自京师至于州县皆有数。既即位,又诏秘书外省别立小学,以教宗室子孙及功臣子弟。其后又诏诸州明经、秀才、俊士、进士明于理体为乡里称者,县考试,州长重覆,岁随方物入贡;吏民子弟学艺者,皆送于京学,为设考课之法。州、县、乡皆置学焉"(《新唐书·选举志(上)》)。可见李唐建国之初,就是四级(国、州、县、乡)办学,虽未提私人办学,但是学问一道,普遍是"私相授受",在这个意义上,完全可以说,官学以私学为本,私学可以无官学,官学不可无私学。呜呼! 讳言私学者其深长思之。既然"诸州"(请注意"州"字)有"明经、秀才、俊士、进士"等科目生员,可见州一级已有高等学校。县、乡有高等教育,但无官办高等学校,而有私人讲学授徒的高等学校。大作家,大经师,几人是官学出身? 李白没有上过国子学、太学,杜甫也没有,韩愈、柳宗元、白居易都没有。《新唐书·儒学传》传主六十八人,其学历可考者如下:

传主第一位徐文远,"贫不能自给,兄文林鬻书于肆,文远日阅之,因博通五经,明《左氏春秋》",自学成材。

---

① 李渊。

第二位陆德明,"受学于周弘正",私相授受。考《陈书》、《南史》"周弘正传",皆言弘正自六十岁至死,"领国子祭酒"长达十九年。德明受业必在国子学中。这就是:官学以私学为本。或曰:官学形式,私学内容。或曰:人在官学,学是私学。

第七位孔颖达,"举明经高第,授河内郡博士",出自乡贡,不由学馆。"八岁就学,诵记日千余言,暗记《三礼义宗》",当有师教授,其名不显耳。

第十位欧阳询,江总"教以书记,每读辄数行同尽,遂博贯经史",乃私学传授。

第十一位欧阳通,"早孤,母徐教以父书",乃母子相传父学。

第十二位朱子奢,"从乡人顾彪授《左氏春秋》",私相授受。

第十三位张士衡,国子博士刘轨思"授以《诗》、《礼》,又从熊安生、刘焯等受经",亦在官学受私学。

第十四位贾公彦,在官学从张士衡受《礼》。

第十五位张后胤,"父冲,陈国子博士,入隋为汉王谅并州博士。后胤甫冠,以学行禅其家",乃家学传人。

第十六位盖文达,冀州刺史"集诸生讲论",他使"一坐厌叹",可见是州学生,此州立高等学校之例。其师是刘焯。

第二十位萧德言,"甫冠,以国子生为岳阳王宾客",出自陈朝国子学。

第二十三位敬播,"贞观初,擢进士第",未详出自生徒抑乡贡,亦未详其师。似自乡贡。

第二十七位罗道琮,"擢明经",似出自乡贡。

第二十八位郎馀令,"擢进士第",似出自生徒,因其祖父以大理卿封常山郡公,他够条件入二院或国子学。

第三十位徐齐聃,"举弘文生"。

第三十一位徐坚,"举秀才及第",似乡贡。玄宗改丽正书院("书院"一名始见于此)为集贤院,张说知院事,徐坚副之。

第三十二位徐峤,继其父坚为集贤院学士,其祖齐聃、其父坚及峤三世为中书舍人。父子相传家学。

第三十四位路敬淳,"擢进士第",似乡贡。

第三十六位王元感,"擢明经高第",似乡贡。"直弘文馆"学士,"转四门博士,仍直弘文馆"。

第三十七位王绍宗,"少贫狭,嗜学,工草隶,客居僧坊,写书取庸自给,凡三十年。庸足给一月即止,不取赢,人虽厚偿,辄拒不受"。苦学成材。

第三十九位卢粲,"擢进士第",似乡贡。

第四十位尹知章,"遍明六经,诸生尝讲授者,更北面受大义",是说他少时事,可见出自生徒。

第四十三位马怀素,"师事李善。贫无资,昼樵,夜辄燃以读书,遂博通经史。擢进士第,又中文学优赡科",自乡贡。

第四十四位殷践猷,"举文儒异等科",乡贡。

第四十五位孔若思,"早孤,其母躬训教,长以博学闻","擢明经",乡贡。

第四十六位孔季诩,"擢制科",似出自生徒,其父若思"累封梁郡公"故也。似武后"制举"者。

第四十八位褚无量,"幼授经于沈子正、曹福","擢明经",似乡贡。

第四十九位徐安贞,"初应制举,三登甲科"。天子自诏者曰"制举",所以待非常之才,此其例也。

第五十位元行冲,"及进士第",似乡贡。

第五十五位康子元,玄宗诏"举能治《易》、《老》、《庄》者",有人荐他,遂为集贤侍讲学士。似"制举"。

第五十七位赵冬曦,"进士擢第",似乡贡。

第五十八位尹愔,"尤通老子书,初为道士,玄宗尚玄言","召对,喜甚",也算是"制举"吧。

第六十位郑钦说,"由新津丞请试五经,擢第",似乡贡。

第六十四位陈京,"擢进士第",似生徒。

第六十五位畅当,"进士及第",似生徒。

第六十七位许康佐,"举进士、宏辞,连中之。家苦贫",似乡贡。

以上资讯,统计结果如下:

(一)只有二人如萧德言明说是"国子生",徐齐聃明说是"弘文生"。此外,根据资讯分析,可以肯定出自学、馆(国子学、太学、弘文馆、崇文馆)的七人。

(二)出自州学的一人。

(三)"进士"十人中,似出自学、馆的三人,似出自乡贡的七人。

(四)"明经"六人,皆似出自乡贡。

(五)校外自学二人。

(六)校外家传四人。

(七)校外师传五人。

由以上统计可见,学、馆出的人才太少了,这也难怪。拿二馆来说,再说一遍,学生的父祖是皇亲(与皇帝未出五服)、国戚(皇太后、皇后之侄)、宰相、大功臣、一品官之类,这些学生,除了个别人例外,看待经学,就像贾宝玉摔"通灵宝玉"时说的:要这"劳什子"作甚!干吗受这个罪?所以只有一个徐齐聃进入《儒学传》,虽然进入《儒学传》,此人在经学史上也并无影响,算不得经学大师。学生尽管如此,并无损于学、馆在中国高等教育史上的人文意义。

学、馆,在中国高等教育史上,有什么人文意义呢?学、馆有大师,有图书,凭这两条,向全国人民释放人文精神,扩散人文精神,深化人文精神,提高人文精神,成为"教化之本原"。这就是学、馆的人文意义。

教育,在中国本为"教化",与英文 education 并不相当,不能翻译为 education。若找相当的词,则"教"相当于 teach,"化"相当于 influence,把这两个英文词的意义综合起来,才相当于"教化"的意义。说是"教化",其重点,其目的,则是"化"。《礼记·学记》讲"化民成俗",化成风俗习惯,就是第二天性,人文天性了。

所以历代王朝认为,学、馆还是要办的,因为其人文意义关系全国。至于学生争气不争气,有的甚至成了败家子,那也无妨,因为败家子不过关系到一家。败了贵族之家,有利于平民之家。

研究《新唐书·儒学传》，作了分析统计，深有感慨。感慨最深的，就是"贞观之治"儒学盛极一时，完全是前朝旧人员凑的热闹。陆德明是陈朝旧人，颜师古、孔颖达、欧阳询都是隋朝旧人，唐朝自己培养的新人，只有一个贾公彦还像样。前朝旧人员在唐朝作出的伟大成就，历史学家，后来人，谁不当作唐朝的伟大成就来称赞、来歌颂呢！唐朝若让这些前朝旧人员靠边，将他们打倒，能有贞观的儒学繁荣吗？唐朝经验说明，在高等教育历史继承中，不止继承文化，而且继承人员，而且通过继承人员来继承文化。一个唐太宗，一个唐玄宗，在贞观、开元时期，对这些问题处理得多好啊。跟"文化大革命"对比起来，更觉得历史的经验值得注意。

## 第四节　盛唐模式——四个系统的高等教育

盛唐，指唐玄宗开元年间（713—741）。到了开元年间，中国高等教育史人文阶段的基本模式，已经形成了，成熟了，定型了，一直用到清朝末年。其内容，有人文，有科技，而主要是人文，故曰人文阶段。此基本模式，本书称之为"盛唐模式"。由于它一直沿用到清末，本书在此讨论后，在以后各朝就不再讨论，以免重复。

中国高等教育的盛唐模式，包含四个系统：

（一）国家系统：由中央的二馆六学和地方的州学构成。立场是儒家，主根是道家。

（二）道教系统：自教育看，一所道观就是一所高等学校，属于道家。在中国历史及其文献分类中，"道家"包含"道教"。今人研究，指出道家"顺"天，道教"逆"天（追求不可能的"长生不老"），二者根本不同。即使如此，本书仍用历史上的用法："道家"包含"道教"。

（三）佛教系统：自教育看，一所佛寺，就是一所高等学校，属于佛家。

作为人文精神，儒、道、佛追求的最高品格，析言之，儒家是"圣"，道家是"仙"，佛家是"佛"；合言之，三家皆"圣"。这是由于"圣"、"仙"、

"佛"的精神境界都是天人合一。

（四）民间系统：由民间的师徒相传、父子相传的教育构成。相对于国家系统，则道教系统、佛教系统之中的非官办部分，也是民间系统。

上一节讨论了国家系统，这里再补充指出，国家系统在开元年间渐渐增加了道家内容。例如，开元二十一年（733），"春正月，庚子朔，制令士庶家藏《老子》一本，每年贡举人量减《尚书》、《论语》两条策，加《老子》策"（《旧唐书·玄宗本纪》）。又如，开元"二十五年（737），春正月，初置玄学博士（胡三省注：'崇玄学'，习《老子》、《庄子》、《文子》、《列子》，亦曰'道举'），每岁依'明经'举"（《资治通鉴》卷二百十四"唐纪·玄宗皇帝中之中"）。又如，开元"二十九年（741），春正月，丁丑，制两京、诸州各置玄元皇帝（即老子）庙，并'崇玄学'，置生徒，令习《老子》、《庄子》、《列子》、《文子》，每年准明经例考试"（《旧唐书·玄宗本纪》）。又如，天宝元年（742），二月，丙申，"庄子号为南华真人，文子号为通玄真人，列子号为冲虚真人，庚桑子号为洞虚真人，其四子所著书改为真经。'崇玄学'，置博士、助教各一员，学生一百人"。九月，丙寅，"两京玄元庙改为太上玄元皇帝宫，天下准此"（《旧唐书·玄宗本纪》）。

下文要着重讨论道教系统、佛教系统。也不可能全面讨论，只讨论唐太宗的《大唐三藏圣教序》，唐玄宗的《御注道德真经》、《御制道德真经疏》，以及直接相关的若干原始文献，甩掉后人"加工制作"的乌烟瘴气，以求窥见历史真相，哪怕是一点点也好。

在讨论以前，先交代道教系统、佛教系统的规模及其管理的概况，《新唐书·百官志（三）》云：

> 崇玄署　令一人，正八品下；丞一人，正九品下。掌京都诸观名数与道士帐籍、斋醮之事。新罗、日本僧入朝学问，九年不还者编诸籍。道士、女官、僧、尼，见天子必拜。凡止民家，不过三夜。出逾宿者，立案连署，不过七日，路远者州县给程。天下观一千六百八十七，道士七百七十六，女官九百八十八；寺五千三百五十八（今按：《唐六典》卷四，数与此同，又分为三千二百四十五所僧、二千一百一十三所尼。《唐六典》玄宗时修，当是玄宗

时数),僧七万五千五百二十四,尼五万五百七十六。两京度僧、尼、道士、女官,御史一人莅之。每三岁州县为籍,一以留县,一以留州;僧、尼,一以上祠部;道士、女官,一以上宗正,一以上司封。

(原注:有府二人,史二人,典事六人,掌固二人,崇玄学博士一人、学生百人。隋以署隶鸿胪,又有道场、玄坛。唐置诸寺观监,隶鸿胪寺,每寺观有监一人。贞观(627—649)中,废寺观监。上元二年(675),置漆园监,寻废。开元二十五年(737),置崇玄学于玄元皇帝庙。天宝元年(742),两京置博士、助教各一员,学生百人,每祠享,以学生代斋郎。二载,改崇玄学曰崇玄馆,博士曰学士,助教曰直学士,置大学士一人,以宰相为之,领两京玄元宫及道院,改天下崇玄学为"通道学",博士曰"道德博士",未几而罢。宝应(762)、永泰(765)间,学生存者无几。大历三年(768),复增至百人。初,天下僧、尼、道士、女官,皆隶鸿胪寺;武后延载元年(694),以僧、尼隶祠部。开元二十四年(736),道士、女官隶宗正寺;天宝二载(743),以道士隶司封。贞元四年(788),崇玄馆罢大学士,后复置左右街大功德使、东都功德使、修功德使,总僧、尼之籍及功役。元和二年(807),以道士、女官隶左右街功德使。会昌二年(842),以僧、尼隶主客,太清宫置玄元馆,亦有学士,至六年(846)废,而僧、尼复隶两街功德使。)

对以上史料作些说明如下:

"女官"又作"女冠",就是女道士。李白诗有《送内寻庐山女道士李腾空二首》,王琦注引《庐山志》:"蔡寻真,侍郎蔡某女也。李腾空,宰相李林甫女也。幼并超异,生富贵而不染,遂为女冠,同入庐山。蔡居屏风叠之南,李居屏风叠之北,学三洞法,以丹药、符箓救人疾苦。至三元八节,会于咏真洞,以相师讲。贞元中,九江守许浑以状闻,昭德皇后赐以金帛、土田。已而蜕去,门人收簪简瘗之。乡俗岁时祭祀不绝。昭德崩,许浑入朝,因乞赐观额,以昭追奉,诏以咏真洞为寻真观,腾空所居为昭德观。"这段话是两个女道士办道观教育的完整报道。许浑就是写过"山雨欲来风满楼"名句的诗人。李白称赞他的"内"宗夫人："多君相门女，学道爱神仙。"此"相"是宗楚客。当时宰相之家的小姐，官宦之家的小姐，出家当女冠，相当时髦。后来李商隐的《无题》诗，有人考证，多为女冠而作。到了残唐五代，时兴填词，词牌子也有《女冠子》。女冠并非都是富贵人家出身，更不是"官"。

"宝应、永泰间，学生存者无几"，原因是安、史之乱。

"道士、女官隶宗正寺"："宗正寺"是皇族事务管理局，这是将男女道士当作皇族看待，宠爱之至。

对太宗、玄宗著作的讨论，移至以下两节。

至于民间系统，虽然产生过像孙思邈这样的伟大医学家（见《新唐书·隐逸传》），但是作为高等教育的系统之一，则是处于自发状态，乏善可陈。曾见中央派人到民间"访求"，那是多年不遇的事。不过民间系统确实存在，而且是其他系统永不枯竭的、纯洁甘洌的源泉。

## 第五节 《大唐三藏圣教序》·佛教系统的高等教育

唐太宗李世民（599—649）于贞观二十二年（648）作《大唐三藏圣教序》，第二年就死了，算是晚年定论。虽是序文，并非应酬之作，溢美之辞；就本书现在要论述的目的而言，其中含有以李世民为代表的唐朝统治集团已臻成熟的、确定的文化观、宗教观、高等教育观，以及相应的文化政策、宗教政策、高等教育政策。此序不长，只七百八十一字，全文载于慧立、彦悰著的《大慈恩寺三藏法师传》卷第六，又载于道宣编著的《续高僧传·玄奘传》和他编纂的《广弘明集》卷第二十二。此序，在新、旧《唐书》"太宗本纪"中，在《资治通鉴》"唐纪"中，连个名也未提。顺便说一下，《旧唐书·方伎列传》有《僧玄奘》传，《新唐书·方伎列传》没有玄奘传了，"专传"也没有玄奘传。凡此种种，皆后人"加工制作"的手脚，与历史真相"相去日已远"，为本书所不齿。

《大唐三藏圣教序》全文如下：

盖闻二仪有像,显覆载以含生;四时无形,潜寒暑以化物。是以窥天鉴地,庸愚皆识其端;明阴洞阳,贤哲罕穷其数。然而天地苞乎阴阳,而易识者,以其有像也;阴阳处乎天地,而难穷者,以其无形也。故知像显可征,虽愚不惑;形潜莫睹,在智犹迷。况乎佛道崇虚,乘幽控寂;弘济万品,典御十方;举威灵而无上,抑神力而无下;大之则弥于宇宙,细之则摄于毫厘;无灭无生、历千劫而不古;若隐若显、运百福而长今;妙道凝玄、遵之莫知其际,法流湛寂、挹之莫测其源。故知蠢蠢凡愚、区区庸鄙,投其旨趣,能无疑惑者哉。

然则大教之兴,基乎西土,腾汉庭而皎梦,照东域而流慈。昔者分形分迹之时,言未驰而成化;当常现常之世,民仰德而知遵。及乎晦影归真,迁仪越世;金容掩色、不镜三千之光,丽象①开图、空端四八之相。于是微言广被,拯含类于三途;遗训遐宣,导群生于十地。

然而真教难仰,莫能一其旨归;曲学易遵,邪正于焉纷纠。所以空、有之论,或习俗而是非;大、小之乘,乍沿时而隆替。

有玄奘法师者,法门之领袖也:幼怀贞敏,早悟三空之心;长契神情,先苞四忍之行。松风水月,未足比其清华;仙露明珠,讵能方其朗润。故以智通无累,神测未形;超六尘而迥出,只千古而无对。凝心内境,悲正法之陵迟;栖虑玄门,慨深文之讹谬。思欲分条析理,广被前闻;截伪续真,开兹后学。是以翘心净土,往游西域,乘危远迈,杖策孤征。积雪晨飞,途间失地;惊砂夕起,空外迷天。万里山川,拨烟霞而进影;百重寒暑,蹑霜露而前踪。诚重劳轻,求深愿达。周游西宇,十有七年,穷历道邦,询求正教。双林、八水,味道餐风;鹿苑、鹫峰,瞻奇仰异。承至言于先圣,受真教于上贤。探赜妙门,精穷奥业。一乘五律之道,驰骤于心田;八藏三箧之文,波涛于口海。

---

① 此文"像"与"象"不同,今本混淆,兹据《宋拓怀仁集王书圣教序》本写定。

爰自所历之国，总将三藏要文，凡六百五十七部，译布中夏，宣扬胜业。引慈云于西极，注法雨于东垂。圣教缺而复全，苍生罪而还福。湿火宅之干焰，共拔迷途；朗爱水之昏波，同臻彼岸。是知恶因业坠，善以缘升，升坠之端，唯人所托。譬夫桂生高岭，云露方得泫其花；莲出渌波，飞尘不能污其叶。非莲性自洁而桂质本贞，良由所附者高、则微物不能累，所凭者净、则浊类不能沾。夫以卉木无知，犹资善而成善；况乎人伦有识，不缘庆而成庆？方冀兹经流施，将日月而无穷；斯福遐敷，与乾坤而永大。

怎样读这篇序文呢？有一个独特的读法。请读者寻遍全文，有"儒"字吗？没有。有"道家"、"道教"的"道"字①吗？没有。有佛与儒的比较吗？没有。有佛与道的比较吗？没有。说佛就说佛，不扯儒，不扯道。可以推知：说儒就说儒，不扯佛，不扯道；说道就说道，不扯佛，不扯儒。各说各的，互不干涉。在这篇序文内，是佛家一元化；在这篇序文外，是各家多元化。"多元化"，就是从这篇序文读出的李世民的文化观、宗教观、高等教育观以及相应的文化政策、宗教政策、高等教育政策。

在这篇序文内只说佛，尽管一个劲地说佛是"妙道"、"大教"、"真教"、"正法"、"深文"、"正教"、"先圣"、"妙门"、"奥业"、"胜业"、"慈云"、"法雨"、"圣教"，也都不过是关起门来作揖，谁也不觉得是在门外独尊佛家，在全国实行佛家一元化。

这篇序文有不少佛学名词，查丁福保编的《佛学大辞典》便可得其解。

佛教系统的高等教育，学习"经"、"律"、"论"等"三藏"，修持"戒"、"定"、"慧"等"三学"，追求"般若"的智慧，达到"涅槃"的境界，也是终身教育，死而后已，所以佛徒死亡雅称"涅槃"。

真正中国化了的佛教是禅宗南宗。禅宗南宗相信，每个人自己的

---

① 《大唐三藏圣教序》中有三个"道"字："佛道崇虚"，"妙道凝玄"，"味道餐风"，都是指佛法，不是指道家、道教。

心,都有真如本性,一旦顿悟,自己明心见性,立即成佛。故称"顿门"。遵循《老子》的"学不学"(第六十四章)、"为无为"(第三章,第六十三章),顿门学不学之学(不念经),修不修之修(不坐禅),只靠机锋促使顿悟。人的灵魂不受任何局限,由老庄开始的灵魂解放,达到更高更新的阶段。这就是朱熹称赞的"佛氏勇猛精进"(见本章第一节)。影响所及,中国文化各个领域,包括高等教育领域,都产生深刻变化。在高等教育领域,最主要的一点,是肯定个人存在的地位,发挥个人灵魂的自由,否定一切绝对权威,首先冲击佛祖的绝对权威,波及孔子的绝对权威。这对于高等教育的发扬主体性,消除奴隶性,极端重要。其次的一点,也同样重要,就是人在日常行为中成佛,成佛用不着宗教行为。所以说,"担水运柴,无非妙道"。又说,"终日吃饭,不曾咬过一粒米;终日穿衣,不曾挂过一缕丝"。这等于说,终日修行,不曾念过一句经。这就为高等教育修养高明的人文精神,指明了广阔的天地、平实的道路、简易的方法。流弊是有的,也是可以防治的。在这个意义上,朱熹的高等教育理论和方法,正是为了防治禅宗南宗流弊而设计的,虽然首要的是朱熹从禅宗南宗吸取了营养。最后一点是,既然成佛用不着宗教行为,又何必出家?承认在家修行的"居士"为佛徒①,是这个问题的"半"解决;产生中印文化(儒道佛)交融结果的道学,是这个问题的"全"解决。

禅宗源于道生(东晋永和十二年生,南朝宋永嘉十一年卒。355—434),成于慧能(唐贞观十二年生,开元元年卒。638—713)。道学源于韩愈(唐大历三年生,长庆四年卒。768—824),成于朱熹(宋建炎四年生,庆元六年卒。1130—1200)。

## 第六节 唐玄宗的《道德真经》注与疏·道教系统的高等教育

史称唐玄宗的开元之治,媲美唐太宗的贞观之治,实际上超过贞观之治,成为唐朝发展的顶峰,也是中国传统社会发展的顶峰。开元之后

---

① 例如,《五灯会元》中,有四十三位"居士"立传,其中有白居易、裴休、李翱、夏竦、杨亿、黄庭坚、苏轼、苏辙、秦国夫人计氏,等等人士。

的天宝年间,发生安禄山之乱,唐朝走下坡路了,中国传统社会也走下坡路了。下坡路也有起有伏,其总的趋势是下坡。

唐玄宗李隆基(685—762),712—756在位,开元年间是713—741,长达二十九年。开元二十年(732)顷,唐玄宗《御注道德真经》、《御制道德真经疏》相继成书,并于成都、阌乡、荆州、怀州、遂州、易州、邢州、苏州等处大道观立石台,刊勒此注,传世者尚有易州本、邢州本,易州碑题"开元二十年",可证此注成书于此年之前。此注此疏收入《正统道藏》"洞神部·玉诀类·男"①。

注经为注,注注为疏。唐玄宗为《道德真经》(即《老子》)作的注、疏,高谈道家,并没有一句非议儒家、佛家的话,原书俱在,凿凿可据。玄宗是太宗贤孙(曾孙),继承了太宗在《大唐三藏圣教序》中所倡导的精神,坚持文化、宗教、高等教育的"多元化"。玄宗高谈道家,但不搞道家一元化,也不搞儒家一元化,也不搞佛家一元化。《礼记·中庸》云:"万物并育而不相害,道并行而不相悖,小德川流,大德敦化:此天地之所以为大也。"太宗有焉,玄宗有焉。这样的多元化,有人认为,只能存在于分裂,如战国;不能存在于统一,如秦、汉。那就请问:贞观之世,开元之世,难道是分裂而不是统一吗?多元化,只有统一时才有意义;分裂时还用说多元化吗?翻过来,统一只有多元时才有意义;若非多元,用得着统一吗?统一什么呢?说统一,就意味多元统一。中国文化史,唐代以前,确实是:分裂时"多元化",统一时"一元化"。到了初唐(贞观)、盛唐(开元),突破成规,别开生面,出现了统一时多元化。"统一时多元化",不合某些人的形式逻辑,却是生动的历史辩证法。坚持统一时多元化,是盛唐成为唐代发展顶峰的奥秘,也是盛唐成为中国传统社会发展顶峰的奥秘。借口统一反对多元化,虽可一时得利,终归自取衰亡。统一时搞多元化,还是搞一元化,完全是统治者决策问题;你要搞一元化,那是你的决策,不是统一所决定。初唐统治者在决策过程中,太宗明显地摇摆过,逐渐成熟而坚定。搞多元化,决策亦不容易。玄宗

---

① "男"是按《千字文》编的号。二书在《正统道藏》台北艺文印书馆缩影本第十九册中。同册还有另一部《唐玄宗御制道德真经疏》,是后人托名之作,故未当作玄宗著作研究。

就不用摇摆了，放手发展，大步前进，达到辉煌的顶峰。坚持统一时多元化，是中国文化史上空前的创造，伟大的贡献，永恒的真理。

《正统道藏》在《唐玄宗御制道德真经疏》之后有《道德真经疏外传》，其中有珍贵史料，本书应当摘录而保存之；况有足资佐证文化嫁接砧木之说者乎，幸勿讥其离题枝蔓也。《道德真经疏外传》云：

《道德经》古今笺注者多矣，现行注者六十余家，开列于后（今按：这是道教高等教育基本课本，故全录）：

《节解》上下（老君与尹喜解）。《想尔》二卷（三天法师张道陵所注）。《内解》上下（尹喜以内修之旨解注）。河上翁《章句》（汉文帝时降居陕州河滨，今有庙见存）。严君平《指归》十四卷（汉成帝时蜀人，名遵）。山阳王弼《注》（字辅嗣，魏时尚书郎）。南阳何晏（字平叔，魏驸马都尉）。河南郭象（字子玄，向秀弟子，魏晋时人）。颍川钟会（字士季，魏明帝时人）。隐士孙登（字公和，魏文明二帝时人）、晋仆射太山羊祜（字叔子，注为四卷）。沙门罗什（本西胡人，符坚时自玉门关入中国，注二卷）（今按：此佛教以《老子》为砧木嫁接之例）。沙门佛图澄（赵时西国胡僧也，注上下二卷）（今按：此佛教以《老子》为砧木嫁接之又一例）。沙门僧肇（晋时人，注四卷）（今按：此佛教以《老子》为砧木嫁接之果实）。梁隐居陶弘景（武帝时人，号贞白先生，注四卷）。范阳卢裕（后魏国子博士，名白头翁，注二卷）。草莱臣刘仁会（后魏伊州梁县人，注二卷）。吴郡征士顾欢（字景怡，南齐博士，注四卷）。松灵仙人（隐青溪山，无名氏年代）。晋人河东裴楚恩（注二卷）。秦人京兆杜弼（注二卷）。宋人河南张凭（字长宗，明帝太常博士，注四卷）。梁武帝（萧衍，注四卷，证义以因果为义）。梁简文帝（萧纲，作述义十卷）。清江张嗣（注四卷，无年代）。梁道士臧玄静（字道宗，作疏四卷）。梁道士孟安排（号大盂，作经义二卷）。梁道士孟智周（号小盂，注二卷）。梁道士窦略（注四卷，与武帝、罗什所宗无异）。隋道士刘进喜（作疏六卷）。陈道士诸糅（作玄览六卷）。隋道士李播（注上下三卷）。唐太史令傅奕（注二卷，并作音义）。唐嵩山道士魏征（作要义，太宗丞相）。法师宗文明（作义泉五卷）。仙人胡超（作义疏十卷，西山得道）。道士安丘（作指归）。道士尹文操（作简要义五卷）。法师韦录（字处玄，注蒙义四卷）。道士王玄辩（作河公释义四卷）。谏议大夫肃明观主尹愔（作新义十五卷）。道士徐邈（注四卷）。直翰林道士何思远（作指趣二卷、玄示八卷）。衡岳道士薛季昌（作金绳十卷，事数一卷）。洪源先生王鞮（注二卷、玄珠三卷，旨诀二卷）。法师赵坚（作讲疏六卷）。太子司议郎杨上善（高宗时人，注真言二十卷，作集）。道士车弼（疏七卷）。任真子李荣（注上下二卷）。成都道士黎元兴（作义四卷）。太原少尹王光庭（作契原注二卷）。道士张慧超（作志玄疏四卷）。龚法师（作集解四卷）。通议郡道士任大玄（注二卷）。道士冲虚先生殿中监申甫<sup>作疏五卷</sup>。岷山道士张君相<sup>集解四卷</sup>。道士成玄英<sup>作讲疏六卷</sup>。汉州刺史王真<sup>作论兵述义上下二卷</sup>。道士符少明<sup>作道谱纂三卷</sup>。玄宗皇帝<sup>所注道德经上下二卷,讲疏六卷</sup>,即今所广疏矣。

又云"开元十一年(723)躬为注解序","开元二十一年(733)颁下"。另据《旧唐书·玄宗本纪》:天宝十四载(755),冬十月"甲午,颁御注《老子》并《义疏》于天下"。似乎唐玄宗在位时,始终在盘弄他的《老子》注疏,用力可谓勤矣。难怪他颇为自负,为其注作序云:

> 昔在元圣,强著玄言,权舆真宗,启迪来裔。遗文诚在,精义颇乖。撮其指归,虽蜀严而犹病;摘其章句,自河公而或略。其余浸微,固不足数。则我玄元妙旨,岂其将坠?朕诚寡薄,尝感斯文,猥承有后之庆,恐失无为之理(今按:"理"应作"治",避其祖高宗李治讳改作"理"。"庆"音"羌",《圣教序》"缘庆而成庆"的"庆"亦音羌),每因清晏,辄叩玄关,随所意得,遂为笺注,岂成一家之说,但备遗阙之文。今兹绝笔,是询于众:公卿臣庶,道、释二门(今按:"公卿臣庶"基本上是儒家,加上"道、释二门",就是全国儒、道、佛各家群众,都是询问的对象,这是多元化精神的表现),有能启予类于卜商,针疾同于左氏,渴于纳善,朕所虚怀。苟副斯言,必加厚赏。且如谀臣自圣,幸非此流;愚市相矜,亦云小道。既其不讳,咸可真言,勿为来者所嗤,以重朕之不德!

全序一百九十四字,写出他在《老子》研究中前无古人的自豪心态,询于群众的多元化精神。他还在《御制道德真经疏释题》(释题相当于序)中写道:

"道者,德之体;德者,道之用也";"然体、用之名,可散也;体、用之实,不可散也。故经曰'同出而异名,同谓之玄',语其出则分而为二,咨其同则混而为一,故曰可散而不可散也"。散就是分开。又在第二十五章"道法自然"疏中写道:

"道法自然,言道之为法自然,非复仿自然也。若如惑者之难以道法效法于自然,是则域中有五大,非四大也"。《老子》这段话全文是:"故道大、天大、地大、王亦大,域中有四大,而王居其一焉。人法地,地法天,天法道,道法自然。"玄宗认为,不可将"自然"理解为与"道"、"天"、"地"、"王"的词类相同的名词,否则有五大,不是四大,与经文不合。他意识到,"自然"不是一个名词(《老子》称为"名"),而是一句话(《老子》称为"言"):自己如此。这是一个真正的发现。

以上所举,是玄宗对《老子》的"自然"、"道"、"德"的基本理解,这些理解,可以作为充分根据,"庙号玄宗"(语出《旧唐书·玄宗本纪》;《新唐书》无此语,抹去了道家色彩,但"玄宗"称号来由,便无交代了)。

道教系统高等教育的内容繁多,在此只说两点:总评,戒律。

## (一)总评

马端临(西元约 1254—1323)《文献通考·经籍考(五十二)》最后著录"《道藏书目》一卷",附按语云:

> 按:道家之术,杂而多端,先儒之论备矣。盖清静一说也,炼养一说也,服食又一说也,符箓又一说也,经典科教又一说也。黄帝、老子、列御寇、庄周之书所言者,清静无为而已,而略及炼养之事,服食以下所不道也。至赤松子、魏伯阳之徒,则言炼养而不言清静;卢生、李少君、栾大之徒,则言服食而不言炼养;张道陵、寇谦之之徒,则言符箓而俱不言炼养、服食。至杜光庭而下以及近世黄冠师之徒,则专言经典科教,所谓符箓者特其教中一事。于是不惟清静无为之说,略不能知其旨趣,虽所谓炼养、服食之书,亦未尝过而问焉矣。然俱欲冒以老氏为之宗主,而行其教。
>
> 盖尝即是数说者而详其是非。如清静无为之言,曹相国、李文靖师其意而不扰,则足以致治;何晏、王衍乐其诞而自肆,则足以致乱;盖得失相半者也。炼养之说,欧阳文忠公尝删正《黄庭》;朱文公尝称《参同契》;二公大儒,攘斥异端不遗余力,独不以其说为非,山林独善之士,以此养生全年,固未尝得罪于名教也。至于经典科教之说,尽鄙浅之言,庸黄冠以此逐食,常欲与释子抗衡,而其说较释氏不能三之一,为世患蠹,未为甚钜也。独服食、符箓二家,其说本邪僻谬悠,而惑之者雁

祸不浅；栾大、李少君、于吉、张津之徒，以此杀其身；柳泌、赵归真之徒，以此祸人，而卒自婴其戮；张角、孙恩、吕用之之徒，遂以此败人天下国家(今按：此"人"字应读作"暴虐统治者")；然则柱史五千言，曷尝有是乎？盖愈远而愈失其真矣。

这篇按语最后一句不对。须知《老子》就有为农民说话的话，所以张角起义、张鲁政权等，以《老子》为经典。除此以外，这篇按语对于道家之术的清静、炼养、服食、符箓、经典科教诸说的分析简明扼要，可以作为道教系统高等教育内容的总评。

(二)戒律

上述总评的不足之处是未说到戒律。戒律是一切宗教教育的主要内容。道教戒律以《道德尊经想尔戒》为最古，显然是由《老子》摘录编成的，全文如下：

> 行无为，行柔弱，行守雌，勿先动(原注：此上最三行)；
> 
> 行无名，行清静，行诸善(原注：此中最三行)；
> 
> 行无欲，行知止足，行推让(原注：此下最三行)。
> 
> 此九行二篇八十一章集会为道舍，尊卑同科，备上行者神仙，六行者倍寿，三行者增年不横夭。(见《正统道藏》"洞神部戒律类•力"的《太上老君经律》，台北艺文印书馆缩影本第三十册)

语云："令行禁止。"在戒律中，"行"属于"令行"，"戒"属于"禁止"，有积极与消极(正面与负面)的分别。

更为流行的是《玉清经•本起品》的《十戒》：

> 第一戒者，不得违戾父母、师长，反逆不孝；
> 
> 第二戒者，不得杀生，屠害，割截物命；
> 
> 第三戒者，不得叛逆君王，谋害家国；
> 
> 第四戒者，不得淫乱骨肉、姑姨姊妹及佗妇女；
> 
> 第五戒者，不得毁谤道法，轻泄经文；
> 
> 第六戒者，不得汙漫静坛，单衣裸露；
> 
> 第七戒者，不得欺凌孤贫，夺人财物；
> 
> 第八戒者，不得裸露三光，厌弃老病；

第九戒者，不得耽酒任性，两舌恶口；

第十戒者，不得凶豪自任，自作威利。

右此十戒，当终身奉持。（见《云笈七签》卷之三十八）

其他戒律繁多，律条最多者达一千二百条，不必多抄了。

戒律有教育意义，传戒、受戒则有严格的组织意义：只有受戒了才是正式道教徒。早期道教公开传戒，东汉末年黄巾起义失败，道教受牵连，转入秘密传戒。直到丘处机(1148—1227)创立全真龙门派，才又恢复公开传戒。

前面说过，从教育看，一座道观就是一所道教学校。尽管规格不同，教派有别，道观都有自己的功课，坚持修炼，追求"羽化登仙"。在道教史中，没有类似佛教禅宗南宗的不念经、不坐禅、只凭顿悟的教派。比较而言，佛教富于人文精神，所以"佛藏"是哲学史研究的资源；道教富于科学精神，所以"道藏"是科学史研究的资源。西南联合大学化学教授陈国符，为研究化学史而研究道藏，结果著成《道藏源流考》，这个现象很能说明道藏与科学的关系，道藏竟有如此能力，将一位化学专家变成道藏专家！伴随科学精神，道教还富于革命精神。"老君曰：我命在我，不属天地"①，等不等于说"也不靠神仙皇帝"②？

## 第七节　宋代高等教育的几件大事

宋代高等教育，大体上还是上述开元模式的四个系统，但有可书者四事：书院的兴起（第八节专论之），三舍法，胡瑗的湖学经验，陈东领导的太学生运动。

### 三　舍　法

《宋史·神宗本纪（二）》：熙宁四年(1071)冬十月，"立太学生内、外、上舍法"。这就是立太学三舍法。

《宋史·选举志（三）》云：

---

① 见于《西升经》第二十六章，载于《正统道藏》台北艺文印书馆缩影本第十九册。
② 《国际歌》歌词中语。

凡学皆隶国子监。国子生,以京朝七品以上子孙为之,初无定员,后以二百人为额。太学生,以八品以下子弟若庶人之俊异者为之。及三舍法行,则太学始定置"外舍生"二千人,"内舍生"三百人,"上舍生"百人。始入学,验所隶州公据,试补外舍,斋长、谕月书其"行"、"艺"于籍。"行"谓率教不戾规矩,"艺"谓治经程文。季终考于学谕,次学录,次正,次博士,后考于长、贰。岁终会其高下,书于籍,以俟覆试,参验而序进之。凡私试,孟月经义,仲月论,季月策。凡公试,初场经义,次场论、策。试上舍,如省试法。凡内舍,行、艺与所试之业俱优,为上舍上等,取旨授官;一优一平为中等,以俟殿试;俱平若一优一否为下等,以俟省试。

元祐(1086—1093)间,置广文馆生二千四百人,以待四方游士试京师者(今按:出现了"游士"。"游士"不是"生徒",不是"乡贡",而是参加京师考试的第三种身份,路子又宽一些了)。律学生无定员,他杂学废置无常。崇宁(1102—1106)建辟雍于郊,以处贡士,而三舍考选法乃遍天下。于是由州郡贡之辟雍,由辟雍升之太学,而学校之制益详。凡国子以奏荫恩广,故学校不预考选,其得入官赐出身者,多由铨试。

又云:

神宗尤垂意儒学,自京师至郡县,既皆有学;岁时月各有试,程其艺能,以差次升舍,其最优者为上舍,免发解及礼部试而特赐之第;遂专以此取士。

太学生员,庆历(1041—1048)尝置内舍生二百人。熙宁初,又增百人,寻诏通额为九百人。四年,尽以锡庆院及朝集院西庑建讲书堂四,诸生斋舍、掌事者直庐,始仅足用。自主判官外,增置直讲为十员,率二员共讲一经,令中书遴选,或主判官奏举。生员厘为三等:始入学为外舍,初不限员,后定额七百人;外舍升内舍,员二百;内舍升上舍,员百。各执一经,从所讲官受学,月考试其业,优等上之中书。其正、录、学谕,以上舍生为之，经各二员；学行卓异者，主判、直讲，复荐之中书，奏除官。始命诸州置学官，率给田十顷赡士。初置小学教授。帝尝谓王安石曰："今谈经者人人殊，何以一道德？卿所著经，其以颁行，使学者归一。"八年，颁王安石《书、诗、周礼义》于学官，是名《三经新义》。

元丰二年（1079），颁《学令》：太学置八十斋，斋各五楹，容三十人。外舍生二千人，内舍生三百人，上舍生百人。月一私试，岁一公试，补内舍生；间岁一舍试，补上舍生，弥封、誊录如贡举法；而上舍试则学官不预考校。公试，外舍生入第一、第二等，升内舍；内舍生试入优、平二等，升上舍；皆参考所书行、艺乃升。上舍分三等。学正增为五人，学录增为十人，学录参以学生为之。

岁赐缗钱至二万五千，又取郡县田租、屋课、息钱之类，增为学费（今按：《学令》止于此）。

初，以"国子"名监，而实未尝教养国子。诏：许清要官亲戚入监听读，额二百人，仍尽以开封府解额归太学，其国子生解额，以太学分数取之，毋过四十人。

好了，够具体了，够详细了，够丰富了。怎样理解呢，把握呢？请掌握一条主要线索：学校与科举"并轨"。"并轨"这个新词，正可用来表示"三舍法"处理学校与科举的关系的方针政策。学校管教育人才，科举是政府考试，本是两个系统，井水不犯河水。学校也有考试，是为了考察学习；政府科举考试，是为了分等授官。学校考试是教育活动，科举考试是政府行为。"三舍法"将二者并轨，从一个方面看，是学校具有政府权力；从另一方面看，是科举考试代替学校教育，简言之，是科举"兼并"学校，即科举"兼并"教育。这是"应试教育"的嫡亲祖宗。真正地忠诚于教育的人们，为了逃脱科举对教育的兼并，只好脱离官学，另办书院。书院兴起，实在是"三舍法"逼上梁山。

### 胡瑗的湖学经验

胡瑗（宋淳化四年生，嘉祐四年卒。993—1059）"设教苏、湖间二十余年,世方尚词赋,湖学独立经义、治事斋,以敦实学。皇祐(1049—1053)末,召瑗为国子监直讲,数年,进天章阁侍讲,犹兼学正。其初人未信服,谤议蜂起,瑗强力不倦,卒以有立。每公私试罢,掌仪率诸生会于首善,雅乐歌诗,乙夜乃散,士或不远数千里来就师之,皆中心悦服。有司请下湖学取其法以教太学"(《宋史·选举志(三)》)。

《宋元学案》的第一篇是《安定学案》,即胡瑗学案,其传记《文昭胡安定先生瑗》中叙湖学经验较详,说"其教人之法,科条纤悉具备。立'经义'、'治事'二斋:经义则选择其心性疏通,有器局,可任大事者,使之讲明六经。治事则一人各治一事,又兼摄一事,如治民以安其生,讲武以御其寇,堰水以利田,算历以明数,是也。凡教授二十余年。庆历(1041—1048)中,天子诏下苏、湖,取其法,著为令于太学"。

《宋史·儒林传(二)》"胡瑗传"说他"以保宁节度推官教授湖州。瑗教人有法,科条纤悉备具,以身先之。虽盛暑必公服坐堂上,严师弟子之礼。视诸生如其子弟,诸生亦信爱如其父兄。从之游者常数百人。庆历中,兴太学,下湖州取其法,著为令"。"瑗既居太学,其徒益众,太学至不能容,取旁官舍处之。礼部所得士,瑗弟子十常居四五,随材高下,喜自修饬,衣服容止,往往相类,人遇之虽不识,皆知其瑗弟子也。"

胡瑗的教育思想和教育成绩,见于他的弟子刘彝对宋神宗问。《宋元学案·安定学案》本传说:

> 在湖学时,福唐刘彝往从之,称为高弟。后熙宁二年(1069),神宗问曰:"胡瑗与王安石孰优?"对曰:"臣师胡瑗以道德仁义教东南诸生时,王安石方在场屋中修进士业。臣闻圣人之道,有体、有用、有文。君臣父子,仁义礼乐,历世不可变者,其体也。诗、书、史、传、子、集,垂法后世者,其文也。举而措之天下,能润泽斯民、归于皇极者,其用也。国家累朝取士,不以体、用为本,而尚声律浮华之词,是以风俗偷薄。臣师当宝元、明道之间,尤病其失,遂以明体达用之学授诸生。凤夜勤瘁,二十余年,专切学校,始于苏、湖,终于太学,出其门者无虑数千余人。故今学者明夫圣人体用,以为政教之本,皆臣

师之功,非安石比也。"帝曰:"其门人今在朝者为谁?"对曰:"若钱藻之渊笃,孙觉之纯明,范纯仁之直温,钱公辅之简谅:皆陛下之所知也。其在外,明体达用之学,教于四方之民者,殆数十辈。其余政事、文学粗出于人者,不可胜数。此天下四方之所共知也。"帝悦。

胡瑗的湖学经验,核心是分立经义、治事二斋。经义斋是继承,治事斋是新创。例如治事斋内的讲武。北宋建国以来就是军事弱国,备受北方强邻的侵略,爱国志士自发地讲武图存,像胡瑗同代稍晚的张载(1020—1077)就"少喜谈兵,至欲结客取洮西之地"(《宋史·道学传(一)》本传)。不过别人是民间个人活动,胡瑗则在官学专设机构,这就是高等教育的创新、改革、发展。胡瑗主张"一人各治一事,又兼摄一事",现代大学修业亦有"主修"、"辅修"。英雄所见略同,而胡瑗毕竟在先。创立治事斋,是从"市场"需要出发,实现"产销对路",所以受到欢迎,得到推广。

### 陈东领导的太学生运动

曾见咏太学诗,有联云:"有发头陀寺,无官御史台。"形容太学像和尚庙一样地清苦,太学生是带发修行的和尚;太学像御史衙门一样有权威,太学生是无官的御史,类似西方称新闻记者为"无冕之王"。有发头陀,碍不着谁;无官御史,就讨嫌了。

黄宗羲(1610—1695)在其《明夷待访录·学校》中评论说:

> 东汉太学三万人,危言深论,不隐豪强,公卿避其贬议;宋诸生伏阙捶鼓,请起李纲。三代遗风,惟此犹为相近。使当日之在朝廷者,以其所非是为非是,将见盗贼奸邪,慑心于正气霜雪之下,君安而国可保也。乃论者目之为衰世之事,不知其所以亡者,收捕党人,编管陈、欧,正坐破坏学校所致,而反咎学校之人乎!

这是说,东汉太学生贬议朝政的运动,南宋太学生请求起用李纲的运动,合乎三代遗风。如果当时执政者接受太学生运动的意见,就能以正压邪,安君保国。可是有些论者,将太学生运动看作衰世现象,说它导致亡国。殊不知东汉、南宋之亡,正是由于破坏学校(逮捕党人而禁锢之,编管陈东、欧阳澈而屠杀之)所致,怎么反而归咎于学校之人即太学生呢!

这里只说陈东(宋元祐元年生,建炎元年死。1086—1127)。《宋史·忠义传(十)》"陈东传"说,他"早有隽声","以贡入太学。钦宗即位,率其徒伏阙上书","言极愤切"。"李邦彦议与金和,李纲及种师道主战,邦彦因小失利,罢纲而割三镇,东复率诸生伏宣德门下上书",请求"复纲旧职,以安中外之心,付种师道以阃外之事"。"军民从者数万。书闻,传旨慰谕者旁午,众莫肯去,方昪登闻鼓挝坏之,喧呼震地。有中人出,众胬而磔之。于是亟召纲入,复领行营,遣抚谕,乃稍引去"。"高宗即位五日,相李纲。又五日,召东至,未得对,会纲去,乃上书乞留纲而罢黄潜善"。"会布衣欧阳澈亦上书言事,潜善遽以语激怒高宗,言不亟诛,将复鼓众伏阙"。陈东"乃与澈同斩于市"。"东初未识纲,特以国故,至为之死,识与不识皆为流涕"。

当日宋人危机,既是亡国,又是灭种。关键时刻,太学生说话了。陈东"率其徒","率诸生",就是领导太学生群众运动。方式是"伏阙上书","伏宣德门下上书",就是趴在宫外地上,呈递向皇帝上的书,等候答复和解决。陈东领导了两次大行动:一次是请求钦宗"诛六贼",一次是请求高宗"复[李]纲旧职"。后一次就不只是太学生运动了,"军民从者数万"(请注意:不光是"民",而且有"军",而且"军"字在前),就成为"军民学"群众运动了。当时军方颇有支持上书行动的人,欧阳澈"所上书为三巨轴,厥置卒辞不能举,州将为选力士荷之以行"(同上书"欧阳澈传"),上书三大轴,太重,厥卒扛不动,州将为他挑一位大力士扛着上路:你看这位"州将"对上书行动多支持!这是军方态度之一好例。这一位是抚州(今江西临川)州将,不在临安,否则他也加入伏阙行列了。欧阳澈被斩,他是否受到牵连追究,史无明文;其时高宗朝廷好比泥菩萨过河,自顾不暇,恐怕顾不上清查这些了。

宋高宗赵构(1107—1187,于1127—1162为帝),是第一个大收国难之利的人。如果真正抗战,而且抗战胜利,徽宗、钦宗还朝,把高宗怎么摆?对于"怎么摆",高宗下定决心:宁可对北方称臣纳贡,也不丢宋朝帝位。岂可让父兄还朝干扰帝位!为此目的,不惜罢李纲、排宗泽、杀岳飞。西湖岳坟面前的铁人四人帮,是代赵构受过。碰上赵构这样的皇帝,陈东是死定了。

军民学群众运动起来了;皇帝看了意见书,派人传话慰解,来来往往、慌慌张张("旁午");"众莫肯去",还把宫门前的"登闻鼓"捶破了。"有中人(当是'太监',未详单复数)出,众脔而磔之"。"脔"是用刀切成块,"磔"是用石头砸碎。先脔而后磔,说明群众有人带刀,不是手无寸铁,更证明的确有军人参加。"于是亟召[李]纲入,复领行营",群众运动目的达到了,胜利了。宋高宗赵构没有在伏阙现场屠杀群众,是因为害怕酿成兵变。

奸臣黄潜善说陈东"鼓众伏阙",以此四字激怒心有余悸的高宗,高宗下令将陈东、欧阳澈斩于市。"越三年,高宗感悟,追赠东、澈承事郎。东无子,官有服亲一人;澈一子,令州县抚其家。及驾过镇江,遣守臣祭东墓,赐缗钱五百。绍兴四年(1134),并加朝奉郎、秘阁修撰,官其后二人,赐田十顷"(《宋史·忠义传(十)》陈东传)。这些举措,都是事后三至七年采取的,都有平反、恢复名誉的意义。高宗不采取也无妨,元代修《宋史》将陈东、欧阳澈写入《忠义传》,就是最彻底的平反、恢复名誉。不过这已是元朝而不是宋朝了。

## 第八节  书院的兴起

"书院"一名,始见于唐玄宗前期的"丽正殿书院"。这是一个校书机构,由"学士"们将隋唐中央藏书分经、史、子、集四部整理,又称"四库",整理完毕,号为"丽正书",有一部副产品名为《四录》的目录学著作。参加的学士最多时有二十人,但没有学生。①《旧唐书·玄宗纪》:开元十三年(725)"夏四月丁巳,改集仙殿为集贤殿,丽正殿书院为集贤

---

① 这一段是根据《新唐书·儒学传》中的"徐坚传"、"马怀素传"、"褚无量传"、"元行冲传"写成的。"徐坚传"说"玄宗改丽正书院为集贤院",无"殿"字,当是简称。

殿书院",仍只有学士,没有学生,不是本节讨论的书院。

本节和以下几节讨论的书院,其兴起,是太学的发展和否定。

《汉书·儒林传》:"赞曰:自武帝立五经博士,开弟子员,设科射策,劝以官禄,讫于元始,百有余年,传业者浸盛,支叶蕃滋,一经说至百余万言,大师众至千余人,盖禄利之路然也。"一语道破:太学是"禄利"刺激起来的。"公孙弘以治《春秋》为丞相封侯,天下学士靡然向风矣"(同书)。拜相封侯,是最大的禄利,公孙弘是最大的典型,他又作为丞相奉旨组建太学,"自此以来,公卿大夫士吏,彬彬多文学之士矣"(同书)。

在这里有两个系统:一个是"学校"系统,任务是"养士",简称"学",属于教育领域;一个是"选举"①系统,任务是"取士",简称"仕",属于政治领域。两者关系是"仕而优则学,学而优则仕"②(《论语·子张》)。前者求学术,后者求禄利,故曰"干禄"(《论语·为政》,干,求也)。儒家强调"经德不回,非以干禄"(《孟子·尽心下》),乃就主观而言;若就客观而言,则学术是干禄工具,孔孟毫不例外。虽文翁兴学,亦以还蜀学生"为右职,用次察举,官有至郡守、刺史者"(详见《董仲舒与太学》第十四节),也是用禄利刺激。

隋唐以后,"选举"成了"科举考试"③。有学校考试,有科举考试,前者求学术,后者求禄利,归根到底都是求禄利,以致学校考试模拟科举考试,学校教育成为应试教育。虽然如此,在宋代"三舍法"以前,学校与科举还保持形式(组织)上的分立;三舍法既行,学校与科举并轨,连形式(组织)上的分立也不存在了,于是科举考试取代学校教育,其实质是禄利毁灭太学。

是禄利刺激太学兴起。还是禄利,造成太学衰亡,至少是名存实亡。

---

① "选举"是"选贤举能"的缩略。《礼记·礼运》"大同"节有"选贤与能"一语,"与"通"举"。

② 借用此语,不必合子夏原意。

③ 《通典·选举二》:"[隋]炀帝始建进士科,又制:百官不得计考增级,其功德行能,有昭然者,乃擢之。"今考始建进士科之年,史无明文,惟"又制"云云见于《隋书·炀帝纪》大业二年(606)秋七月,推知始建进士科亦于此年。本书遂以此年为科举之始。

忠于学术、忠于高等教育的人们,面对科举的入侵,禄利的污染,怎么办?他们总算找到"书院"这座城池、这片净土,替代名存实亡、散发腐尸恶臭的太学。正是在这个意义上,书院是太学的发展和否定。他们实际的口号是:科举离开书院! 禄利离开书院! 虽然没有高喊出来,书院师生实际上是这么做的。在书院以外的社会,他们也可能参加科举,也可能获取禄利,但决不可以有科举、禄利之中的腐败行为,否则必为书院师友所不齿。

以上的意思,朱熹都是有的,他委婉而又鲜明地写道:"今日学校科举之教,其害将有不可胜言者! 不可以是为适然,而莫之救也!"其害"不可胜言",这是虚写,总括内容无限,最多、最大、最烈的,随你去想吧。"适然"犹言"偶然"、"偶尔"。用一个"救"字,何等严重,严重已极! 这话从何说起? 指向何方? 必读全文才知道。本书引文,最烦东鳞西爪,鸡零狗碎;喜欢照抄全文,奉献读者。兹录朱熹这篇《衡州石鼓书院记》全文如下(见《朱子大全·文集卷第七十九》):

衡州石鼓山,据烝湘之会,江流环带,最为一郡佳处。故有书院,起唐元和(806—820)间,州人李宽之所为;至国初时(960—),尝赐敕额;其后乃复稍徙而东,以为州学,则书院之迹于此遂废而不复修矣。淳熙十二年(1185),部使者东阳潘侯畤德邻,始因旧址列屋数间,榜以故额,将以俟四方之士有志于学而不屑于课试之业者居之,未竟而去。今使者成都宋侯若水子渊,又因其故而益广之,别建重屋,以奉先圣先师之象,且摹国子监及本道诸州印书若干种若干卷,而俾郡县择遣修士以充入之。盖连帅林侯栗、诸使者苏侯诩、管侯鉴衡、薛侯伯宣,皆奉金资、割公田,以佐其役,逾年而后落其成焉。于是宋侯以书来,曰:"愿记其实,以诏后人,且有以幸教其学者,则所望也。"

予惟前代庠序之教不修,士病无所于学,往往相与择胜地立精舍,以为群居讲习之所,而为政者乃或就而褒表之,若此山、若岳麓、若白鹿洞之类是也。逮至本朝庆历(1041—

1048）、熙宁（1068—1077）之盛,学校之官遂遍天下,而前日处士之庐无所用,则其旧迹之芜废亦其势然也;不有好古图旧之贤,孰能谨而存之哉！抑今郡县之学官,置博士弟子员,皆未尝考其德行道义之素,其所受授,又皆世俗之书、进取之业,使人见利而不见义;士之有志于为己者盖羞言之。是以常欲别求燕闲清旷之地,以共讲其所闻,而不可得。此二公所以慨然发愤于斯役,而不敢惮其烦,盖非独不忍其旧迹之芜废而已也。故特为之记其本末,以告来者,使知二公之志所以然者,而毋以今日学校科举之意乱焉;又以风晓在位,使知今日学校科举之教,其害将有不可胜言者！不可以是为适然,而莫之救也！若诸生之所以学,而非若今人之所谓,则昔者吾友张子敬夫,所以记夫岳麓者,语之详矣。顾于下学之功有所未究,是以诵其言者不知所以从事之方,而无以蹈其实。然今亦何以他求为哉？亦曰：养其全于未发之前,察其几于将发之际,善则扩而充之,恶则克而去之。——其如此而已矣,又何俟于予言哉！十四年丁未岁（淳熙十四年,1187）夏四月朔,新安朱熹记。

朱熹这篇记,是当时的书院运动总结,书院运动简史,书院运动宣言。兹依其行文顺序讨论以下各点。

——书院最早出现于中唐宪宗元和年间,西元九世纪之初。

——书院建在山水"佳处","胜地","燕闲清旷之地"。

——书院与"今日学校科举"对立。以今日学校科举之"意"来理解书院,就是"乱"理解书院。今日学校科举之"教",其"害"简直说不得,只有以书院"救"之。这就是庄严宣言：书院之"意",与今日学校科举之"意",根本对立；书院之"教",与今日学校科举之"教",根本对立；书院的"意"与"教",是"救"今日学校科举之"害"。什么是"意"？记中说是"志所以然",即"志"的所以然,比"志"更深一层,在此处相当于现在说的宗旨、方针。什么是"教"？记中说是"诸生之所以学"与"下学之功",相当于现在说的学习内容与方法。"意"与"教"在下文分别讨论之。这里要强调指出,"今日学校科举"这个提法,正是表明当时学校与科举"并轨"合一,自太学以下的学校教育,自殿试以下的科举考试,同流合污,腐败不堪,已无区别,故不区别,既不区别性质,又不区别对待。总而言之:书院与"今日学校科举"对着干。"对着干"是"文革"流行的新词儿,借来表示此意正好。至于今日学校科举之"害",记中说了一些,又用"其害将有不可胜言者"以概括之,朱熹不忍明说。我代他明说了吧。无非是亡国亡天下。亡国是亡政权,亡天下是亡文化。这不是我的发明,顾炎武(1613—1682)早已先我而言之,至痛至悲,催人泪下,其言曰:"有亡国,有亡天下。'亡国'与'亡天下'奚辨?曰:易姓改号,谓之亡国;仁义充塞,而至于率兽食人,人将相食,谓之亡天下"(《正始》,见《日知录》卷之十三)。朱熹是说"将有",是说将来可能有的后果,他寄希望于书院,希望书院"救""今日学校科举"之"害",而且很有信心。他死后八十年,赵宋亡国,中国文化继续发展,而朱熹之学的领导地位尚且保持六百多年。朱学的领导地位,却正在元、明、清的学校科举之中,正与书院原"意"相反。向反面转化,是辩证法的体现。于是发生新文化运动。从新文化运动反观书院,便可观出,书院运动是当时的新文化运动。每次新文化运动都是救亡运动,救了当时的中国,免遭亡天下即亡文化的惨祸。

——书院之"意",是"俟四方之士有志于学而不屑于课试之业者居之"。"有志于学"就是"有志于为己",学是"为己"之学。《论语·宪问》:"子曰:古之学者为己,今之学者为人。"朱熹集注:"程子曰:为己,欲得之于己也;为人,欲见知于人也。程子曰:古之学者为己,其终至于成物;今之学者为人,其终至于丧己。愚按:圣贤论学者用心得失之际,其说多矣,然未有如此言之切而要者。于此明辨而日省之,则庶乎其不昧于所从矣。"由此可见,为学是"为己"还是"为人",是朱熹明辨"学者用心得失"最切要的标准,他当然在书院坚持"有志于为己"的宗旨和方针。为学"为己",必然"不屑于课试之业",包括学校课试之业和科举课试之业。这样的"意",就使书院与学校科举划清了界线,就使书院不受禄利污染,不像学校科举"使人见利而不见义"。"不屑于"三字最传神。

穿过了理智,浸透了感情,才能够"不屑于"①。

——书院之"教",就是张栻(字敬夫,1133—1180)《岳麓书院记》所讲的学习内容,和朱熹此记补充的学习方法。张栻的记写于乾道二年(1166),比朱熹此记早二十年。又多了这二十年的阅历,朱熹更加认为张记所讲的学习内容详细而正确,也更加认为张记所缺的学习方法他必须补充。这时张栻已死了七年,只能由朱熹出面补充。这是对亡友负责,更是对书院运动负责,因为张记对书院运动很有影响。公开指出张记"于下学之功有所未究,是以诵其言者,不知所以从事之方,而无以蹈其实",并作出补充:这是光明磊落、实事求是的批评精神,这种精神促使书院运动朝气蓬勃地发展,与学校科举的腐败作风鲜明对立。多好的学风啊,不值得今人学习吗?至于张记所讲的学习内容,用一个字表示,就是"仁",将于下文第十四节讨论之。

——书院的体制,是地方高等教育机构。兴办书院,都有地方长官大力支持,都有地方财政、学田租课为经费来源。由此而言,书院不是民办。书院的宗旨、方针、内容、方法,都是跟学校选举对着干。由此而言,书院不像官办。综合而言,书院是官费民营。可以说,书院是地方官费民营的高等教育机构。(蒙古太宗(窝阔台)八年(1236)创办太极书院,到元世祖(忽必烈)至元二十八年(1291)将书院纳入官学系统,此是后话了。太极书院是中央办的;明代首善书院办在京城:书院也不全是地方的了。)

## 第九节　白鹿洞书院的由来

《朱子大全·文集卷第十三》有《辛丑(宋孝宗淳熙八年,1181)延和

---

① 陈寅恪先生(1890年7月3日—1969年10月7日),曾两度赴日短期求学,之后,先后赴德国柏洪堡大学、瑞士苏黎世大学、法国巴黎政治学院、美国哈佛大学求学。1925年延聘为清华国学研究院导师(时清华国家研究院四大导师为梁启超、王国维、赵元任、陈寅恪)。颇具意味的是,陈先生四处求学,学贯东西,通晓二十余种语言,著作等身,而其正规学历是作为大学预科学校的上海吴淞复旦公学毕业,那时复旦公学还不能算作正式大学,也不授予学位。陈寅恪先生一生中没有一张文凭,为朱熹"不屑于"之最好的注解。

奏劄》七篇，其第七篇全文云：

臣昨任南康军日，尝具状奏，乞赐"白鹿洞书院"敕额，及乞以太上皇帝御书石经并版本九经注疏给赐本洞，今亦未蒙施行；而朝野喧传，相与讥笑，以为怪事。臣诚恐惧，不敢不尽其说。（今按："朝野喧传，相与讥笑，以为怪事"，连临事镇定的朱熹也着实"恐惧"起来，可见当时阻力之大！显然是书院刺中学校科举要害了）

谨按：本洞书院，实唐隐士李渤所居（今按：《朱子大全·文集卷第一》有《白鹿洞赋》，其序曰："《白鹿洞赋》者，洞主晦翁①之所作也，翁既复作书院洞中，又赋其事，以示学者，其词曰"云云，朱熹在自注中引"陈舜俞《庐山记》云：'唐李渤，字浚之，与兄涉偕隐白鹿洞，后为江州刺史，乃即洞创台榭，环以流水，杂植花木，为一时之胜。'"），当时学者多从之游，遂立黉舍（今按：《庐山记》无"立黉舍"之说。考《新唐书》李渤传，迁江州刺史，正值"度支"催交"贞元二年"(786)以来"三十年逋赋"，则是元和十年(815)。若李渤此时在白鹿洞"立黉舍"，则是书院之始。与《衡州石鼓书院记》所说"故有学院，起唐元和间"约略同时）。至五代时，李氏为建官师，给田赡养，徒众甚盛（今按：《白鹿洞赋》自注引《庐山记》又云："南唐升元(937—942)中，因洞建学馆，置田以给诸生，学者大集，乃以国子监九经李善道为洞主，掌其教授。"《江南野史》亦云："当时谓之'白鹿国庠'。"则是官学）迨至国初，犹数十百人。太平兴国(876—983)中，常蒙诏赐九经而官其洞主，见于《会要》（今按：《白鹿洞赋》自注："谨按：《国朝会要》：太平兴国二年(977)，知江州周述，乞以九经赐白鹿洞。诏从其请，仍驿送之。六年(981)，以洞主明起为蔡州褒信主簿，旌儒学、荣乡校也。"）。而咸平五年(1002)，有敕重修，仍塑宣圣及弟子像（今按：《白鹿洞赋》自注引《庐山记》又云："咸平五年，敕重修，又塑宣圣、十哲之像。"自注又云《庐山记》熙宁(1068—1077)中作，已云"鞠为茂草"矣。自注又引郭祥正《书院记》云："祥符(1008—)初，直史馆孙冕，以疾辞于朝，愿得白鹿洞以归老，诏从之。冕未及归而卒。皇祐五年(1053)，其子比部郎中

---

① 《宋史·道学传(三)》朱熹传："朱熹，字元晦，一字仲晦"，此"晦翁"类似今之笔名。

琛,即学之故址为屋,榜曰'书堂',俾子弟居而学焉,四方之士来者亦给其食。"这就成了家塾,外来学生也管饭,故名"学堂"),又见于陈舜俞所记,简牍具存,可覆视也。夫以此洞之兴,原其所自,虽若浅鲜无足言者,而太宗皇帝、真宗皇帝眷顾褒崇,至于如此,则圣意所存,至深至远,必有非下吏浅闻所能窥测者。今乃废而不举,使其有屋庐而无敕额,有生徒而无赐书,流俗所轻,废坏无日:此臣所以大惧而不能安也。

然窃意有司所以不能无疑于臣之谓,固未必皆如讥笑者之言,殆必以为,州县已有学校,不必更为烦费耳。如其果然,则臣请有以质之。夫先王礼义之官,与异端鬼教之居,孰正孰邪?三纲五常之教,与无君无父之说,孰利孰害?今佛老之宫遍满天下,大郡至逾千计,小邑亦或不下数十,而公私增益,其势未已。至于学校,则一郡一县仅一置焉,而附郭之县或不复有。其盛衰多寡之相绝,至于如此,则于邪正利害之际,亦已明矣。今有司非徒不能有所正于彼,而反疑臣之请于此,臣不能识其何说也。今幸蒙恩赐对,故敢复以为请。伏望圣慈,下臣此章,特从其请,既以绍承先志,启迪群心,又以丕阐大猷,昭示抑邪与正之渐,实天下万世之幸!取进止。

明代嘉靖甲寅(三十三年,1554)郑廷鹄修成《白鹿洞书院志》,在上文之后加写"附施行":"是年闰二月,除文公①江西提举。秋八月,改除浙东提举。冬十一月,奏事延和殿,条画七事,末事乞请书院敕额。上委曲访问,悉从其请。按书院有敕额,自是年始也。虽系书院后事,为敕额之始,故附列于此。"朱熹的请求获准了。这一次是直接通天,面奏皇帝,搞成了。以前曾向"尚书省"报告(《申修白鹿洞书院状》,载于《朱子大全·文集卷第二十》),又向"尚书"个人写信(《与尚书劄子》,载于《朱子大全·文集卷第二十六》题作《与丞相别纸》),又向"丞相"个人写信(《与丞相劄子》,载于同书),都没有搞成,还落得"朝野喧传,相与讥

---

① 《宋史·道学传(三)》朱熹传:"诏赐熹遗表恩泽,谥曰文。"此"文公"即朱熹。

笑,以为怪事"。朱熹为白鹿洞书院建院的努力令人感动,原来他要办成一件事也是那么困难啊!

## 第十节 《白鹿洞书院揭示》

《白鹿洞书院揭示》("揭示"亦作"学规",当以"揭示"为正式名称)是朱熹的书院教育思想,不,是他的高等教育思想,不,是他的全部教育思想,最集中、最系统、最完整、最精粹的表述。其影响深远,直到清代光绪三十四年(1908)刘廷琛任京师大学堂总监督(今名"北京大学校长",论其实权,相当于北大党委书记),"正月,刘莅学视事。二月,以朱子《白鹿洞揭示》及《教员、管理员、学生规则》榜示全堂",① 由此可以想见。

《白鹿洞书院揭示》只有正文七十九字、附注九十八字。朱熹跋二百六十字。全文如下:

父子有亲,君臣有义,夫妇有别,长幼有序,朋友有信。

　　右五教之目。尧舜使契为司徒,敬敷五教,即此是也。学者学此而已。而其所以学之之序,亦有五焉,其别如左:

博学之,审问之,谨②思之,明辨之,笃行之。

　　右为学之序。学、问、思、辨四者所以穷理也。若夫笃行之事,则自修身以至于处事、接物,亦各有要。其别如左:

言忠信,行笃敬。惩忿窒欲,迁善改过。

　　右修身之要。

正其义不谋其利,明其道不计其功。

　　右处事之要。

己所不欲,勿施于人。行有不得,反求诸己。

　　右接物之要。

---

① 见喻长霖《京师大学堂沿革略》,载于刘锦藻《清朝续文献通考·学校考(十三)》。
② 《中庸》原作"慎思之",避时君孝宗赵昚(慎)讳,改"慎"为"谨"。

熹窃观古昔圣贤所以教人为学之意，莫非使之讲明义理以修其身，然后推以及人，非徒欲其务记览、为词章，以钓声名、取利禄而已也。今人之为学者则既反是矣。然圣贤所以教人之法具存于经，有志之士固当熟读、深思而问、辨之。苟知其理之当然，而责其身以必然，则夫规矩禁防之具，岂待他人设之，而后有所持循哉！近世于学有规，其待学者为已浅矣；而其为法，又未必古人之意也，故今不复以施于此堂；而特取凡圣贤所以教人为学之大端，条列如右，而揭之楣间。诸君其相与讲明、遵守而责之于身焉，则夫思、虑、云、为之际，其所以戒谨而恐惧者，必有严于彼者矣。其有不然，而或出于此言之所弃，则彼所谓规者，必将取之，固不得而略也。诸君其亦念之哉！（见《朱子大全·文集卷第七十四》）

　　此文亦载于明代李梦阳(1473—1530)在正德六年(1511)修成的第一部《白鹿洞书院志》中，惟"其别如左"作"具列如左"，"而或出于此言之所弃"作"而或出于禁防之外"。"其别"与"具列"形近，以"具列"为长。"此言之所弃"与"禁防之外"意义差远了：前者是不合《揭示》所言，后者是违法犯禁，两者之间有很大的中间地带为差距，不能等同置换。明代人爱以意改字，清代人有"明人刻古书而古书亡"之叹。不予改动，读者也能懂得：朱熹的意思是说，近世学规，不合古意，待学生太薄（以利禄小人待之，不以圣贤君子期之），一套管、卡、压，皆"他人设之"，远不及《揭示》的自责其身之严格。如果不照《揭示》去做，或做出《揭示》唾弃的事，那就还是要用学规，不得含糊：大家可也要注意啊。可见有两种高等教育管理。一种是，假定学生是可能的圣贤君子，教学生懂得并实行《揭示》的"五教"、"五序"、"三要"，内心自我管理；若有不然，则绳之以"学规"。一种是，假定学生是现实的利禄小人，实行利禄刺激，在教育活动过程的各个环节设立"规矩禁防之具"，总称"学规"，这是外部行为管理，可以使学生循规蹈矩，而在内心逼着学生成为利禄小人。前一种是书院管理，后一种是学校科举管理。

　　《白鹿洞书院揭示》正文七十九字，无一字无来历：

"五教"：出于《孟子·滕文公上》。然《孟子》有"五教"内容，无"五教"之名。《尚书·尧典》有"五教"之名，无"五教"内容。从《孟子》是也。

"五序"：出于《礼记·中庸》。

"三要"："修身之要"的"言忠信，行笃敬"出于《论语·卫灵公》，"惩忿窒欲"出于《周易·损·象》，"迁善"出于《孟子·尽心上》，"改过"出于《论语·学而》等和《孟子·公孙丑下》等；"处事之要"出于《汉书·董仲舒传》；"接物之要"出于《论语·卫灵公》和《孟子·离娄上》。

以上经典文献，传到朱熹时代，已有一千七八百年，或一千三四百年，其代表人物是孔子、董仲舒，与本书前两章正合。经过如此漫长的历史实践检验，朱熹从中选出七十九字，作为中国高等教育史"人文"阶段集大成的代表作——《白鹿洞书院揭示》的正文，这是朱熹对中国高等教育第一条历史性贡献。朱熹对中国高等教育第二条历史性贡献，是找到书院这个形式，作为实现《揭示》内容的高等教育机构，使之理论化、合法化、普及化，向学校科举系统英勇挑战，为挽救中国人文精神、免遭亡天下即亡文化的浩劫而奋斗。这两条都会合到书院，所以本章题为"朱熹与书院"。

"五教"都是讲伦理，伦理是道德之本，不是道德本身。"父子"是一"伦"（关系），"亲"是此伦之"理"（原则），由父子双方体现之。父子双方体现"亲"，就是"父子有亲"。父子有亲，则父"慈"子"孝"，慈、孝才是道德本身，亲是慈、孝之本。不讲父子有亲，光讲父慈子孝，就是无理之谈、无本之谈。若父子有亲，则父子时时事事表现出种种道德，主要是慈、孝，而慈、孝不足以尽之。可见讲父子有亲，比讲父慈子孝，更概括，更灵活。也就是，讲伦理，比讲道德，更概括，更灵活。也不只是更概括、更灵活，而是更根本。也不只是更概括，更灵活，更根本，而是更完整、更全面。只讲道德，如讲子孝，就有可能出现对子片面要求的极端行为，而且已经出现过。若讲伦理，父子双方体现"亲"，就互相制约，也互相促进，从而消解片面要求的极端行为。以讲伦理为本，可以进而讲道德；不可以光讲道德，不讲伦理。以理为本，正是理学特色。如此理解,才合朱熹本意。同样地,君臣是一伦,义是此伦之理;夫妇是一伦,别是此伦之理;长幼是一伦,序是此伦之理;朋友是一伦,信是此伦之理;每伦之理各有相关的道德,不必一一讨论了。

朱熹在此认为,"五教"是教育的全部内容,特别是高等教育的全部内容。五教,是全民的社会伦理。先说"全民"。朱熹的书院学生是"有志之士",不限阶级。孟子当初讲五教,意在区别人与禽兽,不在划分阶级。(苏格拉底、柏拉图、亚里士多德是古希腊大圣大贤,却宣称教育是奴隶主的特权,建立在奴隶劳动之上,并论证其合理!)唐代的二馆六学,已有四门学和杂学吸收平民子弟。突破阶级,面向全民,是教育进步的趋势和理想。朱熹讲五教,是面向全民,这是本书推崇《揭示》为代表作的一个根据。

再说"社会伦理"。"五教"所讲的五伦,都是社会关系,若将其中的君臣关系一般化为社会组织中上下级关系,则五伦都是有人就有的社会关系,与人同在。"五教"教化全民实行这五大伦理,在历史上的确是中国高等教育"人文"阶段在深层的全部内容。这是本书推崇《揭示》为代表作的又一根据。

不过上文一再明确指出,《揭示》作为集大成的代表作,是限定在中国高等教育史"人文"阶段,即至清末为止。超过这个限定,《揭示》就不是集大成的代表作了。

中国高等教育史"人文"阶段的深层内容,就是"五教",即社会伦理。别的也学,那是表层;若说深层,就是五教,朱熹说"学者学此而已",正就深层而言。这是历史的实际情况。若不限于中国高等教育史,而讲中国文化史,则除了五教的社会伦理,还有道家的宇宙伦理。若用五教的句型,则宇宙伦理可以表述为"天人有和"。天人是一伦,此伦之理是和。社会伦理教社会人,宇宙伦理教宇宙人。人还是人,在社会关系中是社会人,在宇宙关系中是宇宙人。社会人最高精神境界是人己合一("己所不欲,勿施于人";"行有不得,反求诸己"),宇宙人最高精神境界是天人合一("天地与我并生,万物与我为一"①)。天人合一的精神境界,在清末以前,只有很少数人达到,是中国文化深层内容的最高层次,还不是中国高等教育的深层内容。即使是道教系统高等教育的深层内容,也还是社会伦理,不是宇宙伦理,观其"九行"、"十戒",便可知矣。这一番讨论可以说明,宇宙伦理在中国高等教育史"人文"阶段深层内容之外。另一点无须讨论,就是科学亦在其外。《白鹿洞书院揭示》既未涉及宇宙伦理,又未涉及科学,只能是中国高等教育史"人文"阶段集大成的代表作。

## 第十一节 《白鹿洞书院讲义》

中国道学,到南宋,朱熹代表理学派,陆九渊(字子静,人称象山先生,1139—1193)代表心学派,二人于淳熙二年(1175)会于鹅湖寺,议论不合;于淳熙八年(1181)会于白鹿洞,深为投契。《象山先生全集》卷三十六《年谱》云:

> 淳熙八年辛丑,先生四十三岁,春二月,访朱元晦于南康。时元晦为南康守,与先生泛舟,乐曰:"自有宇宙以来,已有此溪山,还有此佳客否?"乃请先生登白鹿洞书院讲席,先生讲"君子喻于义,小人喻于利"一章。

这就是《白鹿洞书院讲义》,全文载于《象山先生全集》卷二十三,云:

> 某虽少服父兄师友之训,不敢自弃;而顽钝疏拙,学不加进。每怀愧惕,恐卒负其初心。方将求针砭镌磨于四方师友,冀获开发,以免罪戾。此来得从郡侯秘书至白鹿书堂,群贤毕集,瞻睹盛观,窃自庆幸。秘书先生,教授先生,不察其愚,令登讲席,以吐所闻。顾惟庸虚,何敢当此。辞避再三,不得所请。取《论语》中一章,陈平日之所感,以应嘉命,亦幸有以教

---

① 见《庄子·齐物论》。

之。

子曰：君子喻于义，小人喻于利。①

此章以义、利判君子、小人。辞旨晓白；然读之者苟不切己观省，亦恐未能有益也。某平日读此，不无所感。窃谓学者于此，当辨其志。人之所喻，由其所习，所习由其所志。志乎义，则所习者必在于义，所习在义，斯喻于义矣；志乎利，则所习者必在于利，所习在利，斯喻于利矣。故学者之志，不可不辨也。科举取士久矣，名卿巨公皆由此出，今为士者固不能免此。然场屋之得失，顾其技与有司好恶如何耳，非所以为君子、小人之辨也。而今世以此相尚，使汩没于此，而不能自拔，则终日从事者，虽曰圣贤之书，而要其志之所向，则有与圣贤背而驰者矣。推而上之，则又惟官资崇卑、禄廪厚薄是计，岂能悉心力于国事民隐，以无负于任使之者哉！从事其间，更历之多，讲习之熟，安得不有所喻，顾恐不在于义耳。诚能深思，是身不可使之为小人之归，其于利欲之习，怛焉为之痛心疾首，专心乎义而日勉焉，博学审问谨思明辨而笃行之，由是而进于场屋，其文必皆道其平日之学、胸中之蕴，而不诡于圣人；由是而仕，必皆供其职、勤其事、心乎国、心乎民，而不为身计：其得不谓之君子乎？秘书先生起废以新斯堂，其意笃矣。凡至斯堂者，必不殊志；愿与诸君勉之，以毋负其志。

淳熙辛丑春二月，陆兄子静来自金谿，其徒朱克家、陆麟之、周清叟、熊鉴、路谦亨、胥训实从。十日丁亥，熹率寮友诸生，与俱至于白鹿书院，请得一言，以警学者。子静既不鄙而惠许之；至其所以发明敷畅，则又恳到明白，而皆有以切中学者隐微深痼之病，盖听者莫不悚然动心焉。熹犹惧其久而或忘之也，复请子静笔之于简而受藏之。凡我同志，于此反身而深察之，则庶乎其可不迷于入德之方矣。新安朱熹识。

① 见《论语·里仁》。

《年谱》在此继续说:朱熹听陆九渊讲毕,"乃离席言曰:'熹当与诸生共守,以无忘陆先生之训。'再三云:'熹在此不曾说到这里,负愧何言!'乃复请先生书其说。先生书《讲义》。寻以《讲义》刻于石。先生云:《讲义》述于当时,发明精神不尽,当时说得来痛快,至有流涕者。元晦深感动,天气微冷,而汗出挥扇。元晦又与杨道夫云:'曾见陆子静义利之说否?'曰:'未也。'曰:'这是子静来南康,熹请说书,却说得这义利分明,是说得好,如云"今人只读书,便是利,如取解后,又要得官,得官后,又要改官,自少至老,自顶至踵,无非为利"。说得来痛快,至有流涕者。'"

这是白鹿洞书院历史上最成功、最著名、影响最大的一次讲学。白鹿洞书院前前后后许许多多讲义,每篇讲义皆冠以定语,以资区别,惟此篇不须冠以定语,因为它已不是"陆九渊"的,而是"白鹿洞书院"的,也不是"白鹿洞书院"的,而是"书院"的。所以本节标题,不冠以"陆九渊"字样。

朱熹称此篇《讲义》为"陆子静义利之说",拈出"义利"二字,足以总括全篇。联系当时实际,这等于说,书院是"义"学,科举是"利"学。书院,论其精神实质,只用一个"义"字就足够了,相形之下,朱熹《揭示》正文有七十九字就未免太多了。陆学自称"易简",批评朱学"支离",不为无据,此亦其一欤?孔曰成仁,孟曰取义,陆氏独言"义",可见心学的儒家源头是孟子。当时朱熹听讲后虽未流涕,亦曾出汗。夏历春二月而出汗,则心灵之震撼可知矣。

用教育的眼光看,孔子"君子喻于义,小人喻于利"这两句话中,只有"喻"字是教育活动过程,"君子"、"小人"是既定的主体,"义"、"利"是既定的对象。既定就是既定,此章不涉及改变既定的主体或对象,作为题目,"喻"字是"题眼",所以陆氏在"喻"字上做文章。陆氏提出"志——习——喻"三环节的公式,很有教育认识论的意义,翻成现代话,就是"志向——实践——认识"。照陆氏所说,志于义,习于义,故喻于义;志于利,习于利,故喻于利。换言之,出发点就包含目的地,主体就包含对象,这种包含构成逻辑的蕴涵关系,保证"喻于义"、"喻于利"

的必然性。这是标准的中国思维方式,标准的人文思维方式,其根本原则是主客合一,即天人合一。康德为什么达不到"物自体"？就因为他的出发点不包含物自体,因为他用的是科学思维方式,其根本原则是主客二分,即天人二分。

陆九渊将书院与学校科举的对立,从理论上简化了,也更深化了。朱熹自愧不如,将《讲义》刻碑保存。今人论朱陆异同,每将二人分歧绝对化、扩大化,何不看看这段历史？陆九渊并没有将书院与学校科举的对立绝对化。他出了一个统一这个对立的主意。他指出,在书院造就"喻于义"的人,在考场写文章言义而不言利,做了官行义而不谋私利,不就得了吗？陆九渊所要解决的矛盾,就是现在叫做"应试教育"与"素质教育"的矛盾。学校科举是应试教育,这是明摆着的。应试教育使人"喻于利",素质教育使人"喻于义",陆九渊和朱熹都是用素质教育作为应试教育的解毒剂,都找到书院为形式。陆九渊《年谱》"绍定四年"下追叙云:"初,先生本欲创书院于山间,拜命守荆而不果。"其实他从五十岁起,居"山间方丈"五年,无书院之名,有书院之实。知荆门军时,重修郡学,"朔望及暇日,诣学讲诲诸生",他是将郡学当书院来办,在应试教育中注入素质教育。

中国自古以来,就有"学校"系统、"选举"系统。应试教育、素质教育的矛盾,是由这两个系统的矛盾派生的。朱熹、陆九渊时代的应试教育、素质教育,与现在的应试教育、素质教育,都是同根所生,属于同类,所以相似。这是就"类"而言。若就"个案"而言,则各不相同:这是不言而喻的。

## 第十二节　朱熹的《学校贡举私议》

朱熹集中精力办书院,同时也为学校科举谋画改革,写成《学校贡举私议》。马端临《文献通考·选举考（五）》说,"虽熹议未上闻,而天下诵之"。又说,"按:取士之弊,人人能言之,然晦庵、平甫①二公之说,则不废科目之法,而自足以救科目之弊,犹为切实可行云。"

《私议》载于《朱子大全·文集卷第六十九》,全文四千五百余字,其略曰:

> 古者学校、选举之法,始于乡党,而达于国都;教之以德行道艺,而兴其贤者能者。盖其所以居之者无异处,所以官之者无异术,所以取之者无异路。是以士有定志,而无外慕,早夜孜孜,唯惧德业之不修,而不忧爵禄之未至:夫子所谓'言寡尤,行寡悔,禄在其中',孟子所谓'修其天爵,而人爵从之',盖谓此也。若夫三代之教,艺为最下,然皆犹有实用,而不可缺;其为法制之密,又足以为治心养气之助,而进于道德之归。此古之为法,所以能成人材而厚风俗,济世务而兴太平也。

今按:这是第一段,表面是讲古史,实质是讲理想。这叫做托古改制,托古变法,是中国历史上改革者惯用的手段。中国历史上的改革者,只有法家说古代很糟,因此要变法;儒家、道家都说古代好,越古越好,因此要复古,而当今不好,所以复古即所以改革当今。改革要冒险,复古比较保险。我是要恢复夏、商、周三代太平之法,你怎么好扣我的政治帽子呢?也不完全保险,过了几年,宰相韩侂胄还是给朱熹扣上"伪学"帽子,要人们划清界线,以至于朱熹去世时,许多学生不敢为他送葬。朱熹在此明引孔孟,暗用《周礼》。所引孔孟之言,都是孔孟就他们当时所说,并非说三代如此,当然你可以推论三代更是如此,但只是推论。至于《周礼》,朱熹以为"是一个稿本,尚未曾行"②。所以并非考证历史,而是发挥理想。他的理想:学校、选举制度,都是自下而上,学校教以德行道艺,选举取其贤能。只求喻于义,不愁没有利。艺为最下,但不可缺,以资实用。法制严密,足以帮助治心养气,归于道德。你看,这是德与才统一,义与利统一,艺与用统一,法治与德治统一:这才

---

① 平甫,项安世字。这是指他的《拟对学士院试策》。
② 见《朱子语类》卷第八十六。

是真正的学校,真正的选举。这样讲,并非描写三代之法,而是为了反衬和提出当今的问题,如下文所说。

今之为法不然。虽有乡举,而其取人之额不均,又设太学利诱之一涂,监试、漕试、附试诈冒之捷径,以启其奔趋流浪之意。其所以教者,既不本于德行之实,而所谓艺者,又皆无用之空言。至于甚弊,则其所谓空言者,又皆怪妄无稽,而适足以败坏学者之心志。是以人材日衰,风俗日薄。

盖尝思之,必欲乘时改制,以渐复先王之旧,而善今日之俗,则必如明道先生熙宁之议①,然后可以大正其本,而尽革其末流之弊。如曰未暇,则莫若且均诸州之解额,以定其志;立德行之科,以厚其本;罢去词赋,而分诸经、子、史、时务之年。今按:分年之法,是朱熹发明创造,下文专录其说。

故今欲以《易》、《书》、《诗》为一科,而子年、午年试之;《周礼》、《仪礼》及二戴之《礼》为一科,而卯年试之;《春秋》及三传为一科,而酉年试之(原注:年份皆以省试为界。义各二道);诸经皆兼《大学》、《论语》、《中庸》、《孟子》(原注:义各一道);"论"则分诸子为四科,而分年以附焉(原注:诸子则如荀、杨、王、韩、老、庄之属,及本朝诸家文字,当别讨论,分定年数,兼许于当年史传中出论二道);"策"则诸史、时务亦然(原注:"诸史"则《左传》、《国语》、《史记》、两《汉》为一科;《三国》、《晋书》、《南、北史》为一科;新、旧《唐书》《五代史》为一科;《通鉴》为一科。"时务"则律历、地理为一科;通礼、新仪为一科;兵法、刑统、敕令为一科;《通典》为一科。以次分年,如经、子之法。策各二道)。则士无不通之经,无不习之史,皆可为当世

---

① 明道先生即程颢(1032—1085),"熙宁之议"指《请修学校尊师儒取士劄子》,载于《二程集·河南程氏文集卷第一》。

之用矣。

《私议》作于宋宁宗庆元元年乙卯(1195),距朱熹卒年只有五年。《朱子语类》卷第一百九有两条语录言之极为扼要:

> 乙卯年,先生作《科举私议》一通,付过看。大概欲于三年前晓示,下次科场,以某经、某子、某史试士人。如大义,每道只六百字,其余两场亦各不同。后次又预前以某年科场,别以某经、某子、某史试士人,盖欲其逐番精通也。过欲借录,不许。(王过记录)

> 先生言时文之谬,云:如科举后便下诏,今番科举第一场出题目在甚经内,论题出在甚史内,如《史记》、《汉书》等,广说二书,策只出一二件事。庶几三年之间,专心去看得一书。得底固是好,不得底也逐番看得一般书仔细。(胡泳记录)

说了半天,无非是公布出题范围,促使仔细看书。吁!亦可怜矣。足见科举改革,穷途末路,无可救药。如此可怜的《私议》,朱熹还不许学生传抄,更未向朝廷呈递,也就谈不上实行了。"而天下诵之",当在身后矣。这篇可怜的《私议》,反过来说明书院的必要性。谁若责备办书院为多事,朱熹会申辩说:予岂多事哉?予不得已也!

## 第十三节　白鹿洞书院的管理

清康熙五十七年(1718)星子县知县毛德琦重修《白鹿洞书院志》,简称《洞志》,资料丰富,本节所论,即据此书①。

"白鹿洞书院"简称"洞学",最简则称"洞"。"洞"有"洞规",除朱熹《揭示》外,当推胡居仁《规训》,章潢《为学次第》。

胡居仁(1434—1484),人称敬斋先生,明代成化乙酉(1465)(今按:《洞志》误为"己酉"(1489)②)应聘为主洞,作《规训》六条:"正趋向,以立

---

① 此书已编入《白鹿洞书院古志五种》,中华书局1995年出版,下文说的《洞志》之误,到底是原本的,还是中华书局本的,恕未查考。

② 李龄《重建书院记》云:"成化纪年乙酉,龄奉命督学至南康",是年聘胡,作"己酉"误。

其志";"主诚敬,以存其心";"博穷事理,以尽致知之方";"审察几微,以为应事之要";"克治力行,以尽成己之道";"推己及物,以广成物之功"。逐条有注,引周、张、程、朱之言,断以己意,文繁未录。《洞志》"以为朱子之后洞学第一人"。(《明儒学案》卷二有《文敬胡敬斋先生居仁》学案,《明史》卷第二百八十二有传。)

章潢,明代万历壬辰(1592)应聘为主洞(今按:据朱廷益《贯道门桥记》,聘章潢为己丑(1589)事,《洞志》误),作《为学次第》八条:"学以立志为根源";"学以会友辅仁为主意";"学以格物致知为入路";"学以戒慎恐惧为持循";"学以孝弟谨信为实地";"学以惩忿窒欲、迁善改过为检察";"学以尽性至命为极则";"学以稽古穷经为征信"。各条释文未录。《洞志》"以拟胡敬斋"。

除了"洞规",还有"禁约",最著者有《提学李龄六戒》《提学高贲亨十戒》。

《六戒》云:"一、诸生入洞,悉遵文公教条,及董、程学则,真西山教子斋规,不可有违。一、朔望行香及早晚堂仪,俱依府县儒学礼式。一、读书必循序。不可躐等。先读《小学》,次读四书、五经,及御制书史鉴,各随资质高下。一、诸生有过,先生喻之于上,朋友劝之于下,务令迁改。果冥顽不悛,斥之,毋令阻坏学规。一、凡上司按临,先生迎于枕流桥内,诸生迎于枕流桥下,路旁拱立。礼生引至延宾馆,唱礼。先生先拜,诸生次拜,而退。早晚作揖亦然。一、诸生不许拆毁门扇、窗棂、板壁,擅自更改及损坏床、桌、椅、凳。亦不许纵令家人侵取本洞栽植、附近人家竹木。"

《十戒》略云:"一曰立志卑下。谓以圣贤之事不可为,舍其良心,甘自暴弃,只以工文词、博记诵为能者。"以下只抄条目:"二曰存心欺妄"。"三曰侮慢圣贤"。"四曰凌忽师友"。"五曰群聚嬉戏"。"六曰独居安肆"。"七曰作无益之事"。"八曰观无益之书"。"九曰好争"。"十曰无恒"。

"洞"中"职事"如下:

[主洞]其名始于宋代,以明起为洞主。"礼聘海内名儒,崇正学、

黜异端、道高德厚、明体达用者主之,无则不妨暂缺"。

《洞志》"按:书院教事,主之者,五代时为庐山国学助教,宋时为书院山长,其堂长、直学、洞正诸名,盖分理焉。明无专设。先辈名公,督学江右,往往礼聘名贤主盟来学,如李龄之聘胡敬斋,代巡唐龙之题授蔡宗充,尤为书院生色。其聘而未至者,陈白沙先生一人。嗣是轻重以时,名实各别,而郡委学博分督,则相沿不废"。陈白沙(献章)不应聘的深层原因,是白沙的心学不合于白鹿的理学,这一层白沙没有明说,其表面过程详见于白沙《辞聘·复江西藩臬书》、《送刘李二生还鹿洞序》,载于《洞志》卷之十五。"郡委学博分督",是说郡守委托郡学博士(教授)分管洞学。这是当时政府管理洞学的体制。

[副讲] "主批阅文字,辨析疑义","礼聘本省通五经、笃行谊者为之"。这是第二把手,不可缺位,有他主持全"洞"日常工作,即使暂缺主洞也可维持。

[堂长] 朱熹有《请洞学堂长牒》,已有此职称,与"主洞"、"副讲"一样,皆为旧称。"主诱掖调和洞中学徒,专巡行督视课业勤惰,主洞、副讲即择学徒之优者为之,不称则更易"。

[管干][副管干] 各一人。康熙前期(1685年顷)提学高璜拟增。"专管洞内一切收支出纳、米盐琐碎、修整部署诸务,即于洞中择有才而诚实者为之,不称则更易"。

[典谒] 二人。"专管接对宾客,及四方来学者。察其言貌动静不系匪类,然后通刺副讲;副讲以为可,然后引见主洞。庶混滥一清,匪人不得托足,学人皆有观摩,且无供给不赡之患。择洞中言貌娴雅者充之,按季更易。"

这里涉及接待宾客和招生问题,而招生问题尤为重要而复杂,要考虑安全和供给能力。朱熹亲自写过招生广告,题为《招举人入白鹿咨目》，载于《朱子大全·别集卷第九》[①]，号召本科举人来白鹿洞书院进修，"给馆致食"（管住管吃）。明代正德年间李龄作《重建书院记》，提到"乃聚在泮诸生"、"与郡人子弟之俊秀者讲学讨论"。其后张元桢作《重修书院记》，提到李龄"礼聘贤士，属各学有志诸生相与讲学焉"。明代万历甲申（1584）潘志伊作《兴复书院记》，提到"阳明子云：书院之建，譬如于军伍中择其精锐者别为一营耳"。王阳明这个比喻很恰当。说明书院学生来自其他学校（郡学、县学），有举人，有秀才，有童生，多为有志"为己"之学之士，来此讲学讨论。这些学生来历清楚，知根知底。只有外地来的个别游士，才要经过"典谒"、"副讲"、"主洞"三级审查通过，方可入学。这是书院招生概况。

清代康熙五十三年（1714）冀霖作《重修白鹿书院记》，提到"凡在洞童子英俊有志者，另期考试，拔优者四人，入南康府庠"，"著为例"。这是说，在白鹿洞书院的童生，每科有四个名额，经院内考试，就算南康府的秀才。书院又临时成为南康府贡院考场的分场了。书院本想脱离科举，科举还是打进书院了。

〔经长〕 "五人，即设经义斋之意"。

〔学长〕 "七人，即设治事斋之意。礼乐射御书数，缺御，增历律"。以上两项是继承胡瑗"湖学"经验。

〔引赞〕 "二人，择洞中学徒为之，以备上司谒圣引礼。须声音洪亮，进退疾徐中节。盖四方于此乎观礼；必主洞、副讲平时教演礼仪，学长考订得失，务与俗尚不同"。

〔火夫〕 四人。

〔樵采〕 二人。

---

[①] 同卷还有《招学者入郡学榜》，是朱熹为南康郡学写的招生广告，全文云："惟此邦江山，奇秀如此，俊茂宜倍于他郡，而诵弦之声寥寥旷绝，此长吏教化不明之责也。今敦请新临江军新淦县尉某某，就军学传道堂主盟文社教授，总司教条，每日讲书，次日覆，三、八〔日〕出题，四、九日纳课，择精勤者书考以示劝。无籍者给食，有籍者以次差补职事，其不率教者则有规。请贤父老勉其子弟努力从事于学，尚庶几以见其成焉。"可见入学人少，所以不讲入学条件，不限名额。只宣布教学考课制度，达标而有籍者分配工作，未达标者继续管饭，不服教训者绳之以规。虽是招生广告，而郡学规章亦约略可见矣。

[门斗] "一人,司启闭洒扫。每夜提铃巡守,轮值。"

洞中日常事务,有"建仓廒,设庖厨,积薪炭,课树艺,设香灯,置簿籍,立课程。每月朔望开讲,初二、十六会文,分别等第给赏"。

尚有各个场合的礼仪,不必备述。

有些重要规矩,如:"凡学徒有疑义,先求开示于经、学长;不能决,再叩堂长;不能决,再叩副讲;不能决,再叩主洞。不许躐等"。又如学生班次:"弟子列:首管干者,慰贤劳也;次堂长者,有所统摄调剂也;次经长者,重经学也;次学长者,崇实学也。彼善于此则为之,后来者不妨居上,鼓励之机也。次典谒,次引赞,重称职也,且可迭为也。余以齿序,长幼之义也",似青琐朝班①之预演矣。

器具、祭器、书籍等物,点数造册,掌于管干。其书籍管理有云:"在洞生徒借读者,写一票于管干处领出,以便稽考;缴书销票,不许沉搁延挨,致误后来人借阅;损失者,勒限陪补";"本洞储书不许布政司科场借用","并不许借出洞外,上司游客亦不得用势勒取,管干亦不许擅发一本";学生辞去,亦须查有无"借出书籍"。

清代康熙年间,每年支给常例:

春秋二祭,共银二十两;

主洞,每季除供膳外俸银十五两;

副讲,每年除供膳外俸银三十六两;

堂长,管干,每人每年给银十六两,副管干,每人每年给银八两;

典谒,引赞,经长,学长,每人每年给银二两(经长是代理者无银);

学生赏格,每月二两四钱;

火夫,樵采种植夫,门子,每人每年给"工食银"三两。

洞租收入"不许官员擅挪别用,供端侵克"。康熙年间,洞租"可常给五十人之食"。

白鹿洞书院的"学田",据熊德阳《重修礼圣殿记》,宋代达二千亩,明代多达三千三百余亩。

---

① 参杜甫《秋兴八首·其五》:"蓬莱宫阙对南山,承露金茎霄汉间。西望瑶池降王母,东来紫气满函关。云移雉尾开宫扇,日绕龙鳞识圣颜。一卧沧江惊岁晚,几回青琐点朝班。"

以上是白鹿洞书院的管理概况，可以帮助读者对于书院管理有个一般印象，因为各地书院大同小异。

以上说明，书院管理是内心管理；也有行为管理，归根到底是内心管理。行为管理来自内心管理，为内心管理服务。这就是朱熹所说"其法制之密，又足以为治心养气之助，而进于道德之归"（《学校贡举私议》，上节已引）。"法制之密"是行为管理，"治心养气"是内心管理，"道德之归"是管理目的。行为管理与内心管理的关系如此。为什么如此？就因为，也只因为，书院的教育学性质、任务是"治心养气"，"进于道德之归"。所以行为管理来自书院性质、为书院任务服务。由此可见，管理即教育，管理目的即教育目的，除了教育目的别无管理目的，换言之，是为教育而管理，不是为管理而管理。

以上又说明，书院管理是师生自我管理；也有政府行政管理，归根到底是师生自我管理。郡守礼聘主洞、副讲（正、副院长）。主洞、副讲在学生中挑选管干等职员。主洞、副讲是专职，其他管理人员皆学生兼职。兼职任期多为一季。兼职者为全洞教育服务，更为自我教育服务，受到非兼职受不到的教育。师生自我管理，书院完全具备条件，符合书院自身特点，"就地取材"，发挥书院自身优势。

以上还说明，书院管理是书院自治；也有政府调控，归根到底是书院自治。政府调控，通过书院自治实现。兴办一所书院，首先取决于政府长官的决心，这是一条普遍规律，毫无例外。州郡政府，办有州学、郡学，干吗还要办书院？这是由于，决心办书院的政府长官，即是出身于学校科举，深知学校科举"应试教育"之害，痛心疾首，思以书院"素质教育"挽救之。这是又一条普遍规律。有此思想的政府长官，所礼聘的主洞、副讲，在思想上是他的"同志"，在组织上是他的"代办"，所以在工作上他对主洞、副讲可以说"你办事，我放心"，由他们自治而无虞。这是从政府方面看。从书院方面看，则是享有完全的自治。书院完全自治，就是政府无为而治，实现了中国管理哲学的最高理想。政府调控，就在政府无为而书院自治之中实现。这当然以书院师生素质为条件。当时有此条件，否则不是无为而治，而是无为而乱。

## 第十四节　书院运动的发展

在白鹿洞书院之前，已有岳麓书院，在湖南长沙岳麓山。宋大中祥符八年(1015)，真宗赐名"岳麓书院"，其时此院已办了四十一年。这算是正式挂牌；而白鹿洞书院则迟至淳熙八年(1181)朱熹面奏孝宗后才正式挂牌。比较而言，岳麓书院的历史连续性最强，不仅是当代湖南大学前身，而且保留为湖南大学的一个独特的学院，仍称"岳麓书院"。1994年5月在岳麓书院举行"文化选择与大学教育理想"国际学术讨论会，一些西方学者的论文羡称，岳麓书院是世界上现存的最早的高等学府。

据南宋欧阳守道(约 1211—1276)在《赠了敬序》中所说，他于淳祐十年(1250)"长岳麓，山中碑十余"，有一"碑言书院乃寺地，有二僧，一名智璇，一名某，念唐末五季，湖南偏僻，风化陵夷，习俗暴恶，思见儒者之道，乃割地建屋，以居士类。凡所营度，多出其手。时经籍缺少，又遣其徒市之京师，而负以归。士得屋以居，得书以读。其后版图入职方，而书院因袭增拓至今"(此序已重刻立于岳麓园林碑廊)。又据明代李东阳(1447—1516)在《建岳麓书院记》中所说，"东阳昔省墓长沙，尝渡湘江，登岳麓，访宋人所谓岳麓书院者，得断碑遗址于榛莽间，慨晦翁、南轩二先生之余风遗泽未有以复也，顾有寺存焉耳"。二十余年之后，就寺建院，于弘治丙辰(1496)落成，"寺僧法印实董其役"，主持全部工程(此记亦在碑廊)。岳麓书院历史，最初创建，是两个和尚；后来重建，有一次总理全工，又是一个和尚。中国文化，中国书院，中国高等教育，是全体中国人，包括儒家、佛家、道家，共同创造的啊！只有这样看，这样讲，这样写，才符合历史真相。

各家共同创造，总有个领袖人物。在本章所论的历史阶段，岳麓书院的领袖，先是张栻(敬夫，南轩)，后是朱熹(晦翁)。

张栻(1133—1180)，著名的抗战将相张浚之子。张栻主持岳麓书院，于乾道二年(1166)作《潭州重修岳麓书院记》(此记亦在碑廊)，在记中他对学生说，重修书院，"岂将使子群居族谈，但为决科利禄计乎？抑岂使子习为言语文词之工而已乎？盖欲成就人才，以传斯道而济斯民也。惟民之生厥有常性，而不能以自达，故有赖于圣贤者出而开之。是以二帝三王之政，莫不以教学为先务。至于孔子述作大备，遂启万世无穷之传，其传果何欤？曰：仁也。仁，人心也，率性立命，知天下而宰万物者也。""孟子之得传于孔氏"，"指乍见孺子匍匐将入井之时，则曰恻隐之心仁之端也，于此焉求之则不差矣。尝试察吾终日事亲从兄、应物处事，是端也其或发见，亦知其所以然乎？诚能默识而存之，扩充而达之，生生之妙，油然于中，则仁之大体，岂不可得乎！及其至也，与天地合德，鬼神同用，悠久无疆，变化莫测，而其初则不远也。是乃圣贤所传之要，从事焉终吾身而后已，虽约居屏处庸何损，得时行道、事业满天下而亦何加于我哉"！

张栻这段话是他办书院的纲领。办书院不是为了学生求利禄、习文词，而是为了出人才以传道济民。当时的学校科举正是为了学生求利禄、习文词，不是为了出人才以传道济民。所以要在学校科举之外另办书院。这是两条对立的方针：一条是办书院的方针，一条是办学校科举的方针。前者是教育需要的方针，后者是皇权需要的方针。由于皇权需要，后者成为主导，前者成为补充。张栻这段话只明说前者，未说后者。作为读者，就应当由前者推知后者，这叫做"闻一知二"①，是一个重要的读书方法。

在院传道，出院济民。"传"什么？张栻只说一个"仁"字。这与十五年后陆九渊在白鹿《讲义》中只说一个"义"字，遥相辉映。张栻作《记》十三年后，朱熹的白鹿《揭示》正文却说了七十九字。相形之下，张、陆可谓"易简"，朱熹好像"支离"；若略迹原心，则三人彼此相通。"仁"的开端是恻隐之心，例如突然看到有小孩快要掉进井里就会上前去救他，就是动了恻隐之心，扩充此心，可得仁之大体，以至与天地合德。"义"可以通过集义，养成浩然之气，充塞天地，也就是与天地合德。义的最高境界，就是仁的最高境界。仁、义及其最高境界，都是朱熹所

---

① 《论语·公冶长》："子谓子贡曰：女与回也孰愈？对曰：赐也何敢望回？回也闻一以知十，赐也闻一以知二。子曰：弗如也，吾与女弗如也！"

主张的,此三人彼此相通者。惟朱熹更多地为学生着想,讲得具体些,指明入手处。所以《揭示》正文说了七十九字。朱熹的《石鼓书院记》又为张拭的《岳麓书院记》补充了"下学之功"的"从事之方"。专从教育看,朱熹并非支离,而是踏实。孔子说"下学而上达"(《论语·宪问》),又说"能近取譬,可谓仁之方也已"(《论语·雍也》),朱熹补充的正是贯彻孔子的"下学"精神。"能近取譬"就是"下学",就是"仁之方"。光讲"仁之体",不讲"仁之方",则"无以蹈其实"。"下学"精神,什么时候都应当贯彻,否则再好的真理也流为空谈,比没有真理还坏。

朱熹的补充是:"养其全于未发之前,察其几于将发之际,善则扩而充之,恶则克而去之。"后两句好懂,前两句大有文章。前两句是后两句的前提和基础,不能绕过去不管。好在朱熹另有《已发未发说》(载于《朱子大全·文集卷第六十七》)、《中和旧说序》(载于同书卷第七十五),此"中和旧说"见于《宋元学案·晦翁学案(上)》,可资研究前两句的第一句;钱穆的《朱子新学案·(三三)朱子论几》,可资研究前两句的第二句;有志进一步研究的读者尽可利用。

现在看来,"善则扩而充之,恶则克而去之"的难点,并不在于扩充和克去,而在于区别善恶。要区别,就要有标准,这个标准就是"己"。不是说"己所不欲,勿施于人"、"行有不得,反求诸己"吗?都是说以"己"为标准。既然"己"是标准,当然要把"己"养好才好,如果不把"己"养好,是个坏"己",还以之为标准,后果还堪设想吗?所以要"养其全于未发之前"。这个"其"是指"己"。"全"指全德。"发"指动,包括动念和行动。在未发之前养"己"之全,则在已发之时以"己"为标准,就不成问题了。标准不成问题,动起来仍有问题。所以要把第二道关:"察其几于将发之际"。"几"是什么?《周易·系辞下》已有定义:"几者动之微",就是微动吧;不要等到大动,要在将动而微动之时抓紧省察,区别微动之中的善恶,进而扩充其善,克去其恶。既然于未发之前养其全,怎么将发之际还有恶?这是由于"己"有义理之性和气质之性,这一套不必多说了。无论如何,说微动时有善有恶,即使是假设,也是合理的,合乎事实的。

未发之前养其全；已发之后呢？更养其全。养其全是出发点，又是目的地。用形式逻辑眼光看，这是丐辞，或循环论证。须知这是与形式逻辑思维不同的另一种思维，是与科学思维不同的人文思维。正是这种人文思维，而不是科学思维，才可以得到"己所不欲，勿施于人"、"行有不得，反求诸己"这样的真理。

朱熹两次到岳麓书院。第一次在乾道三年（1167），与张栻讨论"中和"问题，逗留两月。第二次在绍熙五年（1194），"知潭州湖南安抚"，更建岳麓书院，以白鹿《揭示》为学规，世称《朱子书院教条》，白天办公，夜晚讲学，时年六十有五矣，此次也只有五个月。

时有四大书院之说，其中白鹿、岳麓、石鼓，都有朱熹的亲自参与，已如上述。此外，于他所居之地建"精舍"，如"寒泉精舍"、"武夷精舍"、"考亭精舍"、"竹林（后改名'沧洲'）精舍"，也都有书院性质。

《续文献通考·学校考（四）》云：

元朝世祖（忽必烈）至元"二十八年（1291），命江南诸路学及各县学内设立小学，选老成之士教之。其他先儒过化之地，名贤经行之所，好事之家，出钱粟赡学者，并立为书院"。此为明令纳书院于国家办学系统之始。据《元史·选举志（一）学校》所记"儒师"的配备、任命制度如下：

> 凡师儒之命于朝廷者，曰教授，路府上中州置之。命于礼部及行省及宣慰司者，曰学正、山长、学录、教谕，路州县及书院置之。路设教授、学正、学录各一员，散府上中州设教授一员，下州设学正一员，县设教谕一员，书院设山长一员。中原州县学正、山长、学录、教谕，并受礼部付身。各省所属州县学正、山长、学录、教谕，并受行省及宣慰司劄付。凡路府州书院，设直学以掌钱谷，从郡守及宪府官试补。直学考满，又试所业十篇，升为学录、教谕。凡正、长、学录、教谕，或由集贤院及台宪等官举充之。谕、录历两考，升正、长。正、长一考，升散府上中州教授。上中州教授又历一考，升路教授。教授之上，各省设提举二员，正提举从五品，副提举从七品，提举凡学

校之事。后改直学考满为州吏,例以下第举人充正、长,备榜举人充谕、录,有荐举者,亦参用之。自京学及州县学以及书院,凡生徒之肄业于是者,守令举荐之,台宪考核之,或用为教官,或取为吏属,往往人材辈出矣。

《续文献通考卷五十·学校(四)》云:

自太宗八年(1236)行中书省事杨惟中从皇子库春伐宋,收集伊洛诸书,送燕京,立宋儒周敦颐祠,建太极书院,延儒士赵复、王粹讲授其间,此元建书院之始。其后,昌平有谏议书院,河间有毛公书院,景州有董子书院,京兆有鲁斋书院,开州有崇义书院,宣府有景贤书院,苏州有甫里书院、文正书院、文学书院,松江有石洞书院,常州有龟山书院,池州有齐山书院,婺源有明经书院,太原有冠山书院,济南有闵子书院,曲阜有洙泗书院、尼山书院,东阿有野斋书院,凤翔有岐阳书院,郿县有横渠书院,湖州有安定书院、东湖书院,慈溪有慈湖书院,宁波有鄮山书院,处州有美化书院,台州有上蔡书院,南昌有宗濂书院,丰城有贞文书院,馀干有南溪书院,安仁有锦江书院,永丰有阳丰书院,武昌有南湖书院、龙川书院,长沙有东冈书院、乔冈书院,益阳有庆州书院,常德有沅阳书院,福州有勉斋书院,同安有大同书院,琼州有东坡书院。凡此盖约略举之,不能尽载也。①

可见元代书院,是民间集资("好事之家出钱粟"),学官管理。

至于明代书院,《续文献通考卷五十·学校(四)》说:"初,太祖因元之旧,洪武元年(1368)立洙泗、尼山二书院,各设山长一人。宪宗成化二十年(1484)命江西贵溪县重建象山书院。孝宗弘治元年(1488),以吏部郎中周木言,修江南常熟县学道书院。武宗正德元年(1506),江西按察司副使邵宝,奏修德化县濂溪书院。其时各省皆有书院,弗禁也。

---

① 另据《元史·世祖纪》:至元二十三年(1286)"大司农司上:诸路学校凡二万一百六十六所";至元二十五年(1288)"立学校二万四千四百余所";至元二十八年(1291)"诸路所设学校二万一千三百余所"。这是各路各县学校总数,按元朝制度,应包括书院在内。

至帝（世宗嘉靖）十六年（1537）二月，御史游居敬疏斥南京吏部尚书湛若水倡其邪学，广收无赖，私创书院，乞戒谕，以正人心。帝慰留若水，而令所司毁其书院。至是（嘉靖十七年四月），（吏部尚书许）赞复言：抚按司府多建书院，聚生徒供亿科扰，亟宜撤毁。诏从其言。神宗万历十年（1582），阁臣张居正，以言官之请，概行京省查革，然亦不能尽撤。后复稍稍建置，其最著者京师曰首善书院，江南曰东林书院。"

可见明代书院，纯属官办，"私创书院"构成罪状。明朝中央极权，皇帝一人独揽大权，连宰相也不要了。全国全面加强控制，除了官僚系统，还有特务系统，对书院岂能例外。首善书院、东林书院相继俱毁。但东林书院的运动毁不了，下节述之。

## 第十五节　东林书院运动与黄宗羲论学校

东林运动与陈东运动（见第七节）精神实质相同，都是"议政"的"清议"；但运动方式不同，东林不搞"聚众伏阙"，只搞讲学著书，扩散影响。讲学著书、扩散影响，此东林与白鹿、岳麓之所同；而与白鹿、岳麓不同者，是东林成为明末正人君子反对以魏忠贤为首的"阉党"的壮烈斗争的灵魂，而白鹿、岳麓则没有遭逢类似的斗争。

黄宗羲（1610—1695）是东林烈士黄尊素之子，著《明儒学案》六十二卷，其中第五十八卷至第六十一卷共四卷为《东林学案》，是东林运动的最好的史料，比《明史》有关史料好得多，就本书需要而言，也比《东林列传》、《东林始末》①等书好得多。《东林学案》序中说："论者以东林为清议所宗，祸之招也。'子言之：君子之道，辟则坊欤？'②清议者，天下之坊也。夫子议臧氏之窃位③，议季氏之旅泰山④，独非清议乎！"不管祸不祸，清议是要议的。东林"一堂师友，冷风热血，洗涤乾坤；无智之徒，

---

① 《东林列传》见影印文渊阁《四库全书》458册，《东林始末》存目无书有提要。
② 见《礼记·坊记》。
③ 《论语·卫灵公》："子曰：臧文仲其窃位者欤？知柳下惠之贤而不与立也！"
④ 《论语·八佾》："季氏旅于泰山"云云。

窃窃然从而议之,可悲也夫!"以下摘抄《东林学案》而讨论之。

《端文顾泾阳先生宪成》传云:"顾宪成字叔时,别号泾阳,常州之无锡人"。"庚辰(1580)登进士第"。"戊戌(1598),始会吴中同志于二泉。甲辰(1604),东林书院成,大会四方之士,一依《白鹿洞规》(今按:即朱熹《白鹿洞书院揭示》)。其他闻风而起者,毘陵有经正堂,金沙有智矩堂,荆溪有明道书院,虞山有文学书院,皆捧珠盘,请先生莅焉。先生论学,与世为体,尝言:官辇毂,念头不在君父上;官封疆,念头不在百姓上;至于水间林下,三三两两,相与讲求性命,切磨德义,念头不在世道上;即有他美,君子不齿也。故会中亦多裁量人物,訾议国政,亦冀执政者闻而药之也。天下君子以清议归于东林,庙堂亦有畏忌"。"先生为文二篇,号《梦语》、《寐语》,讥切"时政。"戊申(1608),诏起先生南京光禄少卿,乞致仕。时考选命下,新资台谏,附和东林者十八九"。"壬子(1612)五月,先生卒,年六十三(1550—1612)"。"逆阉之乱,小人作《东林点将录》、《天鉴录》、《同志录》以导之,凡海内君子,不论有无干涉,一切指为东林党人"。"崇祯二年(1629),赠吏部右侍郎,谥曰端文"。

《忠宪高景逸先生攀龙》传云:"高攀龙字存之,别号景逸,常州之无锡人。万历己丑(1589)进士"。"与顾泾阳复东林书院,讲学其中。每月三日远近集者数百人,以为纪纲世界,全要是非明白。小人闻而恶之,庙堂之上,行一正事,发一正论,俱目之为东林党人。天启改元,先生在林下已二十八年,起为光禄寺丞,升少卿署寺事"。"甲子(1624)即家起刑部侍郎。逆阉魏忠贤乱政,先生谓同志曰:今日之事,未能用倒仓之法①,唯有上下和衷,少杀其毒耳"。"升左都御史,纠大贪御史崔呈秀,依律遣戍"。"明年(1625),《三朝要典》成,坐移宫一案②,削籍为民,毁其东林书院。丙寅(1626),又以东林邪党逮先生"等七人,"缇帅将至,先生夜半书遗疏,自沉止水,三月十七日也,年六十有五(1562—

---

① 倒仓之法,是中医名词,治肠胃宿滞之法,先使病人上吐下泻,然后调养。此处是比喻,很像西方说的休克(shock)疗法。

② 移宫案,发生在泰昌元年(1620),朝臣迫使李选侍移居哕鸾宫,不让她与熹宗住在一起,以免她以养姆关系掌权。酿成此案纠纷,牵连多人。详见《明史》李康妃传、刘一璟传、杨涟传。

1626)"。"崇祯初,逆阉呈秀伏诛,赠太子少保、兵部尚书,赐祭葬,荫子,谥忠宪"。

此外还有钱一本(原题"御史钱启新先生一本",今略称姓名,下同)、孙慎行、顾允成、史梦麟、刘永澄、薛敷教、叶茂才、许世卿、耿橘、刘元珍、黄尊素、吴桂森、吴钟峦、华允诚、陈龙正等人的传十四篇(吴桂森有目无传)。查组织活动,只有:

钱一本,因上疏论"国本"削籍为民,"归筑经正堂以讲学。东林书院成,与顾端文分主讲席"。原任御史时,"劾江西巡按祝大舟,逮之,贪风始衰",斗倒一个省级贪官,还能不结怨?

薛敷教,"顾泾阳修复东林书院,聚徒讲学,先生实左右之。作《真正铭》以勉同志,曰:'学尚乎真,真则可久;学尚乎正,正则可守。真而不正,所见皆苟;正而不真,终非己有。'""左右之"在此不是操纵之,而是当左右助手。

叶茂才,"在东林会中,於喁无间,而析理论事,不厌相持,终不肯作一违心语"。参加东林会讲,情感融洽,但坚持己见。不是书院正式成员。为高攀龙写《行状》,言高"学之深微,使读者恍然有入头处"。

许世卿,"东林之会,高忠宪以前辈事之",也是东林讲友,并非书院成员。

耿橘,"知常熟时,值东林讲席方盛。复虞山书院,请泾阳主教","泾阳既去,先生身自主之"。其学"与东林微有不同"。

刘元珍,"每以子路自任,不使恶言入于东林,讲论稍涉附会,辄正色斥之曰:毋乱我宗旨!""当东林为天下弹射,先生谓高忠宪曰:此吾辈入火时也,无令其成色有减斯可矣!"亦非书院成员,但捍卫东林,鼓励东林。亦未受东林牵连,死于光禄寺少卿任上。

吴钟峦,"受业于泾阳",东林书院学生。

华允诚,"师事高忠宪",东林书院学生。

陈龙正,"师事高忠宪",东林书院学生。

其余都是志同道合者,并非东林书院成员,只是被阉党划为东林党人罢了。其中特别突出的是孙慎行,据刘宗周评估,他是东林之学集其成者，他的著作《困思抄》影响很大。

　　看惯了陈东"聚众伏阙"的运动，觉得东林讲学著书算什么运动？不算，不算。只要冷静地分析比较，就会看出，东林运动比陈东运动更广泛、更深入、更持久，后劲更大。黄宗羲说，明朝"神宗以来，朝中分为两党：君子、小人。递为胜负无已时。天启初政，小人之势稍绌，会阉人魏忠贤，保姆客氏，相结以制冲主，尽收宫中之权，思得外庭以助己，小人亦欲乘此以一网天下之君子：势相求而未合也"（《明儒学案》卷六十一）。后来合了，就是魏忠贤为首的阉党与朝野小人合；于是东林反对阉党的斗争，就是朝野君子反对朝野小人的斗争，而依附东林者又"不纯为君子"（同书卷六十）。东林的任务如此复杂而艰巨，只有从讲学著书弄清思想入手，与朝中君子上疏揭发阉党罪恶的行动紧密配合，在崇祯皇帝明断之下，才能终于胜利。以小人为社会基础的阉党乱政，这种问题，绝非"聚众伏阙"所能解决，只能从讲学著书即从高等教育求得思想上的解决，同时紧密配合朝廷求得实际上的解决。这就是东林运动的历史经验。一个昏君天启皇帝，一个明君崇祯皇帝，分别成为决定国运的决定因素。明君有了，晚了，不能挽回明亡的国运。靠明君过日子，总不是办法。

　　明朝亡了。黄宗羲国痛家痛，痛定思痛，写了一部伟大的小书《明夷待访录》。这部书在辛亥革命前夜，传抄私印，哺育整整一代民主革命家。在此书以前，中国只有民"本"主义，没有民"主"主义。有了此书，中国才有民主主义，不是外国传来的民主主义，而是中国人自己觉悟的民主主义。此书第一篇是《原君》。《原君》不是否定昏君，肯定明君；而是整个地否定"君"，宣称"为天下之大害者，君而已矣"！黄宗羲觉悟到，不是不能靠"明君"过日子，而是压根儿不能靠"君"过日子！

　　什么是"君"？在于实质，不在名称。实质上定天下之是非于一人，就是"君"，就是君主，不管叫什么名称。实质上定天下之是非于天下，就是民主，也不管叫什么名称。所以问题不在于有无"天子"名称。黄宗羲说："天子之所是未必是，天子之所非未必非，天子亦遂不敢自为非是，而公其非是于学校。"将问题转到学校了，这是《明夷待访录》的《学校》篇中语，此篇前半篇讨论中国高等教育历史经验，抄在下面以供读者重新讨论：

> 学校，所以养士也。然古之圣王，其意不仅此也，必使治天下之具皆出于学校，而后设学校之意始备。非谓班朝，布令，养老，恤孤，讯馘，大师旅则会将士，大狱讼则期吏民，大祭祀则享始祖，行之自辟雍也。盖使朝廷之上，间阎之细，渐摩濡染，莫不有《诗》、《书》宽大之气。天子之所是未必是，天子之所非未必非，天子亦遂不敢自为非是，而公其非是于学校。是故养士为学校之一事，而学校不仅为养士而设也。

今按：本《史论》在前面第八节也说，学校的任务是养士，这是历来的说法。黄宗羲突破此说，说此说不合"古之圣王"原意。哪是古之圣王原意，不过是他黄某人的新意，托古之圣王以出之而已。托古改制，黄氏亦然。然黄氏新意的确有古史根据，见于《尚书》的《尧典》、《皋陶谟》"都、俞、吁、咈"①之辞，显示尧、舜、禹之间的民主讨论，不是谁一人说了算。这就一定要有"宽大之气"，而此气冠以《诗》、《书》，就《书》而言，可见于都、俞、吁、咈之辞。这是原始社会的原始民主，尚可见之于现存的原始部落。读《尚书》之人，不知凡几；读《尚书》读出"宽大之气"，则黄氏一人！有此宽大之气的社会局面，才能说"天子之所是未必是，天子之所非未必非"。养此宽大之气，乃是与养士同等的学校任务，其他在学校进行的班朝等项活动都算不上任务。黄氏之意是，"治天下之具"包括"士"与"宽大之气"。这个意思，令人联想到古希腊原子论者讲的"原子"与"虚空"。士好比原子，宽大之气好比虚空，若无虚空，则原子无处存在；若无宽大之气，则士亦无处存在。《老子》第一章的"眇"与"噭"，亦与"士"与"宽大之气"对应。历来认为，"治天下之具"就是"士"，黄氏说，不够，还要加上"宽大之气"。黄氏此说更有历史根据。远的不说，只说明末。东林之士，非不贤也，非不多也，徒以朝野无宽大

---

① 《尚书·皋陶谟》："禹曰：'都！帝，慎乃在位。'帝（舜）曰：'俞！'"又《尧典》："帝（尧）曰：'吁，咈哉！方命圮族。'""都"为赞美辞，"俞"表示同意，"吁"表示不同意，"咈"表示坚决反对。皆当时民主讨论中用语。

之气,外伤内耗,虽有牺牲多壮志,未教日月换新天。"宽大之气"说到底,则是"天子亦遂不敢自为非是,而公其非是于学校"。就是说,是非不由天子自定,而在学校公议。这显然是东林经验的理论化、理想化。但在字面上始终没有出现"东林",大概是要避开当时的忌讳。

  三代以下,天下之是非一出于朝廷。天子荣之,则群趋以为是;天子辱之,则群擿以为非。簿书、期会、钱谷、戎狱,一切委之俗吏。时风众势之外,稍有人焉,便以为学校中无当于缓急之习气。而其所谓学校者,科举嚣争,富贵熏心,亦遂以朝廷之势利一变其本领;而士之有才能学术者,且往往自拔于草野之间,于学校初无与也:究竟养士一事亦失之矣。

今按:此段从反面论证。三代以下,以天子之所是非为是非,遂使学校成为争科举、谋势利之具,有才能学术之士乃起自民间,与学校毫无关系,于是学校连养士的作用也终于丧失了。

  于是学校变而为书院。有所非也,则朝廷必以为是而荣之;有所是也,则朝廷必以为非而辱之。伪学之禁,书院之毁,必欲以朝廷之权与之争胜。其不仕者有刑,曰:此率天下士大夫而背朝廷者也。其始也,学校与朝廷无与;其继也,朝廷与学校相反。不特不能养士,且至于害士,犹然循其名而立之,何欤?

今按:本《史论》前面第八节说过,书院与学校对着干。黄氏在此则说,朝廷与书院对着干。黄氏之意:天下应以书院之是非为是非,朝廷与书院对着干,则错在朝廷。这样办的学校,不是养士,而是害士。干吗还要沿用学校的名称设立它呢?

  东汉太学三万人,危言深论,不隐豪强,公卿避其贬议。宋诸生伏阙捶鼓,请起李纲。三代遗风,惟此犹为相近。使当日之在朝廷者,以其所非是为非是,将见盗贼奸邪慑心于正气霜雪之下,君安而国可保也。乃论者目之为衰世之事,不知其所以亡者,收捕党人,编管陈、欧,正坐破坏学校所致,而反咎学校之人乎!

> 嗟乎！天之生斯民也，以教养托之于君。授田之法废，民买田而自养，犹赋税以扰之。学校之法废，民蚩蚩而失教，犹势利以诱之。是亦不仁之甚，而以其空名跻之曰"君父、君父"，则吾谁欺！（下略）

在《明夷待访录·学校》中，黄宗羲反对以天子之是非为是非，从而主张公其是非于学校。比他早生八十三年的李贽（1527—1602），曾说反对"以孔子之是非为是非"（《藏书·世纪列传总目前论》）。论政治敏感性，黄说强于李说；论教育权威性，李说高于黄说。在帝制时代，天子也要以孔子之是非为是非，所以反对以孔子之是非为是非，逻辑上包含反对以天子之是非为是非。如此说来，黄说尚不及李说。惟有公其是非于学校，是黄宗羲的创见，前无古人。

公其是非于学校：何谓也？有人说，这是类似西方议会（Parliament）、国会（Congress）的构想。就类而言，是同类的。既然天子一人不能定是非，总要有个定是非的地方呀，于是黄宗羲找到了学校，环顾宇内，只有学校合适，因为学校本是清议的地方。就个体而言，并不相同。且看黄宗羲自己说的吧：

> 太学祭酒，推择当世大儒，其重与宰相等，或宰相退处为之。每朔日，天子临幸太学，宰相、六卿、谏议皆从之。祭酒南面讲学，天子亦就弟子之列。政有缺失，祭酒直言无讳。

> 郡县，朔望，大会一邑之缙绅士子。学官讲学，郡县官就弟子列，北面再拜。师弟子各以疑义相质难。其以簿书期会，不至者罚之。郡县官政事缺失，小则纠绳，大则伐鼓号于众。

（均见《明夷待访录·学校》）

只说了每月初一、十五例会活动，没有说平常活动。平常总也不会超过例会吧。

如此而已。所以辛亥革命胜利后，人们并没有采用这一套，尽管很推崇黄宗羲民主思想。

## 第十六节　附论朱熹的《小学》

汉儒以为，"小学"是教小孩子识字的书，所以《汉书·艺文志》"小学家"所列，始于《史籀》十五篇，终于杜林《苍颉故》一篇，皆训诂文字之书。宋儒以为，"小学"是养正之功，教之本也，学"大学"必先学"小学"，所以朱熹说"今人不曾做得小学工夫，一旦学《大学》，是以无下手处"（《朱子语类》卷第十四），又说"自《小学》不传，伊川却是带补一'敬'字"（同书卷第十七）。既然《小学》失传，所以组织刘子澄等人，在他主持之下，编撰《小学》一书。其实训诂文字之书何尝失传，如《说文》，在《朱子语类》中有六处讲到它，且在卷第四十一有两处讲"非礼勿视"的"勿"字，皆引《说文》。一则说"《说文》谓'勿'字似旗脚，此旗一麾，三军尽退，工夫只在'勿'字上"；再则说"《说文》云'勿'字势似旗，旗是挥止禁约之物，'勿'者，欲人挥止禁约其私欲也"。今按：今本《说文》："勿，州里所建旗"，"所以趣民"，趣民是促进，不是挥止，当然可促进即可挥止。即此一例，亦可见朱熹对训诂文字之书的态度和方法，完全是"活学活用"、"六经注我"。总之，宋儒的"小学"观不同于汉儒，以为训诂文字之书算不得《小学》，所以朱熹要另编一部。这是要讨论说明的第一点。

朱熹的《小学》，经明末陈选作注后名为《小学集注》，收入《四库全书·子部一·儒家类》。朱熹原书自序全文云：

> 古者小学教人以洒扫应对进退之节，爱亲敬长隆师亲友之道，皆所以为修身齐家治国平天下之本。而必使其讲而习之于幼稚之时，欲其习与智长，化与心成，而无扞格不胜之患也。今其全书虽不可见，而杂出于传记者亦多，读者往往直以古今异宜而莫之行，殊不知其无古今之异者固未始不可行也。今颇搜辑以为此书，授之童蒙，资其讲习，庶几有补于风化之万一云尔。淳熙丁未（1187）三月朔旦晦庵题。

这篇自序正文只有一百四十八字，前面是简单明了的老生常谈，后面却提出一个大理论问题，既是小学教育的大理论问题，又是大学教育的大理论问题,更是一般哲学的大理论问题,就是在肯定"古今异宜"(这不成问题)的同时,肯定有"无古今之异者"(这才是大问题),不仅有,而且"可行"。否则毫无教育可言矣。这是要讨论说明的第二点,也是核心的一点。

朱熹的《小学》分内篇、外篇,陈选注云:"内篇有四:《立教》、《明伦》、《敬身》皆述虞、夏、商、周圣贤之言,乃小学之纲也;《稽古》摭虞、夏、商、周圣贤之行,所以实《立教》、《明伦》、《敬身》也。外篇有二:《嘉言》述汉以来贤人之言,所以广《立教》、《明伦》、《敬身》也;《善行》纪汉以来贤人之行,亦所以实《立教》、《明伦》、《敬身》也"。此注准确地说明了此书内容结构。此书后来很受推崇,元代堂堂"文正公"许衡(1209—1281)尝云:"《小学》之书,吾信之如神明,敬之如父母"(陈选注引)。但朱熹门人已有人指出缺点,如《朱子语类》卷第一百五,云:"(陈淳录曰:)或问《小学·明伦篇》何以无'朋友'一条?曰:当时是众人编类,偶缺此尔。"又"(黄义刚录曰:)《曲礼》'外言不入于阃,内言不出于阃'一条,甚切,何以不编入《小学》?曰:此样处漏落也多":这都是朱熹坦率承认了的。尽管如此,仍可感受到中国古代的人文精神。这是要讨论说明的第三点。

# 第五章　蔡元培与大学

## 第一节　中西文化的综合

中国文化与西方文化的综合,尚正在进行之中,现在还不到总结的时候,现在谁也写不出这个总结,因为还没有这个总结。但不妨讨论。

讨论文化问题,本书"约法三章":(一)不讨论物质文化。美国原子弹在日本照样爆炸,日本汽车在中国照样行驶,不分国家、民族,没有值得本书讨论的问题。(二)各个精神文化,都有平等存在之权,其发展和进步只能由其自身进化来实现,其他文化无权包办代替。(三)乙文化要在甲文化中生根开花结果,必须在甲文化中找到合适的"砧木",进行"嫁接"。

中国文化与西方文化的综合,自然表现在中国对外关系上。鸦片战争(1840)前,中国对外关系实行"朝贡"制;鸦片战争后改为"条约"制①。鸦片战争前,中国自居"天朝"(celestial empire),如旧小说套话所说,要"番邦""年年进贡,岁岁来朝"。进贡的土特产,往往不及回赐的东西值钱。早已不算经济账,只算政治账:咏那个接受朝贡的味儿,不以对方为平等的主权国家。文化上也是中国单向输出似的:这当然

---

①　此蒋廷黻说。蒋氏 1929—1935 年任清华大学历史系主任时立此说,见《费正清自传》,天津人民出版社 1994 年版第 590 页。

是有眼不识文化交流的双向性。鸦片战争后,中国被迫接受条约①制。在法理上,缔约双方是平等的主权国家,在这一点上,条约制比朝贡制合理。但在事实上、历史上,在后来的半个多世纪,中国被迫签订一大堆不平等条约,丧权辱国,割地赔款,沦为半殖民地。中国人民这部血泪史,我们永远不会忘记,不过不属于本书讨论范围。本书在此要略加讨论的,是蔡元培时代的两件大事:一是辛亥革命,一是新文化运动,都是中国文化与西方文化综合过程中酿成的伟大运动。讨论这两件大事的文献已经很多很多,本书只说自己的一孔之见,不重复别人意见,这并不意味着对别人意见同意或不同意。

辛亥(1911)革命受西方文化影响,主要是"天赋人权"、"平等、自由"之说影响,这是没有问题的。本书在此要讨论的是,这些西方学说怎么会影响辛亥革命?据我有幸承教的前辈所谈的体验,清末中国人及其广大知识分子(请注意:是广大知识分子,不是少数留学生)的深层心态,是觉得,这些西方学说之所以正确,是因为符合中国圣贤教导。怪也不怪:西学之是非,在中国人心中,定于中学之是非。例如,《尚书·五子之歌》的"民惟邦本,本固邦宁",尽管是伪古文(谁管这些!),亦足证西学正确。又如,《孟子·尽心下》的"民为贵,社稷次之,君为轻",《孟子·梁惠王下》的"闻诛一夫纣矣,未闻弑君也",更足证西方民主革命有理。西方学说,人们多闻之于第二手、第三手、第四手之宣传品,经过宣传家联系实际,借题发挥,已非西方之旧。这是完全正常的。比如吃饭,不把饭嚼烂,而让饭在嘴里原封不动,还能消化吸收吗?此宣传与翻译根本不同处。西方文化,经过宣传,成为诱发中国文化固有能量的外因,其功诚不可没。但比较起来,在辛亥革命中,西方文化的作用,中国文化的作用,哪个大?哪个是根本?当然是中国文化。对辛亥革命就说到这里。

辛亥革命打倒"忠君";新文化运动更进一步,要打倒"孝亲"。新文化运动开始于1917年,五四运动发生于1919年,在五四运动前后都是

---

① 中国春秋早期已出现条约,例如齐桓公葵丘之会的五条,见《孟子·告子下》。有条约,与条约制,尚非一事。

新文化运动,新文化运动有反对帝国主义、封建主义的文化意义,而五四运动则是反帝反封建的政治运动。本书在此只讨论新文化运动批"孝"的文化史意义。

新文化运动"打倒孔家店",批判孝道。"二十四孝"中的"郭巨埋儿",说郭巨之妻生下一个男婴,为了将乳汁哺养郭巨老母,决定埋掉男婴。如此孝道,令人发指。极端的事例最能暴露孝道本质:为了上一代牺牲下一代。这是违反生物、动物、人类生存和进化的方向的。当时批判孝道的理论武器就是这种生物学进化论。

表层理论活动,是用进化论批判孝道;深层文化心理,则是用道家批判儒家。试申此义。

中国人长期处理亲子关系的社会实践,形成一对双向道德:"孝慈"。《老子》说:"民复孝慈"(第九章);《论语》说:"孝慈则忠"(《为政》)。都是连着说"孝慈"二字。在单独说一个字时,则《老子》只说"慈"而不说"孝",《论语》只说"孝"而不说"慈":这个不同有极其重要的意义,就是当亲与子不能两全时,其处理原则道家与儒家针锋相对。

《老子》和《论语》都连着说"孝慈",意味着都主张亲子两全。但亲子不能两全时怎么办?《老子》单说"慈"而不单说"孝",意味着为了下一代牺牲上一代;《论语》单说"孝"而不单说"慈",意味着为了上一代牺牲下一代,所以郭巨埋儿合乎逻辑,顺理成章,典型高举。如此说来,用进化论批判孝道,岂不正是用道家批判儒家吗?

中国文化,养成中国人文化心理中无比强烈的以道批儒的原动力,这是内因,在西方文化作为外因的影响下,酿成空前的新文化运动。没有中国文化以道批儒为内因,新文化运动的出现是根本不可能的。

新文化运动打倒孝道,是注定不能彻底的。这是因为,只要有人,就有亲子关系,就有子对亲的道德,这就是孝道,你可以不叫做孝道,也改变不了这个事实。新文化运动有两个重要代表人物,一是鲁迅,一是胡适,都是早年丧父、事母至孝的孝子。这件举世闻名的佚事,永远值得后人深思。

进化论思想,以严复译语"物竞天择"(natural selection)、"适者生存"(the survival of the fittest)为口头禅,风靡全中国。年轻的胡洪骍改名"适",字"适之",可见一斑。传播进化论,在中国未遇阻力。在西方如何呢?

请看1996年10月25日德国《法兰克福评论报》题为《教皇与达尔文生物进化论和解》一文吧。此文说:"在英国自然科学家查尔斯·达尔文去世一百多年以后,天主教会与他的生物进化论和解了。""教皇约翰·保罗二世现在承认,进化论已经渗透到现代科学的各个不同领域,它不再和教会的教义相对立",这是教皇在一封致教会科学院的信中明确指出的。此文附带说:"直到1992年11月,教皇约翰·保罗二世才为自然科学家伽利略恢复名誉,宣布十七世纪初对他进行的宗教审判是毫无根据的。"①

中国文化史上从未有过与此类似的奇闻。有些同胞只看到祖国文化不如西方文化的方面,却不大注意祖国文化从未有过类似批判达尔文、审判伽利略的奇闻。对比起来,科学的兴起,在西方何等艰难,要以科学先烈的生命为代价;在中国何等顺利,有点成就会受到称赞和尊敬。想一想,原因何在?专就文化而言,就因为中国文化比西方文化多一个道家!

海德格尔(Martin Heidegger,1889—1976)讲课时,"他少写黑板,写时几全是希腊文"②,精通古希腊以来的西方哲学;第二次世界大战后转注中国文化,在一位中国学者辅导下翻译、研究和吸收《老子》,并早在1930年就使用《庄子》的濠上鱼乐、汉阴丈人的故事③。可见中国文化的确比西方文化多一个道家。(而类似儒家的思想西方并不稀罕,惟有道家才是中国特色。)

自清代末年,中国高等教育走向科学阶段,完全是"逼上梁山"。"逼",是帝国主义侵略者;"上",则是中国人自己。普希金(А. С.

---

① 见《参考消息》1996年11月5日第6版。
② 三十年代初熊伟听海氏讲课时亲见,见《存在与时间》中译本三联版第1页。
③ 据宋祖良著《海德格尔的后期思想》,中国社会科学出版社1993年版273页以下。濠上鱼乐,见《庄子·秋水》;汉阴丈人,见《庄子·天地》。

Пушкин,1799—1837)诗云:"沉重的铁锤,粉碎了玻璃,锻造了利剑。"中国人不是玻璃,中国人是利剑,愈锻愈利。若是玻璃,早就粉碎了,还"上"什么梁山。中国人能"上",也是多亏道家。

这个道理,李约瑟(Joseph Needham,1900—1995)讲得再清楚不过了。他写道:

> The Taoist system of thought, which still today occupies at least as important a place in the background of the Chinese mind as Confucianism, was a unique and extremely interesting combination of philosophy and religion, in corporating also "proto"—science and magic. It is vitally important for the understanding of all Chinese science and technology. According to a well-known comment (which I remember hearing from Dr Feng Yu-Lan himself at Chengtu), Taoism was "the only system of mysticism which the world has ever seen which was not profoundly anti-scientific"①(道家思想体系,在中国人的心灵背景中,至今仍占有至少与儒家同样重要的地位,是哲学与宗教的一种独特而极其有趣的结合,还含有"原始"科学和巫术。道家是理解全部中国科学技术的生命线。根据一个著名的论断(我记得是在成都听冯友兰博士本人讲的②),道家是"独一无二的从根本上不反对科学的神秘主义体系,全世界迄今还只见到这一个"。)

按冯氏这个指点走下去,李氏发现道家是中国科学技术的思想基础。本书则进一步指出,道家也是中国人接受西方科学技术的思想基础。换言之,西方科学技术这根枝条,嫁接在中国文化上,是以道家为砧木的。

---

① 见李约瑟著 SCIENCE AND CIVILISATION IN CHINA(中文名为《中国科学技术史》)第2卷第33页。

② 时为1943年。

由此可以明白，为什么中国人第一个提出"师夷长技以制夷"①的，正是著《老子本义》的魏源(1794—1857)。

《老子》作为砧木，不仅嫁接西方科学技术，而且嫁接西方哲学社会科学。罗素(B. Russell，1872—1970)持"占有冲动"与"创造冲动"之说，主张发扬后者、抑制前者，自称这就是《老子》的"生而不有"②。

总而言之，道家是发展中国文化的主根，是嫁接外国文化的砧木。多亏道家，中国人在帝国主义侵略者面前，"逼"而不"死"，"逼"而能"上"，居然登上梁山。于是中国高等教育进入新阶段："科学"阶段。

## 第二节　中学为体，西学为用

"人文"阶段与"科学"阶段，不是一刀两断。这是由于，人文与科学，作为存在，不能分开；作为概念，才能分开。换个说法，讲本体论，人文与科学不能分开；讲知识论，人文与科学才能分开。不能分开，是对立统一。这个对立统一，在某一阶段，人文为主要方面，就是人文阶段；在另一阶段，科学为主要方面，就是科学阶段。所以人文阶段，也"存在"科学；科学阶段，也"存在"人文。长期以来，许多人以为，中国文化的人文阶段没有科学，显然是没有全面观察"存在"。说人文阶段与科学阶段不是一刀两断，是就存在而言，也是就历史而言。

既然如此，中国人处于十九世纪末的危亡形势，自然可以设想，中国文化的重新构成，应当是：中国人文加西方科学。用当时的话说，就是：中学为体，西学为用。中学意味着人文，西学意味着科学。西方科学只有一个，没有选择余地。中国人文却有两个：儒家和道家。先是选择儒家，形成儒家人文加西方科学，这就是洋务运动。后来选择道家，形成道家人文加西方科学，这就是新文化运动。（洋务运动造成一个文化运动。辛亥革命推翻帝制，在中国史无前例，但本身立足未稳，来不

---

① 见《海国图志叙》。

② 参见蔡元培《在爱丁堡中国学生会及学术研究会欢迎会演说词》(见《蔡元培美学文选》，北京大学出版社1983年版第147页)。"生而不有"见《老子》第二章，又第十章。

及在人文与科学问题上造成文化运动,这是辛亥革命失败的文化原因。)新文化运动虽是道家人文加西方科学,但道家人文精神处于最深层,如本章第一节中所说,因而人们并不自觉,好比"人莫不饮食也,鲜能知味也"(《中庸》第四章)。在这一点上,国人自觉,自本书始。

主张中学为体、西学为用的代表人物,是张之洞(1837—1909)。张之洞的原话是"旧学为体,新学为用",见于他著的《劝学篇》①外篇"设学第三",其有关段落全文是:"其学堂之法约有六要:一曰新旧兼学:四书五经、中国史事、政书、地图为旧学,西政、西艺、西史为新学。旧学为体,新学为用,不使偏废。一曰政艺兼学:学校、地理、度支、赋税、武备、律例、劝工、通商,西政也。算、绘、矿、医、声、光、化、电,西艺也。才识远大而年长者宜西政,心思精敏而年少者宜西艺。小学堂先艺而后政,大、中学堂先政而后艺。西艺必专门,非十年不成;西政可兼通数事,三年可得要领。大抵救时之计,谋国之方,政尤急于艺。然讲西政者,亦宜略考西艺之功用,始知西政之用意。"后面还有四要:"一曰宜教少年","一曰不课时文","一曰不令争利","一曰师不苛求",文繁未录。此书张之洞著于两湖总督任上,成于光绪二十四年(戊戌,1898)三月,正值变法议论高潮。张之洞曾对康有为说:"天下有党,吾为之魁;天下有魁,吾为之党"②。意思是说:天下有维新党,我当党魁;天下有维新党魁,我当党员。俨然维新志士!光绪帝看中他言无偏废,而意在维新,于是诏刻《劝学篇》,风行全国。

有些研究者只取"旧学为体,新学为用"等八字尽情发挥,读者会问:你发挥的是你的意思,还是张之洞的意思?所以本书多抄几句原文,让读者自己看看是怎么回事。

张之洞的原意,并没有将"旧学为体,新学为用"提到相当于现在"教育方针"的高度,有人将这八字看作张氏教育方针,未免过分上纲上

---

① 康有为于光绪二十六年(庚子,1900)致张之洞书中说张"位极封疆,其受主之恩不为不厚矣;特恩赐寿,诏刻《劝学篇》,其受嘉宠不为不隆矣";其烜赫如此,见《康南海自编年谱·续编》,中华书局1992年版第75页。

② 同前注之书,第80页。

线了。张氏原意,这八字不过是学堂之法"六要"的"一曰新旧兼学"的释文,与下文"一曰政艺兼学"联系起来理解,可见张氏原意重在"兼学",不是重在"体""用"。我是说张氏不是重在体用,虽然不是重点所在,而提出体用问题还是很有意义的。后人辩论,只抓体用,丢掉兼学,去张氏原意远矣。后人辩论当然有只抓体用的自由,不过不要说张氏重在体用就公道了。什么是旧学,什么是新学,上引张氏原文都有明确界定。旧学、新学,完全是相对中国而言。一门学问,在中国为新学,可能在西方为旧学。至于"中学"、"西学",则是按国按地而分。张氏《劝学篇》序中说:"讲西学必先通中学,乃不忘其祖也。"又说:"欲存中学,宜治要而约取也。"又说:"知西学之精意通于中学,以晓固蔽也。"又说:"中学考古非要,致用为要;西学亦有别:西艺非要,西政为要。"这些话至今仍然切中时弊,切合时宜,有待实现。尤其是他著《劝学篇》的动机:"窃惟古来世运之明晦,人才之盛衰,其表在政,其里在学。不佞承乏两湖,与有教士化民之责,夙夜兢兢,思有所以裨助之者。乃规时势、综本末,著论二十四篇,以告两湖人士;海内君子,与我同志,亦所不隐",认为世运兴衰,其表在政,其里在学,所以兢兢业业,尽其教士化民之责,而著此书:时已百年,仍然令人感动。

严复(1854—1921)也主张中西兼学说,但反对中体西用说。严复在《与外交报主人论教育书》①中提出"统新故而视其通,苞中外而计其全",这也是兼学说,但不是他在此书讨论的重点,因为兼学已经不是问题,无人反对,所以一笔带过。成为问题的是,在兼学之内提出中体西用,他坚决反对,是他此书批评的重点。他写道:"夫中国之议学堂久矣,虽所论人殊,而总其大经,则不外'中学为体、西学为用'也。""善夫!金匮裘可桴孝廉之言曰:'体用者即一物而言之也。有牛之体则有负重之用,有马之体则有致远之用,未闻以牛为体、以马为用者也。'中西学之为异也,如其种人之面目然,不可强谓似也。故中学有中学之体用,西学有西学之体用,分之则两立,合之则两亡。议者必欲合之而为

---

① 见《严几道诗文抄》第四卷。

一物,且一体而一用之,斯其文义违舛,固已名之不可言矣,乌望言之而可行乎"!如此说来,学习西学就必须兼学体用,果真如此,就是后来有人主张的"全盘西化"了。严复虽然批驳中体西用,并不主张全盘西化。正与全盘西化相反,严复接着自问自答地写道:"然则今之教育,将尽去吾国之旧以谋西人之新欤?曰:是又不然。"怎么办?他跳出体用框框,完全从中国当前需要解决的问题出发。他充满自信地接着写道:"有要道焉,可一言而蔽也。今吾国之所最患者,非愚乎?非贫乎?非弱乎?则径而言之,凡事之可以愈此愚、疗此贫、起此弱者皆可为,而三者之中,尤以愈愚为最急","有一道于此,致吾于愚矣,且由愚而得贫弱,虽出于父祖之亲、君师之严,犹将弃之,等而下焉者无论已;有一道于此,足以愈愚矣,且由是而疗贫起弱焉,虽出于夷狄禽兽,犹将师之,等而上者无论已。何则?神州之陆沉诚可哀,而四万万之沦胥甚可痛也"!严复这番话的深意,说成当代汉语就是:不管黑猫、白猫,捉住老鼠就是好猫。此言出于救民救国的急切之情,完全可以理解。这种愈愚、疗贫、起弱之道,西学有之,中学亦有之。中学中的这种道,"乃经百王所创垂,累叶所淘汰。设其去之,则其民之特色亡,而所谓新者从而不固"。这是说,这种道是优秀传统,假设丢了优秀传统,"则其民之特色亡,而所谓新者从而不固"。严复在此明确提出"特色"问题,认为"特色"来自优秀传统,又保证新学的巩固。可见他不主张全盘西化。

　　本书通观中国高等教育史的全貌和全过程,对中体西用问题作以下讨论。本书的讨论首先根据当时历史,但决不限于当时历史。本书上溯到传说时代,而特别重在近百年史。经过近百年的折腾,中国人比百年前聪明多了,可能也应该比张之洞本人及其同代人更懂中体西用的意义。如果说,张之洞及其同代人还是朦朦胧胧的"第一反应",当代中国人就是清清楚楚的真知灼见了。

　　本书第二章第六节讨论道与艺,指出道艺矛盾是通贯中国高等教育史的基本矛盾。这个基本矛盾,发展到清末,表现为"中学"与"西学"的矛盾。在中国人心目中,若不纠缠表层枝节,而是直探深层根本,即所谓"说到底",则"中学"就是中国的"道"(今称"人文"),"西学"就是西方的"艺"(今称"科学")。张之洞区分"西政"与"西艺",对"西政"他举例以明之云:"西政之刑狱,立法最善"①,以此例之,则所谓"西政",即管理的科学技术,仍是"艺"耳。所以中学为体,就是以道为体;西学为用,就是以艺为用。所以中学为体、西学为用也就是道体艺用。本书如此挂钩,实为下文讨论的出发点和归宿点。如此挂钩,若有读者不以为然,则下文讨论不必看了,看也无益。

现在将本书第二章第六节的讨论,撇开所引文献,檃栝所说要义。道与艺,在传说的远古本是一体,如后稷教民稼穑、树艺五谷,既是种植之艺,又是圣人之道:这不仅见于《尚书》的《尧典》、《吕刑》,而且有文字训诂根据,即"道"、"艺"同训,如王引之之所考定者。这是传说阶段。随着社会的发展,阶级、分工的分化,道艺统一体分而为二,对立而又统一。道家主张艺进于道,坚持对立统一的统一方面,站在劳力者立场。儒家主张重道轻艺,坚持对立统一的对立方面,站在劳心者立场。西汉是农民革命所建的政权,前期选择道家,至武帝转而选择儒家,直到中国帝制灭亡。儒家重道轻艺,极端发扬了人文精神,甚至达到"以理杀人"的荒谬地步,多亏道家作为解毒剂,使中国文化心理获得平衡,持续发展。这是人文阶段。西方帝国主义侵略中国,迫使中国人在道艺问题上进入全新阶段,就是重艺轻道阶段,这个艺是西方科学,所以可称科学阶段,这是现在要着重在下文讨论的。下文讨论是根据张之洞以后的历史,用历史实践检验中体西用之说。且从眼前说起吧。

时下把"精神文明"、"物质文明"说成"两个文明"。说"精神文明",说"物质文明",都可以说;说"两个文明",就要加以澄清。本书认为,就"存在"而言,没有没有精神文明的物质文明,也没有没有物质文明的精神文明,精神文明与物质文明是一个文明的两个方面,而不是两个文明。把一个文明的两个方面,说成两个文明,与"存在"的实际不符。明明是一个文明,你说成两个文明,于是造成种种问题。"两个文明"的提法本身,就是一个人造的问题,也就是并不存在、纯属"庸人自扰"的问

---

① 见张之洞《劝学篇》外篇"设学第三"。

题,这在学术研究上叫做"假问题",假问题本身虽假,却有一种能耐:派生种种问题,搅得你不得安宁。本书恕不奉陪,不陪你去钻这条死胡同。本书敬告读者:本书下文也说"精神文明",也说"物质文明",都是作为一个文明的两个方面而说之,不是作为"两个文明"而说之。千万记住,千万千万。

以上就"存在"说。再就"内容"说,积中国数千年之经验,本书深知精神文明的内容是"体道",物质文明的内容是"用艺"。尤其是积中国近百年之经验,特别是积中国大陆近四十余年之经验,本书深知物质文明内容是"用艺","痛感"(不仅深知)精神文明内容是"体道"。("体道"是体现人文精神,"用艺"是运用科学技术。)由精神文明和物质文明两方面合成的文明整体,其内容就是"体道用艺",或曰"道体艺用"。本书在此仍然使用"道"、"艺"、"体"、"用"等概念,构成"道体艺用"的命题,与上文引述的张之洞之说在字面上完全相同,只在历史经验方面含量不同:张说只含有中国历史至十九世纪末的经验,本书则继而含有近百年特别是近四十余年的经验。所以本书不是简单重复张之洞之说,而是用中国近百年特别是近四十余年的历史实践经验,检验中学为体、西学为用(即道体艺用)之说,认为此说符合中国存在的实际。如此而已。

西方有种种文化理论。有一种叫"全体论"(holism),说文化不能拆开学,要么全学,要么全不学(All or nothing)。一种说文化有许多"文化零件"(cultural traits),可以拆开为零件而学之。后说近是,亦嫌笼统,需要具体分析。下文根据中国近百年的历史经验具体分析。

西方物质文明方面的科学技术,虽然与西方精神文明方面有联系,但是实践证明,完全可以拆开学,而且没有民族性,也没有阶级性,中国人拿来就管用,所以有人提倡"拿来主义"。当年清朝派遣出国留学的少年,多是"神童",或已是"秀才",已有中国人文根柢,也就是已有中国道体。中国人文根柢,即中国道体,并没有妨碍他们学习西方科学技术,没有妨碍,而是激励他们发愤学习西方科学技术,学成回国,报效祖国,许多人成为中国现代科学技术的开山大师。他们的实践经验说明什么?就本书现在讨论的范围而论,可以说明以下问题。

首先可以说明,"艺",即科学技术,在文明中的地位,永远是"用",在西方文明中是"用",在中国文明中也是"用",不分民族,不分国家,不分地区,不分阶级,谁拿来谁就用。这个"用",就是"艺"本身的用,就是科学本身的用;并不是"道"派生的用,不是人文派生的用。换言之,艺之用,不是来自道之体。前引严复的驳论,似乎艺之用来自道之体,这不合事实。近百年的科学阶段,养成一些科技专家的习惯,不知科学以外还有学问,即不知还有人文学问;也不知科学之用以外还有人文之用,总觉得凡是用都是科学之用那样的用。难怪有一个机械学院,在教学改革中,一说要增加人文课程,学院的领导(五六十年代造就的科技专家)说了真心话:我怎么也看不出人文有什么用。他不知道,科学有科学之用,人文有人文之用;人文无科学之用,科学无人文之用。他看不出人文之用,是因为他要人文有科学之用,这是根本不可能的;同样地,若要科学有人文之用,也是根本不可能的。这些道理,中国人折腾了一百年才懂得,懂得的人现在还不多,希望渐渐多起来。

其次可以说明,西方的社会学说,不能拿来就用,必须中国化,即"嫁接"在中国文明主根上。

西方社会学说,是由西方社会特殊上升的西方社会一般。西方社会一般,对于中国,则是一个特殊,不是一个一般,所以不能拿来就用。为什么西方社会一般,对于中国,还是一个特殊,不是一个一般呢?道理很简单:你这个一般,若是从十个特殊事实上升的,就是这十个特殊的一般,至于对于第十一个特殊事实它还是不是一般,并无保证。这是归纳法最起码的道理。演绎法敢于推到第十一个特殊事实,是假定这第十一个特殊事实与前十个特殊事实是一样的特殊事实,否则不能推。这个假定若真正实现,推了也等于白推。

西方社会学说有许多创立者,他们一不识中国字,二不读中国书,三不在中国生活,怎么能将中国特殊上升为中国一般?不可能嘛,不要强人所难嘛。他们却能将西方社会特殊上升为西方社会一般。西方社会"一般",就是"西方社会"一般,不是"中国社会"一般,所以中国不能拿来就用。

面对这种情况,中国人学习西方社会学说的学习经验,有三种态度、三种效果:

第一种是拿来就用,注定失败。

第二种是学习西方人将西方社会特殊上升为西方社会一般的方法,用这种方法,将中国社会特殊上升为中国社会一般,即创造新的中国社会学说,颇有成绩。

第三种是选择西方社会学说,嫁接在中国文化的砧木上,使之在中国文化的主根上生根、开花、结果,一旦嫁接成功,就是伟大成功。

再次可以说明,只有人文精神,可以解决精神生活问题。人文精神可以解决精神生活问题,但不能解决物质生活问题;科学技术可以解决物质生活问题,但不能解决精神生活问题。人文精神不等于人文知识:人文精神说之写之,就是人文知识;人文知识体之行之,才是人文精神。中国高等教育史的人文阶段,高度发扬了人文精神,这是其历史贡献;但其极端发展则至于"以理杀人",而且主流是重道轻艺。近百年的科学阶段,高度发展了科学技术,这是其历史贡献;但其极端发展则迷信科学主义,而且主流是重艺轻道。重艺轻道的恶果:不止可能丧失"中国人"的特色,而是可能丧失"人"的特色。所谓迷信科学主义,其主要表现,就是灌输科学理论以解决精神生活问题,不是修养人文精神以解决精神生活问题,结果事与愿违,人文失落,呈现举国同忧的人文困境。物极必反,中国高等教育史的科学阶段开始向"人文·科学"阶段迈进了。中国高等教育史只有向"人文·科学"阶段迈进,别无选择。这是崭新的阶段,既不重道轻艺,也不重艺轻道,而是道艺统一。前面讲过传说时代的道艺统一,那是原始的道艺统一。现在复归的道艺统一,就不是原始的,而是高级的,是原始道艺统一的否定之否定。在新的道艺统一中,道艺已无轻重之分,仍有体用之别。前面讲过,艺永远是用。在新的道艺统一中,艺既然是用,道必然是体了。这个体,就是人文精神,就是中学精华,也就是中国特色。这就是"道体艺用"的新意义,也就是"中学为体,西学为用"的新意义。

关于体用及其关系,朱熹曾以"仁"与"知"为例解释说:"知对仁言,则仁是体,知是用。只就知言,则知又自有体用"(《朱子语类》卷第三十二)。本书于此亦说,艺对道言,则道是体,艺是用;只就艺言,则艺又自有体用;只就道言,道又自有体用。换言之,艺之用来自艺之体,不是来自道之体。张之洞、严复皆见未及此,故生误会。

## 第三节　癸卯学制前后

《清朝续文献通考》卷一百二"学校考(九)""学堂(总务)"序云:"同治初元,有同文馆之设,既有广方言馆之设,大辂椎轮,为我国学堂发轫之始。迨光绪戊戌,朝士昌言变法,京师又有大学堂之设;辛丑以还,锐意兴学,且颁行奏定章程"。这段话简述了学堂发生史。下文以京师大学堂为中心,选录同书中的史料,简述清末学堂发展史。

同书卷一百七"学校考(十四)""学堂(译学馆)"云:

同治元年(1862)始设同文馆于京师,从总理衙门王大臣之请也。

二年(1863)谕:前据总理各国事务衙门奏:遵议设立学习外国语言文字学馆为同文馆。因思总理衙门固为通商纲领;而中外交涉事件,则广东、上海为总汇之所。现据李鸿章奏称:上海已议设立外国语言文字学馆。广东亦应仿照办理。

六年(1867)谕:朝廷设立同文馆,取用正途学习,原以天文算学为儒者所当知,不得目为机巧;正途人员用心较精,则学习自易,亦于读书学道无所偏废。是以派令徐继畬总管其事,不过借西法以印证中法,并非舍圣道而入歧途,何至有碍于人心士习耶!

光绪二十一年(1895)直隶总督王文韶奏:津海关道盛宣怀捐办西学堂①。从之。

三十二年(1906)学部咨:粤督张之洞、给事中陈庆桂奏:

---

① 此学堂是海关办的,属于外国语言文字学馆性质,故书于此。

广州译学馆亟宜整顿。略称：原奏称：广州府城自同治初年设立同文馆，直接于总理衙门，为西学之权舆，数十年来，培养八旗子弟，得人称盛。惟当开办之始，专习外国语言文字，以备译才；此外仅有粗浅算学。科学既不完全，国文亦未讲究。上年因其旧制，改名译学馆。按之奏定章程，仍未悉合，尤须及时整饬。谨酌拟数条：一、管理宜得人；一、教习宜精选；一、学生宜甄别；一、学科宜补习；一、学费宜预算。应请饬令广州将军、两广总督，督饬提学使，认真经理，以期渐收成效。

此设立同文馆、改名译学馆之始末也。

同书卷一百二"学校考（九）""学堂（总务）"中云：

光绪二十一年（1895），御史陈其璋请推广直省学堂，下部议；寻奏请饬下沿江沿海督抚，于已设学堂，量为展拓；未设学堂，择要仿行；听令官绅集资奏明办理。

二十二年（1896）谕：前经降旨，开办京师大学堂，入学肄业者，由中学小学以次而升。惟各省中学小学尚未一律开办，着各该督抚，督饬地方官，即将各首府、厅、州、县现有之大小书院一律改为兼习中学西学之学校。至于学校阶级，自应以省会之大书院为高等学，郡城之书院为中等学，州县之书院为小学。其地方之义学、社学等，亦令一律中西兼习，以广造就。至各书院需用经费，如上海电报局、招商局及广东阄姓捐，着该督抚尽数提作各学堂经费；各省绅民如能捐建学堂，准各督抚奏请给奖，其有独力措捐巨款者，朕必予以破格之赏。所有中学小学应读之书，仍遵前谕，由官设书局编译中外各书，颁发遵行。至于民间祠庙，不在祀典者，即着一律改为学堂，以节糜费，而隆教育。

光绪二十四年（1898），岁在戊戌，发生了戊戌维新。其领袖康有为回忆说："维新之事，吾以四月二十八日召见，至七月二十九日奉密诏，凡九十日。"①他又说:"自四月杪大学堂议起,枢垣托吾为草章程,吾时召见无暇,命卓如草稿,酌英、美、日之制为之,甚周密,而以大权归之教习。"②梁启超(字卓如)起草的大学堂章程稿"以大权归之教习",就是后来通称的"教授治校"制度。

光绪"二十七年(1901)谕:作育人才,端在修明学术。京师大学堂,各省大学堂,各府、厅、直隶州中学堂,各州、县小学堂并蒙养学堂,其教法,当以四书五经、纲常大义为主,以历代史鉴及中外政治为辅;务使文行交修,讲求实学。着该督抚、学政切实举办。"③其时光绪帝囚于瀛台,这道"上谕",代表清廷意见,具有当时"教育方针"的意义。

光绪二十八年(1902),"管学大臣张百熙奏:遵议学堂章程,略称:古今中外,学术不同,所以致用之途则一。朝廷求才,本之学校,不能不节取欧美日本诸邦之成法,以佐我中国旧制。第考其现行制度,亦颇与我国古时良法大概相同。《礼记》载家塾、党庠、州序、国学,比之各国,即所谓大学、中学、小学、蒙学也,等级盖甚分明。《礼记》又载小成大成,即所谓大学、中学、小学、蒙学之卒业期限也。其科目,则唐有律学、算学、书学诸门,宋益以画学、医学,虽未及详备,亦与所谓法律、算术、习字、图画、医术各学科不甚相殊。自司马光有分科取士之说,朱子《学校贡举私议》于诸经子史及时务,皆分科限年以齐其业,外国学堂有所谓分科选科者视之最重,意亦相同。大抵中国自周以前,选举、学校合而为一,自汉以后专任选举,及隋设进士科以来,士皆殚精神于诗赋策论,所谓学校者名存而已。故今日而议振兴教育,必以真能复学校之旧为第一要图。虽中外政教风气原本不同,然其条目秩序,固不必尽泥其迹,亦不能不兼取其长,以期变通而尽利。臣此次所拟章程,谨上溯古训,参考列邦,拟定京师大学堂章程,并考选入学章程,暨颁发各省之高等学堂、中学堂、小学堂章程各一分,又拟蒙学堂章程一分:共六件,一并开呈"云云。此年岁在壬寅,史称"壬寅学制";很快就为张之洞主持

---

① 所说月日皆阴历,下同。见《康南海自编年谱》,中华书局1992年版,67页。
② 同上注,47页。
③ 续引《清朝续文献通考》卷一百二,下同。

的重订本在次年所取代,史称"癸卯学制",它标志我国现代学制开始正式确立。

进呈癸卯学制的奏折摘要如下:

光绪二十九年(1903)"管学大臣奏定重订学堂章程,略称:前因学务重要,请旨派臣之洞会同商办。伏查上年大学堂奏定章程,实已深得要领;惟草创之际,规程科目,稍从简略,徐待增补。""此次奉谕,命臣会商量厘订,期于推行无弊,自应详细推求,倍加审慎。数月以来,互相讨论,并博考外国各项学堂课程门目,参酌变通,择其宜者用之,科目有过涉繁重者减之,每日讲学功课,多亦不过六点钟,所授之学,多亦不过六门,皆计日量时以定之,绝不苦人以所难。至于立学宗旨,无论何等学堂,均以忠孝为本,以中国经史之学为基,俾学生心术,一归纯正;而后以西学瀹其智识,练其艺能;务期他日成材,各适实用,以仰副国家造就通才、慎防流弊之意。计拟成初等高等小学堂、中学堂、高等学堂章程各一册,大学堂章程附通儒院章程一册。查外国蒙养院一名幼稚园,兹参酌其意,订为蒙养院章程及家庭教育法,此就原订章程所有而增补其缺略者也。办理学堂,首重师范,原订师范馆章程尚属简略,兹另拟初级师范、优级师范章程并任用教员章程各一册,将来京城师范馆,应即改照优级师范学堂办理。此外如京师仕学馆系属暂设,皆系有职人员,不在各学堂统系之内,原订章程应暂仍其旧。至译学馆即方言学堂,前经奏明开办,兹将章程、课目一并拟呈。其进士馆系奉特旨:令新进士概入学堂肄业。此与仕学馆意相近。仕学馆或归并进士馆,或照进士馆现订课程改同一律,容随时酌察情形办理。又国民生计,莫要于农工商实业,兴办实业学堂最宜注重,兹另拟初等农工商实业学堂章程、附实习补习普通学堂、及艺徒学堂各章程,中等高等农工商实业学堂章程,实业教员讲习所章程,实业学堂通则,此皆原订章程所未及而别加编订者也。又以中国礼教政俗与各国不同,而少年初学之士胸无定识,此时学堂办法不容不肃,稽察不容不严,兹特订立规条,编为各学堂管理通则,并将设教之宗旨,订为学务纲要。各省果能慎选教员、按照章程、认真举办,则民智可开、人才可成,决不致别生流弊。至学生毕业、升级、入学考试,亦经详订专章:中学堂以下及收入高等学堂者,由督抚、学政会同考核;高等学堂应升级者,奏请简放主考,会同督抚、学政考验,京师大学堂奏请简放总裁,会同管学大臣考验,以昭慎重而免冒滥。其奖励录用之法,比照奏准鼓励出洋游学生①,于奖给出身之外,复请分别录用,亦经详加斟酌,拟有专章,伏候圣明裁定。将来如有应行变通增损之处,大者仍当奏明办理,小者由管学大臣审定后,通行各省照改。"

这是张之洞所上奏折,朝廷当即"奉谕:方今时事多艰,兴学育才,实为当务之急。前经谕令张之洞会同管学大臣将学堂章程妥议具奏。兹据会奏,胪陈立法,尚属周备,著即次第推行。其有应行斟酌损益之处,仍著学务大臣(注意:管学大臣改为学务大臣)会同张之洞随时详核议奏。至所称递减科举及将来毕业学生由督抚学政并简放考官考试一节,使学堂、科举合为一途,著自丙午(1906)科为始,将乡会试中额及各省学额,按照所陈,逐科递减,俟各省学堂一律办齐,再将科举学额分别停止,以后均归学堂考取,届时候旨遵行。即著各该督抚,赶紧督饬各府厅州县,建设学堂,逐渐推广,无论官立民立②,皆当恪遵列圣训士之规,谨守范围,端正趋向,务期成德达材,体用兼赅,以备国家任使,有厚望焉。"

癸卯学制标志中国高等教育正式进入新阶段,本书称之为"科学"阶段,以别于此前的"人文"阶段。此阶段一开始,就出现重艺轻道甚至

---

① 辜鸿铭《张文襄幕府纪闻·务外》云:"犹忆昔年张文襄(之洞)资遣鄂省学生出洋留学,濒行,诸生来谒文襄,临别赠言慰之曰:'生等到西洋宜努力求学,将来学成归国,代国家效力,带红顶,作大官,可操券而获,生等其勉之!'"这是留学政策实质所在。

② "民立"就是"私立"。癸卯学制的《奏定学堂章程·学务纲要》中规定"私学堂禁专习政治法律","私学堂禁私习兵操",所说"私学堂"当即私立,亦即"民立"。

学艺忘道,也就是有智无德的提法,可以端方奏折为代表。光绪三十一年(1905),江苏巡抚端方奏陈苏省学务,有"强国之要,必智其民"之语,《清朝续文献通考》卷一百二载此奏语加以评论说:"今苏督所奏,其要旨即在'强国之要,必智其民'二语,但求民智,而不知所以培养德性之方,流弊所极,遂陷于今日不可收拾之势。当时之号称识时务之大臣,仅以趋风气为事,秉国钧者又毫无学术,上倡下应,趋危亡如箭射。由于根柢之学不讲,遂至兴国猖狂,坏尽青年子弟,岂不深可痛哉!"

现在怎样看待这段评论呢?评论的作者刘锦藻,独力纂修《清朝续文献通考》,他的头衔是"赐进士出身、头品顶戴、前内阁侍读学士",其书成于乙卯(民国四年,1915)前后,这段评论抒发了前清遗老的亡国之痛。就教育而言,这段评论对于"强国之要,必智其民"的提法的批评,完全正确,永远正确,绝对正确。本书千言万语,说的也就是这个意思,所不同者,刘锦藻痛在清朝灭亡,涂又光痛在人文失落。

癸卯学制的《奏定学堂章程》原文备载于《中国教育大系·历代教育制度考(下)》[①],可供研究。其实施情况,在高等教育中,据清廷统计:宣统元年(1909)高等学堂已达一百二十七所,但如京师大学堂,长期只有预科,直至宣统元年才筹办分科大学[②]。进展极其缓慢,与清廷宪政进展大体一致。

## 第四节 京师大学堂

《清朝续文献通考》卷一百六"学校考(十三)""学校(大学)"之下云:"光绪二十二年(1896)奏筹议京师建立大学堂,从刑部侍郎李端棻请也。"李端棻《奏请推广学校折》[③]上于此年五月初二(阳历6月12日),建议"自京师以及各省、府、州、县皆设学堂","京师大学,选举贡监生年三十以下者入学,其京官愿学者听之"。"诵经、史、子及国朝掌故

---

[①] 湖北教育出版社1994年出版。
[②] 见《教育制度》,人民教育出版社1990年版。
[③] 此件见《光绪朝东华录》(四)。

诸书,而辅之以天文、舆地、算学、格致、制造、农桑、兵、矿、时事、交涉等书,以三年为期"。"所课名目繁多,可仿宋胡瑗经义、治事之例,分斋讲习:等其荣途,一归科第;予以出身,一如常官"。国家"教育"大计,"刑部"侍郎(副部长)竟可畅所欲言,不嫌越俎;朝议居然从之如流,不嫌骈拇:足见朝廷内部,颇有民主气氛。

同书同卷同目载喻长霖《京师大学沿革略》云:

戊戌(1898)元月诏开京师大学堂,夏五月命孙家鼐管理大学堂事务。就景山东马神庙前和嘉公主旧第,稍购附近民房益之。拨户部向存华俄银行五百万金为学堂经费,刻期兴办。维是非常之原,黎民所惧,寿州相国(指孙家鼐,安徽寿州人,此年以吏部尚书协办大学士,命为管学大臣,见《清史稿》卷四四三本传)以师傅宿望维持其间。适有诏复八股,遂以时文性理论录士,得百余名,于十一月开学,学生不及百人,分诗、书、易、礼四堂,春秋二堂,课士,每堂不过十余人,春秋堂多或二十人,兢兢以圣经、理学诏学者,日悬《近思录》、朱子《小学》二书以为的,每月甄别一次,不记分数,有奖赏分三等。己亥(1899)秋,学生招徕渐多,将近二百人,乃拔其尤者,别立史学、地理、政治三堂,其余改名曰立本、曰求志、曰敦行、曰守约,盖欲学者顾名思义、淬励品学,且以闲执悠悠之口。其初学生分类:曰仕学院,曰中学,曰小学。小学午前读经,午后习科学,如格致、算术、化学、洋文等。仕学院及中学生,午前无功课,但自习经史,午后均习科学。己亥改堂后,中小学合并,惟仕学院名尚在,分隶史学、地理、政治三堂。维时各省学堂未立,大学堂虽设,不过略存体制;士子虽稍习科学,大都手制艺一编,咕哗咿唔,求获科第而已。黄仲韬学士时为总办,心知其非,值俗喙訚訚,不敢排众议,依违其间。总教习许竹篔侍郎时时祈有所匡正,一日笑语寿州(仍指孙家鼐)曰:"公办学堂太偏于理学。"寿州乞病,许公以总教习兼管理事务。值拳乱将起,人言鼎沸,学堂悬悬不绝如线。庚子(1900)七月许公遂殉难。迨圣驾西巡,学堂弦诵辍响者年余。辛丑(1901)冬皇上返跸,迫于时变,维新之论复起。寻罢科举试,考录海外留学。十二月朔诏张文达百熙为管学大臣,翌日以同文馆归并大学堂。壬寅(1902)春正月管学大臣奏陈筹办大概情形:一、预定办法,二、添建讲舍,三、附设译局,四、广购书籍仪器,五、宽筹经费。其预定办法:先设预科,分二门,曰政科、艺科;设速成科,亦分二门,曰仕学馆、曰师范馆。其译局:由旧官书局筹办,一设京师,一分设上海。其经费:除华俄银行五百万仍拨应用外,各省每年大省二万、中省一万、小省五千,拨解常款。俱奉旨允行。以前直隶冀州知州吴汝纶加五品卿衔为大学堂总教习,以湖南试用道张鹤龄为副总教习,候补五品京堂于式枚为总办,编修李家驹、工部主事赵从蕃为副总办。奏请动用华俄银行存款,免其造报。补铸关防曰"钦命管理大学堂事务之关防"。时翰林院侍读宝熙奏请:变通宗室觉罗八旗学校。奉旨归入大学堂办理。九月大学堂招生,录取仕学生五十七名、师范生七十九名。十一月开学,并议开办速成科。计原有斋舍一百四十余间,添盖斋舍一百二十余间,又购西城瓦窑地方地一千三百余亩,奏请俟大工落成后,除预备、速成两科外,所有新奉谕旨送大学肄业之进士、并前附设之医学馆各处学生约计一千余人,拟一并迁入。十一月奏陈同文馆归并大学堂变通办法:设英、法、俄、德、日本五国语言文字专科,停止学生膏火,酌收膳费,并令助教人等于教授功课外,编辑各国文典一部,每年共费四万余金,以五品候补京堂曾广铨为总办,再请由上海译书分局附设印书局一所。十二月副总办赵从蕃辞职,以曾广铨兼充,时总教习吴汝纶卒,癸卯(1903)正月以前青阳县知县汤寿潜继之,以候补员外郎辜汤生①同张鹤龄为副总教习,汤固辞不就。三月曾广铨以翻译科及文典事繁,辞副

---

① 即辜鸿铭(1857—1928)。

总办,以直隶试用道姚锡光继之。寻奏筹办医学、实业馆及中西药房、治病院。闰五月奏请特派湖广督臣张之洞会同商办京师大学堂。六月奏请改同文馆为译学馆,分授英、俄、德、法、日本五国语言文字,兼习各种科学。购北河沿民房一区,并请馆北内务府之东驴圈、馆西光禄寺官地两处拨入。七月译学馆监督曾广铨丁忧,以江苏试用知县朱启钤继之。八月朔奏明大学堂用款,共旧管新,收银百四十五万九千八十七两有奇,用银二十八万三千六百八十三两有奇,共推除存银百十七万五千四百余两有奇。十一月奏派学生赴外洋游学,凡往日本三十一人,往西洋十六人。湖广督臣张之洞奏请:京师专设总理学务大臣,以统辖全国学务;大学堂另设总监督一员,专管大学堂事务。奉旨:管学大臣着改为学务大臣,并添派大学士孙家鼐充学务大臣。十二月以大理寺少卿张亨嘉为大学堂总监督。其学务大臣关防改称"钦命总理学务大臣关防",其总监督曰"京师大学堂总监督关防"。自是以后,学务大臣统辖京外各学,总监督专管大学堂事务,凡一切译学馆、宗室觉罗八旗中小学堂、进士馆、医学馆、编译局等,咸直辖学务大臣,而不隶大学堂,略如小宗之别为大宗矣。甲辰(1904)元月奏请添招师范生,并开办预备科,分咨各督、抚、学政咨送,兼就京招考。七月考生三场在大学堂问试:首场试中文一篇,中国历史地理各六问;二场试东西文翻译二篇,外国历史地理各六问;三场试算术六问,代数及平面几何各三问,物理学及无机化学各三问。嗣后陆续补试,共得士四百余名,于八月验看挑取,九月分为预科、师范两科。十月朔开学,分甲乙丙丁四班。明年师范生分四类:一类洋文,二类地理历史,三类理化算术,四类博物——动植矿俱隶之。预科分三类六级:一类法文,二类英文,三类德文,俱分甲乙级。当时学生有录取不到者,有到堂不久辞退者,有自备资斧出洋者,有拣发授职去者,有游宦去学及各部奏调者,有因事开除者,迄今仅存三百三十余名。十一月总监督定俸每月二百金。乙巳(1905)十月因预科学生过少,就师范生英文法文德文较佳者拨入三十三人。时山西学政宝熙、编修许邓起枢请设学部,顺天学政陆宝忠、编修尹铭绶请设文部,政务处、学务大臣会复议行,十一月奉旨设立学部,以荣庆为尚书,熙瑛为左侍郎,编修严修以三品京堂候补署右侍郎,设丞参如各部,明年(1906)四月改各省学政为提学使司。自后学部统辖全国学堂,提学使管理全省学务,京师大学堂又不归学务大臣而直隶学部矣。丙午(1906)春正月仕学馆毕业。初六日张亨嘉疏请开缺,以奉天学政李家驹代之,未到任以前,以庶务提调曹广权代理。三月李到学视事。四月初旬大学堂开运动会,分二十二门:曰犬牙门竞走,顶囊竞走,越脊竞走,二人三脚竞走,一脚竞走,掩月拾珠竞走,一百米突竞走,二百米突竞走,三百米突竞走,四百米突竞走,六百米突竞走,八百米突竞走,各科选手竞走,跳远,跳高,掷锤,掷球,拉绳,算学竞走,越栏竞走,障碍物竞走,鹿角竞走。七月设分科监督:以江瀚署师范馆监督兼教务提调,以教务提调张祖廉兼署预备科监督。八月设附属小学办事处,附属生徒四十八人,俱由内务府三旗高等小学丁班拨送。丁未(1907)正月旧班师范生毕业:最优等十八名,优等六十一名,中等二十一名,下等四名。考列最优等作为师范科举人,以内阁中书尽先补用,并加五品衔;考列优等作为师范科举人,以中书科中书尽先补用;考列中等作为师范科举人,以各部司务补用;其各生原有官职不愿就毕业奖励者,准其呈明,以原官原班用。二月举行毕业礼,凡百有七人。新班师范生暨预科生,约同人为记别图,撮影饯别,文词烂然,汇成帙矣。时江瀚辞职去,遂罢师范科监督不设。三月京师官立各学举行联合运动会,大学堂代表六人,举助理员五十四人,并停课两日以备练习。五月学部奏:大学堂增设满蒙文学一门,列入中国文学之前,奉旨依议;附设博物品实习科,分制造标本模型及图画三类,每类完全科三年毕业,简易科二年毕业,拟先办简易科,咨各省调送愿习制造标本各学生。六月命四类学生四十二人,从南口叭哒岭旅行。是月李总监督奉命使日本,以山东提学使朱益藩代之。学部奏改大学堂总监督为实官,秩视左右丞。十二月准学部咨:各学堂学生干预政事,开会结社,奉严旨查禁,应设法解散。旋改朱总监督宗人府宗丞,以学部右参议刘廷琛代之。戊申(1908)总监督加俸,定每月三百二十金。正月刘莅学视事。二月以朱子《白鹿洞揭示》及教员、管理员、学生规则,榜示全堂,筹办大学分科。学部奏准拨德胜门外校场地为分科大学之用,又奏拨阜成门外望海楼地方苇塘官地约计十六七顷为农工试验场,并购附近民地建筑农科大学,又奏派斋务提调、编修商衍瀛,算学教员、学部专门事主事何燏,赴日本考察大学制度、调查一切建筑设备事宜。某日四类学生再往南口叭哒岭旅行。九月期考,优等学生分班接见,颁奖各种书籍物品。旋设筹办分科处,分科工程处。十二月师范、预科诸生毕业,附属小学诸生咨回内务府三旗高等小学堂。以上沿革,其略有四:一、官制沿革,二、学科沿革,三、办事人沿革,四、是非毁誉之沿革。夫官制可改,学科可更,办事人可易,惟是非生于人心,誉毁本诸公论,应无沿革之理,兹乃一律沿革,甚且有革无沿:有心人观于世道人心,而未谂舆论之何日定也。

所谓第四略,是非毁誉,姑置勿论;其他三略将京师大学堂的十年发展,写得阶段分明,层次清楚,条理清晰,面面俱到,连运动会项目都有了。无空话,无废话,无闲字,给予读者一个完整的京师大学堂印象。史笔如此,实在难得,合亟恭录全文(也只大约三千五百字)如上。再过三年,即民国元年(1912),京师大学堂就改成北京大学了。

## 第五节 冲击·对策·效果

中国人,特别是中国农民,称"学堂"为"洋学堂",一个"洋"字,准确地道破学堂的来历,同"洋货"一样,是从外洋(包括东洋、西洋,可合称"西方")来的。现在只说高等学堂,虽然来历如此,但既然成为中国高等教育机构,也就与中国共命运,共其多灾多难、可歌可泣的命运。现在不称高等学堂了,现在通称高等学校,简称高校。高校既有国家的共同命运,又有自己的特殊命运,特殊命运是共同命运的特殊表现。

本书只讨论高校的特殊命运。高校的特殊命运,取决于高校的两个基本矛盾,一个是高校与社会的矛盾,可谓高校外部矛盾;一个是人文与科学的矛盾,可谓高校内部矛盾。这两个基本矛盾,集中表现为两个冲击:一个是社会对高校冲击,一个是科学对人文冲击。

社会对高校冲击,近百年来,具体化为前八十年的政治冲击,后二十年的经济冲击。先讨论这两种社会冲击。

前八十年中,面对政治冲击,曾经出现三种对策。一种对策是严禁高校议政,镇压学生运动。一种是发展学生运动,使之成为"第二战线",直至"停课闹革命",高校只有一个"无产阶级专政专业"。还有一种对策,可谓"政学分工"[①]:志愿投身政治的师生,或上前线,或去延安,听其自便,留校师生则保持安定,发愤教学,发愤研究,发愤著作,作为对政治冲击的最佳回应。三种对策,哪一种的高等教育效果(是说"高等教育"效果)最好呢?只有最后这一种:既出了高级革命人物,又出了诺贝尔奖得主,一般毕业生也有真才实学。

后二十年中,特别是近十五年来,面对经济冲击,虽有个别人提出将市场经济机制引入高校,几乎无人理睬,实际对策仍是"分工":下海的只管下海去,不下海就留下好好教学,好好研究。

这种"分工"论,其中国历史的根据,就是《春秋左传》僖公二十八年(前632)的"不有居者,谁守社稷?不有行者,谁扞牧圉?"引用此语以为对策,始见于民国二十年(1931)十一月二十三日《国立清华大学校务

---

[①] 蔡元培曾说"救国必须分工",见《蔡元培年谱》(1980年中华书局版)108页所载复汪兆铭函。

会议布告》①。但此项对策的精神,则此前此后皆有其体现,不限于此布告。

《左传》此言,本是卫国共赴国难之策:一部分人留下以"守社稷",一部分出走以"扞牧圉"。分工配合,获得成功。这种分工论遂为后人因应危机每每采取的对策。程婴、杵臼②,其例一也。伍尚、伍员③,其例二也。谭嗣同、梁启超,其例三也。方戊戌政变,嗣同语启超曰:"不有行者,无以图将来;不有死者,无以酬圣主。今南海之生死未可卜,程婴、杵臼、月照、西乡,吾与足下分任之。"语在梁启超著《谭嗣同传》,更是自觉运用卫人分工之策。

分工论的现实根据,貌似复杂,实则简单:高校不是市场,市场不是高校;二者关系无论如何密切,也不应当将高校办成市场,将市场办成高校。经济如此,政治亦然。总而言之,可有互相影响,不应互相代替。"代替"尚易识别,"影响"颇难掌握,但是再难也要掌握,"难"不等于"不可能"。

再说科学对人文冲击,也就是西方科学对中国人文冲击。

中国人文的伦理道德,首当其冲。中国人文的伦理道德,在帝制时代,基本内容是"三纲"(君为臣纲,父为子纲,夫为妻纲)"五常"(仁、义、礼、智、信),今讨论三纲。

什么是纲?不必下定义了,你就从"以阶级斗争为纲"时代去体验"纲"的意义吧。现在"去古未远",或是你的"所见世",或是你的"所闻世",不难了解。

三纲的发展是一个历史过程。三纲本是处理君臣关系、父子关系、夫妻关系的原则,在孔子时代这些原则还远远不是"三纲"。处理君臣关系,孔子主张"君使臣以礼,臣事君以忠"(《论语·八佾》),是双向的,不是片面的。处理父子关系,孔子主张行孝道,同时主张"父有争子,则

---

① 此布告载于《国立清华大学校刊》第 338 期,是冯友兰教授为清华大学校务会议起草的,故收入冯著《三松堂教育文集》,编入《三松堂全集》第十三卷。

② 详见《史记·赵世家》。

③ 详见《史记·伍子胥列传》。

身不陷于不义","当不义则争之,从父之令,又焉得为孝乎"(《孝经·谏诤》),反对无条件地"从父之令"。处理夫妻关系,孔子并未主张从一而终,他本人离过婚,他的孙子孔伋(子思)也离过婚(均见《礼记·檀弓》,"伯鱼之母死"章,"子上之母死"章)。汉代出现纬书,其中《礼纬·含文嘉》云:"三纲云:君为臣纲,父为子纲,夫为妻纲",这才有"三纲"之说。其极端发展,便有例如北宋理学家的"饿死事极小,失节事极大"①之说。以理杀人,礼教吃人,这种人文流弊,不冲击还行吗!当然要大冲击而特冲击。西方科学,例如进化论,被用来进行冲击,太好了。为了救亡图存,中国必须引进西方科学。为了引进西方科学,中国必须为西方科学提供生存环境。为了给西方科学提供生存环境,中国必须冲击人文流弊,这些流弊既反人类,又反科学,人类、科学不可能与之并存,这叫做生存(存在)的不可入性(unpenetrability)。在你住房里安放一台进口原装电冰箱,首先要把安放它的场子清理一番。这种"清场"工作,在引进西方科学时更为复杂,更为艰难,首先表现为西方科学对中国人文的冲击。

从五四新文化运动到"文化大革命",贯串着西方科学对中国人文冲击,或者是假借西方科学名义对中国人文冲击。其中与本书现在的讨论最为切题的,是民国十二年(1923)的科玄论战,所以在此稍加反省。

论战是由张君劢此年 2 月 14 日在清华学堂(留美预备学校)的讲演引起的,讲演题为《人生观》,全文发表在《清华周刊》第二七二期。讲演的意思集中为一点:科学不能解决人生观问题,人生观问题只有玄学(metaphysics)能解决。这就是张君劢诨名"玄学鬼"的由来。

论战的对方主将是丁文江。论战的总结,就是论战文章汇编《科学与人生观》一书的两篇《序》,一篇作者是陈独秀,一篇作者是胡适。丁文江是地质学家,主张只有科学能够解决人生观问题。陈独秀也主张

---

① 《河南程氏遗书》卷二十二下"伊川先生语"云:"问:或有孤孀贫穷无托者,可再嫁否?曰:只是后世怕寒饿死,故有是说,然饿死事极小,失节事极大。"(《二程集》中华书局 1984 年版第 301 页)

只有科学能够解决人生观问题,但这个科学就是唯物史观,所以丁文江讲的也不够科学。胡适则主张实验主义(pragmatism)的科学主义,不仅主张只有科学能够解决人生观问题,而且主张科学之外无学问。1960年4月10日胡适说:"前几天,高平子的孙儿来,他引张载的'为天地立心,为生民立命,为往圣继绝学,为万世开太平'四句空洞的话。我问他:'怎么叫"为天地立心"?你解说给我听。'我对他说:'你的祖父是学天文的,你不应该再引这些不可解的话。'"①以张载四句为"空洞的话",为"不可解的话",那还有什么人文学问可言!这是最标准的科学冲击人文。

科学冲击人文,还具体表现为"专"冲击"通",智育冲击德育,不一而足,不必多说。

人生观属于人文问题。人文问题不可能用科学解决,正如科学问题不可能用人文解决。近百年来,试图用科学解决人文问题,种种努力,终归失败。换句话说,面对科学对人文的冲击,尚无成功的对策。现在开始觉悟:人文问题只能用人文解决,不能用科学解决。中国高等教育史的"人文"阶段,有几千年用人文解决人文问题的经验。中国高等教育史的"科学"阶段,西方高等教育史的"科学"阶段,都有用科学不能解决人文问题的经验。这些经验使人们觉悟:人文问题只能用人文解决,不能用科学解决。这也是本书对张君劢《人生观》讲演稍加反省的结果。所以处理高等学校内部基本矛盾即科学与人文的矛盾,只有用人文解决人文问题,用科学解决科学问题,才是正确的对策。若要如此,则高等学校以至高等教育总体必须进入"人文·科学"阶段。

用人文解决人文问题,这个意思,张君劢是以"人生观"为题将它说出的第一人,功不可没。用人文解决人文问题,这项事业,蔡元培、梁漱溟、熊十力、马一浮、冯友兰都有重大贡献,使中国人文仍能不绝如缕。尤以梁漱溟如中流砥柱,岿然独立。

---

① 见《胡适之先生晚年谈话录》,友谊出版公司1993年北京第1版第64页。

## 第六节　蔡元培的简历和道家境界

蔡元培(1868—1940),小字阿培,入私塾取名元培,字鹤卿,改字仲申,别号鹤顾。在爱国学社时取号民友;至主编《警钟》日报,则曰"吾亦一民耳,何谓民友",乃取"周余黎民,靡有孑遗"①两句中各一字,改号孑民。浙江山阴(今属绍兴)人。十七岁进秀才,十八、十九岁当塾师,二十三岁中举人,二十四岁会试告捷,试后早归,不及赶回北京应殿试,延至次科补试,二十六岁会进士,点翰林,二十八岁起任翰林院编修,至戊戌政变,对清廷绝望,同时认定变法失败在于没有教育人才,从此不做编修,献身教育事业,与时势会合,成为当代中国最伟大的教育家,中国共和时代高等教育的第一代表人物。戊戌(1898)之冬,任绍兴中西学堂监督(即校长);次年任剡山书院院长,兼丽泽书院院长;辛丑(1901)之秋,任南洋公学特班总教习;壬寅(1902)三月,组织中国教育会,被举为事务长(即会长),十月建爱国学社,被推为总理,其冬办爱国女学。甲辰(1904)冬成立光复会,被推为会长。乙巳(1905)秋秘密加入同盟会,为同盟会上海分部主盟员(即负责人)。丙午(1906)秋,到北京候派出国留学期间,在译学馆任教习,讲授国文和西洋史,译学馆属京师大学堂,实为服务于北京大学前身。丁未(1907)五月去德国,次年入莱比锡大学学习,持续四年,至辛亥(1911)十一月归国。民国元年(1912)一月三日任教育总长。同年冬,又到德国莱比锡大学听课、研究。民国二年(1913)六月返国参加反对袁世凯的"二次革命",十月往法国研究学术。民国四年(1915)六月与李煜瀛等在法国组织勤工俭学会。民国五年(1916)三月在巴黎被举为华法教育会会长(华方),十一月回国,十二月被民国大总统黎元洪任命为国立北京大学校长,次年(1917)一月四日到校视事,"综计我居北京大学校长的名义,十年有半;而实际在校办事,不过五年有半"(蔡元培著《我在北京大学的经历》②)。民国十六年

---

① 见《毛诗·大雅·云汉》。
② 见《东方杂志》第三十一卷第一号(1934年元旦出版)。

(1927)十月一日大学院成立,就任院长。民国十七年(1928)四月设立中央研究院,被任命为国立中央研究院院长。本年大学院改为教育部,中央研究院直属于国民政府,从此蔡元培专任国立中央研究院院长。民国二十一年(1932)十二月十七日与宋庆龄等在上海组织中国民权保障同盟,被推为副主席,宋庆龄被推为主席。民国二十六年(1937)底由上海迁居香港养病。民国二十九年(1940)一月十一日致函中央研究院评议会秘书翁文灏,授翁以最后决定之权,函云:"我既不能到重庆,若在港决定,或有疑点,苦无可以请教之人;今谨以最后决定之权奉托先生执行;先生如有疑问,征求其他六先生之意见较易也。"三月五日于香港逝世。有人于悼念之余,说蔡先生若死在重庆,才是中华民族国难象征。呜呼!何其苛也。

蔡元培一生学历和主要职务,略如上述。与本书关系最为密切的只有两个职务,一是教育总长,一是北京大学校长。以下几节,围绕他这两个职务,讨论他的教育思想与相关制度。

就总体而言,蔡元培的思想,表层是儒家,深层是道家;所受西方影响主要是康德哲学与美学。这个总体估计,只有"深层是道家"一点是本书新说,其他与时论无异。蔡元培的思想,深层是道家,最确凿的证据,是他《不肯再任北大校长的宣言(民国八年六月十五日)》,全文如下:

(一)我绝对不能再作那政府任命的校长:为了北京大学校长是简任职,是半官僚性质,便生出那许多官僚的关系,那里用呈,那里用咨,天天有一大堆无聊的照例的公牍。要是稍微破点例,就要呈请教育部,候他批准。什么大学文、理科叫作本科的问题,文、理合办的问题,选科制的问题,甚至小到法科暂省学长的问题,附设中学的问题,都要经那拘文牵义的部员来斟酌。甚而部里还常常派了什么一知半解的部员来视察,他报告了,还要发几个训令来训饬几句。我是个痛恶官僚的人,能甘心仰这些官僚的鼻息么?我将进北京大学的时候,没有想到这一层,所以两年有半,天天受这个苦痛。现在苦痛受足了,好容易脱离了,难道还肯投入去么?

（二）我绝对不能再作不自由的大学校长：思想自由，是世界大学的通例。德意志帝政时代，是世界著名开明专制的国，他的大学何等自由。那美、法等国，更不必说了。北京大学，向来受旧思想的拘束，是很不自由的。我进去了，想稍稍开点风气，请了几个比较的有点新思想的人，提倡点新的学理，发布点新的印刷品，用世界的新思想来比较，用我的理想来批评，还算是半新的。在新的一方面偶有点儿沾沾自喜的，我还觉得好笑。那知道旧的一方面，看了这点半新的，就算"洪水猛兽"一样了。又不能用正当的辩论法来辩论，鬼鬼祟祟，想借着强权来干涉。于是教育部来干涉了，国务院来干涉了，甚而什么参议院也来干涉了，世界有这种不自由的大学么？还要我去充这种大学的校长么？

（三）我绝对不能再到北京的学校任校长：北京是个臭虫窠（这是民国元年袁项城所送的徽号，所以他那时候虽不肯到南京去，却有移政府到南苑去的计画）。无论何等高尚的人物，无论何等高尚的事业，一到北京，便都染了点臭虫的气味。我已经染了两年有半了，好容易逃到故乡的西湖、鉴湖，把那个臭气味淘洗净了。难道还要我再作逐臭之夫，再去尝尝这气味么？

我想有人见了我这一段的话，一定要把"我不入地狱，谁入地狱"的话来劝勉我。但是我现在实在没有到佛说这句话的时候的程度，所以只好谨谢不敏了。

《宣言》全文已完，还附有以"爱蔡子民者"名义写的《启》，对理解《宣言》极有帮助，全录如下：

### 附：爱蔡子民者启

右宣言闻尚是蔡君初出京时所草，到上海后，本拟即行宣布，后因北京挽留之电，有友人劝其婉复，免致以个人去留问题与学生所争政治问题，永结不解之缘，故有以有条件的允任维持之电，后来又有卧病不行之电，均未将真意说出。闻其意,无论如何,决不回校也。鄙人抄得此宣言书,觉与北京各报所载启事,及津浦车站告友之言,均相符合,必是蔡君本意。个人意志自由,本不可以多数压制之,且为社会上留此一个干净人,使不与政治问题发生关系,亦是好事。故特为宣布,以备挽留蔡君者之参考焉。爱蔡子民者启

据蔡元培著作编者高平叔注:"此件因从弟蔡元康劝阻,未公开发表。""据蔡元培手稿"编入《蔡元培全集》第三卷①,手稿包括《宣言》和《启》。由《启》可知,前此各电"均未将真意说出","此宣言书"才是"蔡君本意"。

本书如获至宝!算是找到了蔡元培内心世界即精神境界的赤条条的自白。人生在世,尘网重重,几回"将真意说出"?惟有陷入危机即生死关头,方能显现,"时穷节乃见"②,正谓此。当时蔡元培陷入一生中最严重的危机。民国八年(1919)五月十七日天津《益世报》报道:蔡元培在天津车站谈,"八月午后,有一平日甚有交谊而与政府接近之人又致一警告谓:君何以尚不出京?岂不闻焚烧大学、暗杀校长等消息乎?我曰:诚闻之,然我以为此等不过反对党恫吓之词,可置之不理也。其人曰:'不然,君不去,将大不利于学生。在政府方面,以为君一去,学生实无能为,故此时以去君为第一义。君不闻此案已送检察厅,明日即将传讯乎?彼等决定:如君不去,则将严办此等学生,以陷君于极痛心之境,终不能不去。如君早去,则彼等料学生当无能为,将表示宽大之意敷衍之,或者不复追究也。'我闻此语大有理。好在辞呈早已预备,故即于是晚分头送去,而明晨速即离校,以保全此等无辜之学生。"另据顾颉刚回忆:"五月四日学生游行示威之后,段祺瑞的有力助手、陆军次长徐树铮就命令他的部队,把大炮架在景山上,炮口对准北大示威。在这样严酷的压迫下,蔡先生只好剃掉了留长的胡子,混上了火车"③,离开北京。最严重的危机产生蔡元培内心世界即精神境界赤条条的自白。

---

① 由中华书局于1984年出版。
② 文天祥《正气歌》句。
③ 顾颉刚著《蔡元培先生与五四运动》,政协北京市委《文史资料选辑》1979年第9期。

读这篇内心自白的《宣言》,若能由"言"得"意",得"意"忘"言",就会理解:通篇皆庄子之意。第一条痛恶官僚,得庄子却聘之意(见《庄子·秋水》);第二条酷爱自由,得庄子逍遥之意(见《庄子·逍遥游》);第三条厌恶京师,得庄子鹓鶵之意(见《庄子·秋水》)。可以设想:使庄子复生,草此宣言,亦不过如此。

由此可见,蔡元培的内心世界即精神境界,是庄子即道家的境界。这是一把钥匙,只有这把钥匙,可以打开蔡元培的意志、感情、思想、言论、行为作为精神整体的宝库。在高等教育方面,没有道家的境界,就没有蔡元培的"兼容并包"精神。一位科举出身的翰林院编修,竟能兼容并包中西文化,直至自己宣讲马克思的科学社会主义①,若无道家精神境界,这就无法从内心世界解释和理解了。若只有儒家思想,这就是根本不可能的。

## 第七节 论《教育独立议》

蔡元培既有道家精神境界,就势必提出《教育独立议》。他果真于民国十一年(1922)三月提出此议,发表于《新教育》第四卷第三期。当时统治民国的是北洋军阀及其政府,此议当然有针对北洋军阀的意义。此议是不是只有针对北洋军阀的意义呢?还是看此议本文吧。此议本文如下:

> 教育是帮助被教育的人,给他能发展自己的能力,完成他的人格,于人类文化上能尽一分子的责任;不是把被教育的人,造成一种特别器具,给抱有他种目的的人去应用的。所以,教育事业当完全交与教育家,保有独立的资格,毫不受各派政党或各派教会的影响。
>
> 教育是要个性与群性平均发达的。政党是要制造一种特别的群性,抹杀个性。例如,鼓励人民亲善某国,仇视某国;或

---

① 据民国二十二年(1933)三月十四日《申报》报道,为纪念马克思逝世五十周年,上海青年会主办科学社会主义讲座,蔡元培主讲第一讲。

用甲民族的文化,去同化乙民族。今日的政党,往往有此等政策,若参入教育,便是大害。教育是求远效的;政党的政策是求近功的。中国古书说:"一年之计树谷,十年之计树木,百年之计树人。"可见教育的成效,不是一时能达到的。政党不能常握政权,往往不出数年,便要更迭。若把教育权也交与政党,两党更迭的时候,教育方针也要跟着改变,教育就没有成效了。所以,教育事业不可不超然各派政党以外。

教育是进步的:凡有学术,总是后胜于前,因为后人凭着前人的成绩,更加一番功夫,自然更进一步。教会是保守的:无论什么样尊重科学,一到《圣经》的成语,便绝对不许批评,便是加了一个限制。教育是公同的:英国的学生,可以读阿拉伯人所作的文学;印度的学生,可以用德国人所造的仪器,都没有什么界限。教会是差别的:基督教与回教不同;回教又与佛教不同。不但这样,基督教里面,又有长老会、浸礼会、美以美会等等派别的不同。彼此谁真谁伪,永远没有定论。止好让成年的人自由选择,所以各国宪法中,都有"信仰自由"一条。若是把教育权交与教会,便恐不能绝对自由。所以,教育事业不可不超然于各派教会以外。

以上是《教育独立议》讲理由的部分,接着是讲办法的部分。先讨论上述理由。

第一段是总纲,从思想到语言都是西方的,例如康德的。康德说:"有理性的存在者则称为人格,因为他们本性证明他们本身是目的,不是单纯能利用为手段的。"①蔡元培主张教育完成"人格",反对教育造成"器具",这些意思,康德这句话里都有了。蔡元培是把康德这些意思嫁接在道家砧木上。《老子》说"道法自然"(第二十五章),意味着教育养成人格;《庄子》说"残朴以为器,工匠之罪也"(《马蹄》),意味着反对教育造成器具。这都是道家砧木所在。

---

① 华特生《康德哲学原著选读》245页,韦卓民译本,商务印书馆1987年版209页。此语见于康德《道德形而上学探本》第二节。译文的着重号是原文就有的。

蔡元培的这个总纲对不对呢？本书的讨论诉诸历史，不诉诸逻辑。中国大陆"文革"前曾有一段是"驯服工具论"轰轰烈烈的历史。驯服工具论反对"人"格，主张当驯服工具，与蔡元培的总纲针锋相对，绝对矛盾：此对则彼错，此错则彼对（至此又诉诸逻辑了）。"文革"总体是错的，而批判驯服工具论是对的。批判驯服工具论是对的，就意味着蔡元培的总纲是对的。历史终于认错了。

当然还要具体分析具体情况。《教育独立议》第二段说教育独立于政党，并未说教育独立于政治；第三段说教育独立于教会，并未说教育独立于宗教。这些问题都必须根据蔡元培的具体历史而具体分析以讨论之。

第二段根据的具体历史是"两党更迭"的历史。由于"两党更迭"，所以"教育方针也要跟着改变"，而"政党的政策是求近功的"，"政党是要制造一种特别的群性，抹杀个性"。当时是民国十一年三月，蔡元培没有看到，恐亦没有想到，刚刚成立了九个月的中国共产党，经过二十八年的奋斗，全面领导着无产阶级专政的中华人民共和国，结束了"两党更迭"的历史。中国共产党是执政党，中国的其他民主党派都是中国共产党领导下的参政党，结束了"两党更迭"的可能。结束了"两党更迭"的历史与可能，则教育独立于政党之议就没有根据、没有意义了。蔡元培敢于向各派政党挑战，提出教育独立于各派政党，这个敏感的政治问题，被1949年中华人民共和国的成立一笔勾销了。

其实蔡元培在世之时，中国已出现一次貌似结束"两党更迭"历史的局面，这就是中国国民党于民国十六年（1927）在南京成立了国民政府。蔡元培以中华民国大学院院长身份，拟定《中华民国教育宗旨》："中国国民党以三民主义建国，应以三民主义施教。从前所颁布之教育宗旨，自不适用。今特仰遵总理遗教，根据教育原理，订定中华民国教育宗旨如左"①云云。蔡元培以为不再"两党更迭"了，自己将教育独立于各派政党的建议一笔勾销了，只讲中国国民党的三民主义教育了。

---

① 时在民国十七年（1928）八月十七日，见《大学院公报》第一年第九期。

所以我在上文说,蔡元培并未说教育独立于政治。

我在上文还说,蔡元培说教育独立于各派教会,并未说教育独立于宗教。蔡元培一贯主张美育代宗教,是其教育思想的重要特色,将以专节讨论之。美育永远需要,意味着宗教所解决的问题永远存在。因为美育所解决的问题,论其根本,就是宗教所解决的问题。

现在继续讨论蔡元培《教育独立议》的办法部分。他接着前面的引文写道:

> 但是,什么样可以实行超然的教育呢?鄙人拟一个办法如下:
>
> 分全国为若干大学区,每区立一大学;凡中等以上各种专门学术,都可以设在大学里面,一区以内的中小学校教育,与学校以外的社会教育,如通信教授、演讲团、体育会、图书馆、博物院、音乐、戏剧、影戏……与其他成年教育、盲哑教育等等,都由大学办理。
>
> 大学的事务,都由大学教授所组织的教育委员会主持。大学校长,也由委员会举出。
>
> 由各大学校长,组织高等教育会议,办理各大学区互相关系的事务。
>
> 教育部,专办理高等教育会议所议决事务之有关系于中央政府者,及其他全国教育统计与报告等事,不得干涉各大学区事务。教育总长必经高等教育会议承认,不受政党内阁更迭的影响。
>
> 大学中不必设神学科,但于哲学科中设宗教史、比较宗教学等。
>
> 各学校中,均不得有宣传教义的课程,不得举行祈祷式。
>
> 以传教为业的人,不必参与教育事业。
>
> 各区教育经费,都从本区中抽税充用。较为贫乏的区,经高等教育会议议决后,得由中央政府拨国家税补助。
>
> [注]分大学区与大学兼办中小学校的事,用法国制。

大学可包括各种专门学术,不必如法、德等国别设高等专门学校,用美国制。

大学兼任社会教育,用美国制。

大学校长由教授公举,用德国制。

大学不设神学科,学校不得宣传教义与教士不得参与教育,均用法国制。瑞士亦已提议。

抽教育税,用美国制。

蔡元培这套办法,使教育成为独立王国,"不受政党内阁更迭的影响"。后来中国国民党一党执政,虽有"内阁更迭",但非"政党内阁更迭",蔡元培这套办法就没有存在的根据了,在河北、江苏、浙江试了一年就草草收场了。就连大学院也取消了,仍设教育部总管全国教育了。不过这套办法确是蔡元培学习西方教育的成果,包含他自己多年办教育(从总管全国到主持一校)的体验,集中到一点,就是教授治校,这是其教育思想又一重要特色,亦将以专节讨论之。

蔡元培这套办法"成败利钝未可逆睹"之时,毛泽东等办起了湖南自修大学。蔡元培说:

我近来读到《湖南自修大学组织大纲》[①],他的注重研究,注重图书馆、实验室,全与我的理想相合,我喜欢得了不得。他们要我题词,我曾经题了几句文言,如今抄在下面:

"吾国教育家,托始孔、墨。孔子以德行、言语、政治、文学,为专门学。墨子虽无所标榜,而自其所著书求之,包有科学、哲学及兵家技巧之学,盖亦由各弟子分门修习者。其后汉师授经,宋儒讲学,科目较隘,形式粗同。有清之季,书院最盛。考据词章之学,率以书院为中心,如直隶之莲池、四川之尊经、浙江之诂经、江苏之南菁、广东之广雅,其最著者矣。近二十年,取法欧美,建设学校,偏重分班授课、限年毕业之制。书院旧制,荡焉无存。大学规程,虽有研究所之目,而各地方

---

① 《湖南自修大学组织大纲》,见《蔡元培全集》(中华书局1984年版)第四卷第247页以下。

讲授学术之所，多及专门学校而止。即有大学，亦仅为毕业之准备；至于极深研几之业，未遑及也。不知西方学制，实用精研，并无偏废。希腊哲人，自设学院（Academie），提撕答辩，类似孔墨。今之大学，悉有各种研究所（Institut），以资教员、毕业生与高材生之研究。大学以外，又有公立或私立之特别研究所，以资专门学者之研究，初不拘拘于分班限年之制也。方今各省皆有建设大学之议，若广列科目，同时并举，师资既非易得，经费亦难猝筹，成立之缓，半由于此。湖南学者乃有自修大学之创设，购置书器，延聘导师，因缘机会，积渐扩张，要以学者自力研究为本旨，学术以外无他鹄的。合吾国书院与西洋研究所之长而活用之，其诸可以为各省新设大学之模范者欤？"

吾实在觉得他们自修大学的组织可以为各省的模范；内部的组织法，当然可以随地变通；他们的主义，实在是颠扑不破的。所以，特地郑重的在《新教育》上介绍一回，并且预先叙述我个人的意见，作为说明。

蔡元培此文题为《湖南自修大学的介绍与说明》①，开头就说："我对于发展我国教育的方法，主张仿法国制分全国为若干大学区；一区有一所大学，全区的教育事业都由大学办理。曾在本杂志第四卷第三期所载的《教育独立议》说了一点。"可见蔡元培将自修大学当作实现他的教育独立议的组织形式，所以"喜欢得了不得"。

他还说：

我的观察，一地方若是没有一个大学，把有学问的人团聚在一起，一面研究高等学术，一面推行教育事业，永没有发展教育的希望。

大学所以难办的缘故，因为筹备大学的人把他的性质看错了。大学本来以专门研究为本位，所有分班讲授，不过指导

---

① 此文作于民国十一年（1922）八月，发表于《新教育》第五卷第一期。

研究的作用。我们只看日本的大学,重在各科讲义,限年毕业。又看见美国的大学,把个研究科别设一级,得了学士的学位后,才能进去。就当大学是以分班讲授为主体。专门研究的有无,可以随便了。那知道欧洲的大学,还是偏重研究。英国牛津、剑桥两大学,听讲的事,很随便。学生全是自己用功。若干学生必有一个专科的导师。应读什么书?应什么样的研究?有什么疑义,研究的有什么结果,都是在师生谈话间随时指导,并不在讲堂上。德、法等国的大学,杂然于分班讲授的形式也颇注重;但每科学问,必有一种研究所。有许多教员,是终身在所研究的。学生程度稍高了,也没有不进所研究的。所以一个大学,若是分班讲授与专门研究能同时并进,固然最好;若不能兼行,与其专做分班讲授的机关,还不如单做专门研究的设备,所费较少,成效更大。

由此可见,湖南自修大学正是蔡元培寻求的组织形式。"他们的主义,是颠扑不破的",其实是印证了蔡元培的主义,是颠扑不破的。

蔡元培从古今中外的历史经验及其比较,看待湖南自修大学这个新生事物,向中国的大学提出一系列严肃的甚至严重的根本问题:怎样才有希望发展教育?怎样摆正专门研究与分班讲授的地位?他希望二者同时并进,若不可得兼,则取前者而舍后者。此乃石破天惊、震聋启聩、椎心泣血之谈,值得今天好生研究,惜本书未能展开研究。

蔡元培早在民国九年(1920)四月十五日《在北京高等师范学校"教育与社会"社演说词》①中就曾说:"胡适之先生提倡'纯自由学校',无一定校所,无上课形式,欲学某科,找得精于某科者为导师,由导师指定数种书籍,自由研究,质疑问难而已。我想这样办法,比现行年级制、划一制,可以发展个性。"已经是他介绍自修大学时所说的意思了。四十年后,胡适写了《美国医学教育与大学教育的改造者弗勒斯纳先生》②一

---

① 见《蔡元培全集》(中华书局1984年版)第三卷第395页。
② 见台北《自由中国》第21卷第10期(1959年11月16日)。编入《胡适散文(四)》,中国广播电视出版社1992年版第241页以下。

文,说弗氏(A. Flexner,1866—1959)采用德国大学和英国牛津、剑桥两大学自由研究的精神,于 1930 年在普林斯顿创立 Institute for Advanced Study(高深学术研究所),没有课程表,没有上课时间,没有实验室,没有原子炉,连一台计算机也不要;有的是第一流的大师(如爱因斯坦),有的是第一流的研究人才(如杨振宁、李政道、陈省身、吴大猷、林家翘),有的是自由思考、自由辩论、自由谈话的气氛和机会。可见蔡元培所说美国只重分班讲授的状况后来已改变了。蔡元培所说日本只重分班讲授的状况后来也在变。当前(1996 年)日本正在进行空前的大学改革。我问日本哲学家针生清人教授他怎么改革。他说第一件事就是把电子计算机搬出哲学研究室!① 虽是笑谈,却也反映他与弗勒斯纳同一路向。

本书赞同蔡元培对《湖南自修大学组织大纲》的评价。本书尤其敬佩《湖南自修大学组织大纲》"第一章:宗旨及定名"即"第一条"的提法,此条全文是:"本大学鉴于现在教育制度之缺失,采取古代书院与现代学校二者之长,取自动的方法,研究各种学术,以期发明真理,造就人才,使文化普及于平民,学术周流于社会。由湖南船山学社创设,定名'湖南自修大学'。"本书对此条有两点理解:(一)其精神(是说"精神",犹蔡元培所说"主义")与蔡元培的教育理想一致;(二)其形式(采古代书院与现代学校二者之长,救现行教育只重分班讲授不重自动研究之弊)可能在当前兴起的人文教育复兴运动中,重新被人发现,发挥其独到的历史作用。

## 第八节 论《对于教育方针之意见》

蔡元培是中国共和时代第一位教育总长。民国元年(1912)二月十日他发表《对于教育方针之意见》②,指出:"满清时代,有所谓钦定教育

---

① 针生清人访问华中理工大学高等教育研究所时便宴席间闲话(1996 年 8 月 23 日)。
② 此文载于《临时政府公报第十三号》,编入《蔡元培全集》第二卷第 130 页以下。本节以下引文皆出于此文。

宗旨者,曰忠君,曰尊孔,曰尚公,曰尚武,曰尚实。忠君与共和政体不合,尊孔与信教自由相违(孔子之学术,与后世所谓儒学、孔教当分别论之。嗣后教育界何以处孔子,及何以处孔教,当特别论之,兹不赘),可以不论。尚武,即军国民主义也。尚实,即实利主义也。尚公,与吾所谓公民道德,其范围或不免有广狭之异,而要为同意。惟世界观及美育,则为彼所不道,而鄙人尤所注意,故特疏通而证明之,以质于当代教育家,幸教育家平心而讨论焉。"

蔡元培提出教育"五主义":军国民主义,实利主义,德育主义,世界观,美育主义。他说"五者皆今日之教育所不可偏废者也。军国民主义、实利主义、德育主义三者为隶属于政治之教育。世界观、美育主义二者,为超轶政治之教育"。他认为:"专制时代,教育家循政府之方针以标准教育,常为纯粹之隶属政治者。共和时代,教育家得立于人民之地位以定标准,乃得有超轶政治之教育。"如此说来,则世界观、美育主义二者乃共和时代所特有,故蔡元培本人"尤所注意"。他说的美育主义或美育,与当前有些人说的美育,基本相同。他说的世界观,与当前有些人说的世界观,基本不同。怎么不同呢?以下略为说明。

蔡元培说:

> 盖世界有二方面,如一纸之有表里:一为现象,一为实体。现象世界之事为政治,故以造成现世幸福为鹄的;实体世界之事为宗教,故以摆脱现世幸福为作用。而教育者,则立于现象世界,而有事于实体世界者也。故以实体世界之观念为其究竟之大目的,而以现象世界之幸福为其达于实体观念之作用。
>
> 然则现象世界与实体世界之区别何在耶?曰:前者相对,而后者绝对;前者范围于因果律,而后者超轶乎因果律;前者与空间时间有不可离之关系,而后者无空间时间之可言;前者可以经验,而后者全恃直观。故实体世界者,不可名言者也。然而既以是为观念之一种矣,则不得不强为之名,是以或谓之道,或谓之太极,或谓之神,或谓之黑暗之意识,或谓之无识之意志。其名可以万殊,而观念则一。虽哲学之流派不同,宗教

家之仪式不同,而其所到达之最高观念皆如是。

提撕实体观念之方法如何?曰,消极方面,使对于现象世界,无厌弃而亦无执着;积极方面,使对于实体世界,非常渴慕而渐进于领悟。循思想自由言论自由之公例,不以一流派之哲学一宗门之教义梏其心,而惟时时悬一无方体无始终之世界观以为鹄。如是之教育,吾无以名之,名之曰世界观教育。

蔡元培交代他所提出的世界观教育就是如此,够清楚了。他讲世界观是从两个世界讲起。在哲学史上,讲两个世界的哲学有的是,但蔡元培讲的基本上是康德的讲法,当然很有他自己的领悟,而且与《易传》的无方无体之说融会在一起了。蔡元培讲的世界观教育,目的在于受教育者领悟实体世界,唤醒("提撕")实体观念。由于"实体世界者,不可名言者也",所以世界观教育不能通过语言,只能通过美感。"美感者,合美丽与尊严①而言之,介乎现象世界与实体世界之间,而为津梁。此为康德所创造,而嗣后哲学家未有反对之者也。在现象世界,凡人皆有爱恶惊惧喜怒悲乐之情,随离合生死祸福利害之现象而流转。至美术则即以此等现象为资料,而能使对之者,自美感以外,一无杂念。例如采莲、煮豆,饮食之事也,而一入诗歌,则别成兴趣。火山赤舌,大风破舟,可骇可怖之景也,而一入图画,则转堪展玩。是则对于现象世界,无厌弃而亦无执著也。人既脱离一切现象世界相对之感情,而为浑然之美感,则即所谓与造物为友,而已接触于实体世界之观念矣。故教育家欲由现象世界而引以到达实体世界之观念,不可不用美感之教育。"这段话把美育也讲得够清楚了。

1949年以来,中国大陆重视世界观的教育和改造,也讲美育,与蔡元培讲的世界观教育和美育完全不是一码事。不过在中国教育史上,蔡元培是从教育方针的高度,提出世界观教育和美育的第一人。这大概无人否认吧。

蔡元培还提出"此五主义"在各教科所占的百分数。例如,"国语国

---

① 美丽,beauty,又译"优美";尊严,sublime,又译"壮美","崇高"。

文之形式,其依准文法者属于实利,而依准美词学者属于美感。其内容,则军国民主义当占百分之十,实利主义当占其四十,德育当占其二十,美育当占其二十五,而世界观则占其五"。

蔡元培还作了比较和分析:

以中国古代之教育证之,虞之时,夔典乐而教胄子以九德,德育与美育之教育也;《周官》以乡三物教万民,六德六行,德育也;六艺之射、御,军国民主义也;书、数,实利主义也;礼为德育,而乐为美育。

以西洋之教育证之,希腊人之教育为体操与美术,即军国民主义与美育也。欧洲近世教育家,如海尔巴脱氏(现通译为赫尔巴特)纯持美育主义。今日美洲之杜威派,则纯持实利主义也。

以心理学各方面衡之,军国民主义毗于意志;实利主义毗于知识;德育兼意志、情感二方面;美育毗于情感;而世界观则统三者而一之。

以教育界之分言三育者衡之,军国民主义为体育;实利主义为智育;公民道德及美育皆毗于德育;而世界观则统三者而一之。

以教育家之方法衡之,军国民主义、世界观、美育皆为形式主义;实利主义为实质主义;德育则二者兼之。

譬之人身:军国民主义者,筋骨也,用以自卫;实利主义者,胃肠也,用以营养;公民道德者,呼吸机、循环机也,周贯全体;美育者,神经系也,所以传导;世界观者,心理作用也,附丽于神经系,而无迹象之可求。此即五者不可偏废之理也。

以上比较分析,当以"以教育界之分言三育者衡之"一段最有教育学意义。分言三育之书,当以英国斯宾塞(Herbert Spencer,1820—1903)所著《EDUCATION:Intellectual,Moral and Physical》(《论教育:智育、德育与体育》,或简称《论教育》)一书为代表。此书共有四章,第一章题为"什么知识最有用?",第二章题为"智育",第三章题为"德育",第四章题为"体育"。蔡元培的"五主义",实际是由三育发展为五育。在中国,蔡元培特别强调的美育得到广泛赞同,而有德、智、体、美四育之说。

1982年12月4日中华人民共和国全国人民代表大会通过并公布施行的《中华人民共和国宪法》第四十六条全文云：

中华人民共和国公民有受教育的权利和义务。国家培养青年、少年、儿童在品德、智力、体质等方面全面发展。

《宪法》有关教育的条文不止此条，但此条是最集中的一条。此条提法与措词极其精确，反映中国人民的教育思想与教育方针大有进步。此条表明：德、智、体是教育的三个"方面"，而不是"三育"；正如精神文明、物质文明是文明的两个"方面"，而不是"两个文明"。文明就是一个，而有精神文明、物质文明两个方面；教育就是一个，而有德、智、体等等方面。把德、智、体等当作一个教育的几方面，把德、智、体当作"三育"即三个教育，两者很不相同。表现在看问题、出主意、做工作上面很不相同。有人说，你这是咬文嚼字。如此重要的文字若不咬不嚼，还讲什么教育，还讲什么法律。

## 第九节　蔡元培的"大学"观念

蔡元培对于"大学"的观念，具有代表性。蔡氏对于"大学"的观念有前期与后期的区别：前期观念影响很大，但需要澄清；后期观念全面平实，但未受注意。前期观念集中表现于《大学令》[①]和《就任北京大学校长之演说》[②]，后期观念集中表现于《大学教育》[③]一文，兹分别论述之如下。

蔡元培起草的《大学令》，是民国元年(1912)十月二十四日作为"教育部部令第十七号"发布的。其第一条全文云："大学以教授高深学术，养成硕学宏材，应国家需要为宗旨。"突出了"教授高深学术"。当时教

---

[①] 见《教育杂志》第四卷第十号，编入《蔡元培全集》第二卷，中华书局1984年版第283页以下。

[②] 见《东方杂志》第十四卷第四号，《蔡元培全集》第三卷，第5页以下。

[③] 见《教育大辞书》的《大学教育》条，商务印书馆1930年版，编入《蔡元培全集》第五卷。

育思想混乱污浊，《大学令》令人耳目一新，又有"部令"权威，所以很有影响。

民国六年（1917）一月九日蔡元培作《就任北京大学校长之演说》，提出"大学者，研究高深学问者也"，发展了《大学令》中"教授高深学术"的提法，由于蔡氏德高望重，所以影响更大。

于是人们普遍接受"大学者，研究高深学问者也"这条著名的定义，很少人通读（更不用说读通）蔡氏演说全文，所以需要澄清。

本书不必在此全抄蔡氏演说，只抄演说"三事"的第一事：

> 一曰抱定宗旨。诸君来此求学，必有一定宗旨，欲求宗旨之正大与否（涂按："与否"二字疑衍文），必先知大学之性质。今人肄业专门学校，学成任事，此固势所必然。而在大学则不然，大学者，研究高深学问者也。外人每指摘本校之腐败，以求学于此者，皆有做官发财思想，故毕业预科多入法科，入文科者甚少，入理科者尤少，盖以法科为干禄之终南捷径也。因做官心热，对于教员，则不问其学问之浅深，惟问其官阶之大小。官阶大者，特别欢迎，盖为将来毕业有人提携也。现在我国精于政法者，多入政界，专任教授者甚少，故聘请教员，不得不聘请兼职之人，亦属不得已之举。究之外人指摘之当否，姑不具论，然弭谤莫如自修，人讥我腐败，而我不腐败，问心无愧，于我何损？果欲达其做官发财之目的，则北京不少专门学校，入法科者尽可肄业法律学堂，入商科者亦可投考商业学校，又何必来此大学？所以诸君须抱定宗旨，为求学而来。入法科者，非为做官；入商科者，非为致富。宗旨既定，自趋正轨，诸君肄业于此，或三年，或四年，时间不为不多，苟能爱惜分阴，孜孜求学，则其造诣，容有底止。若徒志在做官发财，宗旨既乖，趋向自异。平时则放荡冶游，考试则熟读讲义，不问学问之有无，惟争分数之多寡；试验既终，书籍束之高阁，毫不过问，敷衍三四年，潦草塞责，文凭到手，即可借此活动于社会，岂非与求学初衷大相背驰乎？光阴虚度，学问毫无，是自

误也。且辛亥之役,吾人之所以革命,因清廷官吏之腐败。即在今日,吾人对于当轴多不满意,亦以其道德沦丧。今诸君苟不于此时植其基,勤其学,则将来万一为生计所迫,出而任事,担任讲席,则必贻误学生;置身政界,则必贻误国家。是误人也。误己误人,又岂本心所愿乎?故宗旨不可以不正大。此余所希望于诸君者一也。

带着现在要澄清的问题,通读上面这段话,便会发现,蔡元培在此所说的"大学",是与"专门学校"相对的,不包括专门学校的。蔡元培在此所说的大学,在他心目中是特指北京大学,若放宽些,是指北大型的大学,不包括专门学校。谁要做官,可以上法律学堂,不要上北大。谁要发财,可以上商业学校,也不要上北大。问题就来了:法律学堂,商业学校,这些专门学校,是中等学校,还是高等学校?联系下文看来,法律学堂与大学法科相当,商业学校与大学商科相当,应当是高等学校。既然都是高等学校,却将大学与专门学校相对而言,有什么意义呢?用意何在呢?意义在于,用意在于,在高等教育(即大学教育)内区分"学"与"术"。这是蔡元培的深意。这点深意,直到十七年以后,蔡元培才明白地说出来。

民国二十三年(1934)一月一日蔡元培发表《我在北京大学的经历》①一文,其中说:"我那时候有一个理想,以为文、理两科,是农、工、医、药、法、商等应用科学的基础,而这些应用科学的研究时期,仍然要归到文、理两科来"。"所以完全的大学,当然各科并设,有互相关联的便利。若无此能力,则不妨有一大学专办文理两科,名为本科②,而其他应用各科,可办专科的高等学校,如德、法等国的成例,以表示学与术的区别③"。在高等学校内区分"学"型与"术"型,将北京大学办成"学"型的"本科",是蔡元培的理想。

这显然只是高等学校之间分工结构的观念,不是大学教育总体的

---

① 见《东方杂志》第三十一卷第一号,编入《蔡元培全集》第六卷第 348 页以下。
② 此"本科"意为各科之本,即"应用科学的基础",不是与"预科"相对的本科。
③ 学与术的区别,即 pure science 与 applied science 的区别。

观念。

蔡元培对于大学教育总体的观念，则是见于《大学教育》一文的后期观念。《大学教育》是商务印书馆1930年出版的《教育大辞书》的"大学教育"条释文，要面向世界，不限中国，更不限北大。取同舍异，舍之又舍，只剩一点可取："大学教育者，学生于中学毕业以后，所受更进一级之教育也。"没有什么特色，不大受人注意。但在实践上，全世界都是这样做的，没有例外。蔡元培后期观念对大学教育下的这条定义，可谓全面平实。近来有人提出，高等教育是中等教育后的专业教育。是提"专业"好，还是提"更进一级"好？相比之下，蔡元培的定义，不仅全面平实，而且灵活，可以兼容。

《大学教育》一文虽只三千余字，然于中国高等教育史亦有扼要精辟论述："吾国历史上本有一种大学，通称太学；最早谓之上庠，谓之辟雍，最后谓之国子监。其用意与今之大学相类；有学生，有教官，有学科，有积分之法，有入学资格，有学位，其组织亦颇似今之大学。然最近时期，所谓国子监者，早已有名无实，故吾国今日之大学，乃直取欧洲大学之制而模仿之，并不自古之太学演化而成也。"而"欧洲各国大学，自牛津、剑桥而外，其中心点皆在智育"。皆不刊之论。中国于二十世纪初搬来了洋学堂，"其中心点皆在智育"。洋教堂的中心点则在德育。中国只搬洋学堂，不搬洋教堂，是完全正确的。但是谁管德育？几千年来中国有管德育的整套经验，历代相传，其中有一部分有人就有，与人同在，本应发扬，竟惨遭"批判"，德育遂成今日之局。呜呼！迷途知返，改弦更张，重振国学，此其时矣。

## 第十节 "思想自由"，"兼容并包"

蔡元培于民国八年(1919)三月十八日，即五四运动发生前四十八天，发表《致〈公言报〉函并答林琴南君函》①，最后一部分写道：

---

① 见《公言报》民国八年四月一日，编入《蔡元培全集》第三卷第267页以下。

至于弟①在大学,则有两种主张如下:

(一)对于学说,仿世界各大学通例,循思想自由原则,取兼容并包主义,与公②所提出之"圆通广大"四字,颇不相背也。无论为何种学派,苟其言之成理,持之有故,尚不达自然淘汰之运命者,虽彼此相反,而悉听其自由发展。此义已于月刊之发刊词言之,抄奉一览。

(二)对于教员,以学诣为主,在校讲授,以无背于第一种之主张为界限。其在校外之言动,悉听自由,本校从不过问,亦不能代负责任。例如复辟主义,民国所排斥也,本校教员中,有拖长辫而持复辟论者,以其所授为英国文学,与政治无涉,则听之。筹安会之发起人,清议所指为罪人者也,本校教员中有其人,以其所授为古代文学,与政治无涉,则听之。嫖、赌、娶妾等事,本校进德会所戒也,教员中间有喜作侧艳之诗词,以纳妾、狎妓为韵事,以赌为消遣者,苟其功课不荒,并不诱学生而与之堕落,则姑听之。夫人才至为难得,若求全责备,则学校殆难成立。且公私之间,自有天然界限。譬如公曾译有《茶花女》、《迦茵小传》、《红礁画桨录》等小说,而亦曾在各学校讲授古文及伦理学,使有人诋公为以此等小说体裁讲文学,以狎妓、奸通、争有夫之妇讲伦理者,宁值一笑欤?然则革新一派,即偶有过激之伦,苟与校课无涉,亦何必强以其责任归之于学校耶?

过了18年,到民国二十五年(1936),蔡元培"入此岁来已七十矣",乃撰《自写年谱》,又写了这一段生平得意之作:

我对于各家学说,依各国大学通例,循思想自由原则,兼容并包。无论何种学派,苟其言之成理,持之有故,尚未达自然淘汰之命运,即使彼此相反,也听他们自由发展。例如陈君介石、陈君汉章一派的文史,与沈君尹默一派不同;黄君季刚

---

① "弟":蔡元培自称。下同。
② "公":对林琴南的尊称。下同。

一派的文学,又与胡君适之的一派不同,那时候各行其是,若不相妨。①

这段话没有提到陈独秀(陈仲甫),下面引几段蔡元培谈到陈独秀的话,其时陈独秀已是国民政府监狱囚犯或出狱亦无自由了,许多人不敢沾边了,蔡元培却秉笔直书当年历史原貌。这是何等风格!

民国二十六年(1937)十二月蔡元培在《我在教育界的经验》②一文中说:

> 北大的整顿,自文科起。旧教员中如沈尹默、沈兼士、钱玄同君,本已启革新的端绪;自陈独秀君来任学长,胡适之、刘半农、周豫才、周岂明诸君来任教员,而文学革命、思想自由的空气,遂大流行。

民国二十三年(1934)一月一日蔡元培在《我在北京大学的经历》③一文中说:

> 民国五年冬,我在法国,接教育部电,促回国,任北大校长。……我到京后,先访医专校长汤尔和君,问北大情形。他说:"文科、预科的情形,可问沈尹默君;理工科的情形,可问夏浮筠君。"汤君又说:"文科学长如未定,可请陈仲甫君;陈君现改名独秀,主编《新青年》杂志,确可为青年的指导者。"因取《新青年》十余本示我。我对于陈君,本来有一种不忘的印象,就是我与刘申叔君同在《警钟日报》服务时,刘君语我:"有一种在芜湖发行之白话报,发起的若干人,都因困苦及危险而散去了,陈仲甫一个人又支持了好几个月。"现在听汤君的话,又翻阅了《新青年》,决意聘他。从汤君处探知陈君寓在前门外一旅馆,我即往访,与之订定;于是陈君来北大任文科学长,而夏君原任理科学长,沈君亦原任教授,一仍旧贯;乃相与商定整顿北大的办法,次第执行。

---

① 据《蔡元培先生纪念集》(中华书局1984年版)图版末页手迹。
② 见《宇宙风》第55—56期,编入《蔡元培全集》第七卷。
③ 见高平叔编《蔡元培教育论集》,湖南教育出版社1987年4月第1版,第535页。

民国二十五年(1936)二月十六日蔡元培在南京北大同学聚餐会上演说《整顿北京大学的经过》①时说：

> 第三件我提倡的事，就是变更文体，兼用白话，但不攻击文言。我本来不赞成董仲舒罢黜百家、独尊孔子一类的主张，因为学术上的派别，也和政治上的派别一样，是相对的，不是永远不相容的。在北大当时，胡适之、陈仲甫、钱玄同、刘半农诸君，暨沈氏兄弟，积极的提倡白话文学；刘师培、黄季刚诸君，极端维护文言。我却相信，为应用起见，白话文必要盛行，我也常常做白话文，替白话文鼓吹；然而，我曾声明，作美术文，用文言未尝不好。例如我们写字，为应用起见，自然要写行楷，若如江艮庭的篆隶写药方，当然不可；若是为人写斗方或屏联作装饰品，即写篆隶章草，有何妨害。可是，文言、白话的分别运用，到如今依然没有各得其当。

不用多引了。这些话谈到陈独秀，其意义不止谈到陈独秀。其意义在于生动地具体地体现蔡元培主张的"思想自由"、"兼容并包"精神。本书称之为"精神"，不称之为"方针"或"原则"或"主义"。称之为方针、原则、主义，诚恐降低了层次。

当时中国人民的总任务是反对帝国主义和封建主义。中国高等教育任务是中国人民总任务的重要部分。在北大从事高等教育的人们，胡适派反封不反帝，梁漱溟派反帝不反封，惟有陈独秀派反帝又反封，蔡元培将各派"兼容并包"，听各派"思想自由"。蔡元培是一只老凤，翼卵各派，以其有限的体温，孵化成雏，唧唧足足②，争鸣于世，清于老凤③。北京大学遂成五四新文化运动大本营。这是伟大的历史功勋，是举世公认的，无法否认的，抹杀不了的。

历史的检验，显出历史的意义。历史昭示后人："兼容并包"是让陈

---

① 见高平叔编《蔡元培教育论集》，湖南教育出版社1987年4月第1版，第589页。
② 王充《论衡·讲瑞篇》："雄曰凤，雌曰皇。雄鸣曰唧唧，雌鸣曰足足。"
③ 李商隐诗句："雏凤清于老凤声"，见《韩冬郎即席为诗相送，因成二绝寄酬，兼呈畏之员外》诗。

独秀派合法存在,"思想自由"是让陈独秀派放手发展。所以归根到底,"兼容并包"、"思想自由"的精神,只有利于历史的进步,不利于历史的倒退。当然,这是说历史的"归根到底",不是说历史的枝枝节节。

今之论者,于肯定蔡元培功绩的同时,往往指责他的"自由主义"。何谓自由主义,姑置勿论。蔡元培游学欧洲,接受西方自由主义影响,这是肯定无疑的历史事实。本书以为蔡氏之学是中西文化综合的产物,即含此意;并以为含有西方文化,是它不同于孔子、董仲舒、朱熹之学的一个重要特色。不过,蔡元培建立如此伟大的历史功勋,光那么一点西方自由主义影响,够用吗?显然不够!

本书郑重指出:西方影响再大,也不能取代蔡氏之学的主根。不仅不能取代,而且西方影响只有通过蔡氏之学的主根才起作用。前面说过,蔡元培的深层心态是道家精神,也就是说,蔡氏之学的主根是道家。现在再加一点,蔡元培的高等教育理想,是"盛唐模式"的继续,也就是"统一的多元化"方针的继续。这是本书研究中国高等教育史得出的规律性认识,至于蔡元培本人是否自觉地有此认识,是另外的一个问题。即使他不自觉,亦无碍本书论断。印度思想的嫁接,出现了盛唐多元模式;西方思想的影响,焕发了兼容并包精神。

## 第十一节 "教授治校"

民国元年(1912)十月二十四日教育部公布蔡元培起草的《大学令》,其第十二条云:

大学设校长一人,总辖大学全部事务。各科设学长一人,主持一科事务。

其第十六条云:

大学设评议会,以各科学长及各科教授互选若干人为会员,大学校长可以随时齐集评议会,自为议长。

其第十七条云:

评议会审议左列诸事项:

一、各科之设置及废止。

二、讲座之种类。

三、大学内部规则。

四、审查大学院生成绩及请授学位者之合格与否。

五、教育总长及大学校长咨询事件。

凡关于高等教育事项,评议会如有意见,得建议于教育总长。

其第十八条云:

大学各科各设教授会,以教授为会员,学长可随时召集教授会,自为议长。

其第十九条云:

教授会审议左列诸事项:

一、学科课程。

二、学生试验事项。

三、审查大学院生属于该科之成绩。

四、审查提出论文、请授学位者之合格与否。

五、教育总长、大学校长咨询事件。

以上条文,构成"教授治校"的基本内容,虽然尚无"教授治校"的正式提法。民国十一年(1922)三月蔡元培发表《教育独立议》,其中说:"大学的事务,都由大学教授所组织的教育委员会主持。大学校长,也由委员会举出。"这就简直是"教授治校"的提法了。

请看蔡元培自己怎样落实这些条文,他说:

我初到北京大学,就知道以前的办法,是一切校务,都由校长与学监主任、庶务主任少数人办理,并学长也没有与闻的,我以为不妥,所以第一步组织评议会,给多数教授的代表,议决立法方面的事;恢复学长权限,给他们分任行政方面的事。但校长与学长,仍是少数。所以第二步组织各门教授会,由各教授与所公举的教授会主任,分任教务。将来更要组织会议,把教务以外的事务,均取合议制。并要按事务性质,组织各种委员会,来研讨各种事务。照此办法,学校的内部,组织完备,无论何人来任校长,都不能任意办事。即使照德国办法,一年换一个校长,还成问题么?……不但一年换一个校长,就是一年换几个校长,对于诸君研究学问的目的,是决无妨碍的。(民国八年九月二十日《回任北大校长在全体学生欢迎会上的演说词①》)

蔡元培在民国十四年(1925)四月三日的《中国现代大学观念及教育趋向》一文②中,更简明地阐述了北京大学"教授治校制"的历史和结构:

> 现在,我们再看看北大的行政组织。当时的组织系统尽管没有什么人对之有异议,但却存在很大的问题。内部的不协调,主要在于三个科,每一科有一名学长,唯他有权管理本科教务,并且只对校长负责。这种组织形式形同专制政府;随着民主精神的高涨,它必然要被改革掉。这一改革,首先是组织了一个由各个教授、讲师联合会组成的更大规模的教授会,由它负责管理各系。同时,从各科中各自选出本系的主任;再从这些主任中选出一名负责所有各系工作的教务长。再由教务长召集各系主任一同合作进行教学管理。至于北大的行政事务,校长有权指定某些教师组成诸如图书委员会、仪器委员会、财政委员会和总务委员会等。每个委员会选出一人任主席,同时,跟教授、讲师组成教授会的方法相同,这些主席组成他们的行政会。该会的执行主席则由校长遴选。他们就这样组成了一个双重的行政管理体制,一方面是教授会,另方面是行政会。但是,这种组织形式还是不够完善,因为缺少立法机构。因此又召集所有从事教学的人员选出代表,组成

---

① 发表于民国八年(1919)九月二十日出版的第443号《北京大学日刊》,编入《蔡元培全集》第三卷。

② 此文应World's Students Christian Federation(世界基督教学生同盟)之请而作,编入《蔡元培全集》第五卷。

评议会。这就是为许多人称道的北京大学"教授治校"制。

其他大学与上述作法大致相同者,可举《清华学校组织大纲》为代表。《清华学校组织大纲》于"民国十五年四月十五日订",公布于次年(1927)四月二十九日出版的《清华周刊》第408期上①。此期《清华周刊》编者按云:"清华学校自革新以来,组织方面采用教授治校之原则。详细规定见组织大纲。兹录清华学校组织大纲于次。"这段编者按出现"教授治校"的正式提法,指明"教授治校"是清华学校的组织原则,组织大纲是"教授治校"原则的详细规定。这段编者按不知道是谁起草的,当时清华校长曹云祥、教务长梅贻琦等领导人员一定审阅同意无疑。兹择抄数章如下:

### 第二章 校　　长

第七条　本校校长统辖全校事务。

### 第三章 评　议　会

第八条　本校设评议会,以校长、教务长及教授会互选之评议员七人组织之,校长为当然主席。

第九条　评议会之职权如下:

一、规定全校教育方针;

二、议决各学系之设立、废止及变更;

三、议决校内各机关之设立、废止及变更;

四、制定校内各种规则;

五、委任下列各种常任委员会:

　甲、财务委员会

　乙、训育委员会

　丙、出版委员会

　丁、建筑委员会

六、审定预算决算;

七、授予学位;

---

① 此件编入《梅贻琦教育论著选》为附录,人民教育出版社1993年版,第193页以下。

八、议决教授、讲师与行政部各主任之任免；

九、议决其他重要事件。

第十条　评议员之任期一年，于每年五月改选。

第十一条　评议会之细则另定之。

附注一：关于第九条第一第二第三第六各项之事件，评议会之议决经教授会三分之二之否认时应交评议会议。

### 第四章　教　授　会

第十二条　本校设教授会，以全体教授及行政部各主任组织之，由校长为主席，教务长为副主席。

第十三条　教授会之职权如下：

一、选举评议员及教务长；

二、审定全校课程；

三、议决向评议会建议事件；

四、议决其他教务上公共事项。

第十四条　教授会之细则另定之。

第十五条云："本校设教务长一人（名誉职），综理全校教务，由教授会选举之，任期二年，于五月改选。"第十九条云："学系主任（名誉职）由该系教授、教员于教授中推举之，任期二年，于五月改选。"关于行政部，包括图书馆、庶务处、会计处、注册部、招考处、体育馆、校医院等部，第二十二条云："每部设主任一人（或酌设副主任）、事务员及助理员等若干人，分掌各该部事务，概由校长委任之"，但第九条第八项规定，行政部各主任之任免须经评议会议决。第二十三条云："本大纲之修正得由评议会以三分之二之通过提出，于教授会讨论决定之。"

组织大纲的条文规定与尔后的长期实践，体现着清华"教授治校"的组织原则。治，就是管理。所以"教授治校"也就是清华的管理原则。具体化为"评议会"、"教授会"的管理体制，后来有了"校务会议"，形成校长主持的三级会议体制，简称教授治校制。

冯友兰教授历任国立清华大学秘书长、哲学系主任、文学院长、校务会议主席,国立西南联合大学文学院长,具有"教授会"、"评议会"、"校务会议"的亲身经历,1981年在其《三松堂自序》中回忆道:

> 所谓"教授治校",在清华得到了比较完整的形式。在[1928年]罗家伦到校以前,清华本来有"评议会",由行政当局和"教授会"的代表组成。学校的规章制度必须由评议会通过,重要措施必须由评议会审议,才能执行。罗家伦尊重这个组织。当时他和教授会有异议的,是关于院长人选问题。清华设文、法、理、工四个学院,每院有一个院长。罗家伦主张,各院院长由校长在教授中聘任;教授会主张由教授会选举。这是一个校长和教授会怎样分权的问题。因为院长不仅只负责管理本院事务,还有出席学校的各种重要会议的权利。照清华后来的实践,后者尤其重要,因为各院的事情,主要是各系分办了。此项异议,经过商量,达成协议:每个院长由教授会在教授中选出二人为候选人,由校长就其中选定一人,加以聘任。任期二年,可以连任。校长、教务长、秘书长和四个院长组成校务会议,处理学校的经常事务。四个院长也出席评议会,为当然评议员。这样,就有了三级的会议。评议会好像是教授会的常务委员会,校务会议又好像是评议会的常务委员会。因为这三级会议还各有自己的职权,各有自己的名义。校务会议不能用评议会的名义办事,评议会也不能用教授会的名义办事。这种教授治校的形式,除了在西南联大时期没有评议会之外,一直存在到1948年底。①

以上举例,举了国立北京大学、国立清华大学,涉及北大、清华、南开组成的国立西南联合大学。它们真正是成绩斐然,而教授治校是它们成绩斐然的体制保证。

无论如何,蔡元培在他起草的《大学令》中规定设立的"评议会"、"教授会"等教授治校体制,在北京大学等校获得成功,这是有目共睹的

---

① 《三松堂自序》,三联书店1984年版第340页,又见《三松堂全集》第一卷第318页。

历史事实。"教授治校"之所以成功,是由于(一)扎根于中华民族"尊师重道"的民族文化心理(此条极端重要,乃根本所在,扎根于此,故能深入人心,得到由衷拥护。多少英雄好汉,违反了此条民族文化心理,无不遭到反对,千秋唾骂。当然,中华民族尊师重道的民族文化心理,也是历史的产物,是中华民族悠久历史所营造的。虽在二十世纪初开始遭到破坏,但尚未斫丧无余,在北大等校实行教授治校时,尚可作为文化心理之根)。(二)继承了中国自有学校就有的教师治校传统(这个传统本书讲私学、太学、书院时均已阐明)。(三)吸取了西方大学的相关经验。(四)接受了西方民主的积极影响。(五)很符合"民主集中制"、"群众路线"的精神。

本书第二章第十节曾说:"西方管理学,作为普遍原理,从它的历史看,是从工厂和军队这两个特殊领域抽象出来的,不免带有工厂气和军队气。西方高等教育管理学,作为普遍原理,从它的历史看,不是从西方高等教育这个特殊领域直接抽象出来的,而是用西方管理学与西方高等教育拼合而成的,也不免带有工厂气和军队气。"

现在来看"教授治校",作为高等学校管理体制,就既无工厂气,又无军队气了。这是因为,作为高等教育管理学的普遍原理,它是从高等教育这个特殊领域直接抽象出来的,它是中国数千年高等教育实践上升而成的,所以既无工厂气又无军队气,倒是既有大学味又有中国味。这种大学味和中国味,就是高等教育管理领域(包括体制和理论)的中国特色。尽管吸收了西方营养,"教授治校"仍是中国高等教育园地土生土长的深根大树,在北大、清华、西南联大等校结出甘美丰硕的果实。

蔡元培苦心倡导、竭力扶植的"教授治校",遭到国民政府的冷落以至反对。请看民国十八年(1929)七月二十六日国民政府公布、民国二十三年(1934)四月二十八日国民政府修正公布的《大学组织法》[①]。抄它几条以资比较:

  第十五条 大学设校务会议,以全体教授、副教授所选之

---

[①] 《中国教育大系》收录此件,见此书《历代教育制度考(下)》第2328页,湖北教育出版社1994年版。

代表若干人,及校长、各学院院长、各学系主任组织之,校长为主席。

前项会议,校长得延聘专家列席,但其人数不得超过全体人数五分之一。

第十六条　校务会议审议下列事项:

一、大学预算;

二、大学学院学系之设立及废止;

三、大学课程;

四、大学内部各种规则;

五、关于学生试验事项;

六、关于学生训育事项;

七、校长交议事项。

第十七条　校务会议得设各种委员会。

第十八条　大学各学院设院务会议,以院长、系主任及事务主任组织之。院长为主席,计划本院学术设备事项,审议本院一切进行事宜。各学系设系教务会议,以系主任及本系教授、副教授、讲师组织之。系主任为主席,计划本系学术设备事项。

与前引《大学令》、《清华学校组织大纲》一比,《大学组织法》中没有"评议会"、"教授会"了,"议决"改为"审议"了,"校务会议"中"延聘专家"只算"列席",且"人数不得超过全体人数五分之一"。此其大较,不一而足。这也不奇怪,因为其时国民党和国民政府要搞"党化教育",后来改称"三民主义教育",民国二十年(1931)九月,国民党中央执委会通过《三民主义教育实施原则》,在高等教育中越来越与"教授治校"的精神背道而驰。不过当年的历史事实告诉人们,国民党的"党化教育"并不成功,不仅在北大、清华、西南联大等校不成功,而且在其他高等学校就总体而言也不成功。这个历史事实使人们悟出一个道理:国民党的党化教育,与高等学校师生在意志、情感、理智各方面的发展与修养,都不相容,所以失败。这是高等教育的无情规律之一。

在处理"主义"的问题上,中国古代历史曾有三种模式:一是"秦始皇模式",独尊韩非主义,消灭其他主义,结果速亡。一是"汉武帝模式",独尊孔丘主义,但不消灭其他主义①,结果成功。一是"唐太宗模式",各种主义并存,本书名之为"统一的多元化",结果达到中国古代文明的顶峰。②

本节目的在于论述"教授治校"的历史,引起深入研究它的兴趣。

## 第十二节 "美育代宗教"

以美育代宗教,是蔡元培一贯的主张。其基本意思见于下列文献:

《以美育代宗教说》(民国六年四月八日作,发表于《新青年》第3卷第6号);

《美育实施的方法》(民国十一年六月作,发表于《教育杂志》第14

---

① 《汉书·武帝纪·赞》说"孝武初立,卓然罢黜百家,表章六经"。武帝建元六年(前135),"武安君田蚡为丞相,黜黄老刑名百家之言,延文学儒者数百人"(见《史记·儒林传序》,又见《汉书·儒林传叙》)。《汉书·田蚡传》说田蚡等人"务隆推儒术,贬道家言"。本书于此郑重指出,"罢黜"绝非"消灭",就说道家,虽遭罢黜,不仅没有消灭,而且照样流传,黄老学者照样做官。武帝时,汲黯、郑当时,皆学黄老之言,皆位列九卿(见《史记》本传,又见《汉书》本传)。司马谈、司马迁父子世学黄老,仍作太史。武帝以后,两汉道家黄老学者史不绝书,未闻迫害。如刘德、刘向父子(见《汉书·楚元王传》)、严君平(见《汉书·王贡两龚鲍传》)、蔡勋(见《后汉书·蔡邕传》)、安丘望之(见《后汉书·耿弇传》)、班嗣(见《汉书·叙传》)、冯衍(见《后汉书》本传)、向长(见《后汉书》本传)、高恢(见《后汉书·梁鸿传》)、任隗(见《后汉书》本传)、范升(见《后汉书》本传)、淳于恭(见《后汉书》本传)、楚王刘英(见《后汉书》本传)、郑均(见《后汉书》本传)、樊融(见《后汉书·樊晔传》)、樊瑞(见《后汉书·樊准传》)、翟酺(见《后汉书》本传)、马融(见《后汉书》本传,曾注《老子》《淮南子》)、杨厚(见《后汉书》本传)、周䫲(见《后汉书》本传)、矫慎(见《后汉书·逸民传》)、汉桓帝(见《后汉书·王涣传》,又见《后汉书·西域传》)、张角(见《后汉书·皇甫嵩传》)、向栩(见《后汉书·独行传》,向长之后人)、折像(见《后汉书·方术传》)、刘先(见《后汉书·刘表传·注》引《零陵先贤传》)。可见"汉武帝模式"成功,在于不消灭其他主义;"秦始皇模式"速亡,在于消灭其他主义。又可见后汉道家学者如此众多,则魏晋六朝道家复兴,形成玄学,亦发展趋势使然,不是偶发现象。治中国高等教育史者,不可不注意这三种模式所体现的根本经验教训。

② 若着眼于学派,则"秦始皇模式"是"法家模式","汉武帝模式"是"儒家模式","唐太宗模式"是"道家模式"。

卷第6号）；

《以美育代宗教》（民国十九年十二月作，发表于《现代学生》第1卷第3期）；

《美育》（《教育大辞书》"美育"条释文，商务印书馆1930年编印）。

蔡元培说："我国初办新式教育的时候，止提出体育、智育、德育三条件，称为三育。十年来，渐渐的提到美育，现在教育界已经公认了。"[①]又说："美育者，应用美学之理论于教育，以陶养感情为目的者也。人生不外乎意志，人与人互相关系，莫大乎行为，故教育之目的，在使人人有适当之行为，即以德育为中心是也。顾欲求行为之适当，必有两方面之准备：一方面，计较利害，考察因果，以冷静之头脑判定之；凡保身卫国之德，属于此类，赖智育之助者也。又一方面不顾祸福，不计生死，以热烈之感情奔赴之；凡与人同乐、舍己为群之德，属于此类，赖美育之助者也。所以美育者，与智育相辅而行，以图德育之完成者也。"[②]在教育史上，"吾国古代教育，用礼、乐、射、御、书、数之六艺。乐为纯粹美育；书以记述，亦尚美观；射御在技术之熟练，而亦在态度之娴雅；礼之本义在守规则，而其作用又在远鄙俗；盖自数[③]以外，无不含有美育成分者。其后若汉魏之文苑，晋之清谈，南北朝以后之书画与雕刻，唐之诗，五代以后之词，元以后之小说与剧本，以及历代著名之建筑与各种美术工艺品，殆无不于非正式教育中行其美育之作用"。[④] 至于中文"美育"之术语，是由德人席勒（Schiller，1759—1805）著作之 Asthetische Erziehung 译出的。[⑤]

蔡元培说："照现在教育状况，可分为三个范围：一、家庭教育；二、学校教育；三、社会教育。我们所说的美育，当然也有这三方面。"[⑥]

---

① 见《美育实施的办法》。
② 见蔡元培《美育》，人民教育出版社1980年2月第1版，第197页。
③ "自数以外"是说，除了"数"以外。我曾听说，华罗庚要求数学论文写得很美。则"数"亦含美育成分，并不在美育以外。
④ 见蔡元培《美育》，人民教育出版社1980年2月第1版，第195页。
⑤ 见蔡元培《美育》，人民教育出版社1980年2月第1版，第196页。
⑥ 见蔡元培《美育实施的方法》。

他就这三方面,从胎教院一直讲到公墓,"从未生以前,说到既死以后",不详细引述了。只说大学吧。

> 进而至大学,则美术、音乐、戏剧等皆有专校,而文学亦有专科。即非此类专科、专校之学生,亦常有公开之讲演或演奏等,可以参加。而同学中亦多有关于此等美育之集会,其发展之程度,自然较中学为高矣。且各级学校,于课程外,尚当有种种关于美育之设备。例如,学校所在之环境有山水可赏者,校之周围,设清旷之园林。而校舍之建筑,器具之形式,造象摄影之点缀,学生成绩品之陈列,不但此等物品之本身,美的程度不同;而陈列之位置与组织之系统,亦大有关系也。①

蔡元培的宗教观,鲜明地表现在民国十一年(1922)四月九日他在北京非宗教大同盟讲演大会上的演说,题为《非宗教运动》,发表于同月十三日的《觉悟》。他说:

> 我曾经把复杂的宗教分析过,求得他最后的原素,不过一种信仰心,就是各人对于一种哲学主义的信仰心。各人的哲学程度不同,信仰当然不一样,一个人的哲学思想有进步,信仰当然可以改变,这全是个人精神上的自由,断不容受外界的干涉。我愿意称他为哲学的信仰,不愿意叫作宗教的信仰。因为现今各种宗教,都是拘泥着陈腐主义,用诡诞的仪式,夸张的宣传,引起无知识人盲从的信仰,来维持传教人的生活。这完全是用外力侵入个人的精神界,可算是侵犯人权的。我所尤反对的,是那些教会的学校同青年会,用种种暗示,来诱惑未成年的学生,去信仰他们的基督教。我的意见,曾屡次发表过了,最近作《教育独立议》,很说教育事业,不可不超然于各派教会以外的理由,并说应规定下列三事:(一)大学中不必设神学科,但于哲学科中设宗教史,比较宗教学等;(二)各学校中,均不得有宣传教义的课程,不得举行祈祷式;(三)以传

---

① 见蔡元培《美育》,人民教育出版社1980年2月第1版,第197页。

教为业的人,不必参与教育事业。我的意思,是绝对的不愿以宗教参入教育的。……凡事都是相对待的,有了引人喝酒的铺子与广告,就可以引出戒酒会;有了引人吸烟的公司与广告,就可以引出不吸纸烟会;有了宗教同盟的运动,一定要引出非宗教同盟的运动,这是自然而然的。有人疑惑以为这种非宗教同盟的运动,是妨害"信仰自由"的,我不以为然。信教是自由,不信教也是自由,若是非宗教同盟的运动,是妨害"信仰自由",他们宗教同盟的运动,倒不妨害"信仰自由"么?我们既然有这"非宗教"的信仰,又遇着有这种"非宗教"运动的必要,我们就自由作我们的运动。用不着什么顾忌呵!

当时的风气,有些名人爱说过头话,例如吴稚晖说线装书应丢进茅厕坑,钱玄同说人过四十岁就该枪毙。若照此办理,把宗教丢进茅厕坑或者枪毙,不就完了,何必还要费事:以美育代宗教?不以牛衅钟,也就罢了,何必还要以羊代牛?其中总有个道理,一定有个道理,可惜蔡元培始终没有把这个道理明说出来。这个道理太重要了,本书非代蔡元培明说不可。

人生有利害,却想超越利害;人生有是非,却想超越是非;人生有苦乐,却想超越苦乐;人生有生死,却想超越生死。总而言之,人生有限,却想超越有限,进入无限。如何超越,许多人是用宗教。科学反宗教,不反超越。也不是不反超越,而是对超越丝毫无能为力。科学能分析利害,分析是非,分析苦乐,分析生死,分析有限;科学不能超越利害,超越是非,超越苦乐,超越生死,超越有限。你可以反对宗教,消灭宗教,即使宗教被彻底、完全、干净地消灭了,人生的超越要求还在那里,嗷嗷待哺,有待满足。不用宗教来满足,就要用另外的什么来满足。蔡元培发现,美育有使人超越的功能,可以作为"另外的什么",于是主张以美育代宗教。蔡元培的宗教观,显然有科学主义特色,他的科学观亦显然有科学主义色彩,这使他不愧为中国高等教育史"科学"阶段的首位代表。

在二十世纪四十年代后期,蔡元培的学生冯友兰提出"以哲学代宗教"。① 冯氏研究中国哲学史,发现中国哲学在中国文化中的地位,相当于西方宗教在西方文化中的地位;中国哲学有西方宗教使人超越的功能,而没有"上帝"、"创世"、"天堂"、"来世"、"奇迹"之说,所以更为纯粹。在历史上,中国人向来以哲学为宗教。

比较起来,冯说青胜于蓝。冯说也有一个问题,就是"中国哲学"的"哲学",与 philosophy 并不相当,只与 theology 相当。还是纪昀的《艾儒略〈西学凡〉提要》②准确,其中说:"斐录所费亚者,理科也";"陡录日亚者,道科也";前者即 philosophia,后者即 theologia。又说"理科如中国之大学","道科则彼法中所谓尽性至命之极也"。有宗教功能的是"尽性至命之极"之学,是道科,即 theology,或称道学。theology 现在通常译为"神学",不如译为"道科"或"道学"。

道学使人超越,是修养"天人合一"的精神境界。"天"指"宇宙",不是科学的宇宙,而是逻辑的"大全"。人的存在,时间有限,一般不过百年,若在精神上与天合一,便感到与宇宙同其悠久;空间有限,不过七尺之躯,若在精神上与天合一,便感到与宇宙同其广大。这样的超越感,是美育难以得到的,是美育所得的超越感不能相比的。

虽然反对宗教,蔡元培却深知宗教功能。他曾说:"一个英国人,当他还在襁褓之中以及在他后来的成长过程中,就受到某种宗教观念的哺育,逐步形成了他的信仰,而这信仰是他日后生活的指南。"③西方的宗教,至今仍然主宰精神世界,不管你喜欢不喜欢,事实就是如此。中国的道学呢?这种"尽性至命之极"之学,几乎无人讲求,几乎无人实行,中华民族的精神世界也就几乎成为真空。刑赏可以治理社会,不能治理精神。不同性质的矛盾,只有用不同性质的方法才能解决。

---

① 见冯著 A Short History of Chinese Philosophy 第一章。此书涂又光译作《中国哲学简史》,北京大学出版社出版。

② 已见本书第二章第十节。

③ 见 The Development of Chinese Education(《中国教育的发展》),民国十三年(1924)四月十日在伦敦"中国学会"宣读的论文,赵念谕译为中文。

## 第十三节　大学学制

大学学制的基本内容及其理由,蔡元培有一段话说得颇为详细,他说:

> 鄙人之意,学与术虽关系至为密切,而习之者旨趣不同。文、理,学也。虽亦有间接之应用,而治此者以研究真理为的,终身以之。所兼营者,不过教授著述之业,不出学理范围。法、商、医、农、工,术也。直接应用,治此者虽亦可有永久研究之兴趣,而及一程度,不可不服务于社会;转以服务时之所经验,促其术之进步。与治学者之极深研几,不相侔也。鄙人初意以学为基本,术为支干,不可不求其相应。故民国元年修改学制时,主张设法、商等科者,不可不兼设文科;设医、农、工各科者,不可不兼设理科。是年十月所颁之《大学令》第三条曰:"大学以文、理二科为主。须合于下列各款之一,方得名为大学。一,文、理二科并设者;二,文科兼法、商二科者;三,理科兼医、农、工三科,或二科一科者。"即鄙人所草也。六年以来,除国立北京大学外,其他公立、私立者,多为法、商等科。间亦兼设法科、工科,均无议及文、理二科者。足为吾国人重术而轻学之证。至于兼设文、理、法、工、商各科之北京大学,则又以吾国人科举之毒太深,升官发财之兴味本易传染,故文、理诸生亦渐渍于法、商各科之陋习(治法、工、商者本亦可有学术上之兴会,其专以升官发财为的者,本是陋习)。而全校之风气,不易澄清。于是,有学、术分校之议。鄙人以为治学者可谓之"大学",治术者可谓之"高等专门学校"。两者有性质之别,而不必有年限与程度之差。在大学,则必择其以终身研究学问者为之师,而希望学生于研究学问以外,别无何等之目的。其在高等专门,则为归集资料,实地练习起见,方且于学校中设法庭、商场等雏形,则大延现任之法吏、技师以教之,亦

无不可。即学生日日悬毕业后之法吏、技师以为的，亦无不可。以此等性质之差别，而一谓之"大"，一谓之"高"，取其易于识别，无他意也。

然我国曾仿日本制，以高等学堂为大学堂之预备。又现制高等专门学校之年限，少于大学三年或四年。社会上对于"大"字、"高"字，显存阶级之见，不免误会。故鄙人所提于校务讨论会者，不持前说而持一切皆为大学之说。惟于分合之间调剂之。此则以文、理两科为普通大学，而其他各科别称某科大学之主张也。……惟鄙人虽有前议，且亦得校务讨论会全体之赞同，而教育部终不以为然。故修正《大学令》，并不指定何科，而仅为"专设一科"若"两科以上"之规定，对于各方面，无不可通。或如周君之意，合六科七科而为一大学，可也。或如元年旧令，设文、理二科，或文、法、商三科，可也。或理工、理医等二科，可也。或如鄙人之议，专设文、理二科，及别设工科、法科等一科，亦可也。或如各种私立大学之专设法、商二科，亦无不可也。①

民国十八年（1929）七月二十六日国民政府公布、又于民国二十三年（1934）四月二十八日修正公布的《大学组织法》②规定：

  第四条 大学分文、理、法、教育、农、工、商、医各学院。

  第五条 凡具备三学院以上者，始得称为大学。不合上项条件者为独立学院，得分两科。

  第六条 大学各学院或独立学院各科，得分若干学系。

  第七条 大学各学院或独立学院，得附设专修科。

  第八条 大学得设研究院。

上述规定的体制，是中国高等教育自身在实践中探索和总结的成

---

① 《读周春岳君〈大学改制之商榷〉》，民国七年（1918）四月十五日作，发表于《新青年》第4卷第5号，编入《蔡元培全集》第三卷。

② 《中国教育大系·历代教育制度考（下）》收录此件，湖北教育出版社1994年版，第2328页。

果,不是照抄外国,所以符合国情,使中国的大学教育稳定地向前发展,一直到1952年的院系调整。

蔡元培关于大学体制的主张,核心是"学、术分校",已如上述。针对重术轻学的倾向,他强调大学治学,更进而强调大学治学就是治文理二科。他认为文理二科是大学根本。他说的"文",目前通称"人文";他说的"理",目前通称"科学"。他对于文理二科的见解,已经有人文与科学并重乃至统一的意思。蔡元培这种深入洞见大学教育本质的精确惊人的见解,毕竟太超前了。当时中国大学教育正在进入科学阶段,一个不可逾越的必经阶段,好比钱塘大潮,弄潮儿只可顺应,不可阻挡。历史必经的一个阶段,先觉的人物明明看出这一阶段的片面性,也只好眼睁睁地看着历史经过这一阶段,个人则努力做些力所能及的补救工作。只有概念才是普遍,凡是存在必是特殊。存在是存在于特定的时空,特定的时空就带来片面性。所以凡是特殊就有片面性。历史必经的一个阶段,作为特殊的存在,必有片面性。好在历史本身会走过这一阶段,进入更新的阶段,克服了旧的片面性,又获得新的片面性。这就是发展,这就是进步。蔡元培顺应科学阶段的大潮,对自己见解作某些修改,亦如上述。到民国十八年(1929)八月十四日教育部公布《大学规程》[①],在其"总纲"中确定"大学教育注重实用科学之原则",官方以法律肯定了蔡元培否定的重术轻学,他也就二话不说了。

但是仍有议论。例如二十世纪四十年代,曾有"大大学"之说,我在清华听冯友兰教授说过。清华就很小,是小大学,要办大大学。中文系有一个方案。闻一多教授提出"中外合系,语文分家"。就是说,把中国语和外国语合成"语言系",把中国文学和外国文学合成"文学系"。合系不难,难就难在语言系要包括中外一切语言,文学系要包括中外一切文学。冯氏更发奇想:比方说哲学系讲《老子》,不仅要收尽中国人所有《老子》注,而且要收尽外国人所有《老子》译本,还要收尽其他所有中外研究《老子》的成果,这些"所有"既包括已有的,还包括未来的,把这一

---

① 同前注书第2326页。

切综合起来,才算把《老子》意义讲完。这实在永远讲不完;永远讲不完才永远有事做。

我后来理解,"大大学"的根本意思,来自 university(大学)一词的词义,此词词根是 universe(宇宙),加上词尾-ity,构成词义为"宇宙性"的普通名词。大学"宇宙性",意谓宇宙中有一类什么现象,大学内就相应地有一门什么学问。《周易·系辞下》有云:"《易》之为书也,广大悉备:有天道焉,有人道焉,有地道焉",大学"宇宙性"正是这样地"广大悉备"。中国旧日说"一事不知,儒者之耻",若说个人并不恰当;若说"一事不知,大学之耻",则极为恰当。"知耻近乎勇"(《中庸》第二十章),勇敢地求知好了!这样理解"大大学",好像太不现实;若作为理想,还是要敢想,只有敢想不敢干的,没有不敢想而敢干的。

《庄子》说:"吾生也有涯,而知也无涯"(《养生主》)。知虽无涯,其根本只有文理二科。大学组织,以知识组织为根据。

知识组织,以文科、理科、工科三者组织关系为例:工科以理科为基础,理科以文科为基础。换一套话说:技术以科学为基础,科学以人文为基础。人文教育根本内容有二:精神境界,思维方式。精神境界包括意志、情感、智力,思维方式包括形象思维、抽象思维。试问:精神境界低劣,思维方式混乱,能学好科学吗?科学学不好,能学好技术吗?当然,这里说的"学好",都是就高科技而言,不是文盲也能干的手头活、力气活。

重温这一段大学教育的历史和理论,不能不敬佩蔡元培的远见卓识,而痛惜《大学规程》的急功近利。

## 第十四节 梅贻琦的《大学一解》

梅贻琦(1889—1962)的《大学一解》一文[①],发表于民国三十年(1941)四月的《清华学报》第十三卷第一期,此期是"大学三十周年纪念

---

① 此文编入《梅贻琦教育论著选》,人民教育出版社 1993 年版,第 99 页以下。

号上册"。清华校庆日是四月最后的星期天。当时,北大、清华、南开组成西南联大,有联大的组织机构,仍有三校各自的组织机构,各办自己的学报和研究所。诚如联大文学院长冯友兰所作《国立西南联合大学纪念碑》中说的:"三校有不同之历史,各异之学风,八年之久,合作无间。同无妨异,异不害同;五色交辉,相得益彰;八音合奏,终和且平。"目前高校联合办学者,何不研究研究西南联合大学的历史经验。三校校长组成联合大学常委,到校视事者蒋梦麟、梅贻琦二人,蒋主外,梅主内。

梅氏所解的"大学"就是《大学》,但不是戴圣本,而是朱熹本,因为文中不提"亲民",只提"新民"。梅氏解经,已非传统经学,而是用《大学》的原理,总结五十年来中国大学教育的新鲜经验。《大学》原理有三纲领、八条目,而主要是三纲领:"明明德","新民","止于至善"。以前清华男生宿舍有三斋:"明斋","新斋","善斋",就是以《大学》三纲领命名。梅氏此文,当然也包含清华三十年经验总结。此时梅氏任清华大学校长已满十年。

梅氏是清华"史前期"校友,是首批"庚款"留美生,此批学生赴美后才成立清华学堂。留美学电机工程,民国三年(1914)毕业回国,明年起任教清华,先后开数学、英文、物理等课。民国十五年(1926)四月作为物理系首席教授经教授会选举为教务长。民国十七年(1928)开始任"清华学生留美监督",常驻美国,巡回视察有清华学生留学的美国学校。民国二十年(1931)回国任国立清华大学校长。梅氏以上经历,说明他(一)学的专业是"科学",不是"人文",更不是"中国人文",(二)曾长期生活于(实践于)美国高校,深知美国大学教育的现状、历史和理论。可是,梅氏总结中国大学教育经验,却鲜明地、坚定地选用中国人文经典《大学》的原理,而不选用他亦深知的美国暨西方的原理;始终贯彻前者,而将后者放在比较、参考的地位上。环顾当今国内,有些(当然不是全部)大学教育研究者,对中国传统经典基本无知,对西方文献生吞活剥,并无生活实践,只在字面打滚,抄来抄去,装腔作势,张冠李戴,削足适履,隔靴搔痒,毫无中华气派,堪称"假洋鬼子"。再读梅氏《大学一解》,不禁废书兴叹,悲从中来。梅氏学风太可贵了!

《大学一解》起笔是:

> 今日中国之大学教育,溯其源流,实自西洋移植而来。顾制度为一事,而精神又为一事。就制度言,中国教育史中固不见有形式相似之组织;就精神言,则文明人类之经验大致相同,而事有可通者。文明人类之生活要不外两大方面:曰己,曰群;或曰个人,曰社会。而教育之最大的目的,要不外使群中之己,与众己所构成之群,各得其安所遂生之道,且进以相位相育,相方相苞;此则地无中外,时无古今,无往而不可通者也。

这是说,今日中国的大学教育,不是由中国本土的高等教育演化而来,而是自西方移植而来。但中国本土的高等教育,与西方的大学教育,制度不同,精神相通。制度是特殊,所以不同;精神是一般,所以相通。中西教育,都是特殊与一般的统一,所以不同而又相通,因为同是教育类的两个分子。从制度与精神进行分析,隐含从特殊与一般进行分析,深入到哲学的根本问题。"相位相育"出自《中庸》"天地位焉,万物育焉";"相方相苞"出自《毛诗·大雅·生民》"实方实苞"。"位"、"育"、"方"、"苞"就是上文的"安所"、"遂生"。"相"是互相,通过互动,个人与社会各得其所,实现生存发展。这是中外古今相通的教育的最大目的。教育的最大目的,属于人文精神,人文精神古今中外相通。

《大学一解》接着说:

> 西洋之大学教育已有八九百年之历史,其目的虽鲜有明白揭橥之者,然试一探究,则知其本源所在,实为希腊之人生哲学,而希腊人生哲学之精髓无它,即"一己之修明"(Know thyself)是已。此与我国儒家思想之大本又何尝有异致?孔子于《论语·宪问》曰"古之学者为己",而病今之学者舍己以从人。其答子路问君子,曰"修己以敬",进而曰"修己以安人",又进而曰"修己以安百姓"。夫君子者无它,即学问成熟之人,而教育之最大收获也。曰安人、安百姓者,则又明示修

己为始阶,本身不为目的,其归宿,其最大之效用,为众人与社会之福利,此则较之希腊之人生哲学,又若更进一步,不仅以一己理智方面之修明为已足也。

此段言希腊的 Know thyself 与孔子的"学者为己"相通,然"学者为己"之目的是"安人"、"安百姓",比仅以一己理智方面之修明为已足的 Know thyself 更进一步,批评了古希腊的理智主义(intellectualism)。今按:Know thyself 是古希腊 Delphi 神庙庙门铭文,见于柏拉图对话 CHARMIDES 篇 164d。Thyself 是古文,其今文是 yourself。Know thyself 是"知自",与《老子》的"自知"(第三十三章"自知者明")对应。《老子》的"自知"是修德,"修之身,其德乃真;修之家,其德乃馀;修之乡,其德乃长;修之邦,其德乃丰;修之天下,其德乃溥"(第五十四章)。《老子》这些话,是孔子"学者为己"和儒家修身、齐家、治国、平天下之说的来源。孔子是老子学生,故学说有此师承关系。这就说到《大学》了。

《大学一解》接着说:

> 及至《大学》一篇之作,而学问之最后目的,最大精神,乃益见显著。《大学》一书开章明义之数语即曰:"大学之道,在明明德,在新民,在止于至善。"若论其目,则格物、致知、诚意、正心、修身属明明德,而齐家、治国、平天下属新民。《学记》曰:"九年知类通达,强立而不反,谓之大成;夫然后足以化民易俗,近者悦服,而远者怀之,此大学之道也。"知类通达、强立不反二语,可以为明明德之注脚;化民成俗、近悦远怀三语,可以为新民之注脚。孟子于《尽心》章亦言"修其身而天下平"。荀子论"自知者明,自胜者强"①亦不出明明德之范围,而其泛论群居生活之重要,群居生活之不能不有规律,亦无非阐发"新民"二字之真谛而已。总之,儒家思想之包罗虽广,其于人生哲学与教育理想之重视明明德与新民二大步骤,则始终如一也。

---

① "自知者明"、"自胜者强"出自《老子》第三十三章,《荀子》无此二语,但《荣辱》篇、《子道》篇说到"自知",《解蔽》篇说到"自强",皆"明明德"之范围。

此段进入正题,点明教育理想之重视明明德与新民二大步骤,始终如一。下文即讨论今日中国大学教育的这二大步骤如何,以总结经验,明确努力方向。

《大学一解》接着说:

> 今日之大学教育,骤视之,若与明明德、新民之义不甚相干,然若加深察,则可知今日大学教育之种种措施,始终未能超越此二义之范围,所患者,在体认尚有未尽而实践尚有不力耳。大学课程之设备,即属于教务范围之种种,下自基本学术之传授,上至专门科目之研究,固格物致知之工夫而明明德之一部分也。课程以外之学校生活,即属于训导范围之种种,以及师长持身、治学、接物、待人之一切言行举措,苟于青年不无几分裨益,此种裨益亦必于格致诚正之心理生活见之。至若各种人文科学、社会科学学程之设置,学生课外之团体活动,以及师长以公民之资格对一般社会所有之努力,或为一种知识之准备,或来一种实地工作之预习,或为一种风声之树立,学生一旦学成离校,而于社会有所贡献,要亦不能不资此数者为一部分之挹注。此又大学教育新民之效也。

三十年代,冯友兰主张,"现在比较研究中国的与欧洲的哲学观念",是"要找出一种哲学观念,用另一种哲学观念来讲,是什么"。① 梅贻琦在上面这段话里,正是比较研究中国的与西方的大学教育观念,找出了西方大学教育的观念,用中国《大学》的观念来讲,是什么。佛学传入中国,与中国学问接触融合,这个过程的第一阶段,名叫"格义"。格义的活动,就是要找出,佛学的观念,用中国学问的观念来讲,是什么。可见冯氏、梅氏所讲,都是新时代的格义,就是中西文化综合过程的格义。格义好比读书过程中的识字,不识字义,怎能读书?梅氏在上面这段话里,将"实自西洋移植而来"的"今日中国之大学"内部结构,即各部分,都用中国《大学》的观念,即"明明德"、"新民"、"格物"、"致知"、"诚

---

① 《哲学在当代中国》,见《冯友兰选集》,天津人民出版社1994年版第50页以下。

意"、"正心"等观念,讲之。可以想见,梅氏在美国留学、督学的八年岁月,早已实地体验西方大学与中国《大学》的对应关系,加上当清华大学校长十年的阅历,故能吃透两头,即中国《大学》与西方大学这两头,写出《大学一解》。英人 John H. C. Newman 著 THE IDEA OF A UNIVERSITY 一书,此书名宜译为《大学解》;而梅贻琦的《大学一解》,可译作 MY IDEA OF A UNIVERSITY。

《大学一解》接着说:

> 然则所谓体认未尽实践不力者又何在?明明德或修己工夫中之所谓明德,所谓己,所指乃一人整个之人格,而不是人格之片断。所谓整个之人格,即就比较旧派之心理学者之见解,至少应有知、情、志三个方面,而此三方面者皆有修明之必要。今则不然,大学教育所能措意而略有成就者,仅属知之一方面而已。夫举其一而遗其二,其所收修明之效,因已极有限也。然即就知之一端论之,目前教学方法之效率亦大有尚待扩充者。理智生活之基础为好奇心与求益心,故贵在相当之自动,能有自动之功,所能收日新之效;所谓举一反三者,举一虽在执教之人,而反三总属学生之事。若今日之教学,恐灌输之功十居七八,而启发之功十不得二三。明明德之义,释以今语,即为自我之认识,为自我知能之认识,此即在智力不甚平庸之学子亦不易为之,故必有执教之人为之启发,为之指引,而执教者之最大能事,亦即至此而尽,过此即须学子自为探索,非执教者所得而助长也。故古之善教人者,《论语》谓之善诱,《学记》谓之善喻。孟子有云:"君子深造之以道,欲其自得之也。自得之,则居之安。居之安,则资之深。资之深,则取之左右逢其源。故君子欲其自得之也。"①此善诱或善喻之效也。今大学中之教学方法,即仅就知识教育言之,不逮尚远。此体认不足实践不力之一端也。

---

① 见《孟子·离娄下》。

此段说，不论"明明德"还是 Know thyself，都要修明知、情、志，今则举知而遗情、志。即就知而言，亦是灌输而非启发，此教学方法根本缺陷。看来非恢复《论语》的善诱、《学记》的善喻、《孟子》的自得这些方法不可。

《大学一解》接着说：

> 至意志与情绪二方面，既为寻常教学方法所不及顾，则其所恃者厥有二端，一为教师之树立楷模，二为学子之自谋修养。意志须锻炼，情绪须裁节，为教师者果能于二者皆有相当之修养工夫，而于日常生活之中与以自然之流露，则从游之学子无形中有所取法；古人所谓身教，所谓以善先人之教，所指者大抵即为此两方面之品格教育，而与知识之传授不相干也。治学之精神与思想之方法，虽若完全属于理智一方面之心理生活，实则与意志之坚强与情绪之稳称有极密切之关系；治学贵谨严，思想忌偏蔽，要非持志坚定而用情有度之人不办。孟子有曰："仁义礼智根于心，其生色也，睟然见于面，盎于背，施于四体，四体不言而喻"①。曰根于心者，修养之实；曰生于色者，修养之效而自然之流露。设学子所从游者率为此类之教师，再假以时日，则濡染所及，观摩所得，亦正复有其不言而喻之功用。《学记》所称之善喻，要亦不能外此。试问今日之大学教育具备此条件否乎？曰：否。此可于三方面见之。上文不云乎？今日大学教育所能措意者仅为人格之三方面之一，为教师者果能于一己所专长之特科知识，有充分之准备，为明晰之讲授，作尽心与负责之考课，即已为良善之教师，其于学子之意志与情绪生活与此种生活之见于操守者，殆有若秦人之视越人之肥瘠；历年既久，相习成风，即在有识之士，亦复视为固然，不思改作，浸假而以此种责任完全诿诸他人，曰"此乃训育之事，与教学根本无干"。此条件之不具备之一方面也。

---

① 见《孟子·尽心上》。

为教师者,自身固未始不为此种学风之产物,其日以孜孜者,专科知识之累积而已,新学说与新实验之传习而已;其于持志养气之道,待人接物之方,固未尝一日讲求也;试问己所未能讲求或无暇讲求者,又何能执以责人?此又一方面也。今日学校环境之内,教师与学生大率自成部落,各有其生活之习惯与时尚,舍教室中讲授之时间而外,几乎不相谋面,军兴以还,此风尤甚,即有少数教师,其持养操守足为学生表率而无愧者,亦犹之椟中之玉,斗底之灯,其光辉不达于外,而学子即有切心于观摩取益者,亦自无从问径。此又一方面也。古者学子从师受业,谓之从游,孟子曰:"游于圣人之门者难为言",间尝思之,游之时义大矣哉!学校犹水也,师生犹鱼也,其行动犹游泳也,大鱼前导,小鱼尾随,是从游也,从游既久,其濡染观摩之效,自不求而至,不为而成。反观今日师生之关系,直一奏技者与看客之关系耳,去从游之义不綦远哉!此则于《大学》之道,体认尚有未尽、实践尚有不力之第二端也。

第一端、第二端各为一段。第三端则有四段,专论学生自我修养,为意志、情绪教育的重心所在,其言曰:

> 至学子自身之修养又如何?学子自身之修养为中国教育思想中最基本之部分,亦即儒家哲学之重心所寄。《大学》八目,涉此者五;《论语》、《中庸》、《孟子》之所反复申论者,亦以此为最大题目。宋元以后之理学,举要言之,一自身修养之哲学耳;其派别分化虽多,门户之纷呶虽盛,所争者要为修养之方法,而于修养之必要,则靡不同也。我侪以今日之眼光相绳,颇病理学教育之过于重视个人之修养,而于社会国家之需要,反不能多所措意;末流之弊,修身养性几不复为入德育才之门,而成遁世避实之路。然理学教育之所过,即为今日学校教育之所不及。今日大学生之生活中最感缺乏之一事,即为个人之修养。此又可就下列三方面分别言之。

> 一曰时间不足。今日大学教育之课程太多,上课太忙,为

众所公认之一事。学生于不上课之时间，又例须有多量之"预备"功夫，而所预备者又不出所习学程之范围，于一般之修养邈不相涉。习文史哲学者，与修养功夫尚有几分关系；其习它种理实科目者，无论其为自然科学或社会科学，犹木工、水作之习一艺耳。习艺愈勤去修养益远。何以故？曰，无闲暇故。仰观宇宙之大，俯察品物之盛，而自审其一人之生应有之地位，非有闲暇不为也。纵探历史之悠久，文教之累积，横索人我关系之复杂，社会问题之繁变，而思对此悠久与累积者宜如何承袭节取而有所发明，对复杂繁变宜如何应付而知所排解，非有闲暇不为也。人生莫非学问也，能自作观察、欣赏、沉思、体会者，斯得之。今学程所能加惠者，充其量，不过此种种自修功夫之资料之补助而已，门径之指点而已，至若资料之咀嚼融化，门径之实践，以至于升堂入室，博者约之，万殊者一之，则非有充分之时间不为功。就今日之情形而言，则咀嚼之时间且犹不足，无论融化；粗识门径之机会犹或失之，姑无论升堂入室矣。

二曰空间不足。人生不能离群，而自修不能无独，此又近顷大学教育最所忽略之一端。《大学》一书尝极论"毋自欺"必"慎独"之理。不欺人易，不自欺难；与人相处而慎易，独居而慎难。近代之教育，一则曰社会化，再则曰集体化，卒使黉舍悉成营房，学养无非操演，而慎独与不自欺之教亡矣。夫独学无友，则孤陋而寡闻，乃仅就智识之切磋而为言者也；至情绪之制裁，意志之磨砺，则固为我一身一心之事，他人之于我，至多亦只所以相督励、示鉴戒而已。自"慎独"之教亡，而学子乃无复有"独"之机会，亦无复作"独"之企求；无复知人我之间精神上与实际上应有之充分之距离，适当之分寸，浸假而无复知情绪制裁与意志磨炼之为何物，即无复知《大学》所称"诚意"之为何物，充其极，乃至于学问见识一端，亦但知从众而不知从己，但知附和而不敢自作主张、力排众议。晚近学术界中，每多随波逐浪（时人美其名曰"适应潮流"）之徒，而少砥柱中流之辈，由来有渐，实无足怪。《大学》一书，于开章时阐明大学之目的后，即曰"知止而后有定，定而后能静，静而后能安，安而后能虑，虑而后能得"。今日之青年，一则因时间之不足，再则因空间之缺乏，乃至数年之间，竟不能如绵蛮黄鸟之得一丘隅以为休止。休止之时地既不可得，又遑论定、静、安、虑、得之五步功夫耶？此深可虑而当亟为之计者也。

三曰师友古人之联系之缺失。关于师之一端，上文已具论之。今日之大学青年，在社会化与集体生活化一类口号之空气之中，所与往还者，有成群之大众，有合伙之伙伴，而无友。曰集体生活，又每苦不能有一和同之集体，或若干不同而和之集体，于是人我相与之际，即一言一动之间，亦不能不多所讳饰顾忌，驯至舍寒暄笑谑与茶果征逐而外，根本不相往来。此目前有志之大学青年所最感苦闷之一端也。夫友所以祛孤陋、增闻见而辅仁进德者也，个人修养之功，有恃于一己之努力者固半，有赖于友朋之督厉者亦半；今则一己之努力既因时空两间之不足而不能有所施展，有如上文所论，而求友之难又如此，又何怪乎成德达材者之不多见也。古人亦友也，孟子有尚友之论①，后人有尚友之录②，其对象皆古人也。今人于年龄相若之同学中既无可相友者，有志者自犹可于古人中求之。然求之又苦不易。史学之必修课程太少，普通之大学生往往仅修习通史一两门而止，此不易一也。时人对于史学与一般过去之经验每不重视，甚者且以为革故鼎新之精神，即在完全抹杀已往，而创造未来，前人之言行，时移世迁，即不复有分毫参考之价值，此不易二也。即在专考史学之人，又往往

---

① 《孟子·万章下》："以友天下之善士为未足，又尚论古之人，颂其诗，读其书，不知其人可乎？是以论其世也，是尚友也。"尚，通上。尚友，即上友古人。

② 《尚友录》，明代天启年间（1621—1627）廖用贤编，搜采古人事实，按姓氏编排，可资上友古人之参考。

用纯粹物观之态度以事研究,驯至古人之言行举措,其所累积之典章制度,成为一堆毫无生气之古物,与古生物学家所研究之化石骨殖无殊,此种研究之态度,非无其甚大的价值,然设过于偏注,则史学之与人生将不复有所联系,此不易三也。有此三不易,于是前哲所再三申说之"以人鉴人"之原则将日趋湮没,而"如对古人"之青年修养之一道亦日即于荒秽不治矣。学子自身之不能多所修养,是近代教育对于《大学》之道体认尚有未尽、实践尚有不力之第三端也。

作为物理学家,梅贻琦有物理学的认知形式(cognitive forms),就是从时间、空间和历史的统一,来观察、研究大学生意志、情绪、智能的存在与运动,特别是大学生自我修养在意志、情绪两方面的存在与运动:这就使得他的解读《大学》别开生面,新意盎然,光彩夺目,不仅区别于传统的人文学者的研究成果,而且区别于同代的人文学者的要义新论,人文教育思想面目一新。梅贻琦的危言谠论,是中国高等教育史科学阶段论人文教育的代表作,也是到今天为止的压卷之作。

自然科学家研究自然现象首先要掌握事实,梅贻琦研究大学生自我修养首先也是掌握事实,全面而且透彻,透彻到掌握"目前有志之大学青年所最感苦闷之一端",掌握"今日之大学生之生活中最感缺乏之一事即为个人之修养"。他真正透彻地了解大学生的内心世界、灵魂深处,是大学生的知心朋友、好老师、好监督、好校长。他掌握的事实,是现实与历史的统一,理论与实践的统一,人文与科学的统一。他根据事实断定:"学子自身之修养为中国教育思想中最基本之部分","宋元以后之理学,举要言之,一自身修养之哲学耳","理学教育之所过,即为今日学校教育之所不及"(此乃产生冯友兰《新理学》的背境和土壤,可见《新理学》是在这方面回应时代呼唤)。他根据事实断定:"今日之[大学]青年,一则因时间之不足,再则因空间之缺乏,乃至[在大学]数年之间,竟不能如绵蛮黄鸟之得一丘隅以为休止";由于时间不足,"所习学程之范围,于一般之修养邈不相涉",而所习之科技,"犹木工、水作之习一艺耳。习艺愈勤,去修养愈远";由于空间不足,缺少"独"的空间,而

"慎独"之教亡,盖"人生不能离群,而自修不能无独,此又近顷大学教育最所忽略之一端","近代之教育,一则曰社会化,再则曰集体化,卒使黉舍悉成营房,学养无非操演,而慎独与不自欺之教亡矣";加上史学不足,不能上友古人,而社会化、集体化生活中又只"有合伙之伙伴,而无友",而上友古人则有"三不易"。事实如此,其何以"明明德"?"又何怪乎成德达材者之不多见也"!

当时国民党当局实行三民主义教育,流行一副对联:"实行新生活,恢复旧道德。"新生活的标准是"整齐,整洁,简单,朴素";旧道德的内容是"四维"(礼义廉耻)、"八德"(忠孝仁爱信义和平)。梅贻琦是国民党的忠实党员,并未照本宣科,重复"党义",而是"自作主张,力排众议"。即此亦可见教育与政治殊途。

此上解"明明德",此下解"新民"。

《大学一解》接着说:

> 以上三端,所论皆为明明德一方面之体认未尽与实践不力,然则新民一方面又如何?大学新民之效,厥有二端:一为大学生新民工作之准备;二为大学校对社会秩序与民族文化所能建树之风气。于此二端,今日之大学教育体认亦有未尽,而实践亦有不力也。试分论之。

本书认为,大学校的校内任务是"明明德",大学校的校外任务是"新民"。当然,校内外是统一的,下节详论。专就"新民"而言,大学生要做好准备,大学校要建树风气。"大学校对社会秩序与民族文化建树风气",这个提法太好了,比那些只提大学校要"适应"社会云云之类的提法高明多了。谁不要"适应"社会?大学校总要有所建树嘛,开风气之先声嘛。

《大学一解》接着说:

> 大学有新民之道,则大学生者负新民工作之实际责任者也。此种实际之责任,因事先必有充分之准备,相当之实验或见习,而大学四年,即所以为此准备与实习而设,亦自无须赘说。然此种准备与实习果尽合情理乎?则显然又为别一问

题。明明德功夫即为新民功夫之最根本之准备，而此则已大有不能尽如人意者在，上文已具论之矣。然准备之缺乏犹不止此。今人言教育者，动称"通"与"专"之二原则。故一则曰大学生应有通识，又应有专识；再则曰大学卒业之人应为一通才，亦应为一专家，故在大学期间之准备，应为通专并重。此论固甚是，然有不尽妥者，亦有未易行者。此论亦固可以略救近时过于重视专科之弊，然犹未能充量发挥大学应有之功能。窃以为大学期内，通专虽应兼顾，而重心所寄，应在通而不在专，换言之，即须一反目前重视专科之倾向，方足以语新民之效。夫社会生活大于社会事业，事业不过为人生之一部分，其足以辅翼人生、推进人生，固为事实，然不能谓全部人生即寄寓于事业也。通识，一般生活之准备也；专识，特种事业之准备也。通识之用，不止润身而已，亦所以自通于人也，信如此论，则通识为本，而专识为末；社会所需要者，通才为大，而专家次之，以无通才为基础之专家临民，其结果不为新民，而为扰民。此通专并重未为恰当之说也。大学四年而已，以四年之短期间，而既须有通识之准备，又须有专识之准备，而二者之间又不能有所轩轾，即在上智，亦力有未逮，况中资以下乎？并重之说所以不易行者此也。偏重专科之弊既在所必革，而并重之说又窒碍难行，则通重于专之原则尚矣。

通与专的问题，梅贻琦的理论分析如上，结论是通重于专。但实践如何呢？冯友兰在《三松堂自序》中回忆说："当时教授会经常讨论而始终没有完全解决的问题，是大学教育的目的问题。大学教育培养出来的是哪一种人才呢？是通才呢？还是专业人才呢？如果是通才，那就在课程设置方面要求学生们都学一点关于政治、文化、历史、社会的课程，总名之曰人文课程。如果是专业人才，那就不必要有这样的要求了。这个分歧，用一种比较尖锐的提法，就是说，大学教育应该是培养'人'，还是制造'机器'。这两种主张，各有理由，历次会议都未能解决。

后来,折中为大学一、二年级以通识为主,三、四年级以专业为主。"①这种折中,梅贻琦在实践中执行了,在理论上仍不同意。后来在《工业化的前途与人才问题》②一文中继续发挥他的见解,并且语重心长地结束此文说:"近年来国内工业化运动的趋势,似乎过于侧重技术之用,而忽略了理论之用和组织之用,流弊所及,一时代以内工业人才的偏枯是小事,百年的建国大业受到不健全的影响却是大事,这便是本篇所由写成的动机了。"

《大学一解》接着说:

> 难之者曰,大学而不重专门,则事业人才将焉出?曰:此未作通盘观察之论也。大学虽重要,究不为教育之全部,造就通才虽为大学应有之任务,而造就专才则固别有机构在。一曰大学之研究院。学子既成通才,而于学问之某一部门,有特殊之兴趣,与特高之推理能力,而将以研究为长期或终身事业者可以入研究院。二曰高级之专门学校,艺术之天分特高,而审美之兴趣特厚者可入艺术学校;躯干刚劲,动作活泼,技术之智能强,而理论之兴趣较薄者可入技术学校。三曰社会事业本身之训练。事业人才之造就,由于学识者半,由于经验者亦半,而经验之重要,且在学识之上,尤以社会方面之事业人才所谓经济长才者为甚,尤以在今日大学教育下所能产生之此种人才为甚。今日大学所授之社会科学知识,或失之理论过多,不切实际;或失诸凭空虚构,不近人情;或失诸西洋之资料太多,不适国情民性;学子一旦毕业而参加事业,往往发现学用不相呼应,而不得于所谓"经验之学校"中,别谋所以自处之道,及其有成,而能对社会有所贡献,则泰半自经验之学校得来,而与所从卒业之大学不甚相干,以至于甚不相干。至此

---

① 见《三松堂自序》第九章,三联书店1984年版第341页,收入《三松堂全集》第一卷第318页。

② 此文由潘光旦代笔,作于民国三十二年(1943),民国三十七年(1948)三月再次发表于《周论》杂志,编入《梅贻琦教育论著选》,人民教育出版社1993年版第179页以下。

始恍然于普通大学教育所真能造就者,不过一出身而已,一资格而已。

出身诚是也,资格亦诚是也。我辈从事大学教育者,诚能执通才之一原则,而曰才不通则身不得出;社会亦诚能执同一之原则,而曰无通识之准备者不得取得参加社会事业之资格;则所谓出身与资格者,固未尝不为绝有意识之名词也。大学八目,明德之一部分至身修而止。学府之机构,自身亦正复有其新民之功用,就其所在地言之,大学俨然为一方教化之重镇,而就其声教所暨者言之,则充其极可以为国家文化之中心,可以为国际思潮交流与朝宗之汇点(近人有译英文 focus 一字为汇点者,兹从之)。即就西洋大学发展之初期而论,十四世纪末年与十五世纪初年,欧洲中古文化史有三大运动焉,而此三大运动者均自大学发之。一为东西两教皇之争,其终于平息而教权复归于一者,法之巴黎大学领导之功也。二为魏克立夫(Wyclif)之宗教思想革新运动,孕育而拥护之者,英之牛津大学也。三为郝斯(John Hus)之宗教改革运动,郝氏与惠氏之运动均为十六世纪初马丁·路得宗教改革之先声,而孕育与拥护之者,布希米亚(战前为捷克地)之蒲拉赫(Prague)大学也。大学机构自身正复有其新民之效,此殆最为彰明较著之若干例证。

间尝思之,大学机构之所以生新民之效者,盖又不出二途。一曰为社会之倡导与表率:其在平时,表率之力为多;及处非常,则倡导之功为大。上文所举之例证,盖属于倡导一方面者也。二曰新文化因素之孕育涵养与简练揣摩。而此二途者又各有其凭借。表率之效之凭借,为师生之人格与其言行举止。此为最显而易见者。一地之有一大学,犹一校之有教师也,学生以教师为表率,地方则以学府为表率,古人谓一乡有一善士则一乡化之,况学府者应为四方善士之一大总汇乎?设一校之师生率为文质彬彬之人,其出而与社会周旋也,路之人亦得指而目之曰：是某校教师也，是某校生徒也。而其所由指认之事物，为语默进退之间所自然流露之一种风度，则始而为学校环境以内少数人之所独有者，终将为一地方之所共有，而成为一种风气；教化云者，教在学校环境以内，而化则达于学校环境以外，然则学校新民之效，固不待学生学成出校而始见也明矣。

新文化因素之孕育所凭借者又为何物？师生之德行才智，图书实验。新民之一部分自身修而始，曰出身者，亦曰身已修，德已明，可以出而从事于新民而已矣，夫亦岂易言哉？不论一人一身之修明之程度，不问其通识之有无多寡，而但以一纸文凭为出身之标识者，斯失之矣。

讲到这里，本书特为郑重指明，梅贻琦心目中的教育对象是这里说的"一人一身"，也就是前面说的"独"，都是人的个体。这一点至关重要。人生不能离群，但社会化、集体化的教育必致害群。有人以为社会化、集体化本身就是德，殊不知正是社会化、集体化生活使人无独有偶，丧失"慎独"功夫，因而无德，必致害群。这就是《老子》说的"下德不失德，是以无德"（第三十八章）。对这个道理，梅贻琦是作出科学分析、科学解释的第一人。其基础，其出发点，是认清教育对象是"独"，即个体。明明德也好，新民也好，归根到底，都是个体担当，否则落空。一切要看个体本身如何，这是一纸文凭不能代替的。而关键在于"通"，在于通识教育，即通才教育。

《大学一解》接着说：

通识之授受不足，为今日大学教育之一大通病，固已渐为有识者所公认，然不足者果何在，则言之者尚少。大学第一年不分院系，是根据通之原则者也；至第二年而分院系，则其所据为专之原则。通则一年，而专乃三年，此不足之最大原因则显而易见者。今日而言学问，不能出自然科学，社会科学，与人文科学三大部门；曰通识者，亦曰学子对此三大部门，均有相当准备而已；分而言之，则对每门有充分之了解；合而言之，则于三者之间,能识其会通之所在,而恍然于宇宙之大,品类之多,历史之久,文教之繁,要必有其一以贯之之道,要必有其相为因缘与依倚之理。此则所谓通也。今学习仅及期年而分院系,而许其进入专门之学,于是从事于一者,不知二与三为何物,或仅得二与三之一知半解,与道听途说初无二致;学者之选习另一部门或院系之学程也,亦先存一"限于规定,聊复选习"之不获已之态度,日久而执教者亦曰:聊复有此规定尔,固不敢从此期学子之必成为通才也。近年以来,西方之从事于大学教育者,亦尝重温虑及此,而设为补救之法矣。其大要不出二途:一为展缓分院分系之年限,有自第三学年始分者;二为于第一学年中增设"通论"之学程。窃以为此二途者俱有未足,然亦颇有可供攻错之价值,可为前途改革学程支配之张本。大学所以宏造就,其所造就者为粗制滥造之专家乎,抑为比较周见洽闻、本末兼赅、博而能约之通士乎?胥于此种改革卜之矣。大学亦所以新民,吾侪于新民之义诚欲作进一步之体认与实践,欲使大学出身之人,不借新民之名,而作扰民之实,亦胥以此种改革为入手之方。

  然大学之新民之效,初不待大学生之学成与参加事业而始见也。大学之设备,可无论矣。所不可不论者为自由探讨之风气。宋儒安定胡先生有曰:"艮言思不出其位,正以戒在位者也。若夫学者,则无所不思,无所不言,以其无责,可以行其志也;若云思不出其位,是自弃于浅陋之学也。"此语最当。所谓"无所不思,无所不言",以今语释之,即"学术自由"(Academic Freedom)而已矣。今人颇有以自由主义为诟病者,是未察自由主义之真谛者也。夫自由主义(Liberalism)与荡放主义(Libertinism)不同,自由主义与个人主义,或乐利的个人主义,亦截然不为一事。假自由之名,而行荡放之实者,斯病矣。大学致力于知、情、志之陶冶者也:以言知,则有博约之原则在;以言情,则有裁节之原则在;以言志,则有持养之原则在；秉此三者而求其所谓"无所不思，无所不言"，则荡放之弊又安从而乘之？此犹仅就学者一身内在之制裁而言之耳；若自新民之需要言之，则学术自由之重要，更有不言而自明者在。新民之大业，非旦夕可期也；既非旦夕可期，则与此种事业最有关系之大学教育，与从事于此种教育之人，其所以自处之地位，势不能不超越几分现实；其注意之所集中，势不能为一时一地之所限止；其所期望之成就，势不能为若干可以计日而待之近功。职是之故，其"无所不思"之中，必有一部分为不合时宜之思；其"无所不言"之中，亦必有一部分为不合时宜之言；亦正惟其所思所言，不尽合时宜，乃或不合于将来，而新文化之因素胥于是生，进步之机缘胥于是启，而新民之大业亦胥于是奠其基矣。

　　大学之道，在明明德，在新民，在止于至善。至善之界说难言也，姑舍而不论。然明明德与新民二大目的固不难了解而实行者。然洵如上文所论，则今日之大学教育，于明明德一方面，了解犹颇有未尽，践履犹颇有不力者，而不尽不力者，要有三端；而新民一方面亦然，其不尽不力者，要有二端。不尽者尽之，不力者力之，是今日大学教育之要图也，是《大学一解》之所为作也。①

　　梅贻琦的《大学一解》全文如上。此文是中国高等教育史科学阶段

---

① 关于《大学一解》引文，《大学一解》的执笔人潘光旦先生的女公子潘乃穆先生，在一九九六年第十二期《读书》杂志上撰文云："《大学一解》原载于一九四一年四月出版的《清华学报》第十三卷第一期（大学三十周年纪念号）上。近年我找到了潘光旦先生当年的手稿，发现有一大段不同之处，难以文章修改来解释，推测是排版颠倒所造成的。即刊印文之中，于倒数第四段：'新文化因素之孕育所凭借者又为何物？师生之德行才智，图书实验'之后，从'新民之一部分自身修而始……'这一句开始，一直到刊印文倒数第二段：'然大学之新民之效，初不待大学生之学成与参加事业而始见也。大学'为止，应移到刊印文倒数第六段：'出身诚是也，资格亦诚是也。我辈从事于大学教育者，诚能执通才之一原则，而曰，才不通则身不得出，社会亦诚能执同之一原则，而曰，无通识之准备者，不能取得参加社会事业之资格，则所谓出身与资格者，固未尝不为绝有意识之名词也。大学八目，明德之一部分至身修而止'之后，'学府之机构……'之前。这样全文就连贯了。"

的"《大学》",我甘为抄胥,恭录全文,一字无遗。此文没有列举大学教育的成绩,这并不意谓没有成绩,更不意谓否认成绩。梅贻琦这一辈科学代表人物,坚信科学事业正在胜利前进,不可阻挡,大有成绩,但不爱把成绩老挂在嘴上,生怕别人看不见。不把成绩挂在嘴上,是他们有信心的表现。干吗老把成绩挂在嘴上,是不是有点心虚,缺乏信心?正是出于这样的心态,此文只列弊端,竟达五端之多,五端所含的"子"(sub-)问题就更多,包含了大学教育全部基本问题。所以此文是中国高等教育史科学阶段的"《大学》"。这就是说,此文既是用大学教育经验解释《大学》,又是用《大学》总结大学教育经验。

本书从历史经验悟出:优点和缺点不是互相外在的两个东西,而是互相内在的一个统一体。存在于优点之内的缺点才是真正的缺点,存在于缺点之内的优点才是真正的优点。成绩与弊端亦然。所谓"真正的",是指货真价实的、有血有肉的、生动具体的、活泼泼的存在。

《大学一解》所论的五端,所含的种种问题,都是"移植"西方大学教育带来的,都不是中国大学教育固有的。这种种问题,不论在中国、在西方,在高等教育史的人文阶段,都不存在。这种种问题,是在高等教育史的科学阶段出现的,西方是用宗教来解决,中国本可以用人文来解决。但是在《大学一解》发表以前的五十年,中国的人文,包括人文知识与人文精神,日益成为"批判"对象与"革命"对象,哪还谈得上用中国人文解决由移植西方大学教育所带来的这种种问题!《大学一解》所论五端种种问题,不幸言中,变本加厉,愈演愈烈。这种种问题,西方虽主要由宗教解决,宗教业已心劳日拙,日益心余力绌;西方有识之士,遂转求中国人文。中国人噩梦惊残,大彻大悟,呼声四起:复兴人文!

《大学一解》用《大学》总结大学教育经验,显然有用中国人文解决五端种种问题的客观意义。此文分学问为三大部门:自然科学,社会科学,人文科学。将人文与社会科学分开,极有见地。但将人文称为"人文科学",终嫌一间未达。人文是"学科"(diciphne),不是"科学"(science)。人文和科学是两种不同"质"的学问,将人文亦称"科学",是科学主义的作法。科学主义以为科学以外无学问,实则大谬不然。盖人生有物质生活、社会生活、精神生活,解决物质生活、社会生活的问题都要用科学,惟有解决精神生活的问题只能用人文,不能用科学。直至十九世纪末,中国数千年来都是用人文解决精神生活的问题,获得伟大的成功;惟有近五十年来竭力用科学解决精神生活的问题,谁也没有成功。数千年成功的经验,五十年不成功的经验,两方面整合起来,也是前后连贯起来,中国人才有了全面的认识:精神生活的问题,只能用人文解决,不能用科学解决。

自十九世纪末至今一百年来,是中国高等教育史的科学阶段。在《大学一解》发表以前的五十年,在解决精神生活问题的方面,中国国内处于交战状态,既有人文与科学的交战,又有科学各派的交战;其目的似乎是争夺对精神生活的指导权,其实不过是争夺对社会生活的指导权;其结局是确立了马克思列宁主义毛泽东思想的领导地位。

《大学一解》的主观意义,还是想用科学解决精神生活的问题。

中国人认识到科学不能解决精神生活的问题,是通过最近五十年的经验,特别是"文革"十年的经验。《大学一解》不可能总结自己发表以后的经验,还是想用科学解决精神生活的问题,这在当时,毫不足怪。

中国高等教育史的"科学"阶段,必然发展为"人文·科学"阶段:毫无疑义。

马克思晚年作了大量的"人学"(anthropology)[①]著作劄记,想把以经济学为基础的科学社会主义,发展成为以人学为基础的人文社会主义。人文社会主义经典著作,马克思未及完成。完成这项任务的历史使命,落在马克思后学的肩上。

## 第十五节 对"人文·科学"阶段的启示

中国高等教育史的"科学"阶段必然向"人文·科学"阶段发展。作为"科学"阶段伟大代表,蔡元培对此历史必然性无明确预见,毫不足

---

① Anthropology,根据字源和定义,只应译为"人学"。译作"人类学","类"字便是"多余信息"(redundancy)。

怪。虽无此明确预见,他却明确指出,可以也应当在科学教育中修养人文精神,本节专述之。在这一方面,蔡元培堪称"人文·科学"阶段伟大先驱。

民国八年(1919)四月二十四日蔡元培在北京高等师范学校修养会演说,他说:

贵校校训为"诚勤勇爱"四字。此均可于科学中行之。如"诚"字之义,不但不欺人而已,亦必不可为他人所欺。盖受人之欺而不自知,转以此说复诏他人,其害与欺人者等也。是故吾人读古人之书,其中所言苟非亲身实验证明者,不可轻信;乃至极简单之事实,如一加二为三之数,亦必以实验证明之。夫实验之用最大者,莫如科学。譬如报纸纪事,臧否不一,每使人茫无适从。科学则不然。真是真非,丝毫不能移易。盖一能实验,而一不能实验故也。由此观之,科学之价值即在实验。是故欲力行"诚"字,非用科学的方法不可。

其次"勤":凡实验之事,非一次所可了。盖吾人读古人之书而不慊于心,乃出之实验。然一次实验之结果,不能即断其必是,故必继之以再以三,使有数次实验之结果。如不误,则可以证古人之是否;如与古人之说相剌谬,则尤必详考其所以致误之因,而后可以下断案。凡此者反复推寻,不惮周详,可以养成勤劳之习惯。故"勤"之力行亦必依赖夫科学。

再次"勇":勇敢之意义,固不仅限于为国捐躯、慷慨赴义之士,凡作一事,能排万难而达其目的者,皆可谓之勇。科学之事,困难最多。如古来科学家,往往因试验科学致丧其性命,如南北极及海底探险之类。又如新发明之学理,有与旧传之说不相容者,往往遭社会之迫害,如哥白尼、贾利来之惨祸。可见研究学问,亦非有勇敢性质不可;而勇敢性质,即可于科学中养成之。大抵勇敢性有二:其一发明新理之时,排除种种之困难阻碍;其二既发明之后,敢于持论,不惧世俗之非笑。凡此二端,均由科学所养成。

再次"爱"：爱之范围有大小。在野蛮时代，仅知爱自己及与己最接近者，如家族之类。此外稍远者，辄生嫌忌之心。故食人之举往往有焉。其后人智稍进，爱之范围渐扩，然犹不能举人我之见而悉除之。如今日欧洲大战，无论协约方面或德奥方面，均是己非人，互相仇视，欲求其爱之普及甚难。独至于学术方面则不然：一视同仁，无分畛域；平日虽属敌国，及至论学之时，苟所言中理，无有不降心相从者。可知学术之域内，其爱最溥。又人类嫉妒之心最盛，入主出奴，互为门户。然此亦仅限于文学耳；若科学，则均由实验及推理所得唯一真理，不容以私见变易一切。是故嫉妒之技无所施，而爱心容易养成焉。

他最后声明说：

鄙人非谓学生于正课科学之外，不必有特别之修养，不过正课之中，亦不妨兼事修养，俾修养之功，随时随地均能用力，久久纯熟，则遇事自不致措置失宜矣。①

高等学校教育内容，由人文与科学构成。"诚勤勇爱"都属于人文。人文精神，于科学中力行之、养成之，当此之时，人文才是"活"的，科学才也是"活"的，更是"善"的。人文于科学中行之，就是人文与科学统一。人文与科学统一，是"人文·科学"阶段的特征：既是"人文·科学"阶段的内容，又是"人文·科学"阶段的方法。人文与科学统一，这个过程，是"万里长征"、"亿万斯年"。尽管现在还是第一步，还是第一天，亦可肯定：人文行于科学之中，是正确方向。这是蔡元培这篇演说的启示。

不止高等学校教育。人文精神行于精神生活，亦行于社会生活、物质生活，才是人的生活。

---

① 此篇演说词题为《科学之修养》，发表于《北京大学日刊》第360号，编入《蔡元培全集》第三卷。

# 结语：中国高等教育的总规律

《大学》说："大学之道，在明明德，在新民，在止于至善。"这就是中国高等教育的总规律。

《大学》此言，历来称为"三纲领"。称之为纲领，是说中国高等教育在实现它。称之为规律，是说中国高等教育在遵循它。贯通中国高等教育历史全过程的规律，就是"总规律"。《大学》是战国前期（西元前五世纪）著作，此言乃中国高等教育总规律的最佳表述。

中国高等教育的基本矛盾是"道"与"艺"的矛盾，现在叫做"人文"与"科学"的矛盾。在传说阶段，道艺同一；在人文阶段，重道轻艺；在科学阶段，轻道重艺；在人文·科学阶段，复归道艺同一。各阶段各有特征，尽管如此，各阶段都遵循上述总规律。

中国高等教育的主要机构有成均，私学，太学，书院，大学，尽管各有特征，也都遵循上述总规律。

当代对中国高等教育总规律的研究，有人区分内部规律和外部规律。若区分内外，则"明明德"是内部规律，"新民"是外部规律，"止于至善"是内外合一的规律。

明明德→新民→止于至善的总规律，实现于格物→致知→诚意→正心→修身→齐家→治国→平天下八个步骤，旧称"八条目"。八条目以"修身"为中心环节，因为"身"是高等教育活动的主体，明、新、止以及格、致、诚、正、修、齐、治、平都是"身"的活动。"身"是什么？是个人自我。

"明明德"不限于现在常说的德育，而是修养人格整体。人格整体的构成成分是"知"、"仁"、"勇",恰好对应于西方讲的"智育"、"德育"、"体育",①其根据都是心理上相应的"知"、"情"、"志"。孔子说:"知者不惑,仁者不忧,勇者不惧。"②西方有人说,人生就是困惑,就是忧愁,就是恐惧。可谓忧天派。殊不知困惑、忧愁、恐惧,都是高等教育可以克服的对象,高等教育克服它们,使人实现知、仁、勇兼备的人格整体,达到不惑、不忧、不惧的精神境界。不亦乐乎!可谓乐天派。人格整体就是人之性。"能尽人之性,则能尽物之性。能尽物之性,则可以赞天地之化育。可以赞天地之化育,则可以与天地参矣"③。如此,则社会一分子的个人自我,又是宇宙一分子而"与天地参"。"参"即"叁"即"三",相当于西方的 trinity,即天地人三者合一,简言之就是天人合一。

"新民"是高等教育与社会,发展最佳关系的规律。其表现为,大学新民,则大学与社会俱兴;大学不新民,则大学与社会俱衰。当前时兴"适应"说,要高等教育适应社会,这只算维持平常关系,不算发展最佳关系。从历史发展看,"适应"说是倒退,不是前进,因为大学固有的、曾经发挥的新民作用反而削弱殆尽。有人主张提大学"引导"社会。是的,历史上大学有过引导社会的光辉业绩。但是为了避免与国家领导权威碰撞,还是提"新民"最为稳妥。殷鉴不远,在于清末。戊戌政变后,梁启超亡命日本,在横滨办《新民丛报》,自号"新民子",发挥"新民说",风靡全国,中国思想界因之面目一新,其能量之强大,罕有其匹,尽管如此,仍无碍其"保皇"的基本立场。"新民"与"保皇"尚可相容,况其他乎?可以无虑矣。

"止于至善"。现在常说办世界第一流大学,标准为何?亦曰"至善"而已矣。至善永无止境,而曰"止"于至善,何也?盖至善是一过程,是绝对相对统一的过程。一时一地即有当下相对的善,必止于此善,而后能定、能静、能安、能虑、能得。这是《大学》三纲领下文的意思。在"传之三章"释之云:"为人君,止于仁;为人臣,止于敬;为人子,止于孝;

---

① 参见斯宾塞(H. Spencer)的 EDUCATION(《教育论》)。
② 见《论语》的《子罕》、《宪问》。
③ 见《中庸》第二十二章。

为人父,止于慈;与国人交,止于信。"此则止于绝对的善矣。

"大学"一词有二义,一指大学问,一指大学校。《大学》之"大学",只指大学问,不指大学校。只指大学问,乃等于现在说的高等教育。若指大学校,乃等于现在说的高校及高校教育,办得再好也远远不等于高等教育全部。在本书《孔子与私学》章,根据孔子学历,指出中国高等教育是十五岁开始的终身教育,死而后已。此十五岁开始的终身教育的内容,就是明明德、新民、止于至善。这岂是高校教育所能担当的!本书此章第三节还指出,近百年来中国高等教育研究,不过是高等学校研究,这是关系中国文化文明生死存亡的大问题!哪有这么严重?现在讲到这里就很明白了。明明德、新民、止于至善,能在高校中开个头就很不错了。高校毕业之后还有大半辈子,这大半辈子的持续教育怎么落实?不说落实,有人还没有提上日程。不说提上日程,有人想也没有想过。不管这个大头,就算把高校办得锦上添花,花开花谢,又该如何?兴念及此,不寒而栗。这个问题,用西方大学观,看不出来,提不出来;只有用《大学》大学观,才能看出来,提出来。

\* \* \* \* \* \*

在中西文化综合过程之中的时代,在高等教育领域,先有蔡元培代表的理论和实践,后有毛泽东代表的马克思列宁主义原理与中国高等教育实际相结合的理论和实践,后者既有以延安为中心的中国解放区的高等教育,又有中华人民共和国成立后整个大陆地区的高等教育。毛泽东领导的这一部分,应当另写专著。

# 附录一　元首教育

元首，指传说的古帝，先秦的天子、诸侯王，秦至清的皇帝，共和时代的总统、国家主席。

## 第一节　传　　说

宋王应麟著《玉海》，其"帝学"类云：神农师悉诸，黄帝师大桡，颛顼师伯夷，訾师伯招，尧师子州支，舜师许由（原注：《庄子》云尧师许由），禹师大成，汤学威子伯。① 这个名单是王氏根据古籍传列出的，可见远古元首是从师受教育的。

《鬻子》云："禹之治天下也，以五声听"：禹"曰：教寡人以道者，击鼓；教寡人以义者，击钟；教寡人以事者，振铎；语寡人以忧者，击磬；语寡人以狱讼者，挥鼗：此之谓五声。是以禹尝据一馈而七十起，日中而不暇饱食。曰：吾犹恐四海之士留于道路"。可见远古元首的受教育与治天下是融为一体的。

## 第二节　先秦元首教育概观

《史记·齐太公世家》记载吕尚如何归周的故事，共有三个说法，虽不相同，"然要之为文、武师"，都说吕尚"为文、武师"。这个"师"字指教

---

① 见《四库全书》上海古籍出版社缩影本943册638页。基本上照抄《吕氏春秋·尊师》。

师吗?《史记·周本纪》云:"太公望为师","师修文王绪业",还有《史记》其他有关记载,通而观之,可知此"师"字兼有后世所谓"军师"、"教师"二义。

《大戴礼记·武王践阼》记周武王问《丹书》于尚父,《尚书·洪范》记周武王访洪范于箕子。《贾谊新书·修政语下》载有文、武、成三代周王问道于鬻子的问答记录。《史记·楚世家》记楚熊通曰:"吾先鬻熊,文王之师也",其实何止文王之师。此"师"字是指教师。

《尚书·君奭》序云:"召公为保,周公为师,相成王为左右"。《史记·鲁周公世家》云:"周公归,恐成王壮,治有所淫佚,乃作《多士》,作《毋逸》","作此以诫成王"。可见周公为师,还为成王写教材。《后汉书·翟酺传》云:"昔成王之政,周公在前,召公在后,毕公在左,史佚在右,四子挟而维之。目见正容,耳闻正言,一日即位,天下旷然,言其法度素定也",对成王多么严格!

西元前1076年,周姬发即位称王,是为周武王。前741年,楚熊通自称为王,是为楚武王。至此,中国南北各有一王。周王有师,由以上可见。楚王有师,始见于楚武王以保申为其子楚文王之师。楚文王即位后,有过,其师保申行武王之法,答文王于朝。事详《吕氏春秋·直谏》。然周公为成王师,"成王有过,则挞伯禽",语在《礼记·文王世子》。伯禽是周公之子,为成王伴读,兼挨打替身。马克·吐温作《王子与贫儿》,贫儿当王子的 whipping boy(挨打替身),与伯禽同。楚王有过,楚王挨打;周王有过,只打替身。凭这一条,就可知楚必兴而周必衰。《国语·楚语上》云:楚庄王初立,"申公子仪父为师,王子燮为傅"。楚庄王熟读《诗》篇,见于他论武之言。① 楚昭王精研《周书》,向楚儒观射父请教"绝地天通"问题。② 皆楚王好学之例。

诸侯国元首接受教育的范例,最突出的要数卫武公(前812年至前758年在位)。《国语·楚语上》云:"昔卫武公年数九十有五矣,犹箴儆于国,曰:'自卿以下至于师长士,苟在朝者,无谓我老耄而舍我,必恭恪

---

① 见《左传》宣公十二年。
② 见《国语·楚语下》。

于朝,朝夕以交戒我;闻一二之言,必诵志而纳之,以训导我。'在舆有旅贲之规,位伫有官师之典,倚几有诵训之谏,居寝有亵御之箴,临事有瞽史之导,宴居有师工之诵。史不失书,矇不失诵,以训御之,于是乎作《懿》戒以自儆也。及其没也,谓之睿圣武公。"这是一个完整的元首教育体制,它在元首生活全过程的每个环节,从"临事"(处理政事)到"亵御"(性生活),处处都有"训御"(教育)之人。这个教育体制,显然不是从他九十五岁才开始的,而是早已实行的。

从《论语》可以看出:齐景公、鲁定公、鲁哀公、楚叶公、卫灵公都曾师孔子。

从《孟子》可以看出:梁惠王、齐宣王、滕文公都曾师孟子。

《墨子·所染》云:"齐桓染于管仲、鲍叔,晋文染于舅犯、高偃,楚庄染于孙叔、沈尹,吴阖闾染于伍员、文义,越勾践染于范蠡、大夫种。此五君者所染当,故霸诸侯,功名传于后世。"《所染》还举了"所染不当,故国残身死"的例子。所染不当,亦有从师的意义;所染当,就更是从师了。

概而观之:先秦元首有师,所师当否,关系兴亡;先秦元首教育体制,以卫武公实行者最为严密,令人联想到管理的泰罗制(Taylor system)。①

## 第三节 无 为

元首教育的内容,是"内圣外王之道"。这个道,与元首教育同时开始;这个名,则晚至《庄子·天下》才首次明确提出。这个内圣外王之道,集中到一点,就是"无为"。"无为"一名,始见于《老子》。"无为"也是《论语》推崇至极的,更是《韩非子》尽力推广的。道家、儒家、法家尽管有许多争论之点,但在君道"无为"这一点上却是出奇地一致。所谓"一致",是一与多的统一,同与异的统一,并非完全一样,完全相同。

---

① 此制由美国机械工程师 Frederick Winslow Taylor(1856—1915)首创而得名。它在管理的每个环节实行最完善的监督制,这一点与卫武公教育体制有相似之处。

对于元首,"无为"二字是历代真正的"心传",一直传到清代。清朝两位最杰出的皇帝,康熙和乾隆,康熙自书"无为"二字为匾,乾隆为之重新贴金作跋,此匾至今犹悬于北京故宫交泰殿上。

元首教育的内容是"内圣外王之道",所以《老子》中涉及"圣人"和"王"的话,都有元首教育的意义。内圣外王之道集中到一点是"无为",所以《老子》中涉及"无为"的话,更有元首教育的意义。《老子》书中"圣人"一词出现三十一次,"王"字出现九次,"无为"一词出现十一次,不必在此列举,只以"无为"为中心而综述之。

《老子》第五十七章云:"故圣人云:我无为而民自化,我好静而民自正,我无事而民自富,我无欲而民自朴。"无为,好静,无事,无欲,都是无为。自化,自正,自富,自朴,都是自然。这四句可以综合为一句:我无为而民自然。这是《老子》最高原则"道法自然"(第二十五章)在元首教育中的集中表现。

民自然,由百姓自己说出来,就是"百姓皆谓'我自然'"。《老子》第十七章云:"功成事遂,百姓皆谓'我自然'。"元首无为,怎么功成事遂呢?原来一切事功都是百姓自然,即都是百姓自己所为。百姓自为,则一切事功无不为矣。这就是"无为而无不为"(《老子》第四十八章)。这个道理,就是君无为而臣有为,君无为而民有为。这就是"以道莅天下"(《老子》第六十章)。

一般认为,元首是国中最大的。但《老子》认为"大者宜为下"(第六十一章),低下得像山谷,像江海。《老子》第六十六章云:"江海之所以能为百谷王者,以其善下之,故能为百谷王。是以圣人欲上民,必以言下之;欲先民,必以身后之。是以圣人处上而民不重,处前而民不害,是以天下乐推而不厌。"下之才能上之,后之才能先之,为下才能为王。《老子》第七十八章云:"是以圣人云:受国之垢,是谓社稷主;受国不祥,是谓天下王。"元首要像山谷、江海,容纳一切,特别是容纳反面的东西。

元首无为,岂不是放任自流么?《老子》的确主张放任,并不主张自流,反而主张"自胜"。第三十三章云:"胜人者有力,自胜者强。"胜人者只算有力,有狠,并不算强。自胜者才算强。战胜自己的人才是强人。

"自胜"就是"克己",《论语》讲"克己",不过是学的《老子》的"自胜"。自胜也是自然。放任是解除外力的控制,自胜是依靠内力的控制。外力的控制不是真控制,内力的控制才是真控制。

所谓自胜,就是修身。《尔雅·释诂上》:"身:我也。"修身修什么?修德。《老子》第五十四章云:"修之于身,其德乃真。修之于家(古音姑),其德乃馀。修之于乡,其德乃长。修之于邦,其德乃丰。修之于天下(古音虎),其德乃普。""真"是质,"馀"、"长"、"丰"、"普"都是量,量以质为前提,否则量再多也是"水货"。修之于身,从我修起,才是真修,不是假修。这是要元首以修身为本,进而修家,修乡,修邦,修天下。后来儒家作《大学》,主张"自天子以至庶人,壹是皆以修身为本",进而齐家、治国、平天下,这一套理论,皆自《老子》此章生发而来。

《论语·卫灵公》云:"子曰:无为而治者,其舜也与!夫何为哉?恭己正南面而已矣。""恭己",就是克己,就是修身。"正"字宜属上,"己正"意谓"其身正"。《论语·子路》云:"子曰:其身正,不令而行;其身不正,虽令不从。"孔子是从这些方面理解"无为",坚信人格的感召、榜样的力量,将"无为"推崇至极。

《韩非子·主道》云:"明君无为于上,群臣竦惧乎下。明君之道,使智者尽其虑,而君因以断事,故君不穷于智;贤者敕其材,君因而任之,故君不穷于能;有功则君有其贤,有过则臣任其罪,故君不穷于名"。"臣有其劳,君有其成功,此之谓贤主之经也"。"诚有功,则虽疏贱必赏;诚有过,是虽近爱必诛"。韩非尽力推广的无为,以赏罚为保证。

大家都说无为,到底无为的真谛是什么? 无为的真谛是"辅万物之自然而不敢为"(《老子》第六十四章)。辅万物之自然,就是无为。这里的"自然",不是现代意义的与"社会"相对的那个词,而是一个主谓结构,主词是"自",谓词是"然",意思是"自己如此"。"道法自然"的"自然"也是这个意思。万物之自然,是要辅之又辅的,再怎么辅,也是无为。万物之自然,是要法之又法的,再怎么法,也是无为。

旧有尧舜相传的"十六字心传"之说,十六字是"人心惟危,道心惟微,惟精惟一,允执厥中",见于《尚书·大禹谟》。清代阎若璩考定是伪造的:"《荀子·解蔽篇》'昔者舜之治天下也'云云,故《道经》曰:'人心之危,道心之微,危微之几,唯明君子而后能知之'。此篇前又有'精于道'、'一于道'之语,遂隐括为四字,复续以《论语》'允执厥中'以成十六字。伪古文盖如此。"① 黄宗羲更批评它分人"心"为"人心"、"道心",不合孔孟之言:"孟子言'求放心',不言求道心;言'失其本心',不言失其道心。夫子之'从心所欲不逾矩',只是不失人'心'而已。"②

阎、黄的工作,现在只剩下历史的意义。现在看来,纵然十六字出于《道经》和《荀子》,纵然不合孔孟之言,又有何妨,只要确为历代元首之心传,仍应承认。本书认为历代元首之真正心传是"无为"二字,而此十六字亦有一定影响,故附及之。

## 第四节 职　　官

《周礼·地官·师氏》"师氏掌以美诏王",郑玄注:"告王以善道也",贾公彦疏:"师氏掌以前世美善之道以诏告于王,庶王行其善道也"。同书《保氏》"保氏掌谏王恶",郑玄注:"谏者,以礼义正之",贾公彦疏:"师氏以美道诏王,保氏以师氏之德行审喻王,王有恶则谏之"。师氏、保氏还有其他职责,但"诏王"、"谏王"是其首要职责。

据此,则师氏、保氏乃元首之师。然历代职官,并无以"师氏"、"保氏"为名之官。其以"师"名官而为元首之师者,现在能见到的最早的文献是《尚书·微子》,其中有"父师"、"少师",似与后来的"太师"、"少师"相当。

《汉书·百官公卿表》云:

周官则备矣:天官冢宰,地官司徒,春官宗伯,夏官司马,秋官司寇,冬官司空,是为六卿,各有徒属职分,用于百事。太师、太傅、太保,是为三公,盖参天子,坐而议政,无不总统,故不以一职为官名。又立三少为之副,少师、少傅、少保,是为孤

---

① 见阎若璩《古文尚书疏证》第三十一条,上海古籍出版社影印眷西堂刻本,第244页。
② 见黄宗羲《古文尚书疏证序》,同上书,第5页。

卿,与六卿为九焉。

三公、三孤之说,是根据《周礼》、《礼记》,但说得更为简明有序。

三公、三孤的职责,各有明确的规定,见于《大戴礼记·保傅》:

  天子不论先圣王之德,不知国君畜民之道,不见礼义之正,不察应事之理,不博古之典传,不闲于威仪之数,诗书礼乐无经,学业不法,凡是其属太师之任也(涂注:凡是此类问题由太师负责)。

  天子无恩于父母,不惠于庶民,无礼于大臣,不中于制狱,无经于百官,不哀于丧,不敬于祭,不信于诸侯,不诚于戎事,不诚于赏罚,不厚于德,不强于行,赐与侈于近臣,邻爱于疏远卑贱,不能惩忿窒欲,不从太师之言,凡是之属太傅之任也。

  天子处位不端,受业不敬,言语不序,声音不中律,进退节度无礼,升降揖让无容,周旋俯仰视瞻无仪,安顾咳唾趋行不得,色不比顺,隐琴瑟,凡此其属太保之任也。

  天子宴瞻其学,左右之习反其师,答远方诸侯不知文雅之辞,应群臣左右不知已诺之正,简闻小诵不传不习,凡此其属少师之任也。

  天子居处出入不以礼,冠带衣服不以制,御器在侧不以度,纵上下杂采不以章,忿怒说喜不以义,赋与集让不以节,凡此其属少傅之任也。

  天子宴私,安如易,乐而湛,饮酒而醉,食肉而馁,饱而强,饥而惏,暑而暍,寒而嗽,寝而莫宥,坐而莫侍,行而莫先莫后,天子自为开门户、取玩好,自执器皿,亟顾环面,御器之不举不藏,凡此其属少保之任也。

此篇还有个更概括的讲法:"保,保其身体;傅,傅之德义;师,导之教训。"①

由以上引文可见,师、傅、保的职责互相交织,不可分割,只有个大

---

① 见贾谊《新书·保傅》。

致的分工：太师管全面，原则指导；太傅具体落实，保证太师的指导施行；太保主要管保健。三少是其副职，协助三公工作。

此篇还说："食以礼，彻以乐。失度，则史书之，工诵之，三公进而读之，宰夫减其膳，是天子不得为非也。"小节扣得很严，"失度"竟然"减其膳"！贾谊《新书》有篇《容经》，把天子的"立容"、"坐容"、"行容"、"坐车之容"等等都作了规定。

历代相当于三公、三孤的职官，作为元首之师，也主要是作为"人师"。至于"经师"，为元首讲课的职官，则主要是"侍读"、"侍讲"、"说书"之类。

《通典·职官三·中书令》云："开元（713—741）初，褚无量、马怀素侍讲禁中，为'侍读'，其后康子元等为'侍讲学士'"。

《续通志·职官略一·翰林学士院》云："翰林侍读学士（原注：宋初惟置'侍读'。真宗咸平二年（999）始置'侍读学士'二人。元丰（1078—1085）更制，废学士不置，为侍从以上兼官。元祐七年（1092）复增学士之号，元符元年（1098）省去。建炎元年（1127）诏以侍从官四人充讲读官）；

"翰林侍讲学士（原注：宋咸平二年始置'翰林侍讲学士'。故事：两省台端以上兼侍讲；其由庶官兼者，必以特命。元丰以后，宫观多兼侍读；南渡后，多以台谏兼之）；

"崇政殿说书（原注：宋仁宗景祐元年（1034）始置'说书'四人，日轮二人祇候，后为庶官兼'经筵'者之称）。

"臣等谨案：'侍读、侍讲学士'及'崇政殿说书'，宋时谓之'经筵'。后乃择学士、侍从有学术者为'侍讲'、'侍读'，其秩卑资浅而可备讲说者则为'说书'。岁以春二月至端午日，秋八月至长至日，遇只日（涂注：逢单日）入侍迩英阁轮官讲读。元祐（1086—1093）间，程颐以布衣为'说书'，范祖禹、司马康以'著作佐郎'兼'侍讲'，皆出于异数，不为常制。"

《清朝文献通考·职官七·翰林院》云："掌院学士：满洲、汉人各一人。侍读学士：满洲二人，汉人三人。侍讲学士：满洲二人，汉人三人。

侍读：满洲二人，汉人三人。侍讲：满洲二人，汉人三人。"又云："经筵讲官：满汉各八人（原注：以大臣兼充）。经筵应讲经书及讲官职名，题请钦定，先期撰拟讲章，届期皇帝升文华殿，讲官进讲。"

刘锦藻独力纂修《清朝续文献通考》，其《职官考十四·翰林院》云："臣谨案：'翰林'之名，本于扬子云《长杨赋》，盖谓文学之林尔。今之'掌院学士'，即明'翰林院学士'、《周礼》'内史中大夫'也。'侍读学士'、'侍讲学士'，始于唐开元十三年（725），周'外史上士'也。'侍讲'始于后汉桓荣荐门下生侍讲，非官名。其以'侍讲'名官者，始于东吴。'侍读'始于梁，其为'翰林院侍讲、侍读'则始于明，周'外史中士'也"。清朝"始置'经筵讲官'，宋'崇政殿说书'，明'经筵进读官'也"。清朝"开国以来，官名虽多沿袭，员缺时有增减"。这段话把历代元首教育的职官连贯起来了。

再回到三公、三孤。三公一称"三太"；三孤一称"三少"，"少"是副职。到了清朝，《清朝通典·职官一·师傅保加衔（原注：太师，太傅，太保；少师，少傅，少保；太子太师，太子太傅，太子太保；太子少师，太子少傅，太子少保）》云："凡师傅保皆有少，皆虚衔，无职掌，亦无员额。凡大臣宣力中外，劳绩懋著者，则奉特旨加衔，或为赠典，以示优宠焉。"无论正副，亦无论号称天子之师或太子之师[①]，亦无论生前加衔或死后追赠，都是荣誉头衔，但其人则每有"人师"的声望和影响，其高度和广度、深度、强度，是实职无法相比的。

概而观之，元首教育的职官有两个系统：一个是"人师"系统，三太、三少属之；一个是"经师"系统，侍读、侍讲、说书之属皆属之。然人师不必兼经师，而经师应兼人师。程颐为"说书"[②]，朱熹为"侍讲"[③]，都是经师兼人师的范例。

---

[①] 清朝家法不立储，有皇子而无太子，于是出现没有太子的太子太师、没有太子的太子少师等等虚衔。

[②] 详见《宋史·道学传》本传。

[③] 详见《宋史·道学传》本传。

## 第五节 专 著

师氏以善诏王,保氏谏王之恶,就广义而言,则中国著作,凡有关世道人心者,莫不有此意义。就连"苛察缴绕"(烦琐)的名家,也是"欲推是辩以正名实而化天下"(《公孙龙子·迹府》),也有这种意义。就连风骚诗赋之类的文学作品,也有这种意义。

后来出现《帝范》(唐太宗撰)、《帝学》(宋范祖禹撰)、《君鉴》(明代宗撰)这类专著,专门教帝王如何做帝王。其影响不及另外的三部书:汉高祖命陆贾撰的《新语》,唐太宗命魏征等撰的《群书治要》,宋英宗、神宗命司马光撰的《资治通鉴》。① 下面对这后三部书略加介绍。

陆贾《新语》时代精神,远远超过此书文字本身。《左传》、《国语》、《战国策》的时代是马上争天下,到秦汉统一才实现了马上得天下。已经马上得天下,不能还是马上治天下,必须转为马下治天下。这是全中国有史以来第一次大转变,这个大转变,就是陆贾《新语》时代的时代精神。秦始皇一生,汉高祖初期,对这个大转变,一直是懵懂懂、傻乎乎的,还在搞他的马上治天下:秦始皇搞了一辈子,二世而亡;汉高祖开国搞了几年,大局动荡。惟有陆贾对大转变有最清楚的认识。《史记》本传云:

> 陆生时时前说称《诗》、《书》。高帝骂之曰:"乃公马上而得之,安事《诗》、《书》!"陆生曰:"居马上得之,宁可以马上治之乎?且汤武逆取而以顺守之,文武并用,长久之术也。昔者吴王夫差、智伯极武而亡;秦任刑法不变,卒灭赵氏(《集解》云:赵氏,秦姓也)。乡使秦已并天下,行仁义,法先圣,陛下安得而有之?"高帝不怿而有惭色,乃谓陆生曰:"试为我著秦所

---

① 中国著作界有个传统:为帝王编著读物。校勘古书常用的《太平御览》,即为宋太宗而编,他"日览三卷,一岁而读周",共千卷(据宋敏求《春明退朝录》说)。直到康有为为光绪帝编《日本变政考》、《俄罗斯大彼得变政记》、《波兰分灭记》、《法国变政考》、《德国变政考》、《英国变政考》、《列国比较表》、《孔子改制考》等书,皆此传统。遂演变而成"内参"之类矣。

以失天下,吾所以得之者何,及古成败之国。"陆生乃粗述存亡之征,凡著十二篇。每奏一篇,高帝未尝不称善,左右呼万岁,号其书曰《新语》。

陆贾提醒了汉高祖,不搞马上治天下,否则必为亡秦之续。从这个观点看中国的"文化大革命",也正是马上得天下之后,还是搞马上治天下,不知转变,愈演愈烈,史无前例,险些也闹成亡秦之续。

大转变的又一个方面,是由"逆取"转变为"顺守"。陆贾以汤武为例,意思是说,汤武以臣伐君,是"逆",为了"取"天下,也只好"逆";臣忠君是"顺",为了"守"天下,就必须"顺"。汤武问题,是当时敏感的政治问题:否定汤武吧,会导致否定汉高祖的革命;肯定汤武吧,会导致肯定对汉朝的革命。凡是封建王朝,都是只许它革人家的命,不许人家革它的命,所以汤武问题是它的两难问题,无法解决。五十年后,辕固生与黄生还在争汤武问题。汉景帝说,这个问题说不清楚,也不会把你当傻子。不了了之,以后就无人闯此禁区了。①

可见陆贾的大转变之说,有两层意义:一层是马上变马下,适用于古今中外,是普遍意义;一层是逆取变顺守,只适合帝制时代,是特殊意义。因为只有帝制时代,才有君臣之分(去声),才有君臣关系上的顺逆之分(平声),才有由逆变顺的问题。

陆贾此项贡献,使他堪称千古帝王师,以及共和时代元首之师。后来马上得天下的人,有人也许不知陆贾,但知转变,偃武修文,励精图治,开国之后,总有若干年太平盛世。也有人虽知陆贾,但不转变,坐失良机,制造浩劫。对比之下,益见陆贾此说,经得起实践检验,经得起历史考验。

关于《群书治要》,《唐会要》云:"贞元五年(631)九月二十七日,秘书监魏征撰《群书治要》上之。"《新唐书·儒学传上》萧德言传云:"太宗欲知前世得失,诏魏征、虞世南、褚亮及德言,裒次经史百氏帝王所以兴衰者上之。帝爱其书博而要,曰:'使我稽古临事不惑者,公等力也!'"

---

① 详见《史记·儒林传》辕固生传。

此书北宋犹存,后佚。《四库全书》中无此书,后又从日本传回中国。

关于《资治通鉴》,宋神宗于治平四年(1067)十月九日赐序,有云:"若稽古英考(涂注:此仿《尚书·尧典》'若稽古帝尧'句法,'英考'指其父英宗),留神载籍,万机之下,未尝废卷。尝命龙图阁直学士司马光论次历代君臣事迹","其所载明君良臣切摩治道,议论之精语,德刑之善制,天人相与之际,休咎庶征之原,威福盛衰之本,规模利害之效,良将之方略,循吏之条教,断之以邪正,要之于治忽,辞令渊厚之体,箴谏深切之义,良谓备焉"。《诗》云:'商鉴不远,在夏后之世。'故赐其书名曰《资治通鉴》,以著朕之志焉耳"。司马光在进书表中说,此书"专取关国家盛衰、系生民休戚、善可为法、恶可为戒者,为编年一书","臣既无它事,得以研精极虑,穷竭所有,日力不足,继之以夜,遍阅旧史,旁采小说,简牍盈积,浩如烟海,抉摘幽隐,校计毫厘","臣之精力,尽于此书。伏望陛下宽其妄作之诛,察其愿忠之意,以清闲之燕,时赐有览,监前世之兴衰,考当今之得失,嘉善矜恶,取是舍非,足以懋稽古之盛德,跻无前之至治,俾四海群生,咸蒙其福,则臣虽委骨九泉,志愿永毕矣"。这些话把此书主要问题都讲到了。此书倾注了撰者全部精力,不,是整个生命,所以富于说服力和感染力,成为帝制时代元首教育的教科书和百科全书。后来朱熹撰《资治通鉴纲目》,康熙帝加批,乾隆帝题词;乾隆帝撰《评鉴阐要》;毕沅撰《续资治通鉴》:可见此书影响。

## 第六节 共和时代的元首教育

中国的辛亥(1911)革命,结束了帝制时代,开始了共和时代。共和时代的国家机构中,再也没有相当于三太、三少、侍读、侍讲、说书之类的职官了。至于元首教育,也就只有元首的自我教育;对应于帝制时代的元首教育,则自我教育以外的教育,基本上代以法制了。为了理解这种现象,我提出两个说法,一个是"蚕蛾说",一个是"外控说",分述如下。

一、蚕蛾说

蚕蛾的唯一使命是产卵,她再也不吃东西,连嘴也没有。帝制的元首,是世袭的,终身的,国家是他的"家天下"。他可能襁褓登基,即使成年即位,也需要在岗位上继续培训,也可能在岗位上继续培训。共和的元首,是真正地"学而优则仕",上岗之前必须已经学成,而且任期有限,不可能在任期内脱产再学,所以只要求他在岗位上"用"其已有之学。这就是说,元首的职责是工作,不是学习,为了工作他也要继续自己学习,但学习不是他的职责,他的职责是工作。所以他可能在工作上受弹劾,不会在学习上受弹劾。从来没有共和的元首在学习上受弹劾,更没有由此导致下台的。所以另一方面,元首的失职,也就不能用"付学费"来开脱。这样来看,共和元首的履行职责(我是说职责),活像蚕蛾似的完成使命。当然,这不过是个比喻,而且只是比喻元首,不是比喻其他官员。

二、外控说

中国帝制的元首,实行"帝权无限论"。① 帝权无限,就是帝权无控。帝权无控,则帝作好事,可以为所欲为;帝作坏事,也可以为所欲为。帝作好事很方便,帝作坏事也方便。好事坏事都可以放开手脚去作,无人碍手碍脚。关键就在于使帝只作好事,不作坏事,使帝自控,办法就是加强元首教育:有职官,有制度,有教材,有实行。一切为了帝制元首能够自控,可名"内控说"。共和元首则不然,他的权不是帝权,而是法权,实行"法权有限论"。法权,根据定义,就是有限的,以法为限。宪法和法律赋予共和元首以权力,这同时也是限制他的权力,因为他法外无权,依法拥有权力,同时受法控制。他一旦违宪违法,法制对于他就成为异己力量,所谓异己,就是由不得他自己了。所以共和元首是由法制控制的,这就是"外控说"。

从以上两个说法,就可以理解,在共和时代,为什么没有元首教育的职官和制度了。

但就控制而言,外控不及内控,他控不及自控。在共和时代,没有元首教育的职官和制度,并不意谓着不要元首教育,而是意谓着相信元

---

① 先秦楚国例外,楚国王权受制于法,详见拙著《楚国哲学史》第四章《法治精神》。

首的自我教育,即相信元首的自控。一切教育,不光是元首教育,归根到底,都要落实到自我教育,才能真正完成。光靠外力敲敲打打,不是根本办法。不过你真不自控,谅也无妨,有外控在。有外控保险,这是共和优于帝制的标志之一。

在帝制时代,既然帝权无限,可是历代帝王怎么又接受元首教育这一套?

情况是这样的:中国历代帝王,尽管群臣对他歌颂备至,说他如何地圣明,比尧舜还圣明,可他本人呢,没有一个人说他自己赶得上尧舜,更不用说超过尧舜了。就连夏桀商纣,以及后代所有的昏君暴君,一概如此,翻遍二十六史,无一例外。商纣有一句最自信的话:"我生不有命在天?!"(《尚书·西伯戡黎》)也只说他有命在天,而未说他超过尧舜。我发现了这个事实,然后悟出一个道理,就是历代帝王,其所以能够接受元首教育制度,从师学习,身为天子,还要修身,还要进德修业,其根据就是自认不及尧舜,还有接受教育的余地。

这个传统,值不值得共和时代的元首继承呢?

这个传统,或有人说不过是官样文章,并非事实。商纣不说他超过尧舜,是因为根本没有尧舜其人。即使有尧舜其人,也不过是原始社会的酋长。商纣虽恶,也是文明社会的帝王。尧舜岂能与商纣相比。所以谈论这个传统,毫无意义。

对此,我要说,我们不必纠缠尧舜其人,因为在人们心目中,尧舜不过是"理想元首"的代号。这样置换一下,还原一下,问题就好解决了。

总而言之:以法制控制元首,是外控,是共和时代的新发展;以教育控制元首,是内控,是帝制时代的好传统。传统寓于历史发展之中。

# 附录二　元首继承人教育

《礼记·礼运》说中国历史曾有两个阶段，前一阶段"天下为公"，"是谓大同"；后一阶段"天下为家"，"是谓小康"。天下为公的天下，后人一称之为"公天下"；天下为家的天下，后人一称之为"家天下"。公天下的元首，家天下的元首，皆称"帝"。公天下的帝位继承（即元首继承）实行"禅让制"，家天下的帝位继承（即元首继承）实行"传子制"。禅让制传贤，传子制传亲。传贤与传亲不同，但至少有一点相同，就是都要对帝位继承人（即元首继承人）进行教育，可谓元首继承人教育。这种教育有其独有的特点和意义。

辛亥革命使中国历史结束了家天下阶段，进入了更高一级的公天下阶段，一名共和时代。在法制上，共和时代元首的产生实行选举制，只有当选后的继任资格，没有当选前的继承资格。换言之，在选举前，只有元首候选人，没有元首继承人；在选举后，只有元首继任人，也没有元首继承人。总而言之，在共和时代的法制中，只有合法的元首候选人、合法的元首继任人。在教育上，也就不可能还有元首继承人教育，而可以有元首候选人教育。但由于元首候选人资格的暂时性、稀有性、忙碌性，无论在社会学制或个人学历上，都不可能划出一个阶段，进行元首候选人教育。所以元首候选人教育，虽然"可以"有，但不"可能"有。虽然不可能以元首候选人资格去接受元首候选人教育，但可能在成为元首候选人之前接受元首候选人预备教育。本书只在此提出这个问题，留待有足够史料时再来论述。

## 第一节　禅让制史料

中国元首继承的禅让制，以尧禅舜、舜禅禹最合规范而且成功。尧舜禹禅让过程的记载，始见于《尚书》的《尧典》（包含"舜典"）和《大禹谟》，其中无"禅让"字样，"禅让"一词始见于《后汉书·逸民传》高凤传论。清代阎若璩考定《大禹谟》是伪古文，同时考定"《大禹谟》句句有本"（阎氏《尚书古文疏证》第三十三条题目）。好比机器，零件都不假，不过不是原装。《尧典》虽是原装，却是传说。作为传说，《大禹谟》与《尧典》有同等地位。这些传说并非瞎说，现存的原始部落中尚可找到类似禅让的做法，可资参证。

《尚书》的《尧典》、《大禹谟》，都难懂。《史记·五帝本纪》根据《尚书》和别的史料加以改写，好懂一些。《孟子·万章上》以四分之三的篇幅专题讨论，最好懂。《尚书》、《史记》、《孟子》中的资料在此不能全录，只摘录一部分，以见禅让过程中对元首继承人的教育。

《尚书·尧典》云：

帝曰："咨！四岳。朕在位七十载，汝能庸命，巽朕位。"

岳曰："否德忝帝位。"

曰："明明扬侧陋。"

师锡帝曰："有鳏在下，曰虞舜。"

帝曰："俞！予闻，如何？"

岳曰："瞽子。父顽，母嚚，象傲，克谐以孝。烝烝乂，不格奸。"

帝曰："我其试哉！女于时，观厥刑于二女。"厘降二女于妫汭，嫔于虞。

帝曰："钦哉！"

《尚书·舜典》云：

慎徽五典，五典克从。纳于百揆，百揆时叙。宾于四门，四门穆穆。纳于大麓，烈风雷雨弗迷。

帝曰:"格!汝舜。询事考言,乃言底可绩,三载。汝陟帝位。"舜让于德,弗嗣。

正月上日,受终于文祖。

又云:

二十有八载,帝乃殂落。百姓如丧考妣,三载,四海遏密八音。月正元日,舜格于文祖,询于四岳,辟四门,明四目,达四聪。

最后说:

舜生三十征,庸三十,在位五十载,陟方乃死。

《史记·五帝本纪》云:

尧曰:"嗟!四岳。朕在位七十载,汝能庸命,践朕位?"

岳应曰:"鄙德忝帝位。"

尧曰:"悉举贵戚及疏远隐匿者。"

众皆言于尧曰:"有矜在民间,曰虞舜。"

尧曰:"然,朕闻之。其何如?"

岳曰:"盲者子。父顽,母嚚,弟傲,能和以孝,烝烝治,不至奸。"

尧曰:"吾其试哉。"

于是尧妻之二女,观其德于二女。舜饬下二女于妫汭,如妇礼。尧善之,乃使舜慎和五典,五典能从。乃遍入百官,百官时序。宾于四门,四门穆穆,诸侯远方宾客皆敬。尧使舜入山林川泽,暴风雷雨,舜行不迷。尧以为圣,召舜曰:"女谋事至而言可绩,三年矣。女登帝位。"舜让于德不怿。正月上日,舜受终于文祖。文祖者,尧大祖也。

于是帝尧老,命舜摄行天子之政,以观天命。

又云:

尧立七十年得舜,二十年而老,令舜摄行天子之政,荐之于天。尧辟位凡二十八年而崩。

尧崩,三年之丧毕,舜让辟[尧之子]丹朱于南河之南。诸侯朝觐者不之丹朱而之舜，狱讼者不之丹朱而之舜，讴歌者不讴歌丹朱而讴歌舜。舜曰："天也！"夫而后之中国践天子位焉，是为帝舜。

以上是尧禅舜的全过程。

再看舜禅禹。《尚书·大禹谟》云：

> 帝曰："格，女禹！朕宅帝位三十有三载，耄期倦于勤。汝惟不怠，总朕师。"
>
> 禹曰："朕德罔克，民不依。……"

又云：

> 帝曰："来，禹！洚水儆予，成允成功，惟汝贤；克勤于邦，克俭于家，不自满假，惟汝贤。汝惟不矜，天下莫与汝争能；汝惟不伐，天下莫与汝争功。予懋乃德，嘉乃丕绩。天之历数在汝躬，汝终陟元后。人心惟危，道心惟微，惟精惟一，允执厥中。无稽之言勿听，弗询之谋勿庸。可爱非君？可畏非民？众非元后何戴？后非众罔与守邦。钦哉！慎乃有位，敬修其可愿。四海困穷，天禄永终。惟口出好兴戎，朕言不再。"
>
> 禹曰："枚卜功臣，惟吉之从。"
>
> 帝曰："禹！官占，惟先蔽志，昆命于元龟。朕志先定，询谋佥同，鬼神其依，龟筮协从，卜不习吉。"
>
> 禹拜稽首，固辞。
>
> 帝曰："毋！惟汝谐。"
>
> 正月朔旦，受命于神宗，率百官若帝之初。

《史记·夏本纪》云：

> 帝舜荐禹于天，为嗣。十七年而帝舜崩。三年丧毕，禹辞辟舜之子商均于阳城。天下诸侯皆去商均而朝禹，禹于是遂即天子位。

以上是舜禅禹的全过程。

再看孟子的评论，只择录《孟子·万章上》第五章的全文：

> 万章曰："尧以天下与舜，有诸？"

孟子曰:"否!天子不能以天下与人。"

"然则舜有天下也,孰与之?"

曰:"天与之。"

"天与之者,谆谆然命之乎?"

曰:"否,天不言,以行与事示之而已矣。"

曰:"以行与事示之者,如之何?"

曰:"天子能荐人于天,不能使天与之天下;诸侯能荐人于天子,不能使天子与之诸侯;大夫能荐人于诸侯,不能使诸侯与之大夫。昔者,尧荐舜于天,而天受之;暴之于民,而民受之;故曰,天不言,以行与事示之而已矣。"

曰:"敢问:荐之于天,而天受之;暴之于民,而民受之;如何?"

曰:"使之主祭,而百神享之,是天受之;使之主事,而事治,百姓安之,是民受之也。天与之,人与之,故曰,天子不能以天下与人。舜相尧二十有八载,非人之所能为也,天也。尧崩,三年之丧毕,舜避尧之子于南河之南,天下诸侯朝觐者,不之尧之子而之舜;讼狱者,不之尧之子而之舜;讴歌者,不讴歌尧之子而讴歌舜;故曰天也。夫然后之中国践天子位焉。而居尧之宫,逼尧之子,是篡也,非天与也。《太誓》曰:'天视自我民视,天听自我民听',此之谓也。"

根据以上史料,讨论以下问题。

## 第二节 "明明扬侧陋"

《尚书·尧典》的"明明扬侧陋",就是《史记·五帝本纪》的"悉举贵戚及疏远隐匿者"。前一个"明"字是"举"的意思,后一个"明"字指"贵戚";"扬"也是"举"的意思,"侧陋"指"疏远隐匿者"。"明明"是举贵戚,"扬侧陋"是举疏远隐匿者。贵戚及疏远隐匿者都举,就是"悉举"。悉举,是方针;贵戚及疏远隐匿者,是实行悉举方针的对象范围。

按一个标准,即按与尧的关系,对人进行分类,则或为贵戚(明),或为疏远隐匿者(侧陋),二类足以尽之。这是标准的二分法。

所以这样的"悉举",就是普选。就是元首在人民中普选出元首继承人。

悉举的方针,或曰普选的方针,表面上一视同仁,一碗水端平,实际上对疏远隐匿者实行倾斜,为疏远隐匿者当选开绿灯。这条方针实际是冲决贵戚网罗的方针。

在这条方针的指引和保护下,尧舜深入疏远隐匿者之中,物色继承人,进行让天下的活动。这种活动的传说,光在《庄子》一书中就有以下的记载。

《逍遥游》云:"尧让天下于许由",成玄英疏云:"许由,隐者也。姓许,名由,字仲武,颍川阳城人也。隐于箕山,师于齧缺,依山而食,就河而饮。尧知其贤,让以帝位。许由闻之,乃临河洗耳。巢父饮犊,牵而避之,曰:'恶吾水也!'死后尧封其墓,谥曰箕公。尧之师也。"许由正是疏远隐匿者。

《让王》云:"尧以天下让许由,许由不受,又让于子州支父"。

《让王》又云:"舜让天下于子州支伯",支伯与支父似是一人,《汉书·古今人表》只有子州支父,无子州支伯,可证。

《让王》又云:"舜以天下让善卷","舜以天下让其友石户之农","舜以天下让其友北人无择"。善卷,一作"善绻",《吕氏春秋·下贤》云:"尧不以帝见善绻,北面而问焉",尧不以帝的身份召见他,而以弟子礼请教他,所以《广韵》"善"字注:"《吕氏春秋》云:善卷,尧师。"善卷先为尧师,而后舜以天下让之。

子州支父(即支伯)、善卷、石户之农、北人无择,都是疏远隐匿者,但是都不接受禅让。他们以许由为最著名的代表,都是"天子不得臣"(《让王》语)的人,尧舜也拿他们没有办法。

舜本是疏远隐匿者。禹出身显贵之家,又是"可以教育好的子女"。舜禹之受禅让,体现了悉举方针的全面贯彻。

## 第三节 "我其试哉"

禅让制元首继承人教育,归根到底,就是《尧典》中尧所说的"我其试哉"的"试"。

《尚书》的《书序》(小序)中说:"虞舜侧微,尧闻之聪明,将使嗣位,历试诸难。"这是一个极好的概括。"历试诸难"四字说尽这场教育的过程和内容。

"试"有二义:一是尝试(try);一是考试(test),即考验。尝试,是就舜说。考试或考验,是就尧对舜说。

先说尝试。

尝试就是求知识、受教育的能动过程。司马贞《补史记·三皇本纪》说神农氏"始尝百草,始有医药"①,是中国古老传说的例证。西方有句谚语 Try, try again(尝试,再尝试),更有教育心理学的 trial and error method(尝试与错误法),②都是所见略同的例证。中外古今,无不如此。

提到教育,人们会想到读书。然"尧舜之前,何书可读"?这是陆九渊的质问,③意思是说尧舜之"前"无书可读。其实尧舜之"时"亦无书可读。所谓三坟五典八索九丘,据说五典是五帝之书④,而尧舜属于五帝:此说无从证实,至少陆九渊是不信的。无书可读,还是出大圣大贤,可见此圣贤不是读书读出来的,而是尝试试出来的。时至今日,当然有书可读了,应当好好读书了,但是再怎么读,也不能代替自己尝试。

作为元首继承人,舜的尝试有特殊性,亦有普遍性。他尝试元首做

---

① 《补史记》尚可见于商务印书馆百衲本《史记》,中华书局标点本《史记》中没有了。
② 此法由于桑代克(Edward L. Thorndike)的学习心理学试验而著名。杜威(John Dewey)在其教育哲学中亦予强调,见所著 Democracy and Education, An Introduction to the Philosophy of Education(《民主与教育——教育哲学引论》)一书,麦克米仑公司 1921 年版,169-170 页,176-177 页,181 页。
③ 见《象山先生全集》卷三十六《年谱》淳熙二年。
④ 据《尚书》伪孔序(大序)说。

的事,这是特殊性;他在尝试中受教育,这是普遍性。

作为元首继承人,舜的尝试与考试是一个统一的过程,不是两个分离的过程。"慎徽五典"是尝试过程,"五典克从"是考试成绩。同样,"纳于百揆","宾于四门","纳于大麓",都是尝试过程;"百揆时叙","四门穆穆","烈风雷雨弗迷",都是考试成绩。舜尝试了天子工作的方方面面,考试成绩又门门满分,所以尧命令他"汝陟帝位"。这标志元首继承人教育的完成。

作为元首继承人,禹的尝试与考试也是一个统一的过程,只说治理洪水"告厥成功"(《尚书·禹贡》语)这一条就足够了。所以舜夸他"浚水儆予,成允成功,惟汝贤",二话不说("朕言不再"),禅位于禹。也标志此项教育的完成。

如此说来,岂不是以天下私相授受了吗?是又不然,因为还要解决一个为人民接受的问题。这个问题,第一节所引孟子的话已经把它讲清楚了,其精华在于"民受之"就是"天受之"。孟子接着又讲了一个故事,说禹也选定一位继承人,名叫益,已经荐之于天,授之以政,一切准备停当。可是禹一死,朝觐者不朝益而朝禹之子启,诉讼者不找益而找启,讴歌者不唱益而唱启:这表示人民不接受益而接受启;人民不接受就是天不接受,人民接受就是天接受。于是启为天子而益靠边站。教你莫一切准备停当,人民不接受,也是枉然。"死知府不如活老鼠"①,禹死了就管不着了。"民受之"竟有偌大力量,令人惊羡。如此出现传子之局,非禹意也,所以《三字经》只说"夏传子,家天下",不说"禹传子,家天下"。

## 第四节 《大戴礼记·保傅》

家天下帝位继承,殷代多为兄终弟及,周代改为立子立嫡②。立子立嫡,乃有太子。于是元首继承人教育,就是太子教育。太子教育从

---

① 《儒林外史》第十八回语。
② 详见王国维《殷周制度论》。

"胎教"开始。

"胎教"之说,始见于《大戴礼记·保傅》,其中以周后妃为范例,说"周后妃妊成王于身,立而不跛,坐而不差,独处而不倨,虽怒而不詈:胎教之谓也"。尤其是到了重胎期,不听不合礼的音乐,以优化胎儿的物理生态环境;不吃不是正味的食品,以优化胎儿的化学生态环境:很合乎现代产科理论。这不属高等教育范围,故不详述。

《保傅》还讲了太子出生后的教育,"故自为赤子时,教固以行矣";还讲了太子幼儿期教育,"故孩提,三公、三少①固明孝仁礼义,以导习之也。逐去邪人,不使见恶行。于是比选天下端士、孝悌闲博有道术者,以辅翼之,使之与太子居处出入,故太子乃目见正事,闻正言,行正道,左视右视,前后皆正人。夫习与正人居,不能不正也,犹生长于楚,不能不楚言也。故择其所嗜,必先受业,乃得尝之;择其所乐,必先有习,乃得为之。孔子曰:'少成若天性,习贯之为常。'此殷周之所以长有道也"。这也不是高等教育,故不详细讨论。

属于高等教育者,《保傅》有以下的话:

及太子少长,知妃色,则入于小学。小者,所学之宫也(北齐卢辩注:"古者太子八岁入小学,十五入大学也。"西汉前期贾谊"上疏陈政事",将《保傅》略为改写,插入疏中,这几句写作"及太子少长,知妃色,则入于学。学者,所学之官也〔颜师古曰:官谓官舍〕"。今按:"所学之官"尚可通,"小者"在此不通,应从贾疏。贾疏见《汉书》本传)。《学礼》曰:"帝入东学,上亲而贵仁,则亲疏有序,如恩相及矣。帝入南学,上齿而贵信,则长幼有差,如民不诬矣。帝入西学,上贤而贵德,则圣智在位,而功不匮矣。帝入北学,上贵而尊爵,则贵贱有等,而下不逾矣。帝入太学,承师问道,退习而端于太傅,太傅罚其不则而达其不及,则德智长而理道得矣。"此五义者既成于上,则百姓黎民化辑于下矣。学成治就,此殷周之所以长有道也。

引文未完,先讨论这一段吧。这一段是说太子,还是说帝?当然是说太子。太子进入青年期,十五岁,性成熟了,"则入于学",这个"学"已非小

---

① 三公:太师,太傅,太保。三少:少师,少傅,少保。都是太子幼儿期配备的。

学,亦非大学本科,好像大学预科,属于过渡性质。《学礼》是教材,清代王聘珍说是"《礼古经》五十六篇中之篇名也"。所引《学礼》的话都是"帝学",以帝学教太子,与唐太宗撰《帝范》①以赐太子,是一类的作法。以帝学教太子,教太子学为帝,正是太子教育的特色,独一无二的特色。除了太子教育,还有什么教育胆敢以"为帝"为培养目标呢?没有,绝对没有。这该是太子教育的特殊性了。然而这个特殊性的内容,就是上(尚)亲贵仁,上(尚)齿贵信,上(尚)贤贵德,上(尚)贵尊爵,这一切岂不正是大学教育的普遍性,岂不正是大学教育的特色吗?此时,也只有此时,太子教育进入了大学教育。它的内容,与《礼记》在《大学》那一篇的内容,是相通的。上段引文之后紧接着说:

> 及太子既冠,成人,免于保傅之严,则有司过之史,有亏膳之宰。太子有过,史必书之,史之义不得不书过,不书过则死;过书而宰彻去膳,夫膳宰之义不得不彻膳,不彻膳则死。于是有进善之旌,有诽谤之木,有敢谏之鼓,瞽夜诵诗,工诵正谏,士传民语。习与智长,故切而不攘;化与心成,故中道若性,是殷周所以长有道也。

这段话,从"及太子既冠"至"士传民语",讲的是对太子的管理教育,所讲的与元首教育体制基本相同,具体而微,此无他故,就因为太子是元首继承人。最后四句:"习与智长,故切而不攘;化与心成,故中道若性",有重要的高等教育学意义。"长(zhǎng)"与"攘"叶韵,"成"与"性"叶韵②。怪像歌诀,至少是顺口溜,便于总结和传播经验。"习与智长","化与心成":化,习,都是教育;教育使心智成长;心智是教育的函数,教育是自变量,心智是因变量。这个道理,一切教育皆如此,还不是高等教育所特有。加上"故切而不攘"、"故中道若性",就是高等教育所特有了。这两句都贯串一个"道"字。"切"是切合,"不攘"是接受。切合什么?切合道。接受什么?接受道。以至一切中(zhòng)道,好像生性如此,自然而然了。"故中道若性",只能是高等教育才能达到的水平。所

---

① 《帝范》收入《四库全书》子部儒家类,上海古籍出版社影印本第696册。
② "性"从心,生声,古读生。《吕氏春秋·勿躬》有"形"、"正"、"情"、"性"、"成"叶韵之例。

以说,这四句有重要的高等教育学的意义。中道若性,是太子教育的教育目的。学会为帝,是太子教育的政治目的。前者目的是内圣,后者目的是外王。以上两段引文每段的最后一句都是:此殷周之所以长有道也。意思是说,殷周的太子教育,是殷周长治久安的原因。这是从正面总结历史经验。下文从反面总结历史教训,引文采用贾谊改写过的载入《汉书·贾谊传》的文字:

> 夫三代之所以长久者,以其辅翼太子有此具也。及秦而不然。其俗固非贵辞让也,所上者告讦也;固非贵礼义也,所上者刑罚也。使赵高傅胡亥而教之狱,所习者非斩劓人,则夷人之三族也。故胡亥今日即位而明日射人,忠谏者谓之诽谤,深计者谓之妖言,其视杀人若艾草菅然。岂惟胡亥之性恶哉?彼其所以道(导)之者非其理故也。
>
> 天下之命,县(悬)于太子。太子之善,在于早谕教与选左右。
>
> 夫教得而左右正,则太子正矣,太子正则天下定矣。

贾谊在《过秦论》中指出,秦朝速亡,由于"仁义不施"。而"胡亥·赵高"式的太子教育,正是在元首继承人这条生命线中贯彻"仁义不施"。在帝制时代,天下之命悬于太子,太子之善在于教育和择师:这是一条规律。让我们回顾春秋中期楚庄王为太子择师,从而开创太子教育新局面,这一段历史。

## 第五节　申叔时论太子教育

《国语·楚语上》云:

> 庄王使士亹傅太子箴,辞曰:"臣不才,无能益焉。"王曰:"赖子之善善之也。"对曰:"夫善在太子,太子欲善,善人将至;若不欲善,则善不用。故尧有丹朱,舜有商均,启有五观,汤有太甲,文王有管、蔡。是五王者,皆有元德,而有奸子。夫岂不欲其善,不能故也。若民烦,可教训。蛮夷戎狄,其不宾也久

矣,中国所不能用也。"王卒使傅之。

士亹的基本意思是"夫岂不欲其善,不能故也"。其深层含义是,人之善,人之恶,都是自然。若要除恶,根本的办法是让恶自己否定自己。自己消灭自己,才是真正消灭。其他办法,包括教育,都不是根本办法。后来老、庄一派的人,都是这个意思。他们主张道法自然,深信物极必反。

士亹没有说服庄王,只好接受任命,请教申叔时。申叔时是楚儒家大师,比鲁儒家大师孔子早一个世纪。儒家深信教育有用,虽然不信教育万能。当下申叔时大发议论,系统地阐述了他的太子教育论,见于《国语·楚语上》。上段引文之后紧接着说:

> 问于申叔时。叔时曰:"教之春秋,而为之耸善而抑恶焉,以劝戒其心;教之世,而为之昭明德而废幽昏焉,以休惧其动;教之诗,而为之导广显德,以耀明其志;教之礼,使知上下之则;教之乐,以疏其秽而镇其浮;教之令,使访物官;教之语,使明其德,而知先王之务用明德于民也;教之故志,使知废兴者而戒惧焉;教之训典,使知族类,行比义焉。

叔时的话尚未抄完,先且讨论这一段。这段话开列九门课程,每门都规定了学习目的。大概是针对士亹欲其善而不能的思想,首先提出耸善抑恶的目的可能以教之春秋而达到。与北方的"六艺"即六门课程相比,"礼"、"乐"、"诗"、"春秋"彼此都有;北方的"书"相当于"世"、"令"、"语"、"故志"、"训典"的总和;唯独没有与北方的"易"相当的课程,可能因为占卜有巫史专司,太子用不着学它。九门课程的目的,总起来说是内圣外王,确切是为太子教育精心设计的。下面接着抄申叔时的话:

> 若是而不从,动而不悛,则文咏物以行之,求贤良以翼之。悛而不慑,则身勤之,多训典刑以纳之,务慎惇笃以固之。慑而不彻,则明施舍以导之忠,明久长以导之信,明度量以导之义,明等级以导之礼,明恭俭以导之孝,明敬戒以导之事,明慈爱以导之仁,明昭利以导之文,明除害以导之武,明精意以导

之罚,明正德以导之赏,明齐肃以耀之临。若是而不济,不可为也。

前一段是教这教那,可谓"教"型教育;这一段是导之这导之那,可谓"导"型教育。教与导不能一刀两断,但教型以教为主,导型以导为主。教型按课程以教之,导型用实践以导之。太子若不接受教型教育,就换上导型教育。换上导型教育还是不行,那就没有法子了。申叔时最后总结说:

且夫诵诗以辅相之,威仪以先后之,体貌以左右之,明行以宣翼之,制节义以动行之,恭敬以临监之,勤勉以劝之,孝顺以纳之,忠信以发之,德音以扬之;教备而不从者,非人也,其可兴乎!夫子践位则退;自退则敬,否则赧。

申叔时对太子教育的贡献,在于开列了课程,规定了目的,提出了方法。这都是前无古人的,可谓开创新局面。问题在于各项平列,轻重层次不明,难以提纲挈领;可见太子教育学至此尚不够成熟。

## 第六节 《帝范》

太子教育学成熟之作,是唐太宗李世民撰写的《帝范》。

《四库全书总目》《帝范》提要云:"《帝范》十二篇,唐太宗贞观二十二年撰,以赐太子。"明年阴历五月太宗死,此书是他晚年成熟而未昏聩之作。

不仅作者成熟,中国传统社会及其文化亦成熟,太子教育学亦成熟。此书表现太子教育学的成熟有三点:

第一,太子教育学就是帝学,故书名《帝范》。此书结束语云:"此十二条者,帝王之大纲也。"十二条(提要作"十二篇")中都是讲如何为帝,没有一句是讲如何为太子,连"太子"一词也没有出现。读了《帝范》,回过头来再读《礼记》的《文王世子》,这是一篇著名的讲太子教育的书,便觉其中"文王之为世子,朝于王季日三"之类的内容,只有为"子"的普遍性,没有为"太子"的特殊性。太子学为帝,才是正业,才是正学。所以就学问而言,太子教育学就是帝学,是一非二。

但是就个人而言,"今上"(现任帝王)与太子是二非一,二人之间有微妙关系,敏感问题。《左传》襄公二十六年有个故事:有人向宋平公密告"太子将为乱","公曰:'为我子(杨伯峻注:子谓嗣子。今按:嗣子即太子),又何求?'对曰:'欲速'(杜预注:言欲速得公位)"。于是"公囚太子",以致太子"乃缢而死"。这位太子是冤枉,宋平公把告密陷害者烹掉了。"欲速"就是抢班夺权,这历来是最敏感的问题,所以宋平公一触即跳。太子"欲速"乃"今上"之大忌,本当教育太子万勿"欲速",可是太子教育读物从来不讲这一条。《帝范》更不讲,因为唐太宗就是靠玄武门之变"速"上台的。虽然如此,也并不妨碍以帝学为太子教育学是太子教育学成熟的表现。

第二,明确太子(作为社会学角色 sociological role)的特点。《帝范》序说太子"汝以幼年,偏钟慈爱","未辨君臣之礼节,不知稼穑之艰难",结束语更说"汝无纤毫之功,直缘基而履庆":这都是太子特点。《帝范》序中唐太宗说自己:"朕以弱冠之年,怀慷慨之志,思靖大难,以济苍生,躬擐甲胄,亲当矢石","敌无大而不摧,兵何坚而不碎","袭重光之永业,继大宝之隆基。战战兢兢,若临深而御朽;日慎一日,思善始而令终":这都是开国之君的特点。将两种特点一比,就更具体、更深刻地明确了太子特点。以后各代太子,与开国之君对比,都有这种特点。以后各代太子,都是无知识,无功劳,凭偏爱而立,靠父祖基业登上大位的人:"朕每思此为忧,未尝不废寝忘食"(《帝范》序)!明确太子特点,也是成熟的表现。

第三,根据太子特点,进行太子教育。这就是"自轩昊已降,迄至周隋,以经天纬地之君,纂业承基之主,兴亡治乱,其道焕焉。所以披镜前踪,博览史籍,聚其要言,以为近诫云耳"(《帝范》序)。这就是总结经验,以为鉴戒。太子若不引为鉴戒,怎么办呢?他只有说狠话了:"若崇善以广德,则业泰身安;若肆情以从非,则业倾身丧。且成迟败速者,国基也;失易得难者,天位也。可不惜哉!"(《帝范》序)

根据太子特点进行教育,虽是成熟的表现,但是正由于太子有上述特点，所以收效甚微。《新唐书·太宗本纪·赞》算了一笔总账："甚矣，至治之君不世出也！禹有天下，传十有六王，而少康有中兴之业。汤有天下，传二十八王，而其甚盛者号称三宗。武王有天下，传三十六王，而成、康之治与宣之功，其余无所称焉。虽《诗》《书》所载，时有阙略，然三代千有七百余年，传七十余君，其卓然著见于后世者，此六七君而已。呜呼，可谓难得也！唐有天下，传世二十，其可称者三君，玄宗、宪宗皆不克其终，盛哉，太宗之烈也！其除隋之乱，比迹汤、武；致治之美，庶几成、康。自古功德兼隆，由汉以来未之有也。"可见太子教育学，无论是否成熟，效果都不大。其原因不在于太子教育学，而在于家天下帝制局限性。这种局限性造成败家子。

《帝范》十二条是："君体第一"，"建亲第二"，"求贤第三"，"审官第四"，"纳谏第五"，"去谗第六"，"诫盈第七"，"崇俭第八"，"赏罚第九"，"务农第十"，"阅武第十一"，"崇文第十二"。

## 第七节 《钦定古今储贰金鉴》

由成熟走向消亡。太子教育学的历史，《帝范》标志着成熟，《钦定古今储贰金鉴》标志着消亡。

《四库全书》史部史评类《钦定古今储贰金鉴》提要云：

> 《钦定古今储贰金鉴》六卷，乾隆四十八年特命诸皇子同军机大臣及上书房总师傅等，取历代册立太子事迹有关鉴诫者，按代纂辑。自周迄于前明，得三十有三事，又附见五事。而自春秋以后，诸侯王建立世子，事非储贰可比者，间叙其概于按语中，而不入正条。其他偏据窃位，无关统绪之正，并略而不论。若宋之太弟，明之太孙，尤足为万世炯鉴，则备论之。纪事取之正史。论断衷诸《资治通鉴纲目》御批及《通鉴辑鉴》御批，卷首恭载节奉谕旨，如群书之有纲要焉。

> 伏见我国家万年垂统，睿虑深长，家法相承，不事建储册立。皇上准今酌古，备览前代覆辙，灼知建储一事断不可行，

屡颁宸谕,深切著明。伏读御制《职官表联句诗注》,于"詹事府"条下云:"自古书生拘迂之见,动以建储为国本,其实皆自为日后身家之计,无裨国是。诚以立储之后,宵小乘间伺衅,酿为乱阶,其弊有不可胜言者。朕于此往复熟筹,知之甚审。我子孙当敬凛此训,奉为万年法守。"圣训煌煌,日星昭揭,证以是编所载往迹,既晓然于前事之当惩,益以知圣朝诒谋宏远,实为绵福祚而基万年之要道也。

此书卷首载有数道谕旨,以康熙五十二年二月庚戌谕、乾隆四十八年九月三十日谕最为详尽,具体生动,文长不录。

此书裒辑[周]平王、王子带,[汉]惠帝、太子荣(梁王附)、戾太子据,[东汉]东海王强,[三国吴]废太子和,[晋]惠帝、愍怀太子遹,[宋]元凶劭(浚附),[南齐]武帝,[梁]昭明太子统,[北魏]太子晃、废太子恂,[北齐]废帝,[北周]宣帝,[隋]废太子勇(蜀王秀附),[唐]隐太子建成(齐王元吉附)、太子承乾(魏王泰附)、懿德太子重润、节愍太子重俊、太子瑛、庄恪太子永,[宋]太宗,[元]裕宗、阿裕实哩达喇,[明]惠帝、仁宗、光宗共三十三事,附五事。限于体例,有些重大太子问题即元首继承人问题事件,例如[秦]胡亥、[汉]昌邑王等事件,均未辑入。

秦始皇、汉武帝、唐太宗、宋太祖之四君者,大略雄才,不可一世,而都没有解决好继承人问题。我以为,元首继承人问题,是家天下帝制不可能解决好的。要解决好元首继承人问题,禅让制也不行,禅让制也是帝制。要解决好元首继承人问题,只有突破帝制桎梏,实行公开的、平等的、合法的竞争,让人民选择。如此产生的元首继任人,个个有如(虽然未必如)开国之君,至少不是"生于深宫之中,长于妇人之手"的太子。

清代不建立太子了①,太子教育消亡了。

## 第八节 职　　官

唐杜佑《通典·职官·东宫官》总叙云:

> 凡三王教世子,必以礼乐。乐所以修内,礼所以修外。礼乐交错于中,发形于外,是故其成也怿,恭敬而温文。立太傅、少傅以养之,欲其知父子君臣之道也。太傅审父子君臣之道以示之,少傅奉世子以观太傅之德行而审谕之。太傅在前,少傅在后(谓其在学时也②);入则有保,出则有师(谓燕居出入时也。汉班彪上书曰:昔成王为孺子,出则周公、召公、史佚,入则太颠、闳夭、南宫适、散宜生,左右前后皆正礼),是以教谕而德成也。师也者,教之以事而谕诸德者也。保也者,慎其身以辅翼之而归诸道者也。
>
> 秦汉以下,始加置詹事、中庶子及诸府、寺等官,亦有以他官而监护者。
>
> 自魏明帝以后,久旷东宫,制度阙废,官司不具。
>
> 晋初,詹事、左右率庶子、中舍人诸官并未置,唯置卫率令典兵,二傅并摄众事。至咸宁元年(275)始置詹事,以领宫事。
>
> 宋孝武置东宫率更令等官,其中庶子、庶子、中舍人、舍

---

① 据《清史稿》,清太祖努尔哈赤、太宗皇太极、顺治帝都未立太子。康熙帝于十四年"立皇子胤礽为皇太子",四十七年"废皇太子胤礽",四十八年"复立胤礽为皇太子",五十一年"复废皇太子胤礽"。他在康熙五十二年二月庚戌谕旨中诉苦说:"朕将允礽从幼教训,迨后长成,变为暴虐,无所不为,不知忠孝,不识廉耻,行事乖戾,有不可言者"。"伊之仪表及学问才技,俱有可观,今一至于此,非疯狂而何! 自废而复立以来,朕尤加意教训,心血耗尽,因伊狂疾终不痊愈,故又行废黜"。乾隆帝于四十八年九月三十日谕旨中说其父雍正帝"敬法前徽,虽不预立储位,而于宗祐大计,实早为筹定,雍正元年即亲书朕名,缄藏于乾清宫'正大光明'匾内,又另书密封匣,常以随身。至雍正十三年八月皇考升遐,朕同尔时大臣等,敬谨启视传位于朕之御笔,复取出内府缄盒密记,核对吻合,人心翕然"。"总之建储一事,即如井田、封建之必不可行","因再明切宣谕我子孙,其各敬承勿替"。清代不立太子,始成定制;传位方式,照此办理。

② 括弧内的话皆杜佑自注,下同。

人、洗马,各减旧员之半。

后周加置太子谏议,员四人。

至隋,罢詹事,分东宫,置门下坊、典书坊(北齐已有典书坊),以分统诸局(比门下、内史二省)。门下坊有左庶子二人、内舍人四人、录事二人,统司经、宫门、内直、典膳、药藏、斋师等六局。典书坊有右庶子二人,舍人、通事舍人各八人,领内坊。

大唐置詹事府以统众务,置左右二春坊以领诸局(龙朔二年(662)改门下坊为左春坊,典书坊为右春坊。咸亨初复旧。景云元年(710)又改为之)。左春坊置左庶子二人、中允二人、司议郎四人、录事二人、左谕德一人、左赞善大夫五人、崇文馆校书郎二人,亦统六局。右春坊置右庶子二人、中舍人二人、舍人四人、录事二人、右谕德一人、右赞善大夫五人、通事舍人八人,兼领内坊。因隋制也。

这篇总叙,宋郑樵《通志·职官略·东宫官序》照抄全文。元马端临《文献通考·职官考·东宫官总叙》亦照抄全文,历代公认其准确简明扼要,本书亦照抄全文。

杜佑《通典》终于唐天宝之末。清乾隆三十二年敕撰《续通典》,所续自唐至德元年(756)至明崇祯末年(1644)。其《职官·东宫官》云:"宋东宫官,或以他官兼,或置或省,其制不常",多因汉唐之制。惟"太子侍读、侍讲",皆前代所无。南渡后增置"说书、皇太子宫小学教授、资善堂小学教授"。"明太祖洪武初,置大本堂,充古今图籍其中,召四方名儒,训导皇太子、亲王。诸儒专经面授,分番夜直。已而太子居文华堂,诸儒迭班侍从,又选才俊之士,入充伴读。时时赐宴赋诗,商榷古今,评论文学",盛极一时。晚明詹事府及其坊局"仅为翰林官迁转之阶而已。其南京詹事府,止设主簿一人"。

乾隆三十二年又修《皇朝通典》即清朝通典。其《职官·詹事府》中说,"我朝家法相承,具载《储贰金鉴》书中,而预建至为严慎①,皇子皆在尚书房读书,各选翰林官分侍讲读,日有课程,择大臣二三人为总师傅以综领之。凡詹事坊局之旧称宫僚者,但以备叙进之阶云"。

上述"东宫官"是太子身边的官员,其工作都有广义的教育太子的意义,多为服务性的,可谓"服务育人"。然其领导骨干,毕竟是狭义的教育太子的人员。兹择其主要者分述如下:

〔太子六傅(三太,三少)〕前已屡次说到,再说些史实。此官殷周已有,列国秦亦有之,如商鞅"黥太子傅"。汉高祖以叔孙通为太子太傅,以张良"行少傅事"。又如疏广为太傅,其兄子疏受为少傅。又如万石公、丙吉为太傅,匡衡、王丹为少傅。后汉,太傅礼如师,不领官属,而少傅主太子官属。汉、魏,太子于二傅执弟子礼,少傅称臣,太傅不臣。三国吴有薛综,综子莹,莹子兼,三代皆为太子少傅。西晋愍怀太子建宫,乃置六傅:三太,三少。东晋有太傅、少傅,不立师、保。唐太宗撰太子接三师之仪:出殿门迎,太子先拜,三师答拜;每门让三师坐;与三师书,前名惶恐,后名惶恐再拜。唐宣宗时,卢钧守太子太师,帝元日大飨含元殿,钧年八十,升降如仪,音吐鸿畅,举朝咨叹。宋太子六傅皆不常设。明太子六傅无定员,无专授,成祖以后为虚衔,于太子辅导之职不相干了。清不立太子,虽有太子三太三少之名,更是虚衔。

〔太子宾客〕汉高帝时有商山四皓(白头老人):东园公、绮里季、夏黄公、甪里先生,因高帝轻士漫骂,不应征聘。高帝将废太子,太子恭迎四皓为宾客,高帝见太子有四皓随从,须眉皓白,衣冠甚伟,惊其羽翼已成,遂不废太子。太子宾客自此始,尚非官名。西晋惠帝令卫瓘等五人"更往来与太子习数备宾友也",其时亦非官,而谓之"东宫宾客"。唐高宗显庆元年(656),以太子太傅兼侍中韩瑗、中书令来济、礼部尚书许敬宗、左仆射兼太子少师于志宁并为皇太子宾客,遂为官员,定置四人,"盖取象于四皓焉",掌调护、侍从、规谏、赞相礼仪。后世专、兼、置、罢不一。

---

① 至乾隆四十八年九月三十日明确宣布不建立太子,语见本篇第六节。

[太子詹事]詹事，秦官；汉因之，皇后、太子各置詹事。詹事总管庶务。明詹事府有詹事一人，少詹事二人，与坊局翰林官番值进讲《尚书》、《春秋》、《资治通鉴》、《大学衍义》、《贞观政要》诸书，事前纂辑成章进御，然后赴文华殿讲读。讲读毕，率其僚属，以朝廷所处分军国重事，及抚谕诸番恩义，陈说于太子，意在联系实际。

　　[太子庶子]①基本上是服务班子，其中有些官员亦有教育太子之责，如"司议郎"掌规谏、驳正启奏、录东宫记注，又如"翊养（大夫）"相当于"谏议大夫"。前面说到"服务育人"，兹举一例。例如"典膳郎"，管伙食，纯属服务了，而《通典·职官·东宫官·太子庶子·典膳郎》原注却有一则教育太子的动人故事：

　　　　（唐高宗）乾封元年（666），皇太子久在内不出，典膳丞邢文伟请减膳，上启曰："窃见《礼·大戴记》曰：'太子既冠，成人，免于保傅之严，则有司过之史，撤膳之宰。史之义，不得不书过，不书则死之。宰之义，不得不撤膳，不撤则死之。'近日以来，未甚谈议，不接谒见，常三朝之后，但与内人独居，何由发挥圣智，使睿哲文明者乎？今史虽阙官，宰当奉职，悉备所司，不敢逃死，谨守礼经，遽申减膳！"其年，右史阙，宰臣进拟数人，高宗曰："邢文伟嫌我儿不读书，不肯与肉吃，此人甚直，可用。"遂拜焉。

　　此次"上启"，是上给太子。据《新唐书·邢文伟传》："太子答曰：'幼嗜坟典，欲研精极意，而未闲将卫，耽诵致劳。比苦风虚，奉陛下恩旨，不许强勉；加以趋侍朝夕，无自专之道，屡阙坐朝，乖废学绪。观寻来请，良符宿志。自非义均弼谐，渠能进此药石？'"说是我嗜读书，不会保养，累病了，皇帝要我休息，只好听从，以致乖废学业。你提的意思，正合我素愿，多谢药石良言，表示接受教育。

　　惟《新唐书》本传所载"上书"中还有句话："皇帝简料英俊，自庶子至司议、舍人、学士、侍读，使佐殿下，成就圣德。"这句话的信息丰富：第

---

① [太子六傅]、[太子宾客]、[太子詹事]、[太子庶子]均根据《通典》、《续通典》写成。

一，说出了太子教育队伍的总体构成（自庶子至侍读）；第二，唐高宗时已有"侍读"，则《续通典》谓宋置太子侍读为前代所无之说不能成立。此侍读也可能是皇帝的侍读，侍读时每亦吸收太子参加，也就当成太子侍读了。若是这样，则新旧《唐书》此处辨之未审。

## 第九节 "第一代模式"

前面讲到尧舜禅让的传说。另外还有不同的传说，如《韩非子·说疑》有"舜逼尧，禹逼舜"之说。又如《史记·五帝本纪》"舜让辟丹朱于南河之南"《正义》："《括地志》云：'故尧城在濮州鄄城县东北十五里。《竹书》云昔尧德衰，为舜所囚也。又有偃朱故城，在县西北十五里。《竹书》云舜囚尧，复偃塞丹朱，使不与父相见也。'"这哪是什么"禅让"！明明是逼宫夺位，隔离软禁。到底是怎么回事，现在谁也说不清。无论如何，这些不同传说仍有相同的一点，就是都肯定尧舜禹是连续相承的三代元首。

尧舜禹三代元首，都是"第一代模式"。

第一代模式，就是开国模式。即使按照禅让说，在这个禅让系列中，舜是第二代，禹是第三代，然而从元首继承人教育的目标看，不仅舜达到第一代目标，而且禹也达到第一代目标，换言之，不仅第二代元首是开国之君模式，而且第三代元首也是开国之君模式。元首继承人教育，代代都达到"第一代模式"的目标：这是禅让制，以及历代元首继承人教育的经验，给予后人的最根本的启示。

在可能想象的时期内，国家必有元首。元首的最佳模式，是"第一代模式"，即开国模式。这绝对不是说，每代元首都新建一个国家，而不过是说，每代元首的资格和地位，从根上说，来自本人的奋斗，不是来自别人的安排，即使别人有所安排，也只是对本人奋斗的确认。这是元首继承人教育的"道法自然"。

# 附录三　女子教育

中国的女子教育,古称"妇学"。"妇学"一名,始见于《周礼·天官·九嫔》:"九嫔掌妇学之法,以教九御:妇德,妇言,妇容,妇功。"妇学内容就是妇德、妇言、妇容、妇功,后来合称"四德"。"嫔"、"御"都是宫中女官,嫔高于御,也都是天子侍妾。可见妇学始于宫中。

西汉末年刘向撰《古列女传》七卷,传主一百零九人,其中后、妃、夫人共八十六人,民间女子二十三人。东汉前期有《续列女传》一卷①,传主二十一人,其中后、妃、夫人十七人,民间女子四人。可见妇学自宫中向民间发展。"列女"非即"烈女","列"字表示复数,如"列国"、"列位"之"列"。此传分列女为七类:曰"母仪",曰"贤明",曰"仁智",曰"贞顺",曰"节义",曰"辩通",曰"孽嬖"。此传是运用典型进行教育的读本,流行于中国帝制时代。

东汉前期出了一位伟大女性班昭,她是女子教育家、史学家和文学家,也是政治家。《后汉书·列女传·曹世叔妻》这篇传记就是她的,全文如下:

　　扶风②曹世叔妻者,同郡班彪之女也。名昭,字惠班,一名姬。博学高才。世叔早卒,有节行法度。兄固著《汉书》,其八《表》及《天文志》未及竟而卒,和帝③诏昭就东观藏书阁踵而成

---

① 撰者不详。
② 据《后汉书志·郡国一·扶风》即右扶风,郡治槐里,在今陕西省兴平市东南,郡辖15城,未说班氏所居何城。据《后汉书·班彪列传》:"班彪字叔皮,扶风安陵人也。"可知居在安陵城。
③ 和帝刘肇,89—125年在位。

之。帝数召入宫,令皇后、诸贵人师事焉,号曰"大家"①。每有贡献异物,辄召大家作赋颂。及邓太后②临朝,与闻政事。以出入之勤,特封子成关内侯,官至齐相。时《汉书》始出,多未能通者,同郡马融③伏于阁下,从昭受读,后又诏融兄续④继昭成之。

永初⑤中,太后兄大将军邓骘以母忧,上书乞身,太后不欲许,以问昭。昭因上疏曰:"伏惟皇太后陛下,躬盛德之美,隆唐虞之政,辟四门而开四聪,采狂夫之瞽言,纳刍荛之谋虑。妾昭得以愚朽,身当盛明,敢不披露肝胆,以效万一。妾闻谦让之风,德莫大焉,故典坟述美,神祇降福。昔夷齐去国,天下服其廉高;太伯违邠,孔子称为三让。所以光昭令德,扬名于后者也。《论语》曰:'能以礼让为国,于从政乎何有。'由是言之,推让之诚,其致远矣。今四舅深执忠孝,引身自退,而以方垂未静,拒而不许;如后有毫毛加于今日,诚恐推让之名不可再得⑥。缘见逮及,故敢昧死竭其愚情。自知言不足采,以示虫蚁之赤心。"太后从而许之。于是骘等各还里第焉。⑦

---

① "大家"是女子之尊称,家音姑。范晔在《后汉书·皇后纪·邓皇后·论》中称班昭为"班母",尊崇之至。
② 邓太后是和帝皇后,名绥,和帝死后她执政二十年,公元123年死,年四十一。
③ 马融(89—166),遍注儒家经典,兼注《老子》《淮南子》《离骚》,使两汉经学臻于成熟,郑玄即其门徒。又擅文学。讲学设帐,前授生徒,后列女乐,为魏晋风度先声。
④ 马续七岁通《论语》,十三明《尚书》,十六治《诗》,善《九章算术》,附见《后汉书·马援传》。
⑤ 永初是章帝刘祜年号(107—113)。
⑥ 唐·李贤等注:"谓有纤微之过,则推让之美失也。"此语是班昭此疏核心。
⑦ 如此处理邓氏"四舅"问题,是班昭作为政治家最辉煌的表现,避免了一场"外戚"大祸,既保全了刘氏政权,又保全了邓氏家族。西汉外戚大祸最著者两起,一起是吕太后,让娘家人当权,危及刘氏政权,吕氏卒遭族灭;一起是王太后,让娘家人当权,卒致王莽代汉,王氏亦遭族灭。还有昭帝上官后、宣帝霍后、成帝赵后,以及东汉班昭和邓后以前的章帝窦后,她们娘家人皆以贵盛骄奢、盈极被诛。班昭此疏全从正面着笔,一字未提这些反面历史,邓后一看就会想到这些反面历史,同意"四舅"引退。想想当时邓氏煊赫之势,竟要四舅"推让"而引退,该冒多大风险,该要何等勇气!这是政治家的风范,更是历史学家的学力。学历史,学到这样就好了。

作《女诫》七篇，有助内训，其辞曰：

鄙人愚暗，受性不敏，蒙先君之余宠，赖母师之典训。年十有四，执箕帚于曹氏，于今四十余载矣。战战兢兢，常惧黜辱，以增父母之羞，以益中外之累。夙夜劬心，勤不告劳，而今而后，乃知免耳。吾性疏顽，教道无素，恒恐子谷①负辱清朝；圣恩横加，猥赐金紫②，实非鄙人庶几所望也。男能自谋矣，吾不复以为忧也。但伤诸女方当适人③，而不渐训诲，不闻妇礼，惧失容它门，取耻宗族。吾今疾在沈滞，性命无常，念汝曹如此，每用惆怅。闲作《女诫》七章，愿诸女各写一通，庶有补益，裨助汝身。去矣！其勖勉之：④

### 卑弱 第一

古者生女三日，卧之床下，弄之瓦塼，而斋告焉。卧之床下，明其卑弱，主下人也。弄之瓦塼，明其习劳，主执勤也。斋告先君，明当主继祭祀也。三者盖女人之常道，礼法之典教矣。谦让恭敬，先人后己，有善莫名，有恶莫辞，忍辱含垢，常若畏惧，是谓卑弱下人也。晚寝早作，勿惮夙夜，执务私事，不辞剧易，所作必成，手迹整理，是谓执勤也。正色端操，以事夫主，清静自守，无好戏笑，洁齐酒食，以供祖宗，是谓继祭祀也。三者苟备，而患名称之不闻、黜辱之在身，未之见也。三者苟失之，何名称之可闻，黜辱之可远哉！

### 夫妇 第二

夫妇之道，参配阴阳，通达神明，信天地之弘义，人伦之大

---

① 曹成，字子谷，班昭之子。
② 《汉官仪》曰："二千石(dàn)金印紫绶。"简称金紫。
③ 适人，即嫁人。
④ 这段是《女诫》序言。由此可见，班昭的成长，首在家庭教育，这一点在中国妇学史上有普遍意义。《后汉书·班彪列传》："班彪字叔皮，扶风安陵人也。祖况，成帝时为越骑校尉。父稚，哀帝时为广平太守。"如此家世，女子"赖母师之典训"。又可见《女诫》之作，是为了诸女免于"失容它门，取耻宗族"，即免于不见容于夫家，让娘家丢人。这些说法，都很平实感人，如闻慈训，不像吃人礼教。

节也。是以《礼》贵男女之际，《诗》著《关雎》之义。由斯言之，不可不重也。夫不贤，则无以御妇；妇不贤，则无以事夫。夫不御妇，则威仪废缺；妇不事夫，则义理堕阙。方斯二事，其用一也。察今之君子，徒知妻妇之不可不御，威仪之不可不整，故训其男，检以书传，殊不知夫主之不可不事，礼义之不可不存也。但教男而不教女，不亦蔽于彼此之数乎！《礼》，八岁始教之书，十五而至于学矣。独不可依此以为则哉！

## 敬慎第三

阴阳殊性，男女异行。阳以刚为德，阴以柔为用；男以强为贵，女以弱为美。故鄙谚有云："生男如狼，犹恐其尪；生女如鼠，犹恐其虎。"然则修身莫若敬，避强莫若顺。故曰：敬顺之道，妇人之大礼也。夫敬非它，持久之谓也。夫顺非它，宽裕之谓也。持久者，知止足也。宽裕者，尚恭下也。夫妇之好，终身不离。房室周旋，遂生媟黩。媟黩既生，语言过矣。语言既过，纵恣必作。纵恣即作，则侮夫之心生矣。此由于不知止足者也。夫事有曲直，言有是非，直者不能不争，曲者不能不讼。讼争既施，则有忿怒之事矣。此由于不尚恭下者也。侮夫不节，谴呵从之；忿怒不止，楚挞从之。夫为夫妇者，义以和亲，恩以好合。楚挞既行，何义不存？谴呵既宣，何恩之有？恩义俱废，夫妇离矣。

## 妇行第四

女有四行：一曰妇德，二曰妇言，三曰妇容，四曰妇功。夫云妇德，不必才明绝异也；妇言，不必辩口利辞也；妇容，不必颜色美丽也；妇功，不必工巧过人也。清闲贞静，守节整齐，行己有耻，动静有法，是谓妇德。择辞而说，不道恶语，时然后言，不厌于人，是谓妇言。盥浣尘秽，服饰鲜洁，沐浴以时，身不垢辱，是谓妇容。专心纺绩，不好戏笑，洁齐酒食，以奉宾客，是谓妇功。此四者，女人之大德，而不可乏之者也。然为之甚易，唯在存心耳。古人有言："仁远乎哉？我欲仁，而仁斯至矣。"①此之谓也。

## 专心第五

《礼》:夫有再娶之义,妇无二适之文,故曰夫者天也。天固不可逃,夫固不可离也。行违神祇,天则罚之;《礼》义有愆,夫则薄之。故《女宪》曰:"得意一人,是谓永毕;失意一人,是谓永讫。"由斯言之,夫不可不求其心。然所求者,亦非谓佞媚苟亲也,固莫若专心正色。《礼》义居洁,耳无涂听,目无邪视,出无冶容,入无废饰,无聚会群辈,无看视门户,此则谓专心正色矣。若夫动静轻脱,视听陕输,入则乱发坏形,出则窈窕作态,说所不当道,观所不当视,此谓不能专心正色矣。

## 曲从第六

夫得意一人,是谓永毕;失意一人,是谓永讫。欲人定志专心之言也。舅姑之心,岂可失哉? 物有以恩自离者,亦有以义自破者也。夫虽云爱,舅姑云非,此所谓以义自破者也。然则舅姑之心奈何? 固莫尚于曲从矣。姑云不尔而是,固宜从令;姑云尔而非,犹宜顺命。勿得违戾是非,争分曲直,此则所谓曲从矣。故《女宪》曰:"妇如影响,焉不可赏。"

## 和叔妹第七

妇人之得意于夫主,由舅姑之爱己也;舅姑之爱己,由叔妹之誉己也。由此言之,我臧否誉毁,一由叔妹。叔妹之心,复不可失也。皆莫不知叔妹之不可失,而不能和之以求亲,其蔽也哉! 自非圣人,鲜能无过。故颜子贵于能改,仲尼嘉其不二,而况妇人者也! 虽以贤女之行,聪哲之性,其能备乎! 是故室人和则谤掩,外内离则恶扬,此必然之势也。《易》曰:"二人同心,其利断金。同心之言,其臭如兰。"此之谓也。夫嫂妹者,体敌而尊,恩疏而义亲。若淑媛谦顺之人,则能依义以笃好,崇恩以结援,使徽美显章,而瑕过隐塞,舅姑矜善,而夫主

---

① 孔子之言,见《论语·述而》。泛泛称孔子为古人,可见孔子在班昭心目中之地位。

嘉美，声誉曜于邑邻，休光延于父母。若夫蠢愚之人，于嫂则托名以自高，于妹则因宠以骄盈。骄盈既施，何和之有！恩义既乖，何誉之臻！是以美隐而过宣，姑忿而夫愠，毁誉布于中外，耻辱集于厥身，进增父母之羞，退益君子之累。斯乃荣辱之本，而显否之基也。可不慎哉！然则求叔妹之心，固莫尚于谦顺矣。谦则德之柄，顺则妇之行。由斯二者，足以和矣。《诗》云："在彼无恶，在此无射。"①其斯之谓也。

马融善之，令妻女习焉。昭女妹曹丰生，亦有才惠，为书以难之，辞有可观②。

昭年七十余卒，皇太后素服举哀，使者监护丧事。所著赋、颂、铭、诔、问、注、哀辞、书、论、上疏、遗令，凡十六篇。子妇丁氏为撰集之，又作《大家赞》焉。

现在只讨论《女诫》。分四点来说。

第一，《女诫》针对性。针对"今之君子"、"教男而不教女"（《夫妇》章），就连班昭的曹家也是如此（序言）。针对"侮夫"而"谴呵"（骂）丈夫、"楚挞"（打）丈夫（《敬慎》章）的家庭暴力行为。有打骂丈夫的，总也有打骂妻子的。如此则"恩义俱废，夫妇离矣"（《敬慎》章）。所以要提出女子教育，加强女子教育。所以要作《女诫》。

第二，充实"四德"，不提"三从"。"四德"说出于《周礼·春官·九嫔》，前面引述了。《女诫》在《妇行》章从反面和正面加以界定，充实至极，后人无以复加（后来讲"四德"的，讲来讲去，谁也没有超出《女诫》范围）。"三从"说出于《仪礼·丧服·子夏传》："妇人有三从之义，无专用之道，故未嫁从父，既嫁从夫，夫死从子。"这是最标准的提法。又《礼记·郊特牲》："妇人，从人者也：幼从父兄，嫁从夫，夫死从子。"又《春秋

---

① 唐·李贤等注："《韩诗·周颂》之言也。射，厌也。射音亦。《毛诗》'射'作'斁'也。"此诗在《毛诗·周颂·臣工之什·振鹭》。意谓在彼在此都不讨人厌，永远保持好名声。

② 《女诫》得到马融赞成，遭到曹丰生反对。曹丰生书内容不详，范晔称赞它"辞有可观"。《宋书·范晔传》和《南史·范泰传附子晔传》都说"晔素有闺庭论议，朝野所知，故门胄虽华，而国家不与婚娶。"（"婚娶"《南史》作"姻"。）由此可以推想，曹丰生书大概是用比较开放的思想批评《女诫》过于保守。

谷梁传》隐公二年:"妇人在家,制于父;既嫁,制于夫;夫死,从长子。"这些提法都出在班昭以前,她都知道。她在《女诫》中不讲这一套。下面略加分析。

《女诫》不是一般地讲"从",而是讲"曲从",有《曲从》专章。曲从谁呢?曲从舅姑(公婆),特别是姑(婆婆)。此章说,丈夫虽爱你,公婆却说不,还是要破裂。怎样能得公婆欢心呢?只有"曲从":"姑云不尔而是,固宜从命;姑云尔而非,犹宜顺命。勿得违戾是非,争分曲直,此则所谓曲从矣。"(婆婆说不,说对了,当然要从命;婆婆说如何,却说错了,也只好顺命。不要和婆婆争辩是非曲直。婆婆说错了也要顺从婆婆,这就是所谓的曲从)。

在《女诫》看来,"从"就是"曲从",而"曲从"是不分是非曲直的,即不讲道理的。所谓"三从"的"从",一概都是"曲从",毫无例外。《女诫》的曲从,只限于舅姑,特别是婆婆。婆与媳,西方说是 natural enemy(天敌);中国亦不以婚礼为"吉礼",而列入"嘉礼"。《礼记·郊特牲》云:"舅姑降自西阶,妇降自阼阶,授之室也"郑玄注:"明当为家事之主也。"又云:"婚礼不贺,人之序也"郑玄注:"序,犹代也。"《礼记·曾子问》云:"取妇之家,三日不举乐,思嗣亲也"郑玄注:"重世变也。"孔颖达疏:"所以不举乐者,思念己之取妻,嗣续其亲,则是亲之代谢,所以悲哀感伤,重世之改变也。"都是说媳妇要代替婆婆为家事之主,延续后嗣,新陈代谢,有悲哀感伤的一面。后世称婚礼为喜事,不合《礼》义。可见婆媳有敌对的一面,婆婆由此而生对媳妇的敌意,未必自觉,实易理解。所以媳妇对于婆婆,"固莫尚于曲从矣",没有比"曲从"更好的法子了。除此以外,《女诫》再也没有说"曲从"或是"从"。"从父"吗?《女诫》未谈父女关系。"从夫"吗?《女诫》重在搞好夫妻关系,话说到"事夫"的份儿上,却始终不说"从夫",有哪种诠释学(hermeneutics)能将"事夫"诠释为"从夫"呢,特别是在"曲从"意义上的"从夫"呢! 至于"从子",《女诫》更是不提,就拿班昭本人说,其子曹成,虽是金印紫绶二千石的高官,在班昭膝下也不过是"不复以为忧"的能够自谋之男,而班昭乃太后之师,若还要曲从曹成:岂非天大笑话。于此可见,不提"三从"是班昭对妇礼的根本性修正,也是《女诫》的根本性特色。

附带提到,主张"从夫"的《仪礼》和《礼记》,也同时主张"妇人无爵,从夫之爵"(《礼记·郊特牲》)。中国帝制时代,官太太老太太可以使用其夫其子的全副仪仗和排场;而老太爷不能用其子的仪仗和排场,只能按本人的功名身份,该走中门的走中门,该走侧门的走侧门。这是对妇女的一种补偿。①

第三,妇女定位于卑弱。自居卑弱,本是道家对一切人(包括男女)的要求。《老子》无"尊卑"字,但有"高下"字,说"高以下为基"(第三十九章),"善用人者为之下"(第六十八章),"强大处下"(第七十六章),"江海所以能为百谷王者,以其善下之,故能为百谷王"(第六十六章)。《老子》赞美柔弱,说"弱者道之用"(第四十章),"柔弱胜刚强"(第三十六章),"柔弱者生之徒"、"柔弱处上"(第七十六章),"天下莫柔弱于水,而攻坚,强者莫之能胜"(第七十八章)。《女诫》将妇女定位于卑弱,以卑弱为妇女特性,以刚强为男子特性,这就不是道家本意,陷入儒家妇女观了。

《女诫》肯定女卑,却没有"男尊"或"夫尊"字样。《女诫》讲"卑",却没有"尊"与之相对。可以说《女诫》无"尊"字。(只在末章出现一独个"尊"字,此句是"夫嫂妹者,体敌而尊,恩疏而义亲","尊"字前似脱一"位"字,很费解;好在讲的是嫂妹关系,与男女关系、夫妇关系无关。)肯定女卑而又规避男尊,我感到这是班昭作《女诫》时内心深处的矛盾。这是一个家庭妇女与"太后师"、"政治家"角色的矛盾。

好在《女诫》明确而具体地规定"卑弱"内容是"下人"、"执勤"、"继祭祀"三者,三者又各有明确而具体的内容。"三者盖女人之常道,礼法之典教矣",是不是呢?我说是的,若坚持唯物史观,就只能说是的。前面抄的原文全文可供研究。

第四,肯定夫可再娶,否定妇可再嫁,但再娶是续弦,不是纳妾。

---

① 例如,《清史稿》卷四四七李瀚章传云:"其督湖广最久,前后四至,皆与弟鸿章更迭受代,其母累年不移武昌官所,人以为荣。"据《清史稿·疆臣年表》:湖广总督一职,由李鸿章、瀚章更迭担任长达十六年。其母住在官邸,不用搬家。

《女诫》毫无多妻色彩,只讲夫妇之道,不讲妾妇之道,不谈妻妾关系。《女诫》无妾亦无婢,家务由妻"执勤"。为妻十分辛劳,越显得女性尊严,"为家事之主"。夫死再嫁,这个家也就完了。再嫁问题在此不谈。且说《女诫》作于纳妾蓄婢的社会,却能体现一夫一妻的婚姻制度,体现亲自动手的家务劳动,光说这两点,该要得到何等崇高的评价!

以上四点确立了《女诫》在中国女子教育史上的地位,在整个帝制时代没有动摇。

中国进入了共和时代,觉得帝制时代的女人比男人更不自由,更不平等。尽管如此,女人还是活下来了,还是出了伟大的女性,还是有了辉煌的成就。原因何在呢?五四时期新文化运动的战士们,只看到儒家放毒,未看出道家解毒。这里只引述几句《老子》的话:

> 谷神不死,是谓玄牝。玄牝之门,是谓天地根,绵绵若存,用之不勤。(第六章)
>
> 天门开合,能为①雌乎?(第十章)
>
> 知其雄,守其雌。(第二十八章)
>
> 万物负阴而抱阳。(第四十二章)
>
> 有生于无。(第四十章)

原始人看到山谷像雌性的牝门,生出许许多多东西,加以神化,称为"谷神"、"玄牝",生出天地万物,绵绵不断,用之不竭。"玄牝之门"又称"天门",属于雌性,希望为雌,而有天门开合之功。又号召知其雄而守其雌,"守"是保持、体现。由雌雄抽象一步,而得阴阳。"负阴而抱阳",一个"负"字,一个"抱"字,形象地表明:阴在阳上,负在背上的阴,在抱在怀里的阳之上。由阴阳再抽象一步,而得有无。"有生于无",一句管总,说到顶了。这是一套宇宙生成论(cosmology),用《老子》这套宇宙生成论观察男女关系和女性地位,岂不将儒家的男尊女卑论从根本上消解了吗!

中国进入共和时代,女子教育由家庭进入学校。兹以蔡元培等创

---

① 马王堆帛书本作"能为雌乎",通行本误作"能无雌乎",一字之差,意思相反。

办"爱国女学"为例,蔡氏于1936年12月2日在《爱国女学三十五年来之发展》一文中回忆道:"民国纪元前十年,余在南洋公学任教员。是时反对清廷议立大阿哥之经莲三先生尚寓上海,而林少泉先生偕其妻林某某夫人及其妹林宗素女士自福州来,均提倡女学。由余与亡室黄仲玉夫人招待,在登贤里寓所开会,到会者除经、林二氏外,有韦氏增珮、增瑛两女士,吴彦复先生偕其女亚男、弱男及其妾夏小正三女士,陈梦坡先生偕其女撷芬及其二妾蔡某某、蔡某某三女士,余与林、陈诸先生均有演说。会毕,在里外空场摄影,吴彦复夫人自窗口望见之而大骂,盖深不以其二女参与此会为然也。未几,薛锦琴女士到沪,蒋智由先生设席欢迎,乃请仲玉与林氏姑嫂作陪,而自身不敢列席。盖其时男子尚不认娶妾为不合理,而男女之界亦尚重避嫌如此。爱国女学即在此种环境中产生也。"①经过三十五年办成一所私立女中,有附小和幼稚园。

1980年3月4日《光明日报》有王昆仑的《蔡元培先生二三事》一文,其中说:"北京大学从前没有女生。有一次天津有位女生到北大来找人,社会上就传说北大有了女生,有人骂'男女混杂,伤风败俗'。但是蔡先生是支持妇女进入高等学府的。那时,我姐姐正因病失学在家,她很想进北大求学。我就去问蔡校长。蔡校长问我:'她敢来吗?'我说:'她敢。'蔡校长说:'可以让她来试试。'这样,她就进了北大,成了第一个女生。后来又有两个女生入学,这就开了男女同校的新风尚。以后,我的姐姐又带头剪了头发。"另据高平叔编著、中华书局1980年出版的《蔡元培年谱》第五十七页脚注:"一九二〇年初,女生王兰、奚浈等请求入北大就学,试期已过,蔡元培先生准其先行旁听。暑期,北大正式招收女生,是为我国大学男女同校之始。"此说与王昆仑回忆的当是一事。

至于女子高等学校,则以北京女子师范学校,金陵女子文理学院,较为著名。1949年以后的中国女子教育史当另有专著。

中国近百年来,处处接受西洋标准,一谈女子教育状况,就是说各级学校的女生多少,局限于学校,除了学校还是学校。这种教育观,与

---

① 见高平叔编《蔡元培教育论集》第609页,同书155页《在爱国女学校之演说》可参看。

二十世纪以前几千年中国固有的教育观大相径庭。中国固有的教育观（可简称"中国教育观"）将教育看作"教化"。化是"风化"，风化是"文"化，不是"武"化，也不是"法"化。"武"、"法"各有用场，其用场不在教育领域。中国社会，本有一种教育结构，或曰教化结构，或曰风化结构。这是一种人文结构。是怎样构成的呢？孔子说："十室之邑，必有忠信，如丘者焉"（《论语·公冶长》）。十来家的小地方，就一定有忠信之士，像孔丘那样，可谓"小孔子"。以此小孔子为核心，以其周围的弟子为骨干，联系和团结此地居民，小孔子发出忠信之风，也就是人文精神，通过周围弟子，化被当地居民，如此构成教育结构，也就是一个人文体。孔子有两段话可以用来描写这种结构："君子之德风，小人之德草，草上之风必偃"（《论语·颜渊》）；"为政以德，譬如北辰，居其所而众星拱之"（《论语·为政》）。考察教化亦有指标，如耕者让畔，行者让路，道不拾遗，夜不闭户，老有所终，壮有所用，幼有所长，鳏寡孤独残疾有所养，男有分，女有归，等等。至于识不识字，读不读书，上不上学，并不在考察之列，历史文献无此考察记载。我再举出一事：十九世纪以前中国文字无"文盲"一词。因为全国都不理会、不谈论这一事实，当然没有这一语词与文字了。更有甚者，孔子有一位大弟子名叫子路，公开顶撞孔子："何必读书，然后为学？"（《论语·先进》）南宋陆九渊说的更彻底："不识一个字，亦须还我堂堂地做个人！"（《陆象山全集》卷三十五"语录"）他质问朱熹："尧舜之前，何书可读？"（同书卷三十六"年谱"淳熙二年）陆王学派说"满街都是圣人"，孟子说"人皆可以为尧舜"，荀子说"涂之人可以为禹"，都是一脉相承的中国教育观，就人文精神而言，都是完全正确的。直到今天，仍然可以说，而且应当说，只要是正常人，无论男女，在人文精神方面，都可能成为圣贤；在科学技术方面，不可能都成专家。都可能成为圣贤，是先天素质决定的；不可能都成专家，也是先天素质决定的。先天素质都可能成为圣贤，经过后天努力就都成圣贤；先天素质不可能都成专家，后天再怎么努力也不会都成专家。

十九世纪以前的中国教化，不是重在识字读书上学，却也不是反对识字读书上学。事实上，各地"小孔子"都是当地塾师，当地人从他上学识字读书：这种教学功能是第二位的，他的教化功能是第一位的。

中国社会固有的这种教育结构，核心是"小孔子"，照孔子的观察估计，小孔子各地"必有"，不会没有。实则不然，孔子一死，孔门就发生这种危机。《史记·仲尼弟子列传》云："孔子既没，弟子思慕，有若状似孔子，弟子相与共立为师，师之如夫子时也。他日，弟子进问"，"有若默然无以应。弟子起曰：'有子避之，此非子之座也！'"孔子之座无人可继，孔门也就散伙了。这叫做"人存政举，人亡政息"。这是这种教育结构的局限性。凡是以一人为核心的人文活动，都有这种局限性。所以，它只有寄希望于"江山代有才人出，各领风骚数十年"。

由以上所说，可见中国女子教育的最佳理想是：在人文精神方面实行教化，让人人都作圣贤；在科学技术方面实行教练，使部分人成为专家。两方面不可偏废，偏废哪方面都危险！人文精神、科学技术，两方面共同和谐发展，用本书总术语说，这就是进入"人文·科学"阶段。